해상무력분쟁법

海戰과 國際法 秩序

해상무력
분쟁법

● 이민효 지음

한국학술정보(주)

　해전은 육전과 같이 적군의 전멸이나 적국에 대한 직접적인 점령과 같은 극단적이고 최종적인 결정적 전투행위를 담당하지는 않지만, 해상과 육상에서의 직·간접적인 전투와 지원을 통하여 전쟁을 승리로 이끄는 데 있어서 매우 중요하다. 영국과 미국이 2차례 세계대전에서 승리할 수 있었던 것도 전적으로 우세한 해군력 때문이었다.

　오늘날 어떠한 국가도 경제적으로 자급자족할 수 없다. 국제분업과 협력을 통한 재화와 용역의 교환 및 배분없이 독자적으로 존립하기란 불가능하다. 국가의 성립과 민족의 생존이 개별 국가의 힘만으로는 불가능한 시대에 살고 있는 것이다. 이는 전쟁수행에서도 마찬가지다. 전쟁에 필요한 전투수단을 생산하기 위해서는 해외로부터의 원자재의 도입이 필수적이며 전쟁을 지속하기 위해서는 군수지원이 절대적인데, 이것도 자체의 생산만으로는 해결이 불가하며 외부로부터 수입 또는 지원이 있어야 한다. 이처럼 현대전에서의 승패는 경제상황에 크게 의존하고 있다.

　물론 해전도 육전 및 공전과 마찬가지로 적을 제압하여 자신의 의지를 강제시키고 이를 보장토록 하는 것이 근본적인 목적이다. 그렇지만 해전은 전투목적과 방법에 있어 타 전투와는 상당한 차이가 있다. 해전은 경제전을 위한 특정의 가교적 역할을 담당하고 있다. 이러한 경제전은 한편으로는 적국과 중립국 간의 해상 통상과 교통의 차단을 통해, 다른 한편으로는 자국 상선 및 해상교통로의 보호를 통해 수행된다.

　이러한 해전의 경제전적 특성상 해전법규에서는 군사목표의 범위 및 대상 확정이 무엇보다도 중요하다. 적선과 관련하여서는 적선의 일반적 지위, 적선 중 비군사목표로 인정되는 선박의 유형 및 이들 적선이 공격으로부터 면제되기 위해 갖추어야 할 조건과 공격면제가 상실되어 군사목표가 되는 경우, 중립선과 관련하여서는 일반적 상황하에서 공격목표가 되지 않는 중립선이 공격면제 지위를 상실하고 공격 및 파괴의 대상이 되는 경우를 검토하여 법적 가이드라인을 제공할 필요가 있다. 또한 다양한 전투수단과 방법의 합법적 사용범위 및 한계를 명확히 할 필요가 있다.

무력분쟁의 희생자를 예방하고 전투의 합법성을 보장받으며 불법적인 무력사용으로 인한 국제적인 비난과 제재를 사전에 예방하기 위해서는 해전법규의 내용을 명확하게 규명하고, 이를 관련 당사자들에게 널리 보급하고 교육하여야 한다.

본서는 이러한 목적에서 저술되었다. 그동안 여러 기회에 발표했던 해전법규 관련 논문들을 주재료로 하고, 단일 주제로 묶기 어려웠던 내용들을 보조재료로 하여 나름대로 체계를 갖춰 보았다. 여러 면에서 부족한 것이 많지만, 해전법규만을 다루는 전문서적이 없는 현실에서 조그만 디딤돌이라도 되면 족하다는 마음으로 세상에 내놓는다. 부끄럽다. 많은 지도와 편달을 기다릴 뿐이다.

끝으로 어려운 여건 속에서도 이 졸저가 출판될 수 있도록 물심양면의 지원을 아끼지 않으신 한국학술정보(주)와 출판 예산을 지원해 준 해군사관학교 교수부에 감사드린다.

2010년 5월

이 민 효

제1장

해상무력분쟁법의 역사적 발전

　전쟁법규는 일반적으로 강대국과 약소국 간 또는 교전국과 중립국 간의 긴장과 갈등의 과정에서 발전되고 성문화되어 왔다. 이는 해전법규도 마찬가지였는데, 해전에 관한 고전적 견해는 바다에 있어서는 오직 강자의 법만이 지배한다는 입장이었다. 이러한 태도는 과거 제해권을 독점 장악하였던 국가들이 우월적인 입장에 서서 여타 국가들에게 해전법규를 강요했던 것에서도 잘 알 수 있다.

　강대국, 특히 영국과 프랑스는 그들의 우세한 해군(양)력을 제한하는 해전법규의 발전을 못마땅하게 여겨 해양에서 가능한 한 많은 행동의 자유를 교전자에게 남겨둘것을 주장했으며, 반면에 약소국들은 당연히 반대 입장을 견지하여 가능한 한 방해받지 않고 교전단체와 중립국 사이에 무역을 지속할 수 있기를 원했다. 이러한 양 입장의 타협으로 전쟁(해전)법규는 발전되고 성문화되었지만 현실에 있어서는 강대국들의 입장이 많이 반영될 수밖에 없었다.[1]

　그러나 일단 해전이 개시되면 이로 인해 입게 되는 피해는 교전 당사국뿐만 아니라 중립국에게도 막대한 영향을 미치므로 많은 국가들은 해전에 있어서의 군사 필요성의 한계를 설정하고자 노력해 왔다.[2] 그 결과 1856년 '해상법에 관한 선언'(파리선언)을 시작으로 개별적인 해전법규들이 제정되었는데, 1907년 제2차 국제평화회의(헤이그)에서 채택된 '개전 시 적국상선의 지위에 관한 협약'(제6협약), '상선을 군함으로 변경함에 관한 협약'(제7협약), '자동촉발수뢰의 부설에 관한 협약'(제8협약), '전시 해군포격에 관한 협약'(제9협약), '해전에서의 포획권 행사의 제한에 관한 협약'(제11협약) 및 '해전에 있어서의 중립국의 권리 및 의무에 관한 협약'(제13협약) 등이 그것들이다. 특히 1908년부터 1909년에 걸쳐 런던에서 개최되었던 해양법회의에서는 그때까지 유효하였던 해전에 관한 국제관습법을 성문화한 '런던 해양법선언'(런던선언)을 채택함으로써 육전법규에 비견할 수 있는 해전법규의 제정을 시도하기도 했었다. 그 후 '1930년 4

---

1) A. Cassese, *International Law in a divided World*, Clarendon Press, 1986, pp.257 - 261.
2) 한형건, "해전시 포획권 행사에 의한 해상통상의 저지", 법률행정논집, 제13집, 1976, p.68.

월 22일 런던조약 제4장의 잠수함전 규칙에 관한 1936년 런던의정서', '해상에 있어서 군대의 부상자·병자 및 조난자의 상태개선에 관한 1949년 제네바 제2협약',[3] '1994년 해상무력분쟁에 적용되는 국제법에 관한 산레모 매뉴얼'이 채택되어 해전에 적용될 국제법규는 보다 충실해졌다.[4] 다음은 그러한 국제사회의 노력의 결과를 개관한 것이다.

제1절 파리선언(1856)

크리미아 전쟁(Krimean War, 1853) 강화회의였던 1856년 파리회의에서 '해상법에 관한 선언'(파리선언)이 채택되었다.[5] 크리미아전쟁 수 세기 전부터 유럽 여러 국가들에 의해서 받아들여지고 있었던 '적국 선박 및 화물은 중립국 선박 및 화물과 구분하여 취급되어야 한다'는 전통적 원칙은 이미 일반적으로 승인되고 있었음에도 불구하고, 대륙국과 영국 간의 첨예한 의견대립으로 공식적인 국제적 합의나 이들 원칙들의 적용은 국제적 승인을 받지 못한 상태였다.

동 전쟁의 전개과정에서 분쟁 당사국들은 해상에서의 선박나포에 대한 규정을 통일해야 할 필요성을 느꼈다. 이에 1856년 2월 25일부터 4월 16일까지 파리에서 개최된 회의에 소집된 7개국(오스트리아, 프랑스, 영국, 프러시아, 러시아, 사디니아 및 터키. 같은 해 10월 30일 일본 가입) 대표들은 관행적으로 인정[6]되어 오던 私掠船[7]의 폐지, 중립국 선박 내의 적국 또는 중립국의 화물(전

---

3) 1949년 제네바협약의 채택과정에 대한 자세한 설명은 G. Best, *War and Law since 1945*, Oxford, Clarendon Press, 1996, pp.80 - 114 참조.

4) 이들 해전 관련 국제문서들의 원문 및 주석에 대해서는 N. Ronzitti(ed.), *The Law of Naval Warfare*, Martinus Nijhoff Publishers, 1988; D. Schindler & J. Toman(ed.), *The Laws of Armed Conflicts*, Sijthoff & Noordhoff/Henry Dunant Institute, 1981; Louise Doswald - Beck(ed.), *San Remo Manual on International Law Applicable to Armed Conflicts at Sea*, Cambridge University Press, 1995; Fleiner - Gerster and Meyer, "New Developments in Humanitarian Law in Challenge to the Concept of Sovereignty", 34 *International and Comp. L. Q.*, 1985, pp.267 - 270 참조.

5) 파리회의에서는 파리선언 외에도 1856년 3월 30일 일반적인 강화조약과 함께 해협조약, 흑해 중립조약, 앨란드 (Äland)에 관한 조약이 조인되었다. 파리회의의 구체적 결과로는 첫째, 러시아의 터키 내정간섭 상실, 둘째, 러시아의 다뉴브공국에 대한 지배권 포기 및 동 지역을 열강들의 집단보장하에 둘 것을 약속, 셋째, 흑해에서 러시아 함대를 유지하거나 항행을 금지(러시아의 對터키 해협봉쇄 위협 완전 제거) 등이다. 이기택, 국제정치사, 일신사, 1993, pp.86 - 87 참조.

시금제품 제외)의 나포 금지(자유선 자유화물 원칙[8]) 및 봉쇄의 유효성 요건 등을 규정한 파리선언을 채택하였다.

동 선언은 해상봉쇄를 명문화한 최초의 공식문서로서 비록 7개국에 의해 서명되었지만(총 가입국 51개국), 그 후 사실상 모든 해양국들이 동의하였으며, 많은 비당사국들도 동 선언을 준수하여 국제관습법으로 받아들여졌다.[9] 당시 미국은 공식적으로는 동 선언을 승인하지 않았지만 실제로는 미국 남북전쟁과 1898년의 스페인 전쟁에서 이를 인정하였다.[10]

파리선언의 내용(본문)

제1조
나포 용도에 사선을 공여할 수 없다.

제2조
중립국의 기장을 게양한 선박에 적재한 적국의 화물은 전시금제품을 제외하고는 포획되지 아니한다.

---

6) 사략선의 대표적인 예가 러시아 – 터키 간의 전쟁 중 러시아가 발급한 捕獲特許私船規則(1878년 12월 31일)이다. 동 규칙은 적 선박은 군함과 상선을 불문하고 러시아의 포획특허사선에 의해 언제라도 또는 어느 장소에서든 이를 추적, 나포, 포획 및 인취할 수 있으며, 다만 적 선박이 중립국의 정박지 또는 해안으로부터 着彈距離 밖으로 도피하는 데 성공한 경우는 제외되나, 어느 적 선박도 중립국에 속하는 항구 또는 정박지로부터 착탄거리 밖으로 나가는 동안은 그 내부에서 어떤 행동도 가해질 수 있다고 규정하고 있다.

7) 동 선박은 교전국에 의하여 적선 나포에 대한 허가를 받은 무장 사선으로, 타방 교전국 상선 및 戰時禁制品 (contraband of war)을 적재한 중립국 선박에 대해서 전쟁수행상의 국권이 행사할 수 있는 권한이 있었다. 이러한 종류의 특허선박은 교전국 해군당국의 감독 아래 해군기를 게양하고 포획권의 행사가 인정되었지만, 교전국의 함대에 편입되는 것은 인정되지 않았다. 그러나 그 포획물에 대하여는 분배나 보수가 인정되었다. 이중범, 전쟁과 평화: 국제법을 중심으로, 단대출판사, 1983, p.31. 그러나 사략선 폐지 효과는 상선을 군함으로 변경하여 사략선이 과거에 담당했던 똑같은 기능적 역할을 수행하도록 할 수 있었기 때문에 반감될 수밖에 없었다.

8) 종래 관행에서는 교전국은 중립선이 적화를 적재하였을 경우는 그 중립선을 나포하였다. 그러나 미국 독립전쟁 당시 러시아의 女帝 Ekatepha Ⅱ는 '중립선은 교전국의 항구 간 또는 연안을 자유로 항행할 수 있다. 교전국 국민소유의 동산은 전시금제품을 제외하고는 중립선상에서는 자유를 인정하지 않으면 안 된다.'고 선언하였다 (1780. 2. 28). 그래서 덴마크, 스웨덴, 프로이센, 오스트리아 등은 러시아의 지도하에 '무장중립동맹'을 맺고 '자유선, 자유화물'(Freies Schiff, Freies Gut)의 원칙을 지켰다. 이는 적국 화물은 무기와 탄약을 제외하고는 중립선에 적재하는 것이 자유이며 또한 중립선은 교전국의 항만 내에서 어떠한 방해도 없이 자유로이 거래할 수 있다는 것이다. 그러나 이 원칙은 그 후 해전법상의 원칙으로 채택되지 못했으며, 파리선언에 의해 겨우 선언 당사국 사이에 확립되어 중립선상의 적화는 전시금제품을 제외하고는 나포되지 않게 되었다. *Ibid.*, p.32.

9) 해군본부, 전쟁법규집, 1988, p.28. 파리선언의 원칙들은 많은 국가들이 참가하면서 해전법상의 중요한 원칙으로 확립되었다. Jovito R. Salonga and Pedro L. Yap, *Public International Law*, Regina Publishing Co., 1974, pp.45 – 46 참조.

10) Herbert A. Smith, "The Declaration of Paris in Modern War", 55 *The Law Quarterly Review*, 1939, p.237.

제3조
  적국의 기장을 게양한 선박에 적재한 중립국의 화물은 전시금제품을 제외하고는 나포되지 아니한다.

제4조
  봉쇄가 기속력을 갖추려면 실력으로서 효과적으로 행사되어야 한다. 즉 적국이 봉쇄된 연안에 접근함을 실제로 방지할 수 있을 정도로 충분한 병비를 유지하여야 한다.

제2절 워싱턴 3원칙(1871)

　해전에서의 중립법규에 대해서는 파리선언에 약간의 규정이 있는 것 외에 국제입법은 별다른 진전이 없었으나 양국 간 관계에서 선구적 처리가 있었다. 그 계기가 된 것은 미국 남북전쟁 중 발생한 알라바마호 사건(The Alabama Case)이다. 동 사건의 개략적 내용은 다음과 같다.

　미국 남북전쟁의 발발과 함께 영국은 미국 남부 여러 주를 교전단체로 승인하고 중립을 선언하였으나(1861. 5. 13), 그 후 영국에서 건조된 알라바마호가 비무장으로 머시 강(Mersey River)을 출항(1862. 7. 29)한 후 아소르스 군도 부근에서 런던으로부터 來航한 두 선박으로부터 함장, 사관, 무기, 제복, 식량 및 유류 등을 공급받아 인적 및 물적 무장을 완벽하게 하였다. 그후 전쟁에 참가하여 미국의 통상에 큰 타격을 주었으며, 결국 북군 군함(The Kearsage)의 추격을 받아 영불해협 서어버그(Cherburg)에서 격침되었다. 미국정부는 런던 주재 공사 애덤스(Charles Francis Adams)를 통하여 영국정부에 항의하였다(1865. 4. 7, Adams 통첩). 미국은 이 통첩에서 영국의 중립의무 위반을 주장하면서 영국에서 건조되어 사용된 선박에 의한 손해, 손실에 대하여 배상을 청구하였으나, 영국정부는 수차례 거절하였다. 이로 인해 정식전쟁이 발발할 위기가 고조되는 등 관계가 악화되자 영미 양국은 각 5명의 위원이 워싱턴에서 회동하여 일련의 분쟁해결방법을 강구한 결과 중재재판을 열기로 하고 조약을 체결하였다. 중재법원은 5명(영국 여왕, 미국 대통령, 이탈리아 국왕, 스위스 대통령 및 브라질 황제가 각 1명씩 지명)으로 구성되어 제네바에서 심리를 개시하였다(1871. 12.

15). 미국정부는 직접손해로서 미국 선박 및 재산의 파괴에 대한 배상 외에 간
접손해로서 보험료의 증가액, 미국상선의 염가 매각으로 인한 손해, 전쟁의 장
기화에 따른 비용의 증대에 대해 배상을 청구했으나(알라바마호 사건은 간접손
해가 국제법상 처음으로 문제가 된 사건임) 중재법원은 미국의 요구가 과다하며
간접손해와 위법행위 간의 인과관계를 인정할 수 없다고 결정했고, 그 후 미국
도 이 청구를 취하하였다. 그러나 직접손해는 일부 인정하여 영국이 워싱턴 조
약 3원칙 중 제1과 제3을 위반했다 하여 미국에게 손해액 및 이자, 합계 1,550
만 달러를 지급하도록 명하였다.[11]

미국과 영국은 동 사건을 중재재판에 부탁하면서 채택한 중재재판조약(워싱
턴조약, 1871. 5. 8 서명)에서 중재절차에 관한 규정과 함께 중립국의 일반적 의
무, 특히 방지의무에 관한 기준을 명확하게 제시한 다음과 같은 워싱턴 3원칙
(The three rules of Washington)을 재판준칙으로 하였다.

> ① 제1원칙. 중립국 정부는 교전국 일방을 위해 순항용으로 또는 적대행위에 가담하는
> 것으로 인정될 상당한 이유가 있는 선박이 자국의 관할 아래서 위장, 무장 또는 장
> 비하는 것을 방지하기 위하여 적절한 주의(due diligence)를 해야 하고 또한 교전
> 국 일방을 위한 순항에 제공되거나 적대행위에 가담할 의도로 타국(인)의 선박이 자
> 기 관할 외로 출항하는 것을 방지하기 위하여 적절한 주의를 하지 않으면 안 된다.
> ② 제2원칙. 중립국 정부는 어느 교전국에 대하여도 타 교전국에 대한 해군작전기지,
> 군사적 보급 및 무기나 병력교체 또는 모병을 위하여 자국의 수역이나 항만을 사용
> 하는 것을 허가하거나 인정해서는 안 된다.
> ③ 제3원칙. 중립국 정부는 이상의 의무가 침해되지 않도록 하기 위하여 자국의 항만
> 또는 수역에 있어서 또는 관할 내에 있는 일체의 사람에 대하여 적절한 주의를 하
> 지 않으면 안 된다.

중립국의 방지의무에 관한 기준을 최초로 명백히 한 동 3원칙은 1907년의 제
2차 헤이그평화회의에서 체결된 '해전에 있어서의 중립국의 권리 및 의무에 관
한 협약'에 거의 그대로 수용되었다.

---

11) 이중범, *op. cit.*, pp.148 - 150; 이병조 · 이중범, 국제법신강, 일조각, 2008, p.221.

제3절 전장에서의 군 부상자의 상태개선에 관한 협약
추가수정안(1868)[12]

해전 시 부상자 및 포로를 존중하고 간호하는 관행은 그 발달이 특히 완만하여 18세기 말에 이르러서야 포로교환협정에 관련 규정들이 포함되기 시작하였다.[13] 가장 특징적인 사례는 1780년 3월 12일 영국과 프랑스 간에 체결되었던 해상에서 포획한 모든 포로의 교환에 관한 조약이다. 분쟁의 고통을 경감하자는 열망을 나타내고 있는 동 조약은 조난자의 송환에 관한 원칙을 규정하고, 교환포로 수송함정의 불가침을 확보하기 위한 '休戰旗'를 합의하였으며, '군함에 승선한 의사 및 그 보조원'과 '상선, 특히 拿捕私船 및 기타 선박에 승선한 의사 및 그 보조원'도 포로로 억류해서는 안 되고 석방해야 한다는 조항을 두고 있었다. 또한 당사국의 해군요원을 간호하는 의사 및 해상에서 포획된 함정에 승선하고 있는 종교요원에게도 동일한 특권이 보장되어 있었다.

적십자 창설 위원회(이후 국제위원회로 변경)는 제네바협약 제 원칙을 해전에 확대할 것을 희망하고 있었기 때문에 제1제네바협약을 채택한 1864년의 외교회의에 제출한 초안에서 "해전에 관한 유사한 규정은 관계국 간에 체결될 향후 이 조약에 규정될 것이다."라고 하였지만, 이 규정은 부결되었다. 왜냐하면 그것은 원래 회의의 의제가 아니었으며, 각국 대표들이 본국 정부로부터 이 문제에 대한 훈령을 받지 못했기 때문이었다.

1864년 제네바협약은 2년 후인 1866년 프러시아 - 오스트리아전쟁 중 4만 명의 사상자를 낸 사도와(sadowa) 전투에서 큰 가치를 발휘했다. 비록 협약의 내용이 너무 공허하여 보다 명확히 할 필요는 있었지만, 협약이 적용된 부로시아의 수용소 상태는 협약이 적용되지 않아 부상자가 방치되어 있는 것과는 아주 대조적이었다.

그러나 리사(Lissa) 해전에서는 제네바협약과 유사한 규정을 해전에 적용한다

---

12) 본 절의 내용은 대한적십자사 인도법연구소(역), 제네바협약해설 Ⅱ, 1985, pp.1 - 8을 요약 정리한 것임.

13) 전시에 부상자 및 포로를 존중하고 간호하는 관행은 16세기 중에 그 지위를 구축하기 시작하였다. 그 후 군대의 지휘관이 상호 간에 체결하는 포로교환조약 및 휴전협정의 다수는 인도적 성질의 규정을 포함하고 있으며, 그것은 곧 제네바협약의 선구자로서 인식되어 왔다.

는 규정이 없었기 때문에 참극을 막지 못했다. 1866년 7월 20일 리사섬(Lissa Island) 부근의 달마티아 해안에서의 4시간에 걸친 격전의 결과 Tegethoff 제독 휘하의 오스트리아 군함 27척이 34척의 이탈리아 함대를 격파하였다. 이탈리아 함대는 서로 충돌하여 격침되었으며, 수백 명의 승조원들은 구조함대가 없어 익사하였다. 미국의 남북전쟁 중에도 참혹한 결과를 가져온 해전이 있었는데, 순양함 알라바마(Alabama)호의 승무원이 적절한 구조수단이 없었기 때문에 사상되었다. 제1제네바협약이 채택된 1864년 이전의 육전과 마찬가지로 조직적인 의료지원 또는 보호 기준의 결여로 다수의 전투원이 사망하는 결과를 가져온 것이었다.

1867년 국제적십자위원회는 최초로 이러한 기준을 작성하고자 기도하였다. 준비회합에서 육전과 해전에서의 군 부상자에 적용할 규정을 포함한 1864년 제네바협약에 대한 예비수정안을 채택하였다. 이 예비안을 검토하기 위해 특별위원회가 설치되었는데, 특별위원회는 1864년의 조문을 완전히 개정하지 않고 그 중의 중요한 규정을 해군에 확대한다는 새로운 조문을 준비하였다. 이리하여 해상에 있는 의료요원은 중립적 지위를 갖는다는 것과 부상자 및 조난자를 구조할 책임이 있는 함대는 보호되며 특수표장으로 표시할 것을 선언하였다. 회의에서 이는 권고 형식으로 채택되었다.

그 후 이탈리아정부와 제네바위원회(이후 적십자위원회로 변경)의 발의에 의하여 스위스 정부는 1864년 협약 일부를 보완하고, 그것을 해전에 적용하기 위하여 제네바에 국제회의를 소집하였다. Dofour 장군(적십자 창설자 중 1인)을 의장으로 하여 14개국 대표가 참가하여 1868년 10월 5일부터 20일까지 개최한 동 회의는 '1864년 8월 22일의 전장에서의 군 부상자의 상태개선에 관한 협약 추가수정안'을 채택하였다.

1868년 수정안은 15개 조항 중 5개 항만이 육전과 관련 있는 것으로 1864년 협약을 보완한 것이었고, 수정안의 대부분은 해상에서의 적대행위에 관한 것이었다. 그 이후 '해전협약'의 근거가 된 1868년 초안은 해상에 있어서의 군 의료에 관한 법령의 주요한 요소, 즉 부상자·병자·조난자의 보호, 위생요원의 중립적 지위, 병원선의 보호, 적십자 표장의 존중을 담고 있었다.

10월 13일 특별위원회는 수정안을 회의에 제출하였다. 그러나 프랑스 정부의 요구로 그 채택이 연기되었다. 10월 19일 수정안은 총회에 상정되었으나 중요한 수정이 있었다. 최초안은 군병원선을 나포로부터 면제하는 것으로 하고 있었는데 반해 수정된 안은 상대방 당사국이 병원선을 나포하는 것을 허용하였다. 이는 수정안의 핵심적 중추를 빼버린 것과 마찬가지였지만, 수정안은 토의도 없이 채택되었다.

1968년 회의 직후 스위스 연방정부는 추가수정안을 1864년 협약 당사국들에게 발송하고 이에 가입하도록 권유하였으며, 국제적십자위원회도 각국 적십자사에 진정하였다. 그러나 상당수의 정부가 약간의 조문에 대하여 설명 또는 수정을 요구하였으며, 가입 방법과 효력에 관한 의문도 제기되었다. 이렇게 해서 각서가 교환되고 스위스 정부는 새로운 안을 제시하였다. 대다수 국가는 호의적인 회답을 보내왔으나 제반 절차에 많은 시간이 소요되었으며, 1870년 프러시아－프랑스 전쟁(보불전쟁)의 발생으로 조기에 이 초안에 대한 공식 수락을 얻고자 한 스위스 정부의 노력은 중단되었다(그렇지만 동 전쟁에서 양 당사국은 이 안을 잠정적 협정으로 수락했었다). 보불전쟁이 종식된 이후에도 협의를 재개할 기회가 없었다. 일부 국가들은 각종 방법으로 '가입'을 통고하였고 그중 어떤 국가들은 병원선의 임무개시를 통지하여 왔으나 가입효력에 관해 각국들 간 의견이 서로 달라 스위스 정부는 수정안을 조약으로 인정하지 않았다. 이리하여 1868년 수정안은 서서히 망각되어 갔다.

1868년 추가수정안 중 해전 관련 주요 내용

제6조

전투 중 또는 그 후에 자기의 위험을 무릅쓰고 조난자 또는 부상자를 구조하고 또는 그들을 구조하여 중립선 혹은 병원선에 승선시키기 위하여 수송하는 단정은 그 임무를 수행하는 동안 전투상태 및 교전함정의 위치가 허용하는 한 중립의 지위를 갖는다. 이와 같이 하여 구조되고 구호된 조난자 및 부상자는 전쟁이 계속되는 동안 다시 복무하여서는 안 된다.

제7조

나포된 함정의 종교교원, 의료요원 및 병원직원은 중립을 준수하여야 하고 당해 함정이 퇴거할 경우 그들의 사유재산인 물건 및 의료기구를 반출할 수 있다.

제8조

위 조항에서 규정한 직원은 승전국이 행하는 부상자의 이동을 도우면서 나포된 함정에서 계속 그 임무를 수행하여야 한다. 그 후 그들은 본국으로 귀환할 자유를 갖는다.

제9조

군병원선은 그 저장품에 관한 일체의 사항에 관해 군법에 따른다. 그것들은 포획자의 재산이 되지만, 포획자는 전쟁 계속 중에는 그 특수용도로부터 그것들을 전환하여서는 안 된다.

제10조

병자 및 부상자의 보호에만 종사하는 상선은 그 소속국의 여하를 불문하고 중립의 보호를 받으나, 당해 선박 서류에 기재되어 있는 대로 당해 선박이 적 군함의 임검을 받았다는 사실만으로 전쟁이 계속되는 동안 당해 부상자 및 병자가 근무 불가능하다는 것으로 본다.(이하 생략)

제11조

부상자 및 병자인 병사는 승선한 경우 그들 소속국 여하를 불문하고 포획자에 의하여 존중되고 간호되어야 한다.(이하 생략)

제12조

본 협약의 제 원칙에 의하여 함정 또는 단정이 중립의 이익을 주장할 것을 표시하기 위하여 국기와 같이 사용하는 특수기는 적십자가 있는 백기로 한다. 교전자는 이 점에 관하여 자기가 필요하다고 인정하는 검사방법을 행사할 수 있다. 군병원선은 외부를 백색으로 하고, 녹색의 선을 도장하여 식별되도록 하여야 한다.

제13조

병원선이 구호단체의 비용으로 장비를 설치하고 본 협약에 서명한 정부로부터 승인되어 그 의장에 대하여 명시적 권한을 부여한 주권자가 위임한 위임장 그리고 당해 병원선이 의장하는 동안 또는 최종 출항일 현재 감독하에 있었다는 것 및 당해 병원선이 그 후 오직 그러한 임무에만 사용된다는 내용의 해군 당국이 발행한 증명서를 구비한 경우 그 승조원과 함께 중립으로 인정되어야 한다. 병원선 및 그 승조원은 교전자로부터 승인되고 보호되어야 한다.(이하 생략)

제14조

해전에 있어서는 양측 교전자가 병자 및 부상자의 이익을 위한 이외의 목적을 가지고 중립의 이익을 이용하려고 하는 것이 강력히 추정되는 경우에는 반대의 입증이 있기까지 타방 교전자에 대하여 일방 교전자에 관한 본 협약을 정지시킬 권리가 부여된다. 이 추정이 명확한 경우 일방 교전자에 대하여 그 후의 전쟁 계속 기간 중 본 협약이 당해 교전자에게 정지된다는 것을 통고할 수 있다.

제4절 제1차 및 제2차 국제평화회의(1899 및 1907)

1884년, 1892년 및 1897년의 적십자국제회의에서 제네바협약의 원칙을 해전에 적용할 필요를 언급한 이래, 이 문제는 러시아황제 니콜라이 2세(Nicholas

Ⅱ)의 제창과 러시아 정부의 초청으로 개최된 1899년 제1차 국제평화회의(헤이그)에 의제로 상정되어 '1864년 8월 22일 제네바조약의 원칙을 해전에 적용하는 협약'(Convention concerning the adoption of the principles of the Geneva Convention to Maritime War, 제3협약)이 채택되었다.

동 협약은 해전을 규율하는 내용을 직접적으로 규정하는 것이 아니라 조약의 제목에서 알 수 있듯이 간접적이고 원용적인 것이었다. 1868년의 초안이 기초로 사용되고 전쟁법규를 광범하게 편찬한 제1차 국제평화회의에서 해전에 관한 사항이 마침내 국제법상 정당한 위치를 점유하게 되어 실제로 초안의 내용이 전부 그대로 유지되었다. 14개 조항으로 구성된 동 협조약은 다행히 각국에 의하여 수락되었다. 이리하여 모든 병원선은 나포로부터 면제되었다.[14)]

이후 동 협약은 1907년 제2차 국제평화회의에서 개정되어 '제네바협약의 원칙을 해전에 적용하는 협약'(제10협약)이 되었는데, 그것은 28개조로 구성되며 1864년의 제네바협약을 원형으로 하지 않고 그보다 고도로 발전을 이룬 1906년의 협약을 원형으로 하였기 때문에 이에는 많은 개정사항이 포함되어 있다.[15)]

1899년 헤이그 제3협약 내용(본문)

제1조

군병원선, 즉 특별히 또한 전적으로 부상자, 병자 및 조난자를 원조할 목적으로 국가가 건조하거나 지정한 선박으로서 적대행위 개시 시 또는 적대행위 중 및 어느 경우에도 사용되기 전에 그 선박의 명칭이 교전국에 통고된 병원선은 존중되어야 하며, 적대행위가 계속되는 동안 포획되지 않는다.

또한 병원선은 중립국 항구에서의 정박에 관하여 군함과 동등한 지위에 있지 아니하다.

제2조

개인 또는 공인된 구제단체의 비용으로서 전부 또는 일부 설비된 병원선은 그 소속 교전국이 그 선박을 공식 취역시키고, 적대행위 개시 시 또는 적대행위 중 및 어느 경우에도 사용되기 전에 그 선박의 명칭이 교전국에 통고된 경우에 똑같이 존중되어야 하며, 또한 포획으로부터 면제되어야 한다.

---

14) 대한적십자사 인도법연구소(역), *op. cit.*, p.9.

15) *Ibid.* 1907년 헤이그 제10협약은 1914년~1918년 사이에는 당사국 간의 중대한 의견대립과 잔인한 사건들 때문에 불행히도 그 적용이 손상되었다. 어떤 교전국들은 군대 및 군수품의 수송에 이용되고 또 주로 잠수함을 사용하고 있는 상황하에서는 병원선을 임검할 권리를 행사할 수 없다는 이유로 공격하고 격파하였다. 이리하여 상대 교전국은 병원선에 군의 보위를 배치하고 이 점에 관한 협약의 보호를 파기하였다. 지중해의 병원선에는 중립위원이 승선하였으나 이와 같은 조치가 문제를 완전히 해결할 수는 없었다. 1939년~1945년 전쟁 중에는 상당수의 병원선이 공격을 받고 어떤 것은 격파되었다. 이와 같은 공격의 대부분은 원거리에서도 인식할 수 있는 근대적 표식방법의 결여에도 원인이 있었다. *Ibid.*, pp.9-10.

제3조

중립국의 개인 또는 공인된 단체의 비용으로서 전부 또는 일부 설비된 병원선은 그 소속 중립국이 그 선박을 공식 취역시키고, 적대행위 개시 시 또는 적대행위 중 및 어느 경우에도 사용되기 전에 그 선박의 명칭이 교전국에 통고된 경우에 존중되어야 하며, 또한 포획으로부터 면제되어야 한다.

제4조

제1조, 제2조 및 제3조에 언급된 선박은 그 선박의 국적에 관계없이 교전자의 부상자, 병자 및 조난자에게 구제 및 원조를 제공하여야 한다. 각 정부는 어떠한 군사상의 목적을 위하여 이 선박들을 사용하지 않을 것을 약속한다.

이 선박들은 어떠한 방법으로도 전투원의 이동을 방해하여서는 아니 된다. 이 선박들은 교전 중 및 교전 후에 스스로가 위험을 부담하며 행동한다.

교전자는 이 선박들을 통제하고 임검할 권리를 가진다. 교전자는 이 선박들을 도와줄 것을 거부할 수 있으며, 퇴거를 명령하고, 어떤 항로를 택하도록 하며, 감독관을 승선시킬 수 있다. 교전자는 가능한 한 그들이 병원선에 발한 명령을 동 병원선의 항해일지에 기입하여야 한다.

제5조

군병원선은 약 1.5미터 폭의 수평으로 된 녹색 테를 두르고, 외부를 흰색으로 칠해 식별되도록 하여야 한다. 제2조 및 제3조에 언급된 병원선은 약 1.5미터 폭의 수평으로 된 붉은색 테를 두르고, 외부를 흰색으로 칠해 식별되도록 하여야 한다.

상기 선박의 보트는 병원업무를 위하여 사용되는 소형선박으로서 유사한 색칠에 의하여 식별된다.

모든 병원선은 소속국가의 국기와 함께 제네바협약에 규정된 적십자기를 게양함으로써 병원선임을 알려야 한다.

제6조

교전자의 병자, 부상자 또는 조난자를 승선시킨 중립국 상선, 요트 또는 선박은 그러한 행위를 하고 있기 때문에 포획될 수 없으나, 그 선박들이 행하는 중립위반 행위 때문에 포획될 수는 있다.

제7조

포획된 선박의 종교, 의료 및 병원요원은 불가침이며, 포로가 될 수 없다. 그들은 선박을 떠날 때에 그들의 개인재산인 물건과 의료기자재를 가지고 갈 수 있다. 이 요원들은 필요한 동안에 그 임무를 계속하여 수행하여야 하며, 총사령관이 가능하다고 인정할 때에 나중에 선박을 떠날 수 있다.

교전자는 교전자의 수중에 들어온 이 요원들의 급여를 보장하여야 한다.

제8조

병들거나 또는 부상당한 승선 선원 및 군인은 그 소속국에 관계없이 포획자가 이들을 보호하고 간호하여야 한다.

제9조

타방 교전자의 수중에 들어간 일방교전자의 조난자, 부상자 또는 병자는 포로가 된다.

포획자는 상황에 따라 그들을 억류할 것인지 또는 포획국의 항구, 중립국의 항구 또는 적국의 항구로 그들을 이송할 것인지를 결정하여야 한다.

포획자를 적국으로 이송한 경우에 본국에 송환된 포로는 전쟁이 계속되는 동안 복무할 수 없다.

제10조

　현지 당국의 동의를 얻어 중립국 항구에 상륙한 조난자, 부상자 또는 병자에 대하여는 중립국과 교전자 간에 반대되는 합의가 없는 한 군사작전에 다시 참가할 수 없도록 중립국이 감시하여야 한다.

　병원에서의 간호 및 억류에 사용된 경비는 조난자, 부상자 또는 병자의 소속국이 부담하여야 한다.

제11조

　전기한 조항들에 포함된 규칙은 체약국 중 2개국 또는 그 이상의 국가 간의 전쟁의 경우에 체약국에 대하여만 구속력이 있다.

　상기 규칙은 체약국 간의 전쟁에서 비체약국이 교전국의 일방에 가담한 때부터 구속력이 정지된다.

해상무력분쟁법이 내용적으로 체계를 갖추고 형식적으로 풍부해진 것은 1907년 제2차 국제평화회의(헤이그)에서였다. 동 회의에서 해상무력분쟁법은 규율대상에 따라 개별적으로 제정되었는데, '개전 시 적국상선의 지위에 관한 협약'(Hague Convention relative to the Status of Enemy Merchant Ship at the Outbreak of Hostilities, 제6협약), '상선의 군함으로의 변경에 관한 협약'(Hague Convention relative to the Status of Enemy Merchant Ship into Warships, 제7협약), '자동촉발수뢰의 부설에 관한 협약'(Hague Convention relative to the Laying of Automatic Submarine Mines, 제8협약), '전시 해군포격에 관한 협약'(Hague Convention respecting Bombardments by Naval Forces in time of War, 제9협약), '해전에서의 포획권 행사의 제한에 관한 협약'(Hague Convention relative to certain Restrictions with regard to the Exercise of the Right of Capture in Naval War, 제11협약) 및 '해전에 있어서의 중립국의 권리 및 의무에 관한 협약'(Hague Convention concerning the Rights and Duties of Neutral Powers in the Naval War, 제13협약) 등이 그것들이다. 다만 1907년 협약들은 해상무력분쟁법의 완전한 법전화가 아니었으며, 특정한 문제에 대한 제한적 성격의 법규였다.

1907년 헤이그 제6협약 주요 내용(본문)

제1조

　교전국의 일방에 속하는 상선이 개전 시에 적 항구에 있을 때 그 선박은 즉시 또는 적절한 은혜일 이후에 자유롭게 그 항구를 출항하여 통행증을 받아서 목적지 또는 다른 지정된 항구로 향할 수 있다. 개전 전에 최종 기착항을 출항하여 전쟁개시의 사실을 모르고 적 항구에 입항한 선박의 경우도 같은 규칙이 적용된다.

제2조

불가항력적 사유로 전조에서 규정하는 기일 내에 적항을 출항치 못한 상선은 몰수되지 않는다. 교전자는 보상 없이 이를 억류할 수 있을 뿐, 전후에 보상을 지급한 후에 이를 취득하거나 반환하여야 한다.

제3조

전쟁개시 이전에 최종 기착항을 출항하여 아직 전쟁개시의 사실을 모르고 공해상에서 적 군함을 조우한 상선은 몰수되지 않는다. 이러한 함선은 보상 없이 전후에 반환될 것이라는 양해하에 억류할 수 있으며, 보상을 하고 수용하거나 파괴할 수 있다. 그러나 그러한 경우에도 승선인원과 선박 서류의 안전을 보장하는 조치를 강구하여야 한다. 그 선박이 본국 항에 입항하거나 또는 중립국항에 기항한 이후부터는 해전법규와 관습에 따른다.

제4조

제1조 및 제2조에 규정된 선박에 적하된 적의 화물은 압수할 수 있으며, 보상 없이 종전 후에 반환된다. 또는 그 함선과 같이 또는 별도로 보상을 주고 수용할 수 있다. 제3장에서 규정한 선박의 화물도 같은 규칙이 적용된다.

제5조

본 협약은 장차 군함으로 변경될 구조를 가진 상선의 경우에도 아무런 영향을 받지 아니한다.

1907년 헤이그 제9협약 주요 내용(본문)

제1장 방수되지 않는 항구, 도시, 촌락, 주택 또는 건물의 포격

제1조 포격의 금지

방수되지 않는 항구, 도시, 촌락, 주택 또는 건물은 해군력으로써 이를 포격함을 금한다.

제2조 군사상의 공작물 등의 면제

상기 금지대상에는 군사상의 공작물, 육·해군 건설물, 무기 또는 군용재료의 저장소, 적의 함대 또는 군대에 공용될 공장 및 설비와 항구 내에 있는 군함을 포함하지 않는다. 해군 지휘관은 상당한 기간 경고를 발한 후 지방관헌이 이 기간 내에 이를 파괴하는 조치를 취하지 아니하는 경우에 전혀 다른 수단이 없을 때는 포격으로 이를 파괴할 수 있다.

이 경우에 지휘관은 포격으로 인하여 발생한 손해에 있어서 고의에 기인하지 않는 손해에 대해서는 하등 책임을 지지 않는다.

군사필요상 즉시 행동을 요하는 까닭으로 기한을 부여할 수 없는 경우라도 방수되지 않는 도시의 포격에 관한 금지에 대하여는 앞의 경우와 동일한 것이며 또한 지휘관은 포격으로 도시에 미칠 불편을 가급적 적게 하기 위하여 적절한 모든 수단을 취하여야 한다.

제3조 징발

방수되지 않는 항구, 도시, 촌락, 주택 또는 건물은 지방관헌이 그 부근에 있는 해군의 긴급 수요를 충당키 위하여 필요한 식량 또는 군수품의 징발을 정식의 催告로 명령하였음에도 불구하고 이를 거부하였을 때에는 명시의 최고를 한 후 이를 포격할 수 있다.

　상기의 징발은 지방의 자력에 상응한 것이어야 한다.
　징발은 반드시 해군 지휘관의 허가를 얻어 행할 것이며, 이에 대하여는 가급적 빨리 현금으로 배상하여야 하고, 그렇지 않으면 영수증으로써 이를 보증하여야 한다.

제4조　軍稅

　방수되지 않는 항구, 도시, 촌락, 주택 또는 건물은 軍稅를 지불치 않음을 이유로 포격할 수 없다.

제2장 일반규정

제5조　공공건물 등의 보호

　해군력으로써 포격 시 지휘관은 종교, 기예, 학술 및 자선에 供用되는 건물, 역사상의 기념건조물, 병원과 상병자의 수용소는 동시에 군사상의 목적에 사용되지 않는 한 이를 가급적 손해를 면하게 하기 위하여 필요한 일체의 수단을 취해야 한다. 주민은 이러한 건물, 기념건조물 또는 수용소를 알기 쉽게 표시할 필요가 있다. 이 표시는 견고한 방형의 대판으로 대각선의 상부는 흑색, 하부는 백색의 양 3각형으로 구획한 것이어야 한다.

제6조　포격의 통고

　군사상 필요가 부득이한 한 경우를 제외하고는 공격 측 해군 지휘관은 포격 개시 전에 그 취지를 관헌에게 통고하기 위하여 시행할 수 있는 일체의 수단을 다하여야 한다.

제7조　약탈의 금지

　도시, 기타의 지역은 돌격으로써 점령한 경우라 하더라도 이를 약탈해서는 안 된다.

1907년 헤이그 제11협약 내용(본문)

제1장 우체신서

제1조　우체신서의 불가침

　해상에서 중립선 또는 적선 내에 있는 중립국 혹은 교전국의 우체신서서는 그 성질의 공사를 불문하고 불가침이다. 선박이 나포된 때에는 신서에 포획자가 할 수 있는 한 속히 이를 발송하여야 한다.
　전항의 규정은 봉쇄위반의 경우에 봉쇄항으로 또는 봉쇄항으로부터 오는 신서에는 이를 적용치 않는다.

제2조　중립 우체선의 제외

　우체신서의 불가침은 이로 인하여 중립 우체선박에 대하여 일반 중립상선에 관한 해전의 법정 및 관례의 적용을 면제하는 것은 아니다. 단, 임검 수색은 가급적 관대하고 신속히 필요한 경우에 한하여 이를 행함을 요한다.

제2장 포획 면제 선박

제3조　어선

　전적으로 연안어업 또는 지방적 소항해에 사용되는 선박은 그 어렵구, 전구 및 잠재물과 함께 포획이 면제된다. 이 면제는 해당 선박이 어떠한 방법임을 불문하고 적대행위에 가하는 때로부터 적용되지 않는다. 체약국은 위 선박의 평화적 외관을 이용하여 군사상의 목적에 사용하여서는 아니 된다.

제4조 종교적 임무를 띤 선박

  종교, 학술 또는 박애의 임무를 띤 선박도 포획이 면제된다.

제3장 교전자가 포획한 적 상선의 승무원의 취급

제5조 중립국민

  교전자가 적 상선을 포획한 경우에는 중립국민인 선원을 포로로 할 수 없다. 중립국민인 선장 및 선원으로서 전쟁 계속 중 적선에서 근무하지 않을 것을 서면으로써 정식으로 약속하는 자도 또한 같다.

제6조 적국민

  적국민인 선장 및 선원은 전쟁 계속 중 작전과 관계가 있는 어떠한 근무에도 종사하지 아니할 것을 서면으로써 정식으로 서약할 때에는 이를 포로로 할 수 없다.

제7조 성명의 통고

  포획을 행한 교전자는 제5조 제2항 제6조에 계기한 조건으로 포로를 하지 않는 자의 성명을 타방의 교전자에 통고하여야 한다. 후자는 고의로 위의 인원을 사용할 수 없다.

제8조 제외선박

  위 3개 조항의 규정은 적대행위에 가담한 선박에는 적용되지 않는다.

제5절 런던선언(1909)

  국제사회는 1908년부터 1909년에 걸쳐 런던에서 개최되었던 해군회의(Naval Conference of London)에서 그때까지 유효하였던 해전에 관한 국제관습법을 성문화한 '해전법규에 관한 선언'(Declaration concerning the Law of Naval War, 런던선언)을 채택함으로써 육전법규에 비견할 수 있는 해상무력분쟁법의 제정을 시도했었다.

  런던선언은 영국의 제안으로 10개 주요 해운(군)국들이 모여 개최된 국제회의(1908. 12~1909. 2)에서 채택된 해상교전권과 중립권과의 관계를 규정한 것으로 봉쇄, 전시금제품, 군사적 원조, 중립선 파괴, 군함의 호송 및 임검 등에 관한 내용을 담고 있다. 특히 전시금제품의 유형 및 각 유형에 해당되는 물품의 종류를 일반적으로 규정한 최초의 문서였다.[16) 그러나 영국이 이를 비준하지 않

---

16) 1909년 런던선언에 대한 자세한 설명은 F. Kalshoven, "1909 London Declaration", N. Ronzitti(ed.), *The*

자 다른 나라들도 비준에 소극적이었으며, 결국 정식으로 발효되지 못했다.[17]

그렇지만 동 선언은 당시 통상적으로 인정되던 관습법을 집대성하여 정비하고 그것을 성문화하였다는 점에서 해상무력분쟁법의 발전과정에서 높이 평가되고 있으며, 전통봉쇄법의 원칙들을 집단적으로 승인한 당시까지의 관행과 각국의 입장을 확인할 수 있는 유일한 법적 문서일 뿐만 아니라 오늘날까지 해상봉쇄를 규제하는 기본적인 지침역할을 하고 있다.

제6절 옥스퍼드 해전교범(1913)

국제법협회는 1880년의 육전매뉴얼(The 1880 Land Warfare Manual)에 비견할 수 있는 해전 관련 법규를 제정한다는 의도로 1913년 8월 9일 당시의 관습법을 반영한 옥스퍼드 해전교범을 채택하였다. 동 협회는 제2차 국제평화회의에서 '해전의 법규 및 관례에 관한 초안'을 채택한다는 목표를 두고 있었는데, 차기 평화회의에서의 토의의 기초자료로서 활용할 수 있도록 하기 위하여 해전 전반에 걸친 법규초안을 미리 작성하였던 것이다.

옥스퍼드 해전교범은 총 116개 조문과 1개 추가조문으로 구성되어 있으며, 그 내용은 다음과 같다. 제1장(제1조) 적대행위를 행할 수 있는 장소, 제2장(제2~13조) 교전국의 해상 병력(군함), 제3장(제14~30조) 해적수단, 제4장(제31~54조) 적 재산에 대한 교전국의 권리와 의무, 제5장(제55~87조) 각종 선박 및 그 승무원에 대한 교전국의 권리와 의무, 제6장(88조) 점령지역에서의 교전국의 권리와 의무, 제7장(제89~99조) 교전자(지휘관) 간의 전시규약(휴전 또는 항복 등에 관한 규약), 제8장(제100~115조) 포획 및 그 절차, 제9장(116조) 적대행위의 종료 등이 포함되어 있으며, 추가조문의 내용은 헤이그 육전협약 제3조[18]와 동일

Law of Naval Warfare: A collection of Agreements and Documents with Commentaries, Martinus Nijhoff Publishers, 1988, pp.257 – 275 참조.

17) 런던해군회의에는 영국정부의 초청으로 미국, 영국, 프랑스, 이탈리아, 일본, 러시아, 오스트리아, 헝가리, 네덜란드, 스페인의 10개국이 참가했었다. 참가국은 모두 동 선언에 서명하였으나, 어느 서명국도 비준하지 않았으므로 동 선언은 성립되지 못했다.

18) 제3조의 내용은 다음과 같다. "상기 규칙의 조항에 위반한 교전국은 그 위반으로 인하여 발생한 손해를 배상하

하다.

옥스퍼드 해전교범은 해전 일반에 관한 최초의 협약초안이었다. 그러나 제1차 대전으로 인하여 차기 평화회의가 개최되지 못하였으므로, 동 교범이 해전협약의 채택을 위한 토의의 기초자료로서 활용될 기회는 그 후에도 없었다.[19]

제7절 잠수함전 관련 협약

1. 잠수함전 규제에 관한 초기 논의

잠수함전에 관한 논의가 최초로 행해진 것은 1899년 제1차 국제평화회의이다. 동 회의 의제 8개 항목 중 제4항목에 '잠수함의 해전에서의 사용금지 및 잠수함의 제조금지'가 포함되어 있었다. 동 회의에 참가한 22개국 중 당시 잠수함을 보유하고 있던 국가는 미국과 프랑스뿐이었다. 영국은 자국 해군력의 패권이 침해되지 않는다는 것을 조건으로 그리고 독일은 자국 군대에 대한 어떠한 제한도 배제한다는 정책하에 참가하였다. 영국은 수상함이 잠수함에 비해 취약하다는 것을 알고 있었기 때문에 자국의 수상함에 의한 해군력 우위를 유지하고자 잠수함의 해전에서의 사용금지를 위해 노력하였으며, 이에는 벨기에, 그리스, 불가리아, 샴, 페르시아 등 5개국이 찬성하였다(총 6개국). 그러나 미국과 프랑스는 이에 반대하였는데 스페인, 포르투갈, 스웨덴, 노르웨이, 터키, 오스트리아, 덴마크, 오란다 등 9개국이 이에 동조하였다(총 11개국). 한편 영국 외 일본, 독일, 이탈리아 및 루마니아는 전원일치를 조건으로 잠수함의 해전에서의 사용금지에 찬성하였으며, 러시아, 세르비아, 스위스는 기권하였다. 결국 '잠수함의 폐지에 관한 협정안' 채택은 부결되었다. 그 결과 해전에서의 잠수함 사용은 합법적인 것으로 인정되었으나 잠수함의 구체적 행동을 규제하는 국제법규에 대해서는 어떠한 논의도 없었다.[20]

여야 한다. 또한 교전국은 자국 군대 구성원의 모든 행위에 책임을 진다."

19) 정운장, 국제인도법, 영남대학교 출판부, 1994, pp.66–67.

20) W. T. Mallison, *Studies in Law of Naval Warfare: Submarines in General and Limited Wars*, U.S.

잠수함전에 대한 본격적인 국제법적 규제는 1920년대 및 30년대 들어 잠수함에 관한 2개의 협약안이 채택되면서부터 시작되었다. 1차 대전 발발 이전에도 교전국 간을 규율하는 전통적인 해전규칙이 불완전하나마 이미 확립되어 있었지만, 1차 대전에서의 교전국들의 관행은 전통적인 해전규칙에 대한 상당한 논란을 불러일으켰다. 특히, 독일 잠수함의 상선 공격은 해전에서의 군함과 민간 선박의 구별원칙을 심각하게 위반하는 것이었으며, 영국도 상선을 무장하여 전투에 참가시키는 등 구별원칙의 적용을 더욱 어렵게 했다. 여타 교전국들도 이러한 관례를 따랐으며, 해전에 있어 상선을 공격으로부터 보호하는 데에는 명백한 한계가 있었다.[21]

전쟁이 끝난 후 1차 대전 중 심각하게 훼손되고 무시되었던 전통적인 해전규칙의 권위를 재구축해야 한다는 국제적인 염원이 형성되기 시작했는데, 그러한 염원의 구체적 성과물이 1922년 '교전 시의 잠수함 및 독가스 사용에 관한 조약'(1922 Washington Treaty relating to the Use of Submarines and Noxious Gases in Warfare, 1922. 2. 6 서명, 이하 워싱턴조약)과 1936년 '1930년 4월 22일 런던조약 제4장(제22조)의 잠수함전 규칙에 관한 1936년 런던의정서'(1936 Proces – Verbal relating to the Rules of Submarine Warfare set forth in Part Ⅳ of the Treaty of London of 22 April 1930, 1936. 11. 6 서명 및 발효, 이하 런던의정서)가 그것이다.

2. 교전 시 잠수함 및 독가스 사용에 관한 워싱턴조약(1922)

워싱턴 해군군축회의(1921 – 1922)는 군축에 대한 약정[22]과는 별도로 동 조약을 채택하였다. 동 조약은 제1차 세계대전 당시 잠수함이 민간 상선을 격침한 사례가 많았으므로, "해전에서 중립국 국민과 적국의 비전투원의 생명을 보호하

Naval War College, Internationl Law Studies 1966, 1968, pp.33 – 34.

21) 해군 본부, *op. cit.*, p.172.

22) 1921년과 1922년에 걸쳐 당시의 미국 대통령 하딩(W. G. Harding)의 제창에 의하여 해군의 군비축소에 관한 회의가 워싱턴에서 개최되었다. 당시의 주요 해군국이었던 미국, 영국, 프랑스, 이탈리아, 일본의 5개국이 참가하였다. 이들 5개국은 각각 보유 중에 있는 주력함의 수를 감축하고 동시에 향후 10년간 주력함을 새로이 건조하지 않을 것과 또한 향후 5개국이 보유하는 주력함의 총 톤(ton)수 비율을 미국 5, 영국 5, 일본 3, 프랑스와 이탈리아가 각각 1.75로 유지할 것을 약정하였다. 정운장, *op. cit.*, p.67.

기 위하여"(전문) 그리고 제1차 세계대전에서 대규모로 사용되었던 독가스의 사용을 규제하기 위하여 채택되었던 것이다. 7개 조문으로 구성된 '워싱턴조약'의 실질적 부분은 처음의 5개 조문에 규정되어 있으며, 그중에서 독가스에 관하여는 단지 1개 조문(제5조)만을 두고, 나머지 4개 조문은 모두 잠수함전에 관한 것이었다. 동 조약에는 호주 캐나가, 인도, 이탈리아, 일본, 뉴질랜드, 남아프리카, 영국 및 미국이 비준하고 에티오피아가 가입하였으나, 회의 참가국 중 프랑스가 비준을 거부함으로써 발효되지 못했다.[23]

3. 잠수함전 규칙에 관한 런던의정서(1936)

1930년 영국의 제창에 의하여 1922년 워싱턴 회의 참가 5개국 간 런던 해군군축회의가 개최되었다. 그 목적은 워싱턴 해군군축조약의 대상이 해군의 주력함이었으므로, 런던회의에서는 주력함 외에 보조함의 보유량을 일정한 비율로 감축하고자 하였다. 이러한 시도가 행하여진 것은 특히 1929년 이후의 세계적 대공황으로 인하여 상기 5개국이 각각 군사비를 삭감하고자 한 데에 기인한다. 이리하여 '해군의 군비제한 및 감축에 관한 런던조약'(Treaty of London for the Limitation and Reduction of Naval Armaments, 1930. 4. 22 서명, 1930. 12. 31 발효)이 성립되었는바, 동 조약 제4장 제22조의 규정이 잠수함전에 관한 것이었다. 단, 동 조약은 1936년 12월 31일까지 유효한 기한부 조약이었으나, 제22조의 규정에 한하여 기한의 제한을 받지 않고 계속적으로 효력을 갖는다는 것이 동 조약 제23조에 명시되어 있었다.[24]

그 후 런던조약 제22조를 승인하는 국가를 늘리기 위해 동 조약에 서명했던 11개국의 대표들은 1936년 런던에서 모여 제22조의 조문을 그대로 옮겨 놓은 '런던의정서'를 채택하고, 기타 국가들에게 동 의정서에 가입할 것을 시간제한 없이 제안했다. 1936년 독일과 소련을 포함하여 많은 국가들이 동 의정서에 가입했으며, 제2차 세계대전 발발 시까지 48개국이 가입했다. 동 의정서의 내용은

---

23) *Ibid.*, pp.67-68. 동 조약이 효력을 발휘하기 위해서는 모든 서명국들이 비준할 것이 요구되었다.
24) *Ibid.*, p.68.

다음과 같다.

> (1) 잠수함은 상선에 대한 행동에 있어 수상함이 따라야 할 국제법 규칙을 준수하여야
>   한다.
> (2) 특히 상선이 정당하게 정선이 요구되었을 때 이를 강경하게 거부하거나 또는 임검
>   혹은 수색에 대하여 적극적으로 항거하는 경우를 제외하고 군함은 수상함이건 잠수
>   함이건 불문하고 먼저 승객, 선원 및 선박서류를 안전한 장소에 대피시키지 않고는
>   상선을 침몰시키거나 또는 항해할 수 없도록 만들 수 없다. 본 규정의 적용에 관하
>   여는 선박의 단정은 당시의 해상 및 일기상태를 고려하여 육지에 접근하거나 또는
>   승객 및 선원을 선내에 수용할 수 있는 다른 선박이 있어 승객 및 선원의 안전이
>   확보되지 않는 한 안전한 장소로 간주될 수 없다.[25]

제2차 세계대전에서의 독일 잠수함 및 항공기의 무차별적인 상선공격은 동 의정서를 위반한 것으로 비난되었으나, 독일은 의정서가 규정하고 있는 의무를 인정하면서도 자국의 조치는 정당한 보복행위이며 상선을 무장시키는 영국의 행위가 그러한 의무의 이행을 방해한다고 주장했다. 반면 영국과 프랑스는 독일에 보복수단을 강구했으며, 이러한 사태의 원인은 독일이 동 의정서를 위반했기 때문이라고 주장했다.

또한 뉘른베르크 국제군사법원은 되니츠 제독의 공판에서 피고인이 동 의정서를 위반했다고 판시했다. 비록 동 의정서가 전쟁 중 교전국들의 행위를 규제하는 데 별 효과는 없었지만, 의정서가 더 이상 법적 구속력을 지니지 않는다고는 하지 않았던 것이다. 실제로 군함과 상선의 구분에는 커다란 실질적인 어려움이 있음에도 불구하고 뉘른베르크 판결은 동 의정서가 여전히 생명력을 지니고 있음을 확인한 것으로 해석된다. 그렇지만 양차 대전 동안의 교전국들의 관례와 해전의 성격 변화는 동 의정서에 구현된 원칙들이 어느 정도 적용 가능한 것인가 하는 문제를 계속 불러일으켰다.

---

25) 동 의정서는 각국의 해전법규에 포함되었으며, 국제법의 선언으로 인정되어 1937년의 니용협정의 서문에서도 언급되었으며, 그 내용은 많은 국가들에 의해 적국 상선을 공격하는 항공기에도 적용되는 것으로 간주되었다.

4. 니용협정 및 추가협정(1937)

1937년 특수한 지역적 협정으로 '니용협정'(Nyon Agreement, 스위스 니용, 1937. 9. 14 서명과 동시 발효) 및 동 협정을 보완하는 '추가협정'(Supplementary Agreement, 스위스 제네바, 1937. 9. 17 서명과 동시 발효)이 채택되었다. 양 협정의 체약국은 불가리아, 이집트, 프랑스, 영국, 그리스, 루마니아, 터키, 소련, 유고슬라비아의 9개국이었다. '니용협정'의 내용은 스페인 내전 동안 교전국의 잠수함이 지중해에서 1930년의 런던조약 제22조 및 1936년 런던의정서에 위반하여 '교전국에 소속되지 않는 상선을 공격하였을 경우, 이에 대하여 9개 체약국이 공동으로 집단적 대응조치(당해 잠수함에 대한 반격 및 파괴)를 취할 것을 약정한 것이며, '추가협정'은 잠수함 이외의 일반군함 및 항공기에 의하여 행하여지는 불법적 공격에 대하여도 체약국이 집단적 조치를 취한다는 것이었다.[26]

제8절 제네바 제2협약(1949)

전투방법의 변혁은 특히, 1929년에 제네바협약이 개정되었다는 사실과 더불어 해전 관련 협약을 검토하고 개정할 필요성을 제기하였다. 사전 준비를 위한 연구가 있은 후 각국 정부가 파견한 해군전문가와 각국 적십자사의 원조를 얻어 국제적십자위원회는 1937년 개정 초안을 작성하였으며, 이것이 제16차 국제적십자위원회[27]에서 승인되어 스위스가 1940년에 소집하기로 한 외교회의의 의

---

26) *Ibid.*, pp.68 – 69.

27) 1938년 제16차 국제적십자회의(런던)는 1921년의 결의를 보충, 강화한 '내전 시 적십자의 역할과 활동'(Role and Activity of the Red Cross in Time of Civil War)에 관한 새로운 결의(ⅩⅣ)를 채택했다. 동 결의는 ICRC와 각국 적십자사에 대하여 내전의 경우 (1) 1929년 제네바협약 및 1907년의 제10헤이그협약(제네바협약 원칙의 해전에의 적용협약)에 규정된 인도적 원칙, 특히 부상자, 병자 및 포로의 대우와 의무요원 및 의료저장품의 안전에 관한 것을 적용할 것, (2) 모든 정치범의 인도적 대우, 교환 및 가능한 한 석방할 것, (3) 비전투원의 생명과 자유를 존중할 것, (4) 개인적 성질의 정보전달 및 가정에의 복귀에 대한 편의를 도모할 것, (5) 아동보호에 관한 유효한 조치를 취할 것 등의 사항들을 확보하기 위해 협력할 것을 요청하고 있다.
이처럼 동 결의는 1929년 제네바협약 및 1907년의 제네바협약의 원칙을 해전에 적용하는 협약의 일부 규칙이 내전에 적용된다는 것을 처음으로 분명히 인정하였다. 이러한 결의가 채택된 배경에는 상부실레지아분쟁과 스페인내전에 개입해 온 ICRC의 활동으로부터 얻어진 결과인데, 특히 당시 분쟁 중이던 스페인내전에 있어서의 적십자의 활동에 대한 여러 가지 장애가 크게 작용했던 것으로 생각된다. 이러한 ICRC의 일련의 노력과 그

제가 되었지만 전쟁의 발발로 그 개최가 무산되었다.[28]

규모에 있어서 전례 없었던 제2차 세계대전 말에 다시 제네바협약을 개정하고 확대해야 할 시기가 온 것은 경험에 비추어 명백하였다. 협약을 개선하고 발전시키기 위하여 노력하는 것은 언제나 국제적십자위원회의 전통이었으므로 위원회는 1945년 이 작업에 착수하였다.[29]

이러한 목적수행에 있어서 국제적십자위원회는 그 통례의 방법에 따랐다. 이용 가능한 문헌을 수집하여 편찬, 확장, 확인 및 수정을 필요로 하는 문제점을 명백히 하였다. 각국 정부, 각국 적십자사 및 기타 구호단체로부터 전문가의 원조를 얻어 협약초안이 작성되었다. 이 목적을 위하여 정부전문가회의가 제네바에 소집되었고 그중 가장 중요한 것은 1946년의 각국 적십자사 예비회의 및 1947년의 정부전문가회의였는데, 이 두 회의는 결정적 진전을 보였다. 다음에 국제위원회는 완전한 초안을 작성하여 이것을 스톡홀름에서의 1948년 제17차 적십자국제회의에 제출하여 약간의 수정을 거쳐 채택하였다(스톡홀름안).[30]

스톡홀름안은 1949년 4월 21일부터 8월 12일까지 제네바에서 개최된 외교회의(59개국 전권대표 파견, 4개국 옵서버 파견)에 제출되었다. 외교회의는 즉시 4개의 주요 위원회를 설치하고 위원회를 동시에 개최하여 ① 제1제네바협약 및 이를 해전에 적용하는 제1협약의 개정, ② 포로협약의 개정, ③ 민간인의 보호에 관한 협약 및 ④ 4개 협약 전부에 공통하는 규정에 대하여 검토하였다. 다수의 작업반 외에 조정위원회 및 기초위원회가 설치되고 회의의 말미에 가서는 회합을 거듭하여 초안의 통일을 도모하는 데 노력하였다.[31]

그 결과 1949년 8월 12일 17개국 대표가 4개 협약에 서명할 수 있었다. 그중

에 힙입어 채택된 결의들 및 상부실레지아분쟁과 스페인내전에서의 경험과 성과는 내전에 관한 규정을 1949년 제네바협약에 삽입토록 하는 데 중요한 기여를 하였다. 이민효, 무력분쟁에서의 희생자보호와 국제인도법, 한국학술정보, 2006, pp.90－91.

28) 대한적십자사 인도법연구소(역), *op. cit.*, p.10.

29) *Ibid.* 발생할 수 있는 모든 사건에 적용할 수 있는 완전하고 세부적인 규칙을 작성할 것인가 아니면 각국에 있어서의 현황에 비추어 이에 적용할 수 있도록 충분히 탄력성 있는 일반원칙을 작성할 것인가를 선택하여야 했다. 1929년에 포로협약의 경우에 있어서와 마찬가지로 각국 정부에 있어서 전자의 발상이 우세하다는 것이 곧 명백해졌다. 그러나 국제적십자위원회는 협약의 서두에 일반적이고 파기 불가능한 원칙을 게재하고, 협약 부속서에 협정 및 규칙에 따라 특별협정을 체결할 수 있는 방편을 마련함으로써 이 구상에 수정을 가하려고 하였다. *Ibid.*, p.11.

30) *Ibid.*

31) *Ibid.*

하나가 '해상에 있어서 군대의 부상자, 병자 및 조난자의 상태개선에 관한 제네바 제2협약'(Convention(Ⅱ) for the Amelioration of the Condition of Wounded, Sick and Shipwrecked of Armed Forces at Sea, 1950. 10. 21 발효)이다. 동 협약은 1907년의 헤이그 제10협약(제네바협약의 제 원칙을 해전에 적용하는 협약)을 개정한 것이다. 단, 1907년 협약이 28개 조문으로 구성되어 있음에 반하여 동 협약은 63개 조문과 1개 부속서(의무요원 및 종군 종교요원의 신분증명서 양식)로 구성되어 있다. 이와 같이 그 내용(조문)이 확대된 것은 1907년 협약이 단지 육전에서의 부상자 보호에 관한 제네바협약의 제 원칙을 해전에 적용한다는 제한적 성격을 가졌던 데에 비하여, 제2협약은 포괄성을 띤 독립된 협약으로 작성되었기 때문이다.[32]

동 협약의 성립으로 해전 관련 협약은 상당히 발전되었는데, 그것은 전통적인 제네바협약인 제1협약보다 1개조가 적을 뿐이며, 육전에 관한 협약 규정 거의 전부가 비로소 해전협약에도 동일한 내용이 삽입되었으며 그 순서도 동일하다.[33]

동 협약은 약간의 간극 또는 불완전한 점을 남기고 있으나 많은 점에 있어서 발전 또는 수정되었다. 해상에 있어서의 특유한 특수조건에 비추어 위생요원의 포획면제 원칙은 대폭적으로 인정되고 있어 혹자는 제2협약이 제1협약보다 더욱더 인도적이라고 생각한다. 향후 새로운 분쟁이 발생할 불행한 경우에도 본 협약이 다시 다수의 희생자 보호에 도움이 되고 문명과 인도를 위한 최후의 피난처의 하나가 될 것이다.[34]

---

32) 정운장, *op. cit.*, pp.73 - 74. 1949년 제네바협약의 채택과정에 대한 자세한 설명은 G. Best, *War and Law since 1945*, Clarendon Press, 1996, pp.80 - 114 참조.

33) 대한적십자사 인도법연구소(역), *op. cit.*, p.13.

34) *Ibid*, pp.13 - 14.

제2장

해전수역

역사상 가장 규모가 큰 국제협상의 산물인 유엔해양법협약은 개별국가들의 해양이용에서의 준거가 되는 기초적인 규범들을 제공하고 있다.[1]

해상, 대륙붕 및 심해저를 포함한 해양 전반의 규제와 보호에 관한 기본적인 규정들을 담고 있는 동 협약은 변화하는 해양현실에 발맞추어 국가 관할 수역에 관한 전통국제법을 대폭 수정하여 내수, 영해, 접속수역 및 공해와 같은 전통적인 해양체제 외에 다양한 수역(zones), 즉 군도수역, 배타적 경제수역 및 심해저 등을 포함하는 새로운 해양체제를 확립하였다.[2]

해양법협약의 기본취지는 안정적 해양법질서의 확립이었기 때문에 협약내용의 대부분은 기본적으로 평시 통항, 해양자원의 관리, 해양환경의 보호 및 보존 등 해양의 평화적 사용에 관한 것이다. 해양법협약의 협상과정에서 해양의 군사적 및 전략적 사용문제 혹은 해양군비통제에 관한 논의는 비교적 적었으며, 따라서 해양의 군사적 사용문제에 대한 직접적인 규정은 그리 많지 않다. 제3차 해양법회의(1973~1982)에서 군사적 측면에서 다루었던 문제라면 해저의 군사적 활용과 관련된 군비축소 협상 정도라고 할 수 있다.[3]

이처럼 '인류공동의 유산'으로서의 해양 개발 및 이용에 관한 각국의 이해관계를 조정하여 단일 법전으로 채택된 해양법협약은 평시의 해양제도[4]를 규정한 것이다. 이러한 해양법협약의 평시법적 성격에도 불구하고 연안국의 주권 또는

---

1) Robin R. Churchill and Alan V. Lowe, *The Law of the Sea*, Manchester University Press, 1983, p.14.

2) Bernard H. Oxman, "United States Interests in the Law of the Sea Convention", 88 *AJIL*, 1994, pp.167－178 참조.

3) 이수근·강한구·김광식, 유엔해양법협약 발효에 따른 국방정책 연구, 한국국방연구원, 1997. 9, p.30.

4) 국제공법을 계속해서 두 개의 고전적인 카테고리 ― 전시법과 평시법 ― 로 구별하는 한, 해양법협약은 의심의 여지없이 후자에 속한다. 또한 해양법협약은 해양을 서로 다른 관할권을 갖는 수역으로 구분하고 각각에 적용되는 규칙들을 포함하고 있다. 전투행위와 중립에 관한 일부 규칙은 지리적인 구분에 따른 각 수역의 지위에 따라 변한다. 해양법에 있어서 한편으로는 내수와 영해, 다른 한편으로는 공해라는 고전적 2분법은 특히 해협, 군도수역, 배타적 경제수역 및 대륙붕 제도에서 볼 수 있는 새로운 세분된 구별과 양태에 그 지위를 양보하였다. Bernard H. Oxman, "The Regime of Warships under the United Nation Convention on the Law of the Sea", 24 *Virginia Journal of International Law*, 1984, p.809.

기타 국가 관할권의 행사에 따르는 협약상의 각 수역들은 무력분쟁 시 교전국과 중립국 쌍방의 권리행사에 상당한 영향을 미쳤다.

오늘날 성문화되어 있는 대부분의 해상무력분쟁법은 주로 19세기와 20세기 전반, 즉 해양법협약이 채택되기 이전에 결정화된 것으로 '좁은 영해'와 '넓은 공해'로 이해되던 기존 해양법 체제를 기초로 한 것이었기 때문에 과거 공해의 일부로 인정되었거나 아무런 법적 규제가 확립되지 않았던 수역들이 군도수역, 배타적 경제수역, 국제해협 및 심해저 등으로 새로이 승인됨에 따라 이들 수역의 해전수역으로서의 지위가 중요한 관심사로 대두되었던 것이다.

제1절 해전수역의 범위 및 제한

1. 해전수역의 범위

해전수역과 관련하여 전통적 해전법규는 다음과 같이 요약될 수 있다. 첫째, 교전 당사국들은 교전국의 영해, 공해 및 이들 수역의 상공에서만 적대활동을 행할 수 있다. 둘째, 교전 당사국들은 중립국의 내수, 영해 및 이들 수역의 상공에서 적대활동을 행할 수 없다. 셋째, 중립국은 분쟁에 참여하고 있는 모든 교전 당사국들에게 중립법규를 공평하게 적용하여야 한다.[5]

17~18세기에 들어 이러한 일반원칙들이 구체적이지는 못했지만 각국들의 관행에 의해 일반적으로 승인된 일련의 공식적인 행위규칙으로 다듬어졌으며, 이들 행위규칙의 대다수는 제2차 헤이그 평화회의(the 2nd Hague Peace Conference)에서 '해전에서의 중립국의 권리 및 의무에 관한 1907년 협약(XIII)'(Convention (XIII) Concerning the Rights and Duties of Neutral Powers in Naval War, 이하 해전중립협약[6])으로 빛을 보았다.[7]

---

5) NWP-9, para.7.3.4.2; D. P. O'Connell, *The International Law of the Sea*, Clarendon Press, 1982, vol.1, p.1117; H. Lauterpacht, *Oppenheim's International Law*, Longmans·Green and Co., 1952, vol.2, pp.673-695; M. M. Whiteman, *Digest of International Law*, U.S. Government Printing Office, 1965, vol.4, p.178.

6) 장차 발생될 모든 경우에 적용될 수 있는 종합적인 조치를 강구할 수는 없지만 전쟁이 발발할 경우 적용할 수

그러나 유엔해양법협약 질서하에 있는 오늘날 적대행위를 행할 수 있는 수역, 즉 해전수역은 (a) 교전국의 영해 및 내수, 영토, 배타적 경제수역, 대륙붕 및 군도수역, (b) 공해 및 (c) 일정한 제한하의 중립국의 배타적 경제수역 및 대륙붕의 수중, 수상 및 상공으로 규정할 수 있다.

1982년 유엔해양법협약에 의해 신설된 군도수역 및 배타적 경제수역을 제외한 기존 수역들의 해전수역으로서의 지위는 국제관습법으로 확립되어 있다.[8] 기존 수역들 외에 군도수역이 해전수역에 포함된 것은 군도항로대통항 및 타국에게 약간의 권리 및 활동이 허용된다는 예외가 있긴 하지만 군도국가의 주권이 그 영해와 동일한 의미를 갖는 군도수역에도 미친다는 사실을 반영한 것으로,[9] 이는 최근에 공표된 몇몇 국가의 해군작전 매뉴얼이 중립국과 교전국의 권리에 영향을 미칠 수 있는 규칙의 적용에 있어 군도수역을 영해와 동일하게 취급하고 있다는 사실을 반영하고 있다.[10]

군도수역과 마찬가지로 해양법협약의 채택으로 신설된 배타적 경제수역이 해전수역에 포함되는 것은 일부 경제적 목적을 위하여 연안국에 주권적 권리와 관할권을 인정하면서도 동 수역을 연안국의 주권하에 두는 것을 금지하고, 타국의 항행과 상공비행의 자유라는 권리 및 이러한 자유에 관련된 해양의 합법적

있는 일반적 규칙을 마련하기 위하여 체결된 해전중립협약은 영국을 비롯한 대다수 해양강국들의 일반적인 비준을 받지 못했음에도 불구하고, 그 규정들의 대부분은 관습법을 선언한 것으로 간주되었으며(D. Schindler, "Commentary on Hague Convention ⅩⅢ", N. Ronzitti(ed.), *The Law of Naval Warfare: A Collection of Agreements and Documents with Commentaries*, Martinus Nijhoff Publishers, 1988, p.211.), 중립국의 '해상영토'(maritime territory), 즉 내수 및 영해 내에서의 적대활동과 관련된 중립국과 교전국의 권리 및 의무를 규정한 가장 최근의 조약으로 이러한 문제들에 대한 논의의 시초를 제공한 것으로 이해되고 있다.

7) 중립제도의 역사는 오래되었지만 1870년대 알라바마호 사건 이후 틀이 갖추어지기 시작하였다. 특히 알라바마호 사건을 계기로 체결된 워싱턴조약은 중립제도에 크게 기여하였으니, 전시 중립국은 자국 영해 내에서 전쟁에 참여할 것으로 예상되는 선박들이 전비를 갖추어 출항하는 것을 금지해야 하며, 교전 당사국들은 자국 항구나 수역을 다른 교전 당사국에 대한 작전기지로 사용하거나 군시장비나 무기의 교체 및 증강에 사용하도록 허용하면 안 된다는 원칙이 마련되었다. 이러한 워싱턴 조약의 중립에 관한 규칙들은 일부 수정을 거쳐 1907년의 해전중립조약 제5조와 제8조가 되었다. 이석용, "해양의 군사적 이용에 관한 연구", Strategy 21, vol.3, no.2, 2000, p.96.

8) U.S. Department of Navy, Office of Chief of Naval Operations, *The Law of Naval Warfare*(NWIP 10-2), U.S. Government Printer's Office 1955, para.430; C. John Colombos, *The International Law of Sea*, David Mckay Company Inc., 1967, p.528 참조.

9) 해양법협약 Part. Ⅳ.

10) NWP9A, *The Commander's Handbook*, para.7.3.b; German Federal ministry of Defence, *Humanitarian Law in Armed Conflicts-Manual*, 1992, DSKVV 207320067, para. 1010(이하 German Manual, 독일 매뉴얼) 참조. Canadian Forces, Law of Armed Conflict Manual(Second draft, Ottawa: undated) (이하 Canadian Manual, 캐나다 매뉴얼)의 para.706과 1509 참조.

인 이용을 승인하고 있는 배타적 경제수역에 관한 해양법협약 규정을 반영한 결과이다.[11)

이상의 해전수역의 전반적 범위와 관련하여 무력분쟁과 무관한 중립국의 이익과 권리가 보장되는 중립국 관할 배타적 경제수역과 대륙붕에서의 적대행위 허용 여부가 문제될 수 있다. 비록 중립국의 배타적 경제수역 및 대륙붕은 특히 경제적 이익과 관련하여 중립국의 중대한 이익이 걸려 있는 수역이기는 하지만, 동 수역들에서도 적대행위가 허용된다는 것은 일반적으로 인정되고 있다. 단, 이 경우 교전국은 동 수역에서의 중립국의 관할권, 즉 권리의무에 대한 타당한 고려를 행하여야 한다.

2. 해전수역의 제한

가. 중립국 이익의 존중

교전국은 중립국이 주권적 권리, 관할권 및 기타 일반국제법에 기초한 권리를 향유하는 수역에서 작전을 수행하는 경우에는 당해 중립국의 정당한 권리 및 의무에 타당한 고려를 하지 않으면 안 된다.

작전이 어디에서 행해지더라도 교전국은 그 수역에서 인정되는 중립국의 권리를 부당하게 간섭하지 않는 방법으로 작전을 행할 의무가 있다. 이러한 상황이 발생될 가능성이 가장 높은 수역은 배타적 경제수역이나 대륙붕이겠지만, 중립국의 권리가 관할권의 주장(예컨대 배타적 경제수역, 대륙붕)에 기초하든 일반해양법에서 유래하는 보편적 권리(예컨대 공해)에 기초하든 관계없이 일반적인 문언으로 또한 모든 수역(심해저 포함)에 대하여 중립국 이익 존중원칙이 적용되어야 한다.

동 원칙과 관련하여 교전국의 의무이행에 관한 유효한 기준이 중립국의 권리에 대한 '타당한 고려'(due regard)인가 아니면 '존중'(respect)인가에 대해서 상당한 논란이 있었다. 교전국에 보다 큰 부담을 부과한다는 취지에서 본다면 '존중'이 이러한 의미를 보다 적절하게 나타낸다고 볼 수 있지만, 이미 해양법협약

---

11) 해양법협약 제56조~제58조, 제88조~제115조.

에서 사용되고 있을 뿐만 아니라 해양에서 교전국이 적대활동을 행할 권리와 중립국이 그 수역에서 정당한 활동을 할 권리 간의 균형을 반영하고 있는 '타당한 고려'라는 용어가 일반적으로 인정되고 있다.

이 외에도 '타당한 고려' 기준이 지지를 받는 이유는 이 용어가 해양법 전반에서 사용되고 있어 무력분쟁법과 같이 해양법과 밀접하게 관련 있는 문서에서는 더욱 적절하고, 국제인도법 등 기타 문서에서 사용되고 있는 '존중'이라는 용어는 피보호자와 피보호물자의 물리적 완전성을 보존해야 할 절대적이고 또한 확정적인 의무라는 의미를 갖고 있기 때문이다.

나. 해양환경의 보호 및 보전

오늘날 모든 국가에게 있어 해양환경을 보호하고 보전해야 한다는 의무는 일반적으로 승인되고 있다. 이는 환경보호에 관한 국가의 의무를 규정하고 있는 국제법상의 각종 규칙과 결의 및 각국의 국내법상의 규정이 증가하고 있다는 사실에서도 알 수 있다.

1982년 해양법협약은 50개에 가까운 조문을 할애하여 해양환경의 보호를 언급하고 있다. 특히 제192조는 "국가들은 해양환경을 보호하고 보전할 의무가 있다."고 명규하고 있다. 이처럼 기국은 자국선박에 대하여 관할권을 갖는 동시에 해양환경의 보호와 보전에 관한 국제적인 의무를 이행해야 할 책임도 있다.

해상에서의 교전행위에 있어 해양환경을 고려해야 한다는 원칙과 관련하여 최근 들어 특히 강조되고 있는 것은 분쟁 당사국은 (a) 희귀하거나 소멸되기 쉬운 생태계 및 (b) 멸종위협이나 위험에 처해 있는 종(species) 또는 기타 해양생물의 서식지를 포함하는 해역에서는 어떠한 적대행위도 해서는 안 된다는 것이 국제사회의 일반적 여론이다. 물론 이러한 여론은 구속적인 것이 아니라 합의에 이르도록 노력해야 한다는 권고적 성격의 것으로, 국제사회의 합의(consensus)이긴 하지만 법적 강제력을 갖는 것은 아니다.

동 원칙은 다음과 같이 규정하고 있는 해양법협약 제194조 5항에도 반영되어 있다.

본 장에 따라 취해진 조치는 희귀하거나 연약한 생태계 및 고갈되고 있거나 위험에 처
한 종과 기타 해양생물체의 보호와 보존에 필요한 조치를 포함하여야 한다.

본 항은 해상무력분쟁 당사국에 대하여 피보호 종이 서식하는 해역에서 적대
행위를 하지 않을 의무를 부과하는 것이 아니라 그러한 종이 서식하고 있는 해
역을 해전수역으로 이용하지 않을 것을 분쟁 당사국이 서로 합의하도록 장려하
고 있다. 이러한 해상무력분쟁 시의 비구속적인(soft law적인) 지침은 평시 국제
환경법의 일반규칙을 반영한 것이다.

본 항에 규정된 권고에 비추어 볼 때, 교전국은 적대행위를 삼가야 할 수역의
성질과 위치에 관한 지침으로 그와 같은 해역을 확정하여 보호하는 현행 및 장
래의 국제문서, 예를 들면 1972년 '세계 문화유산 및 자연유산의 보호에 관한
협약'(Convention for the Protection of the World Cultural and Natural Heritage)
에 의해 설정된 세계유산 리스트에 등록되어 있는 수역을 참고할 필요가 있을
것이다.

제2절 각 수역의 해전수역으로서의 지위

1. 내수, 영해 및 군도수역

오늘날 영해의 폭은 1982년 해양법협약에 반영되어 있는 바와 같이 직선기선
으로부터 12해리라는 것이 일반적으로 받아들여지고 있으며, 1982년 해양법협
약에서 군도수역 개념이 인정됨에 따라 인도네시아, 필리핀 및 바하마 등과 같
은 일부 군도국가들은 군도의 최외측 지점을 연결하는 '군도기선' 내의 수역을
자국의 주권에 복속, 즉 본질적으로 영해와 같은 지위를 갖는 것으로 주장할 수
있게 되었다.

이러한 발전의 결과 이전에는 공해와 국제공역이었던 해양과 그 상부공역의
상당 부분이 영해, 군도수역 및 영공에 편입되었다. 교전국과 중립국의 행위를
규율하는 전통적인 규칙은 영해의 폭이 통상기선으로부터 3해리라는 것이 일반

적으로 승인되던 시기에 발전된 것이지만, 이들 확대된 영해 및 군도수역에도
전통적 규칙하에서의 좁은 영해에 적용되던 것과 동일한 규칙들이 적용된다.[12]

문제는 중립국의 이들 수역들이다. 좁은 영해 ― 즉 전투행위가 금지되며, 중
립국에 그 중립을 강제해야 할 의무가 있는 교전국의 활동기지로서 ― 에서도
그랬지만, 군사력이 우세한 교전국은 필요한 경우 이러한 중립수역을 침범하고
자 하는 유혹에 빠지기 쉽고, 약소 중립국은 자국의 중립의무를 강제할 수가 없
든지 아니면 강제하고자 하는 의지를 포기할지도 모른다. 그 결과 중립국과 교전
국 간의 긴장이 높아져 중립수역 내에서 적대행위가 일어날 수도 있을 것이다.

원칙적으로 교전국은 중립수역(중립국 내수, 영해 및 군도수역으로 구성되며
중립국 공역(空域)은 중립국 수역 및 그 영토의 상공으로 구성) 내 및 그 상공
에서 적대행위를 할 수 없다. 여기서의 적대행위는 (a) 중립국 수역, 영토 또는
그 상공에 위치하는 자 및 목표물에 대한 공격이나 나포, (b) 중립국 수역 또는
그 상공에 위치한 교전국 군대가 중립국 수역 밖에 위치하고 있는 자 또는 목
표물을 공격 혹은 나포하거나 중립국 수역 및 그 상공을 작전근거지로 이용하
는 행위, (c) 기뢰부설 및 (d) 임검, 수색, 침로변경[13] 또는 나포를 포함한다.

동 기본원칙은 교전자는 중립국의 주권적 권리를 존중하여야 하며 또한 중립
위반을 구성하는 행위를 삼가지 않으면 안 된다고 규정하고 있는 '해전중립협
약' 제1조에서도 확인되고 있다.

이와 관련하여 인도네시아와 같은 일부 국가들이 군도수역을 광범위하게 확
대했음에 비추어 볼 때, 군도국가가 중립국인 경우 교전국의 적대행위를 배제하
기 위해서 군도수역을 영해와 동일하게 취급하는 것이 합리적인가 하는 문제가
제기될 수 있다. 하지만 군도항로대통항에 관한 일정한 조건이 준수된다면 중립
국의 군도수역은 영해와 동일한 법적 지위를 향유한다고 보아야 할 것이다.

또한 교전국 군대는 중립국 수역을 피난장소로 이용해서는 안 된다. '해전중
립협약'은 본 항과 같은 명확한 규정을 포함하고 있지는 않지만 당해 조약의 많
은 규정들, 즉 중립항 내의 정박 기간 연장(제14조), 수리의 제한(제17조), 군수

---

12) NWP9, *The Commander's Handbook*, para.7.3.6; Canada Manual, para.706(6) 참조.

13) 적대행위의 한 유형으로서의 '침로변경'은 임검과 수색을 위해 적절한 구역, 항구 또는 공항으로 향하도록 상선
과 민간기의 침로를 변경시키는 것 및 임검과 수색 대신에 대체 목적지에로 상선과 민간기의 침로를 변경시키
는 것과 관계있다.

품이나 승조원의 보충을 위한 중립국 수역의 이용금지(제18조) 및 양식이나 연료의 보충제한(제19조 및 제20조)에 관한 규정들을 두고 있는바, 이들을 전체적으로 보면 교전국 군대가 중립국 수역을 피난장소로 이용할 수 없다는 것을 강하게 암시하고 있다. 이것은 영해의 확대와 군도수역의 승인에 의해서 매우 광대한 수역이 중립국 수역 내에 포함되게 되었다는 것을 생각하면 특히 중요하다.

이의 당연한 결과로 교전국의 군용기 및 보조항공기는 중립국 공역(空域)에 진입할 수 없다. 만약 이들이 진입한 경우 중립국은 자국 영토 내에 착륙하도록 해당 항공기에 요구하기 위해 이용 가능한 수단을 동원할 수 있으며, 무력분쟁 기간 중 기체와 승무원을 억류하지 않으면 안 된다. 항공기가 착륙명령을 따르지 않을 경우 의료항공기의 확인 및 보호에 관한 규칙들을 따르는 것을 조건으로 공격할 수 있다. 이는 1923년 '헤이그 공전규칙(안)' 제42조의 관습적 규칙을 반영한 것으로[14] 교전국의 군용기가 착륙명령을 거부할 경우 공격당할 수도 있다는 것을 경고하는 것이다. 이러한 규칙은 일국의 군대가 소유하고 있거나 또는 배타적 감독하에 있으며 그리고 임시적으로 오로지 정부의 비상업적 역무에 완전히 사용되고 있는 보조항공기에도 적용되지만, 중립국의 관할 내에 진입한 교전국 의료항공기 및 중립국의 국제해협과 군도수역의 상공을 통항하는 교전국 군용기는 공격이 면제된다. 그렇지만 분쟁 당사국 간의 합의에 의해서 안전통항권이 부여된 그리고 공격이 면제된 교전국의 군용기와 보조항공기는 중립국 공역에 진입하기 전에 관련 중립국의 동의를 얻어야 한다.

그리고 중립국은 무력분쟁 중에도 보장되는 통항을 방해함이 없이[15] 그리고 차별 없이 교전국 군함 및 보조선박[16]의 중립국 수역에의 진입 또는 통항을 허용하여야 한다. 이 경우 일정한 조건을 부과할 수 있으며, 이를 위반할 경우 통

---

14) '헤이그 공전규칙(안)'은 교전국 군용기의 중립국 관할 내에의 진입을 금지하였다. 중립국은 그와 같은 진입을 방지하고 진입하는 경우 교전국 군용기를 강제 착륙시키기 위하여 모든 수단을 사용할 의무가 있다. 또 중립국은 기체, 승무원 및 승객을 억류할 의무가 있다(동 규칙 제42조).

15) 이는 국제통항에 이용되는 국제해협에서의 통과통항, 통과통항권이 적용되지 않는 국제해협에서의 정지되지 않는 무해통항 및 군도수역에서의 군도항로대통항은 금지되지 않으며, 일반적인 해양법(해양법협약 제3부 및 제4부)에서 인정되지 않는 조건이나 제한에도 따르지 않는다는 것을 분명히 하는 것이다. 일반국제법에 따라 채택된 통항에 관한 각국 법규는 무력분쟁 시에도 계속 적용된다.

16) '해전중립협약'이나 각국의 군사 매뉴얼 등은 중립국 수역에서의 통항에 관한 보조선박의 지위에 관해서는 거의 규정하고 있지 않지만, 해상에서 해군부대를 지원하기 위해 민간인이 승선한 선박을 사용하거나 또한 그와 같은 선박을 해군부대와 긴밀하게 통합하는 관행이 확대되었던 점에 비추어 보조선박을 군함과 동등시하는 것이 타당하다.

항을 제한 또는 금지할 수 있다. '해전중립협약' 제9조는 중립국에게 자국 항구, 정박지 및 영해에 진입하기 위한 조건, 제한 및 금지를 모든 교전국에 동등하게 적용할 것을 요구하고 있다. 동 협약은 중립국이 자국 영해에서의 군함의 통항을 금지할 수 있는가에 관하여 침묵하고 있지만, 양차 세계대전에서의 국가관행은 국제해협에 이르거나 국제해협을 구성하는 영해를 제외하고 그와 같이 금지할 수 있다는 것을 입증하고 있다.[17]

이처럼 중립국은 그와 같은 통항을 금지할 것이 반드시 요구되지 않으며, '해전중립협약'하에서 그 중립을 해하지 않는 '단순한'(mere) 통항을 허용할 수 있다.[18]

이를 보다 구체적으로 살펴보면, 중립국은 중립을 해하는 일없이 중립국 수역 내에서의 (a) 교전국의 군함, 보조선박 및 포획물에 의한 영해 및 군도수역에서의 통항, (b) 교전국 군함 또는 보조선박이 자국영역의 항구에 도달하는 데 충분한 양식, 물, 연료의 보급 및 (c) 항행을 위해 중립국이 필요하다고 인정한 교전국의 군함 또는 보조선박의 수리를 허가할 수 있다.[19]

그리고 교전국의 군함 또는 보조선박은 파손 또는 기상상태 때문에 불가피한 경우가 아니면 보급 또는 수리를 위하여 중립국 수역에서의 통항 기간 또는 당해 수역에서의 정박 기간을 24시간 이상 연장할 수 없다. 단, 이러한 규칙은 국제해협 및 군도항로대통항권이 행사되는 수역에서는 적용되지 않는다.

'해전중립협약'에서 논쟁적이었던 규정의 하나는 소위 24시간 규칙이 교전국 군함의 항구에서의 정박뿐만 아니라 영해에서의 통항에도 적용되는가 하는 것이었으나,[20] 중립국 수역에서의 정박뿐만 아니라 통항에도 24시간 제한을 적용

---

17) H. A. Smith, *The Law and Custom of the Sea*, Frederick A. Praeger, 2nd ed. 1950, p.153; Robert W. Tycker, U.S. Naval War College International Law Studies, *The Law of War and Neutrality at Sea*, U.S. Government Printer's Office, 1957, p.232; NWIP 10-2 *The Law of Naval Warfare*, para.443a, note 28.

18) 헤이그 제13조약 제10조.

19) '헤이그 제13조약' 제9조(공평의무), 제10조(영해에서의 단순한 통항에 의하여 영향을 받지 않는 중립성), 제11조(중립국 도선사의 사용), 제17조(중립국 수역에서의 수리) 및 제19조(중립국 수역에서의 양식과 연료의 보급) 참조. 군함, 보조선박 및 포획물은 통항 중에 중립국의 도선사를 이용할 수 있으며, 군함 및 보조선박의 수리는 교전국의 전투력을 회복하거나 증강시키는 것이어서는 안 된다.

20) 제2차 세계대전에서의 1940년 2월 14일 독일해군의 보조선박 Artmark호는 독일로의 귀항 도중 노르웨이의 허가를 얻어 노르웨이의 영해에 들어갔다. 동 선박에는 약 300명의 영국 포로가 승선하고 있었는데, 영국 해군 지휘관은 그것을 확인하기 위해 수색을 요구하였지만, 노르웨이는 이를 거부하였다. Artmark호가 약 400해리에 걸쳐 노르웨이 영해를 통항한 뒤인 16일 영국 구축함이 노르웨이 영해 내에 들어와 선내의 포로를 석방하였다. 이 사건은 동 규칙이 가져오는 딜레마를 예증하고 있다.

하기로 했다.

그렇다면 교전국이 중립수역에서의 적대행위 금지원칙을 준수하지 않을 경우 중립국은 어떠한 조치를 취할 수 있는가? 이 경우 중립국은 교전국 군대에 의한 중립위반을 방지하기 위한 조치(이용 가능한 수단에 의한 감시 포함)를 취할 수 있다. 이는 중립국은 그 영수의 침해를 방지하기 위하여 '실행할 수 있는 모든 수단에 의하여' 감시하지 않으면 안 된다고 규정하고 있는 '해전중립협약' 제25조에서도 확인되고 있다.

문제는 중립국의 조치가 교전국에 의한 중립국 수역의 불법적인 사용을 방지하거나 종료시키지 못할 경우에 타방 교전국은 어떠한 행동을 취할 수 있는가 하는 것이다. 교전국이 중립국 수역제도를 위반한 경우 중립국은 이를 종료시키기 위하여 필요한 조치를 취할 의무가 있지만, 만약 중립국이 어느 일방 교전국의 중립국 수역제도의 위반을 종료시키지 않고 있으면 타방 교전국은 중립국에게 이를 통지하고, 교전국의 위반을 종료시키기에 필요한 합리적인 시간을 해당 중립국에 보장해 주지 않으면 안 된다. 그리고 어느 일방 교전국에 의한 중립국의 중립 위반이 타방 교전국의 안전보장에 중대하고 또한 직접적인 위협을 구성하며, 그 위반이 종료되지 않고 있는 경우 타방 교전국은 실행 가능한 적절한 대안이 없을 경우에는 그러한 위협으로 인하여 발생되는 위협에 대처하기 위하여 필요한 무력을 행사할 수 있다.[21)

이 문제와 관련하여 중립국 수역에서 무력적인 방위조치를 취하는 것은 중립국의 영토보전에 대한 무력행사와 같은 것이며, 교전국에 의해서 그것이 정당화되는 것은 해당 중립국이 무력공격을 받거나 또는 그와 같은 공격을 받을 급박한 위협에 직면해 있는 경우만이라고 보는 입장과[22) 자위의 정당화 문제는 그

---

21) 이는 전통적인 법을 반영한 것으로(D. P. O'Connell, *The International Law of the Sea*, Clarendon Press, 1982, vol.2, p.1117; L. Oppenheim, *International Law* vol.Ⅱ, Longmans, Green and Co. 7th ed. 1952, p.695 참조). 미국 매뉴얼 및 캐나다 매뉴얼도 이러한 입장을 채택하고 있다(NWP9A, *The Commander's Handbook*, para.7.4.3.2.; Canada Manual, para. 1504(2)). 독일 매뉴얼은 중립국은 자국의 관할 내에서 교전국 선박이 의장이나 무장하는 것을 방지하기 위해서 이용 가능한 모든 수단을 사용할 것과 이용 가능한 수단의 범위 내에서 자국 수역 내에서의 중립규칙의 위반을 방지할 것을 요청하고 있다. 그러나 그 의무에 따라서 행동하지 않을 경우의 결과에 대해서는 침묵하고 있다. German Manual, paras.1125 and 1136.

22) 이러한 입장을 지지하는 자들은 '해전중립협약'하에서 중립국의 의무는 '동 협약의 규정에 대한 일체의 위반을 방지하기 위하여 허용되는 모든 수단에 의해 감시하는 것'이기 때문에 중립국이 그 중립국 수역 내에서의 불법행위를 방지하는 것이 불가능한 경우 피해를 입은 교전국 부대에 의한 중립국 수역 내에서의 직접적인 무력행사를 인정하도록 요구하는 것은 너무 지나치다고 본다. 특히 적대하는 교전국에 의한 위반이 중대하고 또한 직

이전 단계에서 해결되기 때문에 이 단계에서의 무력행사는 무력분쟁법에 의해서 규율된다면서 중립국 수역에서 취한 조치는 중립국의 영토보전에 대한 무력행사가 아니라 적대하는 교전국에 대한 것이므로 필요성과 비례성이 존중되는 한 정당하다고 보는 입장이 대립하고 있다.

그러나 중립국이 교전국에 의한 중립국 수역의 불법적인 사용을 종료시킬 수 있는 수단을 갖고 있지 않은 경우 논란의 여지가 있기는 하지만, 중립국이 그 수역 내에서의 불법행위를 방지할 의사가 없는, 그러나 그 방지가 반드시 불가능하지만은 않을 경우에는 더 직접적인 대응책이 허용되어야 할 것이며, 최후의 수단으로 무력사용까지도 보장되어야 할 것이다.

2. 국제해협

해양법협약상의 국제해협 제도는 교전국과 중립국의 관계를 규율하는 전통적인 이론과 원칙에 어떠한 영향을 미쳤는가? 즉 이들은 무력분쟁 시 어떠한 법적 지위를 갖는가?

유엔해양법협약이 채택되기 이전의 기존 해양법상 중립연안국은 '군함의 단순한 통과'를 포함한 교전국의 적대활동으로부터 자국의 영해를 폐쇄할 수 있는 권리가 인정되었지만, 이러한 연안국의 권리는 국제해협이 영해를 구성하는 경우에는 폐쇄할 수 없다는 것이 일반적으로 수락되고 있었다.[23]

이는 영국해군의 그리스의 Corfu 섬과 알바니아 본토 사이의 해협을 통과할 권리를 확인한 코르푸 채널(Corfu Channel) 사건에서도 확인되었다. 동 사건에서 ICJ는 "만약 통항이 무해하다면, 평시 모든 국가의 군함은 연안국의 사전 승인 없이 공해의 두 부분 간의 국제항행에 이용되는 해협을 통과할 수 있는 권리를 가진다는 것이 일반적으로 승인된다는 것이 법원의 견해이다."라고 판결했다.[24]

접적인 위협이 되는 경우에 중립국이 그 위반을 알게 되고, 그 위협을 종료시킬 합리적인 기회를 준 후에 교전국에게 무력으로 대응하는 것이 허용되어야 한다고 주장한다.

23) E. Rauch, *The Protocol Additional to the Geneva Conventions for the Protection of Victims of International Armed Conflicts and the United Nations Convention on the Law of the Sea: Repercussion on the Law of Naval Warfare*, Dunker and Humbolt, 1984, pp.40 – 44.

24) United Kingdom v. Albania(Corfu Channel Case): Merits, Judgement, 1949 I.C.J. Reports, p.28.

연안국의 영해에 포함되는 국제해협의 폐쇄금지 원칙은 "공해의 두 부분 사이 또는 공해와 타 국가의 영해 사이로서 국제항행을 위하여 사용되고 있는 해협을 통과하는 외국선박의 무해통항은 이를 중지시킬 수 없다."라고 규정하고 있는 1958년 '영해 및 접속수역에 관한 협약'(제14조 제4항)에서 성문화되었다.

기존의 해협통항 제도하에서 전시 중립국은 교전국 군함의 통항을 거부하지 못한다는 것이 일반적으로 수락되고 있었으며, 무해통항보다 통과통항이 자유통항에 더욱 가깝다는 것을 감안할 때 해양법협약하에서도 이 규칙은 보다 잘 준수되어야 한다고 본다.

이는 각국의 군사매뉴얼 및 '해상무력분쟁에 적용되는 국제법에 관한 산레모 매뉴얼'(San Remo Manual on International Law Applicable to Armed Conflicts at Sea, 이하 산레모 매뉴얼)에서도 확인되고 있다.

미 해군 매뉴얼은 해양법협약의 통과통항 규정은 국제관습법의 일부이며, 이에는 전시 교전국 군대의 중립국 관할 해협에서의 광범위한 통항권이 포함되는 것으로 보고 있으며,[25] 캐나다 매뉴얼도 "교전국 군함 및 군항공기는 적절한 센서가 작동하는 적절한 상태에서 통과통항제도가 적용되는 특정 해협을 통해 통과통항권, 즉 본질적으로 정지되지 않는 통항 및 상공비행을 향유한다."고 규정하고 있다.[26]

해양법협약 채택 이후 대두된 보편적 해전법규의 필요성에 따라 1987년부터 국제인도법연구소(International Institute of Humanitarian Law)의 주도로 개최된 라운드 테이블(Round Table)에서 1994년 채택된 '산레모 매뉴얼'은 10여 개의 항에서 무력분쟁 시 국제해협 및 군도항로대의 법적 지위에 대해 자세하게 규정하고 있다. 그 주요 내용을 살펴보면,[27]

---

25) 미 해군 매뉴얼은 "1982년 해양법협약에 반영된 국제관습법은 교전국과 중립국 수상함, 잠수함 및 항공기가 국제항행에 이용되는 모든 해협의 수상, 상공, 수중에서 통과통항권을 갖는다. 중립국은 국제해협을 통한 통과통항권을 정지, 방해 또는 금지시키지 못한다. 중립국 해역과 겹쳐지는 국제해협을 통과하는 교전국 군대는 지체 없이 통과하여야 하며, 중립국에 대해 무력의 위협 또는 사용과 적대행위를 삼가야 하며, 통항에 부수되지 않는 다른 활동을 하여서는 안 되며, 중립국 해협을 피난처 또는 작전의 근거지로 이용해서도 안 되고, 교전국 군함은 그러한 수역에서 임검 및 수색에 관한 교전국 권리를 행사할 수 없다. 하지만 교전국 군대는 항공기의 이착륙, 음향 및 전자 감시, 호위함대 형성 등 그들의 안전에 관한 방어조치를 취할 수 있다."고 규정하고 있다. NWP 9, *The Commander's Handbook*, para. 7.3.5.

26) Canadian Manual, para.1511.

27) L. Doswald-Beck(ed.), *San Remo Manual on International Law Applicable to Armed Conflicts at Sea*, Cambridge University Press, 1995, pp.102-108 참조.

첫째, 교전국의 군함(보조선박 포함) 및 군용기(보조항공기 포함)는 일반국제법에 규정된 중립국 관할 국제해협의 수중, 수상 또는 상공에서의 통과통항권을 행사할 수 있다(제23항). 즉 교전국의 군함 및 군용기는 평시에 국제해협에서 향유하는 통항권을 무력분쟁 중에도 행사할 수 있다. 다만 중립국 군함과 군용기의 이러한 통항권 행사는 당연한 권리이기는 하지만, 중립국은 무력분쟁 시에 발생할 수 있는 확인 과정에서의 실수를 방지하기 위하여 자국 군함과 군용기의 통항을 적절한 시기에 통지하는 것이 바람직하다.

둘째, 해협연안국의 중립은 교전국의 군함 또는 군용기의 통과통항에 의해서도, 당해 해협에서의 교전국 군함의 무해통항에 의해서도 위협받지 아니한다(제24항). 이는 "교전국 군함 및 그가 포획한 선박이 다만 중립국 영수를 통과만 하는 것은 그 국가의 중립을 침해하는 것이 아니다."라고 규정하고 있는 '해전중립협약' 제10조를 재확인한 것으로, 이를 해협에서의 통과통항 또는 무해통항에까지 확대한 것이다.

셋째, 일반국제법에 따라 채택된 통과통항에 대해 해협연안국이 제정한 법령은 무력분쟁 시에도 계속 적용된다(제27항). 따라서 해협연안국은 무력분쟁 시에도 통항에 관한 법령을 제정하여 시행할 수 있다. 그렇지만 중립국은 통과통항권을 정지시키거나 방해하거나 또는 다른 방법으로 해할 수 없다(제29항).

넷째, 국제해협의 수중, 수상 및 상공에서 통과통항하는 교전 당사국은 지체 없이 통과하여야 하며, 중립연안국의 영토보전 또는 정치적 독립에 대해 무력으로 위협하거나 무력을 사용하여서는 안 되며, 국제연합 헌장과 양립하지 않는 다른 어떠한 방법에 의한 행위도 삼가야 하고, 기타 적대행위 또는 통과에 부수하지 않는 다른 행동을 삼갈 것이 요구된다. 중립국의 해협 통항권이 보장되는 수역의 수중, 수상 및 상공을 통항 중인 교전 당사국은 안전확보에 필요한 방어적 조치(항공기의 이착륙, 경계진 형성 및 음향전자 수단에 의한 감시 포함)를 취할 수는 있지만, 통과통항 중인 교전 당사국은 적 부대에 대해 공세행동을 취하거나 피난장소 및 작전근거지로 중립국 수역을 사용할 수 없다(제30항). 통과통항 중인 부대는 해협연안국의 중립을 존중해야 할 의무를 위반하는 적대교전국이 통항 중인 부대를 불법적으로 공격할 위험성이 있기 때문에 만반의 준비를 갖추는 것이 허용되어야 하며 자위에 필요한 방어적 조치를 취할 수 있다.[28]

다섯째, 통과통항권의 행사 외에 교전국의 함선 및 보조선박은 제19항 및 제21항에 따르는 것을 조건으로 일반국제법에 따라 중립국의 국제해협에서 무해통항권을 행사할 수가 있으며(제31항), 중립국 선박도 교전국 국제해협에서 무해통항권을 행사할 수 있다(제32항). 이는 평시의 국제해협에서의 무해통항권이 해상무력분쟁 시 해협연안국이 교전국일 경우에도 중립국 군함은 이를 계속해서 향유한다는 것을 의미한다. 또한 국제법에 의해 특정 국제해협에 부과되는 정지되지 않는 무해통항권은 무력분쟁 시에도 정지되지 않는다(제33항). 이와 같은 정지의 금지는 특별한 조약제도가 무력분쟁 시에 정지를 허용하고 있는 경우 해당 제도에 의해서 통항이 규율되는 해협에는 물론 적용되지 않는다.

이상에서 살펴본 바와 같이 이론적으로나 국가관행으로나 평시 해양법협약상의 통과통항 제도는 무력분쟁 시 중립국에 의해 통제되는 국제해협에서의 교전국 군함 및 항공기의 통과(잠수함의 잠항통항 포함)에도 동일하게 적용된다고 결론 내릴 수 있을 것이다.[29]

그런데 국제해협을 통항하는 교전국이나 교전국의 통항을 묵인해야 하는 중립국은 평시 국제해협에서의 통항이 국가안보에 영향을 미친다는 것을 고려할 때 무력분쟁 시의 해협 통항은 더 큰 안보상의 문제를 야기할 수 있다는 것은 분명해 보인다. 또한 통항하는 선박이 자위를 위한 일정 수준의 방어수단을 갖추는 것이 허용된다는 사실에 비추어 볼 때 더욱 그러하다. 따라서 중립국 및 교전국은 함정의 안전이나 국가안보에 미칠 수 있는 부정적 영향을 방지하고 조정할 수 있는 수단을 강구하여야 할 것이다.

---

28) 미 해군 매뉴얼은 이 문제에 대해 다음과 같이 규정하고 있다. "통과 중인 교전국 부대는 그들의 안전을 확보하기 위하여 항공기의 이착륙, 전술기동 및 음향과 전자수단에 의한 감시를 포함한 방어조치를 취할 수 있다. 교전국 부대는 중립국 해협을 피난장소나 작전근거지로 할 수 없으며, 교전국 군함은 해협에서 전시 임검 및 수색의 권리를 행사할 수 없다." NWP9, *The Commander's Handbook*, para.7.3.5.

29) Horace B. Robertson, *The "New" Law of the Sea and the Armed Conflict at Sea*, The Newport Paper #3, Naval War College, 1992, pp.21 – 22.

3. 배타적 경제수역

배타적 경제수역은 연안국이 특히 중요한 경제적 권리의무를 갖는 수역으로 그러한 경제적 권리의무는 동 수역에서의 적대행위에 의한 중단이나 파괴에 취약하다. 따라서 이러한 권리에 타당한 고려를 해야 할 교전국의 특별한 의무를 보다 상세하게 규정하는 것이 중요하다.

1982년 해양법협약에서 신설된 배타적 경제수역제도는 경제적 자원의 개발 및 관리, 인공도서·시설물의 설치 및 사용, 해양의 과학적 조사 및 해양환경의 보호·보존에 관한 충분한 권능을 갖고자 하는 연안국(제56조 1항)과 항행과 통신의 자유, 해저 전선 및 관선 부설의 자유 등 기타 합법적인 국제적 해양이용의 자유를 향유하고자 하는 이용국(제58조 1항) 간의 타협물이다. 그 당연한 결과로 동 수역은 한편으로는 그 권능이 연안국에게, 다른 한편으로는 여타 모든 국가들에게 부여된 고유한(*sui generis*) 수역으로, 내수 또는 영해와 같은 연안국의 영역이 아니며 그렇다고 또한 공해도 아니다.[30]

제3차 유엔해양법회의에서 미국 대표는 "배타적 경제수역에서의 해양이용의 자유문제를 협상한 그룹은 동 자유를 내용에 있어서나 범위에 있어서 국제법에 의해 승인된 전통적인 공해자유와 동일한 것으로 이해하였다."고 주장하였다.[31]

이는 해양법협약의 규정에서도 확인된다. 어업의 자유, 과학조사의 자유 및 배타적 경제수역의 자원의 탐사 및 개발과 관련된 인공도서 및 시설 설치의 자유를 제외한 자유들은 제87조(공해의 자유)에 열거된 것들과 동일하다. 배타적 경제수역에서 연안국과 이용국 간의 권리의 균형은 연안국은 권리를 행사하고

---

30) 배타적 경제수역의 법적 지위에 대해서는 제3차 유엔해양법회의에서 논란이 있었다. 유엔해양법협약은 동 수역을 제5부에서 규정하는 특별한 법제도에 따르게 하였고, 또한 연안국의 권리의무와 타국의 권리의무의 균형을 도모하였다. 나아가 동 협약이 일정한 권리 및 관할권을 연안국에게도 타국에게도 귀속시키고 있지 않은 경우 분쟁이 발생한 때에는 분쟁 당사국 및 국제사회 전체의 이익을 고려하여 형평의 원칙에 따라 모든 관련 사정에 비추어 해결하도록 하고 있는바, 이러한 점에 비추어 볼 때 현재 배타적 경제수역은 일반적으로 고유한(*sui generis*) 지위를 갖는 것으로 이해된다. 박관숙·최은범, 국제법, 문원사, 1998, p.192; 이창위, "경제수역 실시와 관련된 법적 문제", 서울국제법연구, 제2권 제1호, 1995, p.24 참조. 배타적 경제수역의 법적 성질을 둘러싼 논쟁에 관한 자세한 설명은 David J. Attard, *The Exclusive Economic Zone in International Law*, Clarendon Press, 1987, pp.61－67 참조. 제3차 유엔해양법회의에서 배타적 경제수역의 고유한(*sui generis*) 법적 성질을 인정한 주장 및 각국의 견해에 대해서는 UNCLOS Ⅲ, OR. vol.5, 1974, p.153; vol.6, 1974, pp.108, 110, 114 참조.

31) E. Richardson, "Power, Mobility and the Law of the Sea", *Foreign Affairs*, Spring 1980, p.902.

의무를 이행함에 있어 타국의 권리 및 의무를 정당히 고려하여야 한다고 강조한 제56조 제2항과 각 국가는 연안국의 권리 및 의무를 '정당하게 고려'(due regard)하여야 한다고 규정하고 있는 제58조 제3항에 반영되어 있다.

그렇다면 중립국의 배타적 경제수역에서 군함은 적대행위를 행할 수 있는가? 배타적 경제수역의 법적 본질은 평시에서 전시로 바뀐다고 해서 변하는 것은 아니기 때문에 유엔해양법상 배타적 경제수역에서의 연안국 및 이용국의 평시의 권리는 무력분쟁 시에도 마찬가지로 적용된다고 보아야 할 것이다.

배타적 경제수역의 자원개발을 위한 연안국 권리에 대한 적절한 고려를 해야 할 의무를 제외하고, 중립국 배타적 경제수역에서의 교전국의 적대행위가 공해에서 행해질 때보다 더 엄격한 제한에 따라야 한다는 어떠한 논거는 없다. 평시 배타적 경제수역은 연안국의 주권에 종속되지 않기 때문에 전시에 배타적 경제수역을 중립원칙에 복종시키고자 시도하는 것은 금지된다. 즉 교전국들 간의 적대행위는 전쟁법의 전통적인 권리의 합법적 행사로서 중립국의 배타적 경제수역에서도 행해질 수 있다.[32]

그럼에도 불구하고 일부 국가들은 연안국이 배타적 경제수역에서 군사활동을 통제할 수 있는 권리를 갖는다고 주장한다. 1974년 스웨덴 해군은 자국 배타적 경제수역에 타국이 핵무기를 배치하는 것을 방지하는 것이 매우 중요하고, 전시 중립국은 1907년 '해전중립협약'에 따라 군사활동으로부터 자국 및 제3국의 선박을 보호할 그리고 어느 일방 교전국에 의해 그의 해역이 타방 교전국에 대항하는 해군작전 기지로 사용되는 것을 방지할 의무가 있다면서, 배타적 경제수역에서 연안국에 보장된 권리 및 의무는 연안국이 전시에 중립국의 지위로 남을 경우에는 보장되어야 하며 이 경우 중립수역은 배타적 경제수역을 포함한다고 주장하였다.[33]

또한 1982년 브라질은 유엔해양법협약 서명 시에 "해양법협약의 규정이 타국

---

32) Horace B. Robertson, Jr., *op. cit.*, p.25. 원칙적으로 군함은 (1) 불법적인 무력의 사용 및 위협을 삼가야 할 의무, (2) 해양을 사용할 타국의 권리에 대해 적절한 고려를 해야 할 의무, (3) 기타 조약 및 국제법의 규칙 하에서의 적용되는 의무를 준수할 의무 등 3가지 기본적 의무에 따라 공해제도하에서 그들의 군사적 임무를 수행할 자유를 향유한다. 배타적 경제수역에서도 동일한 요구조건이 적용되며, 다만 "연안국의 권리와 의무에 대한 적절한 고려"를 해야 할 의무가 추가된다. Bernard H. Oxman, "The Regime of Warships under the United Nations Convention on the Law of the Sea", *op. cit.*, pp.837-838.

33) E. Rauch, *op. cit.*, p.34.

에게 배타적 경제수역 내에서의 군사활동 또는 기동, 특히 그러한 활동이 사전의 고지 또는 연안국의 동의 없는 무기 또는 폭약 사용을 허용하지 않는 것으로 이해한다."고 선언했다.[34] 이와 유사한 주장이 Cape Verde와 우루과이 정부에 의해 제기되었다.[35]

그러나 이러한 주장들은 해양법협약에 명시적으로 규정되지도 않았으며, 개별국가의 군사매뉴얼에서 지지되지도 않았다. 캐나다 군사매뉴얼은 "교전국의 해군이 무력을 사용하는 작전을 행하는 것이 허용된 구역은 배타적 경제수역을 포함하는 공해이다."[36]라고 규정하고 있으며, 독일 매뉴얼도 마찬가지로 "원칙적으로 해전은 공해, 중립국 또는 비교전국의 배타적 경제수역에서 행해질 수 있다."고 규정하고 있다.[37] 또한 미국 매뉴얼은 이러한 입장을 명시적으로 규정하지는 않았지만 중립영역을 중립국의 영토, 내수, 영해 및 군도수역이라고 정의함으로써 중립국의 배타적 경제수역에서도 무력분쟁이 가능함을 인정하였다.[38] 이처럼 일부 국가 및 학자들의 주장에도 불구하고 배타적 경제수역은 중립법규의 적용에 관한 한 공해와 동일한 법적 지위를 갖는다고 볼 수 있다.[39]

그러나 적대행위가 중립국의 배타적 경제수역 내에서 행해지는 경우, 교전 당사국은 해상무력분쟁법의 여타 적용 가능한 규칙의 준수 외에 연안국의 권리와 의무, 특히 배타적 경제수역의 경제자원의 탐사 및 개발, 해양환경의 보호 및 보전에 타당한 고려를 하지 않으면 안 된다. 교전국은 특히 배타적 경제수역에 중립국이 설치한 인공섬, 시설물, 구축물 및 안전구역에 타당한 고려를 하지 않으면 안 된다.

다음으로 교전국은 중립국의 배타적 경제수역에 기뢰를 부설할 수 있는가? 배타적 경제수역에서의 기뢰부설 문제는 매우 민감한 문제이다. 일부에서는 중립국의 배타적 경제수역에의 기뢰부설을 전면적으로 금지하여야 한다고 보지만,

---

34) UNCLOS Ⅲ, OR, vol. XVII, 1982, p.40, para.28.

35) *Ibid.*, p.62, para.124(Cape Verde); p.120, para.55(Uruguay). 하지만 이탈리아 및 미국은 이러한 성명들에 대해 항의를 제기하였다. 이에 대한 자세한 설명은 *Ibid.*, pp.241 - 242; S. Mahmoudi, "Foreign military Activities in the Swedish Economic Zone", 11 *the International Journal of Marine and Coastal Law*, 1996, pp.378 - 379 참조.

36) Canadian Manual, para.703.

37) German Manual, para.1011.

38) NWP 9, *The Commander's Handbook*, para.7.3.

39) Horace B. Robertson, Jr., *op. cit.*, p.27.

배타적 경제수역은 교전국의 적대행위에 관한 한 공해와 같기 때문에 그와 같은 수역에서 기뢰부설을 완전 금지할 수는 없다.

그러나 기뢰부설이 배타적 경제수역에서의 중립국의 정당한 활동에 특별한 위험을 야기할 수도 있기 때문에 기뢰를 부설할 경우 기뢰부설국은 기뢰가 연안국의 당해수역에서의 경제자원의 탐사와 개발을 부당하게 방해하지 않도록 특별 예방조치를 취하여야 한다.

구체적으로 교전국이 중립국의 배타적 경제수역에 기뢰를 부설하였으면, 모든 경우에 중립국에 통보(특히 기뢰부설위치, 기뢰원 규모 및 기뢰종류)하여야 하며, 또한 교전국은 인공섬, 시설물 및 구축물에 위험이 미치지 않는 출입을 저해하지 않아야 하고(절대적 의무), 가능한 한 중립국의 당해 수역의 탐사 및 개발에 대해 실질적인 방해를 해서도 안 되며, 해양환경의 보호 및 보전에도 타당한 고려를 하지 않으면 안 된다(상대적 의무).

천연자원의 탐사 및 개발에 대한 방해를 회피해야 할 의무는 상대적인 것으로 '가능한 한' 방해하지 않아야 한다. '가능한 한'이라는 표현은 교전국이 적에 대하여 적대행위를 행할 수 있는 권리와 연안국이 그 배타적 경제수역의 경제자원을 개발할 권리를 존중하여야 할 의무 간 이해의 균형을 이루어야 한다는 것을 의미한다.

다만 기뢰사용의 다른 측면도 고려되지 않으면 안 되는데, 이러한 다른 측면에는 기뢰사용 시간과 기간, 부설과 소해 방법 및 해당구역에 있는 시설물 및 구축물에의 출입항로의 준비 등이 포함될 수 있을 것이다.

4. 공해

국가는 급박 현존하는 위법한 무력공격으로부터 국가를 방위하기 위하여 필요한 한도 내에서 실력을 행사할 수 있는 자위권(right of self-defense)을 갖는다. 자조 또는 자력구제가 원칙적으로 허용되던 전통국제법 시대에는 국제분쟁의 해결수단으로서 무력행사를 수반하는 복구나 전쟁까지도 일반적으로 인정되고 있었으므로 자위권은 당연한 권리로 인정되어 왔고 따라서 이를 특별히 강조할 필요가 없었다. 그러나 제1차 세계대전 후 국제연맹의 성립과 부전조약의 체결 및 제2차 세계대전 후 국제연합의 탄생 등에 의해 무력행사나 전쟁은 국제법상 불법화되고, 다만 예외적으로 자위를 위한 경우 그 합법성이 인정되게 되었다(국제연합 헌장 제51조).40)

자위권은 공해상에서도 당연히 인정된다. 이러한 자위조치가 무력분쟁의 타당사국에 대해 취해진 경우 일정한 제한하에서 행해진 것이라면 아무런 문제가 없지만, 무력분쟁이 발생되지 않는 상황에서 취해진 조치이거나 교전 당사국이 아닌 제3국(중립국)의 선박에 대해 취해진 경우에는 논란이 있을 수 있으며, 실제로 공해자유를 침해했다는 외교상의 항의 대상이 되기도 했다. 1973년 미국과 영국 대 스페인 간의 버지니아(The Virginius)호 사건은 식민지 반란단체(스페인령 쿠바의 반란단체)의 병력을 수송 중인 제3국의 사선(명의상으로는 미국인이 선주<미국기 게양>였으나, 실제로는 쿠바 반란단체 소유)에 대하여 식민지 본국(스페인) 군함이 공해상에서 취한 자위조치(임검과 나포)와 관련된 선구적인 사건이었다. 쿠바로 항행 중이던 버지니아호에는 일반승객뿐만 아니라 쿠바 반란에 참가하기 위하여 승선한 자들도 있었는데, 공해상에서 스페인 군함 토르나도(Tornado)는 동 선박을 추적, 나포하여 쿠바의 산티아고항에 인치하였다. 승선자의 대부분은 반란과는 관계없는 영국인들이었지만, 스페인은 승선자를 해적으로 취급하며 그 가운데 53명(미국인 6명, 영국인 19명 및 쿠바인 28명)을 약식군법회의를 통해 총살에 처하고 나머지는 억류하였다. 미국과 영국은 스페인의 조치에 대하여 강력히 항의하고 국제법 위반행위로 책임을 추궁하였다. 영국은 선박의 나포와 승선자의 강제수용은 자위조치로 인정하였으나 영국인의 사살은 정당방위의 범위를 벗어난 것이라고 항의하고 그에 대한 배상과 생존자의 처형중지를 요구하였으며, 미국은 버지니아호가 반란군 지원에 사용되었다 하더라도 스페인이 이를 공해상에서 나포할 권리는 없으며 동 선박의 반환, 억류 중인 자국민 인도, 陳謝(미국기에 대한 경례 의식), 책임자 처벌을 요구하고 이것이 받아들여지지 않을 경우 외교관계를 단절할 수도 있다는 강경한 입장을 보였다.41) 이에 스페인 정부는 쿠바의 독립운동에 영향을 미칠 것을 우

---

40) 이병조·이중범, 국제법신강, 일조각, 2008, pp.168－169.

41) D. J. Harris, *Case and Materials on International Law*, 2nd. ed., Sweet and Maxwell, 1979, p.678.

려하여 미국에 대해서는 선박송환 및 억류자 인도 조치를 취하고 승선자 및 그 가족과 선박회사에 대하여 8만 달러의 배상금을 지급하였으며, 영국에 대해서도 미국에 준하는 조치를 취하였다.[42]

또한 알제리 전쟁(1956 – 1962) 때 반란군에게 무기를 수송하던 외국 선박을 프랑스가 임검 및 나포하자 구유고 및 포르투갈 등 선박 기국들은 항의하고 이탈리아 선주회사는 프랑스 법원에 이를 제소하였으며, 1962년 쿠바사태 시 공격용 무기가 쿠바에 반입되는 것을 저지하기 위한 미국의 공해상에서의 차단에 대하여 스웨덴 및 구소련이 항의하기도 하였다.

그리고 연안국이 공해에 배치된 외국의 항공모함이나 그 밖의 함정에 의한 정찰과 정보 수집을 배제하기 위하여 자위와 국방을 이유로 정선, 총격, 나포, 억류 등의 실력행사를 하는 경우가 있다. 1968년 북한 순시선이 미 해군의 정보선 푸에블로 호를 나포하였는바, 무력공격의 급박한 우려도 없었으며 군함의 면제권을 침해하면서까지 실력을 행사하였다 하여 국제법 위반이라는 비난을 피할 수 없었다.[43]

이상에서 살펴본 바와 같이 연안국은 공해상에서 자국의 안전을 위하여 급박 현존하는 외부로부터의 긴급한 군사적 위협이나 무력공격에 대항하여 개별적 및 집단적 자위권에 기초한 여러 조치들을 행사할 수 있다. 이러한 조치들 중에는 피침해국이 자국의 영토로 침입하는 외국에 대하여 어느 정도의 통제를 가하기 위하여 해상방어수역 또는 해상통제수역의 설정이 포함된다. 그러나 이러한 자위조치는 그 내용상 필요성과 비례성을 충족시켜야 하며, 절차상으로도 선박 기국에의 신속한 통보와 승무원과 승객의 안전한 인도 등의 자위권 남용을 방지하기 위한 국제법상 확립된 조건들을 따라야 할 것이다.

다음으로 공해에서의 교전행위는 자위권 행사에 의한 것이든 아니면 기타 사유에 의한 것이든 침략적인 행위가 아닌 한 가능하다. 일부에서는 해양법협약 제88조(평화적 목적을 위한 공해의 자유)와 제301조(해양의 평화적 이용)가 공해에서의 해전을 배제하고 있다고 주장하기도 하지만, 기존 법규와 국가관행에 비추어 볼 때 이는 합당치 않은 주장이다.

---

42) C. G. Fenwick, *International Law*, 4th ed. Appleton Century Crofts, 1965, p.376 참조.
43) 박배근(역), 국제법, 국제해양법학회, 1999, pp.447 – 448.

그리고 탐사나 개발이 허가된 수역에서도 교전행위가 절대적으로 금지되는 것은 아니다. 하지만 총력전, 경제전적 성격을 갖는 오늘날의 무력분쟁에서는 교전국뿐만 아니라 공해를 이용하는 모든 중립국의 자유를 대폭적으로 제한하고 해저자원을 탐사 및 개발하는 중립국 활동이나 설비를 위험에 처하게 할 수도 있다. 중립국의 이러한 활동은 당연히 공해에서의 타국의 정당한 활동과 동일한 보호를 받을 권리가 있기 때문에 일정한 한계 내에서 허용될 수밖에 없다.

또한 교전국은 공해에서의 적대행위에 있어 국가 관할권 밖의 해저 및 대양저와 그 지하의 천연자원의 탐사 및 개발에 관한 중립국의 권리행사에 대해 타당한 고려를 하여야 하며, 해저에 부설된 전선 및 관선에 대한 손상을 피하기 위하여 주의하지 않으면 안 된다. 그렇지만 탐사나 개발 활동이 어느 한 교전국에 의해서 행하여지고 있는 경우 그러한 활동에 종사하는 교전국 선박과 설비가 정당한 군사목표인 경우 및 해저에 부설된 전선과 관선이 어느 한 교전국에 오로지 도움이 되고 있는 경우에는 정당한 군사목표가 되기 때문에 이를 공격할 수 있다.44)

---

44) L. Doswald - Beck(ed.), *op cit.* pp.110 - 111.

제3장

해상무력분쟁에서의 군사목표와 적 상선

교전 당사국은 무력분쟁 개시와 동시에 서로 적대관계가 성립하고, 상대방에게 모든 전투수단과 방법을 사용할 권리를 갖게 되는바, 이는 특정 개인과 재산의 적으로서의 성질, 즉 敵性(enemy character)을 기초로 한다. 어떤 개인과 재산이 敵性人(자연인 및 법인) 또는 敵性物(재산, 선박 및 화물)이냐 아니냐에 따라 開戰 效果가 달라지기 때문에 전투행위의 합법성 보장을 위해서는 먼저 적성이 결정되어야 한다.

적성을 갖는 것으로 인정되는 개인과 재산은 군사목표물로 간주되어 이에 대한 공격은 합법적인 것으로 평가되는 반면 적성이 부인되는 경우에는 비합법적인 공격으로 평가된다. 따라서 무력분쟁에서 전투행위가 적법한 것인지 아닌지를 결정하기 위해서는 해당 개인 및 재산이 적성을 갖는지를 확인하고 판단하는 것이 우선되어야 한다.

제1절 적성 결정과 군사목표 구별

1. 적성 결정

가. 선박

(1) 국적(국기) 기준 적성 결정

(가) 적국 국기 게양 상선

전통적으로 선박의 적성 결정에 있어 영미주의와 대륙주의가 대립하여 왔다. 영미주의에 의하면 국기와 소유권을 중심으로 해서 적국기를 게양하고 항행하는 선박과 그 일부 또는 전부가 적의 소유하에 있는 선박에는 적성을 인정한다.

이에 대해 대륙주의는 선박이 게양할 권리가 있는 국기를 기준으로 해서 적성을 인정하자는 국적주의, 즉 기국주의이다.[1]

　해전법규 전반에 대한 기본적인 사항을 다루고 있는 1909년 런던선언은 선박의 적성 결정 기준으로 국기주의 입장을 취하고 있다(제57조). 동 선언에 규정된 바와 같이 무력분쟁 시에 상선이 적국의 국기를 게양하고 있거나 민간기가 적국의 표식을 게양하고 있다는 사실은 적성의 결정적 증거가 된다. 따라서 전투현장의 군함 지휘관들은 해상에서 조우한 선박이 적국의 기를 게양한 채 항행하고 있으면, 즉 해당 상선이 적국의 국기나 그 국적을 나타내는 여타의 확인 가능한 표식을 게양하고 있으면 선박의 등록국 및 소유권을 고려하지 않고 적성을 갖는 것으로 간주하여 나포 또는 몰수할 수 있다.

　선박의 적성 결정에 관한 런던선언의 이러한 기준은 1913년의 옥스퍼드 매뉴얼에서도 인정되었으며(51조 1항). 제2차 세계대전 이후 각국의 관행에 의해서 재확인되었을 뿐만 아니라,[2] 오늘날 각국의 해상무력분쟁법에 관한 매뉴얼(군사교범)에서도 인정되고 있다.

　그런데 국기는 선박의 적성을 적법하게 결정하기 위한 중요한 하나의 기준이기는 하지만 모든 경우에 보편타당하게 적용될 수 있는 것은 아니다. 게양한 국기가 적국의 것인 경우에만 적성 판단의 결정적인 증거가 될 뿐, 선박이 적국 이외의 기를 게양하고 있는 경우 그 적성은 다른 기준을 적용하여 판단해야 한다.[3]

　이러한 사례에 해당될 수 있는 대표적인 것으로는 편의치적(flag of convenience)을 들 수 있다. 선박은 그 국기를 게양할 권리를 가진 국가의 국적을 갖는데, 국가와 선박 간에는 '진정한 관련'이 존재하여야 한다(유엔해양법협약 제91조). 관행상 일부국가(편의기국 또는 개방등록국가)들은 자국과 실질적 관련이 없는 외국선주에게 자국 국기하에 선박을 등록하도록 하고 있다.[4]

　평시 선박 소유자는 주로 경제적 이유에서 편의치적을 이용한다.[5] 편의치적

---

1) 김정균·성재호, 국제법, 박영사, 2006, pp.732－733; 이한기, 국제법강의, 박영사, 2006, pp.739－740.

2) W. Heintschel v. Heinegg, "Visit, Search, Diversion and Capture in Naval Warfare: Part Ⅱ, Developments since 1945", 30 *Canadian Yearbook of International Law*, 1992, pp.89ff.

3) L. Doswald－Beck(ed.), *San Remo Manual on International Law applicable to Armed conflicts at Sea*, Cambridge University Press, 1995, pp.188－189.

4) 김영구, 한국과 바다의 국제법, 한국해양전략연구소/효성출판사, 2002, p.608.

5) 주로 미국, 일본 및 희랍출신인 세계의 중요 선주들 측에서는 이들 편의기국(개방등록국가)들에 등록하는 것이

은 '기능적으로 그 이유에 관계없이 선박을 등록하는 자에게 편리하고 이익이 되는 조건에서 외국의 소유나 외국의 관리하에 선박을 둔 채 등록하는 것을 인정하는 국가의 기(旗)'이다.[6] 선박과 기국 간에 진정한 관계가 존재하지 않는다 해도 선박의 국적에는 아무런 영향도 주지 않으며, 이것은 무력분쟁 시에도 마찬가지다. 중립국 국기로 위법적으로 이전한 것이 아니면(런던선언 제55조～제56조), 선박이 편의치적 국기를 게양하고 있다는 사실만으로 적성을 갖는 것으로 추정할 수 없다.[7]

(나) 중립국 국기 게양 상선

상선이 중립국의 국기를 게양하고 있다는 사실은 그 선박의 중립성을 추정할 수 있는 강력한 증거이자 비군사목표임을 나타내는 징표이다. 따라서 교전 당사국은 동 선박을 나포 또는 공격할 수 없으며, 다만 예외적인 경우, 즉 군사목표로 인정할 수 있을 정도의 군사적 활동을 행하는 경우에만 나포하거나 공격할 수 있다.[8]

그런데 적국 선박이 자국기를 게양함으로써 타방 교전 당사국으로부터 적선으로 추정되는 것을 피하기 위해 중립국기를 게양하고 있을 수도 있기 때문에 상선이 중립국의 기를 게양하고 있는 사실은 그 중립성의 추정, 즉 동 선박의 피보호지위를 확인하는 증거일 뿐이며,[9] 실제 이들 선박이 적국인에 의해 소유되어 있거나 또는 관리되고 있다면 적성을 갖는 것으로 추정된다. 이는 국가관행에 의해 발전되어 온 최근의 국제관습법과도 일치한다.[10]

저렴한 등록비 및 세금, 낮은 임금 그리고 경우에 따라서는 국제적 안전기준의 준수가 요구되지 않는 까닭에 가능한 제반 선박운영비용의 절감으로 상당한 이익을 취할 수 있게 되므로 편의치적선은 계속 증가되고 있다. 그리하여 세계 최대의 국적선 보유국인 이베리아를 비롯해서 파나마, 싱가포르 등의 편의기국들이 존재하게 된다. *Ibid.*

6) B. A. Boczek, *Flags of Convenience: An International Legal Study,* Cambridge, Mass., 1962 p.2.

7) 이민효, 무력분쟁과 국제법, 연경문화사, 2008, p.120.

8) 중립국 선박이 직접 적대행위에 참가한 경우(런던선언 제46조 1항 1호), 적국정부에서 파견된 대리인의 명령 또는 감독을 받는 경우(동 2호), 선박 전부가 적국에 용선되었을 경우(동 3호), 이적행위인 정보전달을 하고 있거나 적 군대를 수송 중에 있을 경우(동 4호) 또는 정선·임검·나포에 실력으로 저항할 경우(동 제63조) 등에는 당해 중립국 선박에게 적성을 인정하고 있다.

9) W. Heintschel v. Heinegg, "Visit, Search, Diversion and Capture in Naval Warfare: Part I, The Traditional Law", 29 *Canadian Yearbook of International Law,* 1991, pp.288ff 참조.

10) W. Heintschel v. Heinegg, "Visit, Search, Diversion and Capture in Naval Warfare: Part II, Developments since 1945", 30 *Canadian Yearbook of International Law,* 1991, pp.91ff.

중립국 국기를 게양한 상선이 적성을 갖는 것으로 의심되는 경우 교전 당사국 군함의 지휘관은 임검 및 수색권을 행사할 수 있다. 교전 당사국 군함의 지휘관이 갖고 있는 의심이 근거 없다고 해당 선박이 주장하는 경우 그것을 증명할 책임은 해당 선박 자신에게 있다.[11]

의심의 근거는 충분한 것이어야 하며, 편의치적 국기를 게양하고 있다고 해서 그것만으로는 혐의의 충분한 근거가 되는 것은 아니다. 의심을 갖는 것이 합리적이라고 볼 수 있는 경우와 관련하여 약간의 논쟁이 되고 있는 것으로 적대행위 개시 후 또는 그 직전에 중립국기로의 이전, 즉 전쟁의 영향을 고려한 국기의 이전을 들 수 있다.

이와 관련하여 다음과 같이 현행 법규를 정리할 수 있다. 적대행위 개시 전의 이전은 그것이 적선이라는 성질로부터 발생하는 결과를 면하기 위하여 행하여진 것임이 입증된 경우를 제외하고는 유효하며(런던선언 제55조), 적대행위 개시 후의 이전은 그것이 적선이라는 성질로부터 발생하는 결과를 면하기 위하여 행하여진 것이 아님이 입증된 경우를 제외하고는 무효이다(동 제56조).[12] 이전이 무효인 경우 해당 선박은 적선과 같이 취급되며, 그 중립국기에 관계없이 나포할 수 있다.

기상조건 또는 해상작전 환경에 따라 해상에서의 임검 및 수색은 위험할 수도 있으며, 오늘날 상선은 대규모화되고 있기 때문에 더더욱 그러하다. 이 경우 선박의 진정한 성격을 확인하기 위한 임검 및 수색을 위해 적당한 해역 또는 항구로 향하도록 침로를 변경시킬 수 있다. 임검 및 수색의 목적을 위한 침로변경 관행은 양차 세계대전 중에 발전되어 오늘날에는 일반적으로 해상에서의 교전국의 관습적 권리로 인정되고 있다.[13]

그런데 임검, 수색 및 침로변경은 차단하는 군함뿐만 아니라 피혐의 상선도 위험에 빠뜨릴 수 있기 때문에 해군 지휘관은 충분한 근거가 있는 경우에만 강제하여야 할 것이며(특히 비례성의 원칙 고려), 중립해운을 무제한의 방법으로

---

11) L. Doswald-Beck(ed.), *op. cit.*, p.190.

12) 적대행위 개시 후의 이전 중 이전이 선박의 항행 중에 또는 봉쇄항구 내에 있는 동안에 행해진 경우, 이전이 환매 또는 반환의 조건부인 경우 및 국기게양의 권리에 관하여 국기 소속국의 국내법에서 규정하는 조건을 준수하지 않는 경우는 절대무효로 간주한다(동 조 후단).

13) J. Wolf, "Ships, Diverting and Ordering into Port", R. Bernhardt(ed.), *Encyclopedia of Public International Law*, Instalment 4, 1984, pp.223-224.

방해하는 것은 금지된다. 해군 지휘관이 나포를 정당화하기 위해서 제출한 근거가 합리적이지 않다고 판단될 경우 나포는 위법적인 것으로 인정되고, 이에 따라 선박소유자는 보상을 요구할 수 있다.

(2) 기타 적성 결정 기준

적성은 게양하고 있는 국기 외에도 등록, 소유, 용선 또는 기타 기준에 의해 결정될 수 있다. 선박이 적국의 개인 또는 회사에 소유되어 있거나 적국에 의해 용선되어 있다는 것을 나타내거나 또는 적어도 그러한 혐의에 대한 충분한 근거를 제공하는 경우 선박 및 항공기의 서류에 대해 임검 또는 수색할 수 있으며, 그 결과 중립국기를 게양한 상선 및 중립국 표식을 한 민간기가 적성을 갖는다는 혐의에 합리적인 이유가 있는 경우 해당 선박 또는 항공기는 심검에 따라 포획물로 나포된다.

이러한 기준들 중에서 기국의 국내법 및 관련 국제법 규칙에 따른 '등록'(registration)을 기준으로 적성을 판단하는 것은 당연하기 때문에 별도의 논의가 필요하지 않다. 왜냐하면 이 경우 선박은 등록국의 국기를 게양하고 있으므로 게양된 국기를 통해 적성 여부를 명확하게 판단할 수 있기 때문이다.

'소유'(ownership) 기준은 소유자의 적성을 기준으로 한다. 중립국기를 게양하고 있거나 중립국에 등록되어 있는 선박도 그 국적과는 관계없이 소유권이나 다른 기준에 근거하여 적성을 갖는 것으로 간주될 수 있다.[14] 문제는 소유자의 적성 결정을 국적과 주소지 중 어느 것에 따라야 할 것인가에 대해서는 합의를 보지 못했다는 점이다.[15]

제1, 2차 세계대전과 그 후의 국가관행에 비추어 보면 적국영역이나 적국 지배영역에 거주하면서 그곳에서 사업하는 적국민이 소유하고 있는 선박은 적성

---

14) 1차 세계대전 중 독일이 중립국 선박을 구입하여 중립국기를 게양했으므로 영국은 국기뿐 아니라 선박소유자도 적성기준으로 삼았다. 또한 영국 포획법원은 독일인 소유의 영국선박 '세인트 터드노호사건'(The St. Tudno, 1916) 및 독일인 소유의 중립국 선박 '함보른호사건'(The Hamborn, 1918)에서 '형식상 및 기술상의 사항에 구애되지 않고 사실 및 진상에 철저해야 하는 것은 포획법상의 확립된 규칙이다.'라고 하고, '소유자는 선택한 국기에 구속되지만, 포획자는 소유자에 대한 관계에서 국기에 구속되지 않는다.'라고 판시하여 실제의 소유자인 독일인의 적성에 비추어 그 선박의 적성을 인정하였다. L. Oppenheim, *International Law*(7th ed.), vol. II, Longmans, 1952, pp.280 – 281, 이병조 · 이중범, 국제법신강, 일조각, 2008, p.990 주5)에서 재인용.

15) W. Heintschel v. Heinegg, "Visit, Search, Diversion and Capture in Naval Warfare: Part I, The Traditonal Law", *op. cit.*, pp.288ff; "Visit, Search, Diversion and Capture in Naval Warfare: Part II, Developments since 1945", *op. cit.*, pp.105ff 참조.

을 갖는다는 것이 일반적으로 받아들여졌다. 법인이 소유하는 선박은 전시에 대다수의 국가가 받아들이고 있는 소위 지배기준(control test)이 적용되어 적국에 의해 지배되고 있는 단체는 적국영역에서 법인격이 부여되어 있지 않다고 해도, 적국영역에 거주하거나 또는 그곳에서 영업을 하고 있는 자에 의해 지배되고 있으면 적으로 간주된다.[16]

교전국이 적성 결정의 기준으로 삼을 수 있는 것은 등록 및 소유 외에도 중립국기로의 위법적인 이전을 들 수 있다. 이 기준을 법전화하고자 하는 몇몇 시도, 특히 1908년부터 1909년의 런던해군회의에서의 시도에도 불구하고 중립국기로의 이전이 어떠한 조건하에서 적법한가에 관한 확립된 국가관행은 존재하지 않는다. 하지만 교전국의 나포를 피할 목적으로 이전한 경우에는 그것을 무효로 한다는 것과 어떠한 이전도 적국의 소유와 관리가 완전히 박탈되지 않으면 안 된다는, 즉 이전은 무조건 완전하고 또한 관계 당사국의 법에 합치되는 것이어야 한다는 것에는 합의가 있었다.[17]

중립국 상선은 임검과 수색에 저항하지 않을 의무가 있으며, 무력을 사용하여 저항하는 것은 적대행위로서 합법적인 군사목표가 되어 나포와 공격의 대상이 된다.[18] 또한 선박이 도주하면 군함은 동 선박을 정선시키기에 의하여 무력을 사용할 수 있다.

나. 화물

전통적인 법에 의하면 적국 상선 내에 있는 화물이 적성을 갖는가 또는 중립성을 갖는가는 그 화물 소유자의 적성 또는 중립성에 의해서 결정된다(런던선언 제58조).

원칙적으로 적성인에 속하는 화물에 적성이 있고, 비적성인에 속하는 화물에는 적성이 인정되지 않는다. 화물의 발송인이 적국인일 경우에는 그의 소유로 추정하고, 화물의 수취인이 적국인일 경우에는 선장에게 인도된 때 수취인의 소

---

16) C. J. Colombos, *The International Law of the Sea*, Longmans, 1967, para.631.

17) L. Doswald-Beck(ed.), *op. cit.*, p.194.

18) L. Oppenheim, *op. cit.*, p.856; NWP9A, *The Commander's Handbook on the Law of Naval Operations*, 1987, paras.7.6.1, 7.9.

유로 본다.

적선 내의 화물은 반증이 없는 한 적화로 추정되며(동 제59조), 따라서 적국 선박에 의해 수송되는 화물이 중립화인 경우에는 중립국민인 소유자가 그 사실을 증명해야 한다.

그런데 화물이 적대행위 개시 이전에 매각되었거나 또는 적대행위를 예기하지 않고 매각된 경우 화물의 소유권은 누구에게 있는가 하는 것이 문제된다. 화물 소유권 이전에 있어서는 영미주의는 중립인 매주에게 실제로 인도될 때까지는 이전 효력을 인정하지 않는다. 프랑스주의는 선의의 이전인 경우에는 그 효력을 인정하고, 선의로 행하여지지 않은 매매에 의하여 수송 중 이전된 적화는 이전효력을 인정하지 않는다.[19] 이와 관련하여 런던선언은 적상선 내의 화물은 전쟁개시 후 수송 중에 행하여진 이전에도 불구하고 그 행선지에 도착할 때까지 계속 적성을 갖는다(동 제60조 1항). 그러나 현 소유자인 적국민이 파산한 경우에 이전 소유자인 중립국민이 나포 직전에 이 화물을 회복하기 위해 법적 권리를 행사한 경우에만 그와 같은 화물은 중립성을 취득한다(런던선언 제60조 2항).

한편 중립국 상선 내의 화물의 적성 또는 중립성에 관한 규칙은 필요하지 않다. 만약 그 화물이 전시금제품이면 그 적성과 중립성에 관계없이 포획재판소(Prize Court)[20]의 결정에 의해 포획하여 몰수할 수 있으며, 적성을 갖고 있다 하더라도 전시금제품이 아니라면 포획할 수 없다(파리선언 제2조). 반면 적선 내의 중립국 화물은 전시금제품을 제외하고는 포획할 수 없다(동 제3조).

---

19) 김정균 · 성재호, *op. cit.*, p.733.

20) 해상에서 포획한 선박과 화물은 연안과 영해상에 설치된 포획재판소에 송치된다. 포획재판소의 성질에 관해서 포획재판소가 사법재판소 또는 포획심검소인지에 관한 논란이 있다. 현재 국제법상 포획재판소는 사법적 기능을 수행하는 기관으로서 포획선박이나 포획금제품에 관하여 판결하고, 법을 적용할 수 있다. 포획재판소는 무력분쟁의 개시 전에도 기능을 할 수 있으며 전시에는 기능이 강화된다. 조기성, "전시금제품의 이전과 해상포획, 포획재판소의 기능에 관한 고찰", Strategy 21, Vol.3, No.2, 2000, pp.138 - 139 참조.

미 해전법규는 "적성 결정에 있어 적기를 게양하고 항행하는 선박과 적국 표식을 달고 있는 모든 항공기는 적성을 갖는다. 그러나 상선이 중립국의 기를 게양하고 있는 사실 또는 항공기가 중립국의 표식을 게시하고 있는 사실이 그 중립성을 반드시 확정하는 것은 아니다. 군함이나 군용기 이외의 어떠한 선박이나 항공기도 중립국의 기를 게양한 채 운항되고 있든지 또는 중립국의 표식을 게시하고 있든지 무관하게 교전국이 소유 또는 관리하고 있으면 적성을 갖는다."라고 규정하고 있다(NWP9A, para.7.5.).

또한 중립국의 군함이나 군용기가 아닌 선박이나 항공기가 적국의 편에서 적대행위의 직접적인 일부를 수행하는 경우 및 적 군대에 의한 해군이나 육군의 지원군 자격으로 행동할 경우 적성을 취득하게 되고 교전국에 의해 적 군함이나 군용기와 동일하게 취급된다는 것과(동 para.7.5.1) 군함이나 군용기가 아닌 중립국의 상선이나 항공기가 적국의 직접적인 통제, 명령, 용선, 고용 혹은 지시 하에 운행될 경우 및 임검과 수색을 포함한 신분확인 절차에 저항할 경우 적성을 갖게 되며 교전국에 의하여 적 상선이나 적 항공기로 취급된다는 것을 명규하고 있다(동 para.7.5.2).

그리고 미 해전법규는 "중립국은 비록 상선이나 항공기가 실제로 적의 소유이거나 통제를 받고 있다고 할지라도 그들에게 기국하에서 활동할 수 있는 권리를 부여할 수 있다. 해상포획법에 따르면, 그러한 선박 또는 항공기는 적성을 갖지 않음에도 불구하고 관련 교전국에 의해 적으로 간주될 수 있다. 적 상선(및 아마 항공기도)의 중립국 국기로의 이전이 합법적으로 행해질 수 있는 조건들에 대한 국가들 간의 확립된 관행은 없다. 그러한 이전이 교전자의 나포를 피하기 위하여 기망적으로 이루어졌을 경우에는 인정될 수 없다는 합의에도 불구하고, 각국들은 그러한 이전이 선의라고 간주되기 이전에 충족될 것이 요구되는 특정 조건을 달리하고 있다. 하지만 적어도 모든 그러한 이전이 적의 소유권 및 관리의 완전한 박탈을 가져온다는 것은 일반적으로 승인되고 있다. 이전문제는 주로 작전 중인 해군지휘관보다 포획재판소의 관심사이다. 해군지휘관은 이전이 적대행위 직전 또는 적대행위 중에 행해졌을 경우 적국에서 중립국 국기로 이전된 선박을 나포할 수 있다."고 덧붙이고 있다.

2. 군사목표 구별

가. 군사목표 구별의 의의

전투수단과 방법의 제한을 위한 국제규범의 중심에는 무력분쟁에 있어 전투수단 및 방법을 선택할 분쟁 당사국의 권리는 무제한적이지 않다는 '전투수단과 방법의 선택권 제한 원칙'이 놓여 있다. 동 원칙은 정당한 전쟁목표의 신속한 달성을 위해 필요한 정도의 군사력 사용은 허용되어야 한다는 '군사필요원칙'(principle of military necessity[21])과 교전 당사자에게는 군사목표를 달성하기

---

21) 군사필요원칙은 실제 무력분쟁에서 사용된 군사력과 관련하여 4가지 기본요소, 즉 ① 사용자에 의해 규제될 것(규제성), ② 가능한 신속하게 상대 교전국을 부분적 또는 완전하게 제압하는 데 필요한 정도 내일 것(필요성), ③ 상대 교전국을 제압하기 위해 필요한 것보다 그들의 인명과 재산에 대한 피해가 지나치게 크지 않을 것(비

위한 모든 전투수단과 방법이 허용되는 것이 아니라 '문명과 인도주의'(civilization and humanity)에 따른 제한이 부과된다는 '인도주의원칙'(principle of humanity)의 갈등과 조화를 통해 유지, 발전되어 왔다. 이러한 양 원칙의 조화로서 무력분쟁에서 전투수단과 방법의 사용이 적법한 것이었는가를 판단하는 준거로써 그리고 무력분쟁법상의 일반원칙으로 표현된 것이 '군사목표 구별원칙'이다.[22]

군사목표의 정의

군사목표의 정의에 대해 1907년의 '헤이그 육전규칙'이나 '전시 해군포격에 관한 협약'은 아무런 규정을 두고 있지 않는 반면, 1923년 '공전규칙안'은 "그 파괴 또는 훼손(毁損)이 명백한 군사적 이익을 교전자에게 제공하는 목표"라고 규정하고 있다(제24조 1항 참조). 그러나 동 정의는 군사목표에 해당하는지의 여부를 공격군 측의 주관적 판단에 맡기고 있다는 단점을 내포하고 있어 일반적으로 수락되지 못하였다. 그 후 ICRC와 국제법학회(Institute of International Law) 등이 중심이 되어 군사목표의 보다 더 객관적 정의와 그 내용의 구체화를 시도해 왔으며, 그러한 시도의 결과 공전규칙안의 정의와 ICRC규칙안(1956) 및 국제법학회 에든버러(Edinburgh)회기(1969)에서 채택된 결의 등의 내용을 종합적으로 참작하여 1977년 제네바협약 제1추가의정서는 "(물적)군사목표는 성질상으로나 그 위치, 목적 또는 용도상 군사행동에 효과적으로 기여하는 목표로서 당시의 지배적 상황에서 그것을 전적으로 혹은 부분적으로 파괴, 포획 또는 무력화함으로써 명백한 군사적 이익을 가져오는 물(物)에 한정된다."(제52조 2항)고 규정하고 있다(정운장, 국제인도법, 영남대학교 출판부, 1994, pp.322 - 323).

위의 정의하에서 군사목표로 분류되는 것은 예컨대 군함, 군용차량, 무기, 탄약, 연료 저장소 및 요새와 같은 엄밀한 군사목표 외에도 가정의 미래 시점이 아닌 그 당시 상황에서 이러한 기준을 충족하는, 예컨대 수송과 통신체계, 철도, 비행장, 항만시설 및 무력분쟁에 있어서 기본적인 중요성을 갖는 산업과 같은 군사작전에 대하여 행정 및 후방지원을 제공하는 활동도 포함된다. 또한 군사목표가 '군사활동에 효과적으로 공헌'하는 것이어야 한다는 것이 전투행위와의 직접적인 관계를 요구하는 것은 아니기 때문에 민간물자가 전투행위와 단지 간접적으로 결부되더라도, 분쟁 당사국의 전체적인 전쟁 수행능력 중의 군사적 부분에 효과적

례성), ④ 국제법상 금지되지 않을 것(합법성) 등을 포함하는 개념이다. U.S., Department of the Air Force, "International Law: The Conduct of Armed Conflict and Air Operations", *AF Pampglet 110 - 31*, 1976, pp.5 - 6 참조.

22) 이민효, "해전에서의 군사목표 구별원칙에 관한 연구", 해양연구논총, 제36집, 2006, p.104. 군사목표 구별원칙의 역사적 발전과정에 대해서는 Judith G. Gardam, *Non - Combatant Immunity as International Humanitarian Law*, Martinus Nijhoff Publishers, 1993, pp.1 - 9 참조.

으로 공헌하도록 사용되면 군사목표가 되어 공격으로부터 면제되지 않는다.[23]

그리고 군사목표에 대한 공격이 군사목표를 오인하거나 군사목표에 명중했지만 그 영향이 군사목표에 한정되지 않고 확대되어 다른 사람이나 물건에 부수적인 사상이나 손해를 야기하였다고 해서 무조건 동 원칙을 위반한 것은 아니다. 왜냐하면 어떠한 전투방법이나 수단도 100퍼센트 정확히 기능하는 것은 아니며, 일반적으로 발사체가 표적에 명중할 확률은 꽤 낮다. 그러므로 부수적 손해가 일어날 가능성이 있다고 해서 무력공격을 불법적인 것으로 만드는 것은 아니다.[24]

한미 군사교범상의 관련 내용

❶ 한국

해군작전법규(해전교 2 - 1 - 가, 1994)는 제5장 해전의 객체(naval targeting) 제1절 합법적 표적의 원칙에서 '해전표적에 관한 법'은 국제관습법으로 인정되어 오다 1977년 제네바협약 제1추가의정서에서 성문화된 3개의 기본원칙을 전제로 한다면서, 교전국이 적에게 공격을 가하는 방법을 채택할 권리는 무한하지 않으며(1977년 제네바협약 제1추가의정서 제35조 1항), 적에게 행한 것과 같은 공격을 민간인에게 하는 것은 금지되며(동 제51조 2항) 그리고 비전투원은 가능한 한 보호되어야 하는 관계로 전투원과 비전투원은 반드시 구별되어야 한다(동 제57조 1항)고 명확하게 밝히고 있다.

오직 전투원과 군사목표물만이 공격대상이 되며 민간목표물은 공격해서는 안 된다는 것을 명문으로 밝히고 있는 동 법규는 이러한 법적 원칙을 일반적인 군사력의 목표, 집중 및 경제라는 군사적 원칙에 비견하면서, 법은 오로지 군사적으로 중요한 목표물을 공격하도록 요구하지만 이러한 목표물을 파괴하기 위해서는 충분한 군사력의 집중이 허용되며, 불필요한 부수적인 파괴는 가능한 금지되어야 하고, 공격은 군대의 임무완성 및 부대안전과 양립되어야 함을 강조하고 있다. 또한 민간인과 민간목표물을 전쟁참화로부터 가능한 한 보호하기 위하여 오직 군사적 목표물만이 표적이 되게끔 모든 합리적인 조치를 취하여야 하며, 제방이나 댐과 같은 시설에 대한 공격은 그에 대한 손괴나 파괴로 얻을 수 있는 군사적 이익에 비례하지 않을 경우 금지되어야 하고, 민간인의 생존에 불가결한 물자에 대하여 민간인들이 그것을 사용하지 못하게 할 목적으로 하는 고의적인 파괴는 금지되며, 적법한 군사적 목표물에 대한 공격 시 부수적으로 민간인에 대한 살상이나 민간목표물에 대한 손해 야기는 그것이 비례성을 준수하는 한 불법이 아니라고 덧붙이고 있다.

---

23) 해상무력분쟁에서의 군사목표는 선박만이 아니라 심해저 등에 설치된 고정 시설물(무기 탐지 및 통신 장치) 등 해전수역 내의 어느 것이나 포함하며, 교전국이 이용하는 해저 전선 및 관선도 합법적 구사목표물이 된다. T Treves, "Military Installations, Structures and Devices on the Seabed", 74 AJIL, 1980, pp.809 - 819 참조.

24) 국제법에서 금지하고 있는 것은 민간인 및 민간물자를 직접적인 공격대상으로 하는 경우이다. 민간인 또는 민간물자를 직접 공격대상으로 하지 않는 전투행위로 인하여 민간인의 희생, 예컨대 유탄에 의하여 민간인이 사망하는 경우 또는 군사목표에 대한 폭격 또는 포격에 의하여 그 군사목표물에 인접하고 있는 민간주택이나 민간재산이 파괴되는 경우에는 공격 측에 아무런 법적 책임이 귀속되지 않는다. Ibid., p.257. 한편, 1996년 핵무기 위협 및 사용의 합법성에 대한 ICJ 권고적 의견에서 Higgins 재판관은 반대의견(Dissentung Opinion)을 개진하면서 "어떤 무기가 비록 부수적 피해(collateral damage)가 생기더라도 오로지 군사목표물만을 공격목표로 삼을 수 없다면 그 무기는 그 자체 위법한 것이 된다."고 하였다. ICJ Report, 1996, pp.588 - 589, para.24.

　　미 해전법규는 합법적 표적에 관한 기본원칙으로 교전국이 적에게 타격을 가할 방법을 선택할 권리는 무제한적이 않으며, 적 전투원에 대한 공격이 민간인에게 행해져서는 안 되고, 비전투원은 가능한 보호되어야 하는 관계로 전투원과 비전투원은 구별되어야 한다는 것을 들고 있다. 또한 불필요한 부수적인 파괴는 가능한 한 회피되어야 하고, 군 임무의 달성과 부대의 안전에 불필요한 고통은 금지되어야 하며, 민간인과 민간물자가 전쟁의 참화로부터 될수 있는 한 보호되고 오직 군사목표물만이 표적이 되도록 합리적인 예방조치를 취할 것을 요구하고 있다(NWP9A, para.8.1).

　　이어 동 법규는 해군의 정당한 공격대상(합법적 공격목표물)으로 적 군함 및 군용기, 해군 및 육군의 지원군, 해군 및 육군의 해안 기지, 군함 건조 및 수리 시설, 군병창 및 창고, 유류저장구역, 제방, 항구시설, 항만, 교량, 비행장, 군용차량, 장갑차, 대포, 탄약고, 부대집결지, 선적지(船積地) 등과 같은 군사작전에 사용되는 것과 막사, 통신·지휘·통제시설, 사령부, 군대식당, 훈련장 등과 같은 군 작전을 위한 인적 및 행정적 지원시설을 들고 있다. 또한 적의 전투능력을 간접적이지만 효과적으로 지원, 유지시키는 경제적 표적물도 공격대상으로 열거하고 있다(동 para.8.1.1).

　　반면 민간물자는 공격대상에서 제외된다는 것을 명백히 하면서 제방이나 댐과 같은 시설에 대한 공격은 그에 대한 손괴나 파괴로부터 얻을 수 있는 군사적 이익에 비례하지 않는 민간인의 피해를 낳는다면 금지되어야 하며, 식량, 가축, 식수 및 기타 민간인들의 생존에 불가결한 물자들을 사용하지 못하게 할 목적으로 하는 고의적인 파괴는 금지된다는 것을 명시적으로 밝히고 있다(동 para.8.1.2).

나. 해전에서의 군사목표 구별

　　군사목표 구별원칙이 해전에 적용된다고 명확하게 언급하고 있는 조약 규정은 현재 존재하지 않는다. 다만 육전법규의 내용을 원용하여 해전에 적용하고 있을 뿐이다. 하지만 불필요한 파괴와 분쟁희생자의 인도적 보호를 핵심내용으로 하고 있는 해전법규도 비록 불완전하기는 하지만 공격할 수 있는 자와 없는 자, 공격할 수 있는 목표(대상)와 없는 목표(대상) 간의 구별원칙을 그 법체계의 본질적인 요소로 하고 있다.

　　전시에는 교전 당사국은 물론 제3국(중립국)의 통상도 극도로 제한될 수밖에 없는데, 이 경우 무원칙한 중립국 통상의 제한이나 중립국 선박에 대한 공격은 국제사회의 여론을 악화시켜 전쟁 목적의 달성을 어렵게 할 수도 있다. 그러므로 무차별적인 공격으로 야기될 수 있는 국제사회의 비난을 사전에 방지하고 불필요한 분쟁희생자를 예방하기 위해서는 무력공격은 군사목표에 한정되어야 할 것이다.

　　해전에서의 무력공격은 군사목표에 대하여 또는 군사목표인 적선 및 적 항공기에 의해 수행되는 것과 기능상 구별되지 않는 임무에 종사하는 제한된 중립국 선박과 항공기를 목표로 하여야 한다.

해전에서 적 군함 및 그 보조선박은 합법적 군사목표물로서 인정되어 당연히 공격대상이 된다. 즉 모든 적 군함은 군사목표물이다. 교전국 군함은 공해 또는 교전국의 영수 내에서 조우하는 적국 군함 또는 공선을 즉시 공격할 수 있으며, 나포할 경우 이는 전리품으로서 나포한 국가에 귀속되며 승조원은 포로가 된다. 또한 해전수역 내에서 공격 및 격침될 수 있으며, 이러한 공격은 무경고로 그리고 적 승조원의 안전에 관계없이 행해질 수 있다.[25]

그러나 적 군함과는 달리 모든 적선이 공격대상이 되는 것은 아니다. 인도적 및 학술적 임무에 종사하는 선박이나 기타 민간선박을 비롯한 적 전투능력의 증강이나 전쟁지속력을 강화시키는 것이 아니므로 이들에 대한 공격은 신중하게 고려될 필요가 있다.

적선이지만 병원선,[26] 연안구조활동에 사용되는 소주정(small craft) 및 기타 의료수송선, 교전국 간 합의에 의해 안전통항권(safe conduct)[27]이 부여된 선박, 특별보호하에 있는 문화재를 수송하는 선박, 민간인 수송 여객선,[28] 종교·비군사적 학술 또는 박애임무를 수행하는 선박, 연안어업용 어선 및 지방적 연안무역에 종사하는 소형 선박,[29] 항복선,[30] 구명정 또는 구명보트 및 오로지 해양오

---

25) 모든 적 군함은 군사목표물이다. 군함은 모든 군용부유물, 즉 어뢰정, 수상함 또는 잠수함 및 군대에 직접적 지원임무(어뢰나 군수품 수송 등)를 수행하는 보조선을 포함한다. 적 군함은 해전수역 내에서 공격 및 격침 될 수 있으며, 이러한 공격은 무경고로 그리고 적 승조원의 안전에 관계없이 행해질 수 있다. W. J. Fenrick, "Legal Aspects of Targeting in the Law of Naval Warfare",, 29 *CYIL*, 1991, pp.269-279 참조.

26) 병원선은 특별히 그리고 오로지 군인 및(또는) 민간인 상병자 또는 조난자에 대한 원조제공을 유일한 목적으로 분쟁 당사국에 의해 건조되었거나 설비된 선박(제네바 제2협약 제22조 및 제1추가의정서 제22조), 각국의 적십자사나 적신월사 및 공식적으로 승인된 구호단체나 사인(私人)에 의해 사용되는 동일한 성질을 갖는 선박(제네바 제2협약 제24조 및 제1추가의정서 제22조. 이 경우 동 선박의 기국인 분쟁 당사국이 이들 선박에 공식적으로 임무를 부여하고 있을 것을 조건으로 한다) 및 중립국, 중립국 적십자사나 적신월사, 공식적으로 승인된 구호단체, 중립국의 사인 또는 공평한 국제적 인도단체에 의해 사용되는 동일한 성질을 갖는 선박(제네바 제2협약 제25조 및 제1추가의정서 제22조. 분쟁 당사국의 허가 및 사전에 자국 정부의 동의를 얻어 분쟁 당사국의 어느 일국의 관리하에 있을 것을 조건으로 한다)을 말한다.

27) 안전통항권은 교전국이 부여하는 서면에 의한 허가로서 적국민이나 기타의 자가 특정의 목적을 위하여 특정의 장소로 항행하는 것을 허용한다. 안전통항권은 주로 포로의 수송에 지정되거나 그 수송 등에 종사하는 카르텔선, 민간주민의 생존에 불가결한 물자를 수송하는 선박 및 구호활동 및 구조활동에 종사하는 선박을 포함한 인도적 임무에 종사하는 선박 등에 교전국 간 합의에 의해 부여된다.

28) 여객선으로 수송되고 있는 민간인의 보호는 동 선박이 그 당시 군사목적에 사용되고 있지 않을 경우에만 보장된다는 것은 의심의 여지가 없다. 민간 여객선이라 할지라도 그것이 군사목적에 사용될 경우 공격대상이 된다. 제2차 세계대전 중 독일은 정보수집에 사용되고 있다는 이유로 영국 여객선을 공격하였는데, 이와 관련하여 Dönitz는 영국 상선을 공격했다는 이유로 기소되었으나 무죄판결을 받았다. 왜냐하면 영국 상선도 가능한 경우 보트를 공격하거나 잠수함을 발견하는 즉시 보고토록 명령받았다는 것이 법정에서 사실로 인정되었기 때문이었다. *Judgement of the International Military Tribunal for the Trial of German War Criminals*, 108-109.

염사고에 대처하도록 건조 또는 개조된 선박은 공격으로부터 면제된다.[31]

그러나 이들 적선도 항상 공격이 면제되는 것은 아니다. 분쟁 당사국 어느 일방의 선박이 무력분쟁에서 적의 공격으로부터 면제되기 위해서는 통상적 임무에 무해하게 종사해야 하며,[32] 식별 및 검색요구에 응해야 하고,[33] 전투원의 이동을 고의적으로 방해하지 않아야 하며 그리고 정선 및 퇴거요구가 있을 시 이를 준수해야 한다.[34] 공격면제 선박은 이러한 조건을 모두 준수하는 경우에만 공격으로부터 면제된다.[35] 이들 선박이 이러한 조건의 비준수로 군사목표로 인정될 경우 공격대상이 되는 여타 선박과 동일한 지위를 갖게 되어 공격이 가능하다.

또한 공격면제 선박이 면제조건들 중 어느 하나를 위반하여 보호를 상실하더라도 자동적으로 당해 선박이 공격을 받는 것은 아니다. 비록 요구되는 조건을 준수하지 않더라도 즉각적으로 또한 자동적으로 공격해서는 안 되며, 공격 전에 희생을 최소화하기 위하여 요구되는 절차 및 고려요소를 존중하여야 한다. 이들 선박을 나포 또는 공격할 경우에는 일정한 절차와 기준이 충족되어야 하는바, 침로변경 또는 나포가 불가능한 경우, 군사적 통제를 행사하기 위한 다른 방법이 없는 경우, 선박이 군사목표물이 되었거나 될 것으로 합리적으로 추정할 수

---

29) 이들 선박을 보호하는 이유는 어업 자체를 보호하고자 함이 아니라 지방적 어업에 종사하는 자와 그에 의존하는 주민을 보호하기 위한 것이다. 즉 이러한 선박에 대한 공격을 금지하는 것은 어업을 방해하는 것이 교전국에게 어떠한 실질적 이익을 주지 않아서가 아니라 주민을 해할 수 있다는 관념에 기초하고 있는 것이다. L. Doswald-Beck(ed.), *op. cit.*, p.134.

30) 항복의 의도를 확인하는 하나의 합의된 통일된 방법은 없지만 일반적으로 승인된 방법으로는 기의 강하, 백기 게양, 잠수함의 경우 부상, 기관정지 및 공격자 신호에 대한 응답, 구명보트에 이승 및 야간의 경우 정선과 등화의 점화 등이 있다. NWP9A, *op. cit.*, para.8.2.1.

31) 공격이 면제되는 적국 선박의 종류는 항공기에 비해 매우 다양하다. 왜냐하면 선박은 항공기보다도 매우 천천히 이동하기 때문에 선박의 위협에 대한 평가에 많은 시간을 사용할 수 있기 때문이다. 게다가 역사적으로도 접근하고 있는 항공기는 위협적이라는 추정이 존재해 왔다.

32) '통상적 임무'에 종사한다는 것은 항행의 형태가 통상의 방법으로 행해진다는 것을 의미하며 그리고 '무해'하게 종사한다는 것은 본질적으로 선박이 공격에 가담하거나 또는 방어적 수단으로만 사용되지 않는 군사물자의 수송 및 정보수집 등과 같은 적대행위를 행하지 않는다는 것을 의미한다.

33) 선박이 식별에 따를 의무는 식별이 요구되었을 때 자기를 명확하게 하는 것을 의미하며, 검색에 따라야 할 의무는 검사관이 승선하여 선박을 수색하는 것을 인정해야 한다는 것을 의미한다. 이러한 요구조건은 공격면제 대상 선박이 군사적 목적에의 이용 여부가 의심되는 경우 취할 수 있는 조치로서, 교전자로 하여금 그러한 선박이 실제로 통상의 임무에 종사하고 있다는 것을 확인할 수 있게 하여 군사목적에 이용되지 않는 선박에 대한 공격을 사전에 예방하는 기능을 담당한다. L. Doswald-Beck(ed.), *op. cit.*, p.137.

34) 이러한 의무는 교전자가 필요로 하는 군사행동의 실행을 확보하기 위한 것으로, 교전 당사자는 진정으로 필요한 경우에만 그러한 명령을 발하여야 하고 가능한 한 이들 선박의 통상적 업무에 대한 간섭을 피하기 위하여 노력하여야 한다. *Ibid.*, p.138.

35) San Remo Manual on International Law Applicable to Armed conflicts at Sea, 1994, para.48.

있는 비준수 상황이 매우 중대한 경우 및 부수적 사상 또는 손해의 정도가 기대되는 군사적 이익에 비례하여야 한다.

제2절 적 상선의 법적 지위

해상무력분쟁에서 적국의 상선은 어떤 법적 지위를 갖는가? 상선[36]은 비록 직접적인 교전자 역할을 하지는 않지만 무력분쟁의 경제전적 특성이 보다 중요해지고 있는 현실을 감안하여 합법적 군사목표로 인정되어 공격의 대상이 되는가? 아니면 적의 군사적 능력을 직접적으로 증강시키지 않기 때문에 군사목표로 볼 수 없으며 따라서 공격대상이 되지 않는가?

적 상선은 비록 적성이 인정되긴 하지만 즉각적인 공격이 허용되지 않고 군사목표물의 정의에 합치되는 경우에만 공격대상이 된다.[37] 이처럼 적 상선은 합법적인 군사목표가 아니면 일정한 경우 나포는 될 수 있지만 공격으로부터는 면제된다. 이는 적 상선이 상선으로서의 고유한 기능을 수행하고 있다면 군사목표가 아니므로 공격이 면제되지만, 특정의 경우에는 군사목표로 인정되어 공격으로부터 제외되지 않는다는 것을 의미한다. 그렇다면 적 상선은 어떤 경우에 군사목표물로 인정되는가? 이러한 경우는 대체로 적 상선이 무력분쟁에 직접 연루되는 상황을 의미하는 것이지만, 불필요한 희생방지와 국제통상의 안전 확보 및 합법적 무력사용의 보장을 위해 보다 구체적이고 명확하게 할 필요가 있다.

---

36) 현재 국제법은 무력분쟁 시에 적용될 수 있는 '상선'에 관한 만족할 만한 상세한 개념을 확립하고 있지 못하다. 다만 무력분쟁법에 있어서 장기간에 걸쳐 형성된 관행에 따라 선박은 통상 4개 범주, 즉 (1) 병원선, 연안구조용 주정 기타 의료수송선, (2) 군함, (3) 보조 선박 및 (4) 상선으로 구분할 수 있으며, 어떤 선박이 앞의 3개 범주에 해당되지 않으면 '상선'으로 간주할 수 있다. 개인 요트나 유람선과 같은 사적 역무에 사용되는 선박도 '상선'에 포함된다. 상선은 일국의 기를 게양한 채 항행하고 그리고 그 기를 게양할 권리가 있는 국가의 국적을 갖는다(유엔해양법협약 제91조~제92조).

37) 전통적으로 전시에 적국의 상선과 군함의 처리에는 분명한 구분이 있었다. 군함은 나포국의 영해에 근접했다는 이유로 공격받거나 파괴되고 나포될 수 있었다. 반면에 상선은 보통 공격이나 파괴로부터 보호되었으며, 나포될 수 있다 하더라도 그것은 나포국의 전시포획물심판소의 심판에 의해서만 가능한 것이었다. 그러나 만약 상선이 정지명령에 불응하고 수색이나 압류에 저항하며 자국 군함을 직접적으로 원조하고 적국 군함을 공격한다면 공격이나 파괴에 대한 어떤 면제권도 박탈당한다. 해군본부(역), 전쟁법규집, 1988, p.91.

1. 임검 및 나포

가. 임검 및 수색

임검 및 수색이란 교전국의 군함 또는 군용기가 중립국 영역 밖에서 조우한 상선의 진정한 성격 및 적재화물의 성질, 상선의 고용방법, 기타 무력분쟁에 관계되는 사실을 결정하기 위해 행사하는 수단이다.[38]

해상무력분쟁에서 교전국 군함 및 군용기는 나포할 수 있다고 의심되는 합리적인 이유가 있는 경우 중립국 영수 밖에서 상선을 임검 및 수색할 권리가 있다.[39]

그러나 이러한 임검 및 수색은 자의적으로 행사되어서는 안 된다. 무제한적인 임검과 수색은 국제법에 합치되지 않는다. 임검과 수색은 나포 대상이 된다고 의심되는 '합리적인 이유'가 있는 경우에라야 가능하다.

또한 해상에서의 임검 및 수색이 불가능하거나 위험한 경우 교전국 군함 및 군용기는 안전한 장소에서 임검 및 수색권을 행사하기 위해 적당한 해역 또는 항구로 상선의 침로를 변경시킬 수 있다.

나. 나포

국제법에 따라서 어떠한 카테고리의 적국 선박(요트와 같은 사선 포함) 및 그 화물(화물의 성격 및 목적지에 관계없이)도 특별히 보호되는 경우를 제외하고는 중립국 영수 밖에서 나포의 대상이 된다.

적국 상선에 있는 적화(敵貨)는 포획물로 항상 나포할 수 있지만,[40] 적국 상선 내에 있는 중립국 화물은 그것이 전시금제품인 경우, 당해 선박이 봉쇄를 침

---

38) 해군본부, 해군작전법규, 2004, pp.3 – 36.

39) 임검 및 수색 대상은 상선이므로 군함 및 중립국 정부의 비상업적 활동에 종사하는 선박은 임검과 수색을 받지 않는다. 또한 임검 및 수색권을 행사할 수 있는 공간적 범위에는 중립국 영해, 국제해협 및 군도항로대를 제외한다. *Ibid.* 걸프전에서 다국적군은 레이더 탐지범위를 훨씬 능가하는 거리에서도 중립국 선박과 적국 선박을 식별할 수 있는 능력과 수단을 보여주기도 했었지만, 이라크에 대한 금수조치를 집행하기 위해 7개월의 분쟁 기간 동안 다국적 19개국의 165척 함정을 동원하여 7,500척 이상의 상선 중 964척에 승선하여 적화목록과 화물 창고를 검사하여 국제연합 안전보장이사회의 제재에 위반하는 100만 톤을 넘는 화물 수송선 51척의 침로를 변경시켰다. US Department of Defense, Conduct of the Persian Gulf War, Final Report to Congress, April 1992, pp.76ff.

40) 파리선언 제2항 및 제3항: NWP9A, *op. cit.*, para.8.2.2.1.

파하는 경우 또는 적국의 호위하에 항행하거나 임검 및 수색에 대해 적극적으로 저항하는 경우에만 나포할 수 있다.[41]

다. 심검 및 파괴

적 상선의 나포는 그것이 포획자의 관리하에 들어갔을 때 완료되는 것이 아니라, 포획국의 포획재판소에서 몰수결정이 있을 때까지는 포획자에게 이전되지 않는다.[42] 포획재판소에 의한 몰수결정에 의해 유효하고도 완전한 권원이 생기는 것이다. 따라서 포획된 적 상선은 심검을 위해 적당한 항구로 이송되지 않으면 안 된다.[43] 이 규칙에 따른 행위의 합법성 또는 필요성은 '사인의 재산은 적법수단에 의하지 아니하고 이전되어서는 안 된다.'고 하는 원칙에 기초를 두고 있다.[44] 선박의 나포를 포획재판소가 무효라고 결정하였거나 심검에 회부하지 않고 포획물을 석방할 경우 관련 당사자는 손해를 배상받을 권리를 갖는다(런던선언 제64조). 하지만 적국 군함 또는 기타 군사목표의 나포는 그 즉시 포획자에게 이전된다.[45]

그러나 상황이 이러한 절차를 불가능하게 하는 경우에는 포획물을 파괴할 수 있다.[46] 학설과 마찬가지로 국가관행에 있어서도 대개 모든 경우에 파괴를 인정되고 있다.[47]

군사적 상황 때문에 나포된 적 상선을 인치할 수 없는 경우에는 (a) 승객 및 승조원의 안전이 제공되고, (b) 포획물에 관한 문서와 서류들이 안전하게 확보되며, (c) 가능한 한 승객과 승조원의 개인용품이 안전하게 확보된 경우에는 예

---

41) W. Heintschel von Heinegg, "Visit, Search, Diversion and Capture in Naval Warfare: Part Ⅰ, The Traditional Law", *op. cit.*, p.316 참조.

42) *Ibid.*, pp.476ff.; 1913년 옥스퍼드 매뉴얼 제112조.

43) L. Doswald-Beck(ed.), *op. cit.*, p.208. 나포 후 적 상선의 파괴에 대해서는 Y. Dinstein, *The Conflict of Hostilities under the Law of International Armed Conflict*, Cambridge University Press, 2004, pp.104-105 참조.

44) P. Guttinger, "Réflexions sur la jurisprudence des prises maritimes de la Seconde Guerre Mondiale", 25 *RGDIP*, 1975, pp.54ff 참조.

45) L. Oppenheim, *op. cit.*, pp.474ff.; W. G. Downey Jr., "Captured Enemy Property, Booty of War and Seized Enemy Property", 44 *AJIL*, 1950, pp.488ff. 동일한 규칙이 선박 내에 있는 적국재산인 경우에도 적용된다. 그러한 선박 내에 있는 사유재산은 포획법에 따른다.

46) L. Doswald-Beck(ed.), *op. cit.*, p.209.

47) L. Oppenheim, *op. cit.*, p.487 참조.

외적으로 파괴할 수 있다. 그러나 오로지 민간인을 수송하는 적 여객선의 해상에서의 파괴는 금지된다. 나포된 선박의 파괴에 관한 적법성은 포획재판의 판결에 의한다.[48]

그렇지만 일반적으로 비례성을 엄격하게 고려하지 않더라도 상선의 파괴는 제한적으로 행해져야 한다.[49] 나포 군함은 안전한 장소라고 간주할 수 없을 뿐만 아니라 적 상선은 전시금제품에 해당되지 않는 중립국의 화물을 수송하고 있을 수도 있다. 그러므로 적 상선의 파괴는 예외적 조치로서 취급하지 않으면 안되고, 엄격하게 제한되지 않으면 안 된다.[50] 단지 군사적 긴급성의 이유만으로 파괴를 정당화하는 것은 충분하지 않다. 적국 상선은 원칙적으로 합법적 군사목표가 아니기 때문이다. 포획재판소는 파괴가 합법적인지에 대해 심검하여야 하며, 파괴가 위법이면 선박소유자는 정당한 배상을 받을 권리를 당연히 갖는다.[51]

라. 나포 적 상선 승조원의 법적 지위

선장, 수로안내인 및 견습선원을 포함하는 분쟁 당사국의 상선의 승조원(민간항공기의 승조원 포함)으로서 국제법의 다른 어떠한 규정에 의하여서도 더 유리한 대우의 혜택을 향유하지 아니하는 자는 1949년 제네바 제2협약의 적용대상이다(제네바 제2협약 제13조).[52]

포로의 대우에 관한 1949년 제네바 제3협약에 그 기원을 두고 있는 본 조항은 제네바 제2협약의 인적 적용범위(피보호자)를 규정하고 있는 것이지만, 이러한 피보호자들은 적국에 체포될 경우 포로로 인정되는 범위를 규정한 것이기도

---

48) W. Heintschel von Heinegg, "Visit, Search, Diversion and Capture in Naval Warfare: Part Ⅰ, The Traditional Law", *op. cit.*, p.309.

49) 해상작전에 있어 무력은 교전규칙에 의해 인정된 것만 사용하여야 하며 또한 전체적인 임무를 완수하는 데 필요한 최소한의 무력을 사용하여야 한다. 행사하는 무력은 위협에 대해 균형이 맞아야 하며, 그 무력이 사용되는 목적을 달성하기 위해 필요한 만큼의 정도, 강도 및 지속으로 한정해야 한다. 세력의 단계적 증강은 허용되는 한에서만 적용되어야 한다. 살상능력을 사용하기 전에 비살상능력의 사용을 반드시 고려하여야 한다. 해군본부(역), 해군임검작전지침(캐나다 전술교범 01－4), 2001, pp.3－21.

50) L. Oppenheim, *op. cit.*, p.487.

51) *Ibid.*, p.488.

52) '승조원'이라는 말은 승선의 소집을 받은 상선의 승조원만을 의미하며 근무 기간을 만료하고 승객으로 승선 중인 자(그러나 휴가 중인 자는 제외)는 포함하지 않으며, '선장'이라는 말은 계급을 의미하는 것이 아니라 선박의 지휘하는 직위에 있는 자를 지칭하는 것으로 이해하여야 한다. 대한적십자사 인도법연구소(역), 제네바협약 해설Ⅱ, 1985, p.113.

하다. 따라서 포획된 적 상선의 승조원은 국제법의 다른 어떠한 규정에 의하여
서도 더 유리한 대우의 혜택을 향유하지 아니하는 경우 포로가 된다.

포획된 적 상선 승조원의 포로지위가 처음부터 반대없이 인정된 것은 아니다.
19세기 후반까지는 나포된 적 상선의 승조원을 포로로 하는 것이 통상적인 관
행이었다. 이러한 관행은 각국의 포획심검 규칙 및 학설에 의하여 확인되고 있
다. 그러나 1870년 이후 이와는 다른 경향이 생성되기 시작했는데, 독일과 프랑
스는 무력분쟁에서 이들이 포획된다 하더라도 포로로 하지 않는다는 입장을 취
하였다. 이러한 입장은 나폴레옹 Ⅰ세가 최초로 선언한 것으로, 1898년 美西戰
爭 중 미국에 의하여 또 1904~1905년 노일전쟁 중 일본에 의하여 적 상선의
승조원은 통례적으로 석방되었다.53)

나포된 적 상선의 승조원을 석방하는 이러한 새로운 경향은 1907년 제2차 국
제평화회의에서 채택된 '해전에서의 포획권 행사의 제한에 관한 협약(제11협
약)' 제6조에서 적국민인 선장, 직원 및 선원은 전쟁 계속 중 작전행동에 관계
가 있는 어떠한 근무에도 종사하지 아니할 것을 서면으로써 정식으로 서약할
때에는 이를 포로로 할 수 없다54)고 명문화되었다.

동 규정은 포획된 적 상선 승조원을 포로로 하던 기존의 원칙을 그대로 유지
하고 있는 것으로도 볼 수 있다. 왜냐하면 만약에 역설적으로 적 상선의 승조원
이 동 규정의 조건을 준수하지 않을 경우에는 포로로 할 수 있는 것으로 해석
이 가능하기 때문이다.55)

그러나 2차례의 세계대전의 경험에 따르면 1907년 규정은 실제로 적용되지
않았다. 제1차 세계대전에서 대다수 교전국들은 포획한 적 상선의 승조원을 본
국으로 송환하지 않고 기존의 억류할 수 있다는 원칙을 원용하여 이들을 억류
하였다.56)

---

53) *Ibid.*, p.110.

54) 동 규정의 개정에 대해 국제사회의 논의가 없었던 것은 아니다. 1929년 외교회의가 포로조약을 작성할 때 포
로의 지위를 인정할 자에 상선 승무원을 포함시킬 것인가에 대하여 검토하였다. 회의는 그와 같은 확대 규정은
1907년 제4 헤이그협약 부속서인 육전법규 및 관례를 개정해야 가능하다는 것이 인정되었으나 외교회의는 자
신은 그러한 권한이 없었기 때문에 이 문제에 대한 권한이 없다고 선언하였다. 외교회의 제2위원회의 보고자는
채택할 예정이었던 본 협약은 상선의 승조원에게는 적용되지 않는다고 강조하였다. 이로써 1907년 규정은 변
경없이 그대로 유지되었다.

55) 동 규정은 형성 중에 있던 새로운 경향을 고려하여 기존의 원칙을 너무 제한적으로 해석 또는 운용되지 않도록
하는 것으로 이해된다. 오펜하임은 동 규정은 단지 현행 국제법상 포로가 되는 일정 부류의 자에 적용될 조건
을 완화하는 것이라고 보았다. L. Oppemheim, *op. cit.*, p.266 참조.

따라서 이론상으로는 제2차 세계대전 시에도 1907년 규칙이 유효한 것이었으나 실제로는 동 규칙 이전의 관행(나포된 적 상선 승조원의 억류 관행)이 변경되지 않은 채 계속되었다. 이는 대다수 교전국에 있어 상선이 정부에 동원되고 그 승조원들도 군대의 일부로 편입되는 경우가 허다하였으며 또한 상선들도 적군함(잠수함 포함)의 공격에 대비하여 무장하곤 했었기 때문이다.[57]

이처럼 제2차 세계대전까지의 관행은 포획심검을 받은 적 상선의 승조원은 일반적으로 적국에 억류되었다. 그렇지만 이들에 대한 대우는 일정하지 않았는데 일부 국가들은 이들에게 민간인 피억류자와 동일하게 대우했으나 다른 일부 국가들은 포로와 동일한 대우를 부여했다. 독일, 이탈리아, 미국, 브라질 및 남아공이 전자에 해당하는 반면 영국, 캐나다, 호주 및 뉴질랜드는 후자의 입장을 취한 국가였다. 그러나 후자에 해당하는 국가들도 포획 승조원의 봉급 및 노동에 관하여는 1929년 포로협약을 적용하지 않음으로써 일부 사항에 대해서는 민간인 피억류자와 동일하게 대우하였다.[58]

그러나 이러한 규칙 및 관행은 해전에서의 법적 이익의 보호 대상자의 한 축인 중립국의 이익을 극히 제한할 우려가 있고 무력분쟁을 무분별하게 확대할 수도 있으며 억류 승무원들의 인도적 보호에도 문제가 있어 이에 대한 새로운 규칙 및 관행의 필요성이 대두되었다. 이에 따라 제2차 세계대전 후 제네바협약의 개정작업이 시작되자마자 전문가들은 적 상선 승조원에게 포로지위를 명확하게 부여해야 한다는 것을 만장일치로 권고하였으며, 1949년 외교회의에서 이 제안이 수용되어 1949년 제네바 제2협약 제13조로 명문화되었다.[59]

이로써 해전에서 포획된 적 상선 승조원의 법적 지위 문제는 1907년 헤이그협약에서 기존의 관행을 변경한 이래 2차례의 세계대전을 경험한 후 약 40년

---

56) *Ibid.*, p.267.

57) 제2차 세계대전에서 무장상선은 적 잠수함을 발견하는 즉시 무기를 사용하도록 지시받기도 했다. 이에 따라 무장상선이 선제공격하는 경우도 있었다. 이는 상선에 의한 적 군함(잠수함 포함)에의 불법적 공격이 발생했었다는 것을 의미한다. R. W. Tucker, *The Law of War and Neutrality at Sea*, US Naval War College, 50 International Law Series, 1955, p.58, note 30 참조.

58) *Report of the International Committee of the Red Cross on its activities during the Second World War*, Vol. I, pp.552－554 참조. 대한적십자사 인도법연구소(역), *op. cit.*, p.112 참조.

59) 외교회의는 정부전문가들과 마찬가지로 적 상선 승조원에게 민간인 피억류자의 지위를 부여하는 것보다 포로지위를 부여하는 것이 소망스러우며 또한 실제로 그것이 교전국 상선 승조원의 임무의 성질에 부합된다고 보았기 때문이다. 대한적십자사 인도법연구소(역), *op. cit.*, p.112.

만에 재확인되기에 이르렀다. 즉 포획된 적 상선의 승조원은 국제법의 다른 어떠한 규정에 의하여서도 더 유리한 대우의 혜택을 향유하지 아니하는 경우 포로가 된다.[60]

마. 군함으로 변경된 상선의 법적 지위

상선을 군함으로 변경하는 문제에 대한 정당성 여부는 1870년 보불전쟁 시 주요한 논쟁대상으로 제기되었다. 그 당시 북독일연방은 소수의 군함만을 보유하고 있었으므로 프러시아王은 상선을 군함으로 변경하려는 계획을 세웠다. 한편 프랑스는 이러한 계획은 상선포획을 금지하는 1856년 파리선언의 위반이라면서 영국에 중재를 요청했다. 그러나 영국은 그러한 계획이 상선포획과 같은 성질의 것이 아님을 선언하고 중재요구를 거절했다. 비록 프러시아의 계획이 결실을 보지 못했지만, 이후 각국은 전쟁 발발 시 상선을 군함으로 변경하는 확립된 관례를 따르게 되었다.[61]

러일전쟁(1904~1905) 시 중립국 선박을 나포토록 러시아 상선을 군함으로 변경한 것과 관련하여 1907년 제2차 국제평화회의에서 주요 안건으로 토의되었으며, 그 결과 회의 참가국들은 무력분쟁 시에 상선을 전투함대에 편입하기 위한 조건을 규정하였다(헤이그 제7협약).

동 협약에서 규정하고 있는 조건은 6개로 다음과 같으며, 이러한 조건을 충족하는 경우 변경된 상선은 군함으로서의 법적 지위를 향유한다.

첫째, 군함으로 변경된 상선은 그 게양하는 국기 소속국의 직접 관리, 감독 및 책임하에 있지 아니하면 군함에 속하는 권리 및 의무를 향유할 수 없다(제1조). 둘째, 군함으로 변경된 상선은 그 국가의 군함 외부의 특수휘장을 부착하여야 한다(제2조). 셋째, 지휘관은 국가의 근무에 복무하며 또한 당해 관헌에 의하여 정식으로 임명되고 그 성명은 함대의 장교명부에 기재되어야 한다(제3조). 넷째, 승무원은 군기에 복종하여야 한다(제4조). 다섯째, 군함으로 변경된 일체

---

60) 이 경우 승조원의 지위는 사선의 무장에 따라 결정되지 않는다. 과거 수 세기에 걸쳐 또는 제2차 세계대전 중에도 다수 국가의 관습으로 되어 있었던 자위를 위한 상선의 무장상태를 불문하고 포획된 적 상선 승조원은 포로가 된다. *Ibid.*, p.113.

61) 해군본부(역), *op. cit.*, p.91.

의 상선은 전쟁의 법규관례를 준수하여야 한다(제5조). 여섯째, 교전국은 상선을 군함으로 변경한 것을 가급적 신속하게 군함목록에 기입하여야 한다(제6조).

그러나 동 협약은 2가지 점에서 명확하지 못하다. 하나는 시간과 장소에 관계없이 상선을 군함으로 변경할 수 있느냐 하는 점이다. 협약 전문에서도 체약국들이 군함으로의 변경을 공해에서 행할 수 있느냐에 대하여 합의할 수 없어 변경장소는 문제 외로 한다는 것을 밝히고 있다. 다른 하나는 변경된 선박이 분쟁 종료 이전 다시 상선으로 재변경 가능하느냐 하는 점이다. 변경 장소 및 시기를 제한하지 않을 경우 이러한 권한을 남용하게 되어 배신적 행위가 증가하게 될 것이며, 이는 결국 더 큰 희생을 낳을 수도 있다는 비판이 제기될 수도 있을 것이다. 그러나 군함으로의 변경은 교전국과 그 동맹국의 관할 지역 내에서 가능하며(중립국 관할 지역 제외), 적대행위 도중 어떠한 재변경은 금지되어야 마땅하겠지만 교전 직후 바로 보호를 받게 되는 비전투선으로 지위를 변경할 수 있다고 보는 것이 타당하다.[62]

2. 공격 및 파괴

무력분쟁 시 적 상선을 공격하기 위해서는 적 상선이 일정한 요건을 충족하고 있어야 하는바, 이러한 요건으로는 적을 대신하여 적대행위를 할 것, 적 군대의 보조세력으로 행동할 것, 적의 정보수집체계로 편입 또는 이를 원조할 것, 적 군함(잠수함 포함) 및 군용기의 호위하에 항행할 것, 정선명령을 거부하거나 적극적으로 승선, 검색 또는 나포를 거부할 것, 군함에 위해를 가할 수 있을 정도로 무장할 것[63] 및 기타 군사활동에 효과적으로 기여할 것 등이 있다.[64]

---

62) G. Venturini, "1907 Hague Convention Ⅶ Relating to the Conversion of Merchant Ships into Warships", N. Ronzitti(ed.), *The Law of Naval Warfare*, Martinus Nijhoff Publisher, 1988, pp.122 – 124 참조.

63) 무장상선의 법적 지위는 일찍이 제1차 세계대전에서 영국과 독일 간 주요 논쟁대상이었다. 1913년 영국 해군성은 일부 상선에 대해 무장을 지시했다. 영국은 이를 방어적 목적이라 했는데, 1916년 5월까지 약 1,000여 척이 함미에 4인치 포를 장착하였다. D. P. O'Conell, "International Law and Contemporary Naval Operations", 44 *BYIL*, 1970, p.47. 그러나 독일은 영국선원 우드필드로부터 미국으로 가는 비밀지령을 입수하였는데, 동 지령은 영국이 자국 무장상선에게 만약 잠수함이 명백하게 선박을 추적하고 적대의도를 가지고 있다고 판단될 경우 자위차원에서 잠수함이 발포나 어뢰발사와 같은 명백한 적대행위를 개시하기 전에라도 발포할 것을 지시하고 있었다. Green H. Hackworth, Ⅵ *Digest of International law*, US Department of

제1차 세계대전에서 독일이 잠수함으로 상선을 공격하는 등 전투함과 비전투함의 구별원칙을 심각하게 위반하자 영국은 상선의 무장으로 대응하였다. 타 교전국들도 이러한 관행에 따르게 되자 해전에서 상선을 공격으로부터 보호하기란 매우 어려웠다.

당시의 관습법과 전통국제법상 승객 및 승조원의 안전이 먼저 보장되지 않는 한 군함이 적 상선을 파괴하는 것은 금지되었으나, 상선이 포획에 적극적으로 저항하거나 정지명령에 불응하면 이러한 원칙의 적용은 문제가 된다.

제2차 세계대전 중 교전국 수상함 및 잠수함이 여객과 승무원의 안전을 위한 조치나 사전 경고 없이 적국 상선을 공격하거나 침몰시키는 행위가 관행적으로 행해졌다. 1939년 9월 4일 영독 간 선전포고 12시간 만에 독일 잠수함 U-30이 영국 여객선 아데니아(Athenia)호를 어뢰로 격침시키자(미국인 28명 포함 112명 사망), 영국은 상선에 무장을 장착할 것과 15노트 이하의 속력을 가진 상선은 군함의 호송하에 항행하고 15노트 이상의 상선은 단독으로 항행할 것을 명령했다. 이러한 명령으로 1939년 말 영국 해군은 단 12척의 손실로 5,800여 척의 상선을 호송했다.[65]

이는 소련의 잠수함도 마찬가지였다. 소련 잠수함 S-13은 1945년 1월 30일 6,500명 이상의 민간피난민을 수송 중이던 독일 정기여객선 구스트로프(Wilhelm Gustloff)를 어뢰로 공격하였는데 단지 98명만이 구조되었으며, 2월 10일에는 또 다른 정기여객선 제너럴 폰 스투벤(General von Steuben)을 격침시켜 2,700명을 사망시켰다. 그리고 4월 16일에는 L-3가 고야(Goya)를 격침시켜 피난민 6,200명 이상의 살상이라는 역대 최악의 사태를 초래했다.[66]

제2차 세계대전에서 적 상선을 공격하는 이러한 관행은 타방 교전국의 불법

State, pub. No.1961, 1943, p.494. 이러한 영국의 정책은 독일로 하여금 잠수함을 이용한 무경고 공격정책으로 선회하도록 하였다.

64) San Remo Manual on International Law applicable to Armed conflicts at Sea, 1994, para.60. 프랑스 전쟁법규의 적용에 관한 지침(Instructions sur l'application de droit international en cas de guerre, 1963년)은 적국과 중립국의 상선을 공격할 수 있는 경우를 정당하게 지시된 정선명령의 거부, 검색에 대한 적극 저항, 적대행위, 정보를 송신함으로써 적 작전에 동참, 침로변경 지시 불복종, 지시에 반하는 교신 및 적 군함에 의한 호송 등을 열거하고 있다.

65) 김현기, "양차 세계대전간의 해군군축조약과과 그 영향", Strategy 21, Vol.2, No.1, 1999, p.24; 이정수, 제2차 세계대전사, 남영출판사, 1973, p.39 참조.

66) Charles E. Rousseau, *Le Droit des Conflits Armés*, Éditions A. Pedone, 1983, p.254 참조.

적 행위에 대한 보복행위로 정당화되었다.[67] 또한 무력분쟁이 진행됨에 따라 상선들도 정규적으로 무장 선박에 의해 호송되고 정보수집에 참여하는 등 적국의 전투수행 능력 강화 및 지속에 직간접적으로 협조하게 되자 적국 상선도 발견되면 파괴할 수 있는 합법적인 군사목표물로 간주되어야 한다는 주장이 강하게 제기되었을 뿐만 아니라 실제 그렇게 다루어졌다.[68]

이러한 관행은 최근 약간의 변화를 보이고 있다. 걸프전의 '사막의 폭풍 해상작전'(Desert Storm at Sea) 당시 미 중부사령관은 이라크 상선은 어디에 있든지 (예멘의 항구 내에 있는 이라크 선박 포함) 불문하고 격침시킬 수 있다는 것을 Richard B. Cheney 국방장관과 Collin Powell 합참의장에게 브리핑할 것을 중부사해군사령관인 Arthur에게 지시했었다. 이러한 조치는 법적인 문제가 있다고 생각한 Arthur는 자신의 법무참모였던 Thomas Connelly 중령에게 모든 이라크 선박을 공격하라는 중부사령관의 명령과 관련된 법적 사안을 검토할 것을 지시했다. 이를 검토한 Connelly 중령은 중부사 해군전력은 중립항에 있는 이라크 선박을 공격할 수 없다고 결론 내렸다. 그러나 이라크가 통제하는 가운데 전쟁노력을 위해 사용될 수 있는 유류와 같은 물자를 적재한 이라크가 통제하는 항구에 있는 이라크 민간선박은 중부사 교전규칙에 의해서 군사작전을 지원하는 민간선박으로 간주될 수 있다고 판단하였다. 중립국 외해에 있는 공해에서 적 민간선박이 무장을 했거나 적의 정보체계를 지원하거나 적의 해군 혹은 군사보조를 위한 어떠한 행위를 할 경우에는 경고 또는 무경고하에 공격할 수 있다고 하였다. 유조선이 적의 전투행위에 통합되거나 적의 전쟁지속노력의 일부가 된다면 유조선도 합법적인 표적이 된다고 보았다.[69]

---

67) 독일의 연합국 상선에 대한 무차별적 잠수함전과 항공전은 1936년 런던의정서상의 관례 원칙을 위반한 것으로 간주되었는데, 독일은 의정서가 규정하고 있는 의무를 인정하면서도 자국이 취한 조치는 보복행위로서 정당하며, 영국의 상선 무장화가 독일의 의무이행을 방해하고 있다고 주장했다. 이에 대해 영국과 프랑스는 보복수단을 강구하면서 이는 독일의 런던의정서 위반 때문이라고 주장했다. 해군본부(역), *op. cit.*, p.173.

68) 1940년 한 달만 해도 잠수함에 의한 공격으로 침몰된 영국의 상선이 60만 톤이 넘자 영국은 서태평양과 카리브해의 해군기지에 대해 99년간 임대조건으로 미국에게 구축함 50척을 요청하였다. 1940년 6월 프랑스가 항복해서 독일해군이 프랑스의 서해안에 면한 항구를 잠수함 기지로 활용하고 그해 말부터 독일의 되니츠 제독 지휘하에 '이리떼 작전'(Wolf-Pack Operations)을 전개함에 따라 상선의 손실량은 격증하였다. 1941년 말부터 미국이 참전함에 따라 독일 잠수함은 미국 상선도 격침시키기 시작하여 1942년에는 가장 많은 상선을 격침시켰다. 김현기, *op. cit.*, p.24. '이리떼 작전'이란 10여 척의 잠수함이 상선이 지나갈 만한 해역 일대에 잠재해 있다가 호송선단을 발견하는 즉시 공격하지 않고 이를 사령부 되니츠 제독에게 보고하면, 사령부가 각 잠수함을 동 지역에 결집시키고 야간에 집중 공격하는 전술이다. 이정수, *op. cit.*, pp.197-199 참조.

69) 해군본부(역), 걸프전 해상작전(미국 일반도서 04-1), 2004, pp.4-87~4-88.

　　그러나 걸프전에서 대부분의 이라크 선박은 해상저지활동에 참가한 다국적군의 정선 명령에 따르지 않았으나 다국적군 군함은 이를 적극적으로 공격하거나 파괴하지 않고 경고사격을 가해 정선토록 하였다. 1991년 9월 14일 미국과 호주 함정은 이라크 선박에 대하여 최초로 공동 해상저지활동을 실시했다. 24시간 동안 무전으로 설득했지만 선장은 최후까지 정선을 거부했다. 그래서 선박의 전방에 경고사격을 실시해 간신히 속도를 저하시킨 다음 연안경비대원으로 구성된 13명의 팀이 승선하여 검색하였다. 그러나 화물을 적재하고 있지 않아 바스라로 항행을 허가했다. 그리고 9월 27일 미국 및 스페인 함정이 아카바항에서 출항한 이라크 민간선박에 대하여 정선을 명했지만 따르지 않았다. 마찬가지로 경고사격을 실시해 정선시킨 후 검색하였으나 화물을 적재하지 않은 빈 배였다. 이 선박은 다국적군의 해상저지활동 방법과 경제금수조치 활동에 대한 결의 정도를 탐색하기 위해 출항했던 것이었다. 이 외에도 다수의 이라크 상선에 대해 해상저지활동을 실시하였으며, 정선을 거부하는 선박을 공격하거나 파괴하지 않았다.[70]

　　이상과 같은 각국의 관행과 법규의 발달 및 위성통신, 장거리 무기, 대함 미사일 체계를 포함한 현대기술의 발전이라는 관점에서 볼 때 적 상선은 비록 적국에 소속되어 있긴 하지만, 무조건적인 파괴의 대상으로 인정해서는 안 되며 실제 분쟁과정에서 담당하는 기능 및 역할을 고려하여 제한적으로 인정해야 할 것이다. 구체적으로는 (1) 임검, 수색 또는 포획에 적극적으로 저항할 때, (2) 정선명령을 받고도 계속해서 정선을 거절할 때, (3) 적의 군함이나 군용기의 호송을 받으면서 항해하고 있을 때, (4) 무장되어 있을 때, (5) 적군의 정보체계에 편입되어 있거나 혹은 어떠한 방법으로든지 적 정보체계를 원조할 때, (6) 어떤 자격으로든지 적군의 해군으로 활동하거나 혹은 군사적 보조함으로서 활동할 때 및 (7) 적 상선이 적국의 전투수행능력이나 지속력에 통합되어 있고 특별 조우 상황에서 1936년 런던의정서를 준수하는 것이 군함에게 급박한 위기를 초래하거나 혹은 임무완수에 방해가 될 때 사전 경고하에서 또는 사전 경고 없이 수상함에 의하여 파괴될 수 있다.

---

70) 오정석(역), 걸프전쟁, 연경문화사, 2002, pp.539 - 544 참조.

제4장

전투방법과 수단의 사용 및 제한

제1절 해상봉쇄

일방 교전국이 작전상 또는 타방 교전 당사국과 중립국 간의 통상을 단절시킬 목적으로 행하는 봉쇄는 중립국의 이해에 중대한 영향을 미친다. 중립국과 피봉쇄국 간의 무역을 금지시킴으로써 중립국의 이익을 잃게 할 뿐만 아니라 중립국 선박으로 하여금 봉쇄구역을 멀리 우회하게 하여 운송에 많은 시간을 소모케 함으로써 중립국 간의 무역에 있어서도 더욱 많은 비용이 들게 하였다. 또한 봉쇄에 따른 포획권 행사에 장소적 한계가 있기는 하나 그 내용이 매우 강력하다. 따라서 이 조치가 취해진 지역에서는 제3국 선박도 일체 출입할 수 없으며, 봉쇄선을 넘으려는 시도가 있는 경우 이는 곧 군사적 대응을 받게 되고, 물자·선박 등은 모두 억류 또는 압류된다. 이러한 봉쇄의 부정적 효과는 종종 중립국이 자국의 이익을 보호하기 위하여 분쟁에 개입하게 만들었다. 여기에서 등장하게 된 것이 봉쇄법이다. 봉쇄국과 중립국의 충돌하는 이익을 조정하여 분쟁을 최소화하기 위하여 봉쇄법이 요청되었던 것이다.

18세기의 국제관행 및 이를 성문화한 파리선언과 런던선언을 통하여 성립된 봉쇄제도는 다른 전쟁법규와 마찬가지로 현대전의 특성에 따라 수정되고 있다. 이러한 변화는 상대방 교전 당사자에게 수송되는 모든 물품을 전시금제품으로 간주하고 봉쇄 없이 공해상에서 선박과 함께 몰수하는 사례와 제1차 세계대전 시에 독일이 영국 주변수역에 출입하는 모든 선박을 무경고 격침한 데 대한 복수로서 영·불이 취한 장거리 봉쇄는 문제점이 많은 것이었으나 제2차 세계대전 시에 영국이 솔선해서 다시 장거리봉쇄조치를 취했고, 다른 연합국도 이를 묵인하여 하나의 국제관행이 되었다.[1]

향후 이러한 새로운 전투수단과 방법의 등장에 따른 새로운 봉쇄법의 필요는

---

[1] 이병조·이중범, 국제법신강, 일조각, 2008, p.1098.

더욱 커질 것이다. 또한 해양의 중요성 증가에 따른 해양관할권 확대 경쟁은 해상분쟁의 발생 가능성을 촉진시킬 것이다. 이러한 해상분쟁에서 관계국들은 자국의 목표를 달성하기 위해 해상봉쇄에 의존할 가능성이 있다. 따라서 새로운 현실에 부합하는 봉쇄법을 명확히 할 필요가 있다. 이는 장래 설정될지도 모를 봉쇄를 합법적이고 정당한 한계 내에서 가능토록 함으로써 중립국의 이익을 보호하고, 이에 따라 해상분쟁이 불필요하게 확대되는 것을 방지할 수 있을 것이다.

1. 해상봉쇄의 의의

봉쇄는 교전 당사자가 주로 해군력에 의하여 적국 또는 적국이 점령한 지역의 항구 혹은 해안의 전부나 일부에 대하여 해상교통을 차단하는 전쟁행위[2]이다.[3] 한편 군사적인 측면에서 볼 때 해상봉쇄는 전쟁 이전에는 적국에 대하여 경제적 압력과 교통의 차단 등으로 그의 약체화를 기하고 전쟁의 참화를 방지하는 것이며, 전쟁발발 후에는 적의 무력화와 전쟁필요에 따라 적의 항만·해안·해상기동 등을 방해할 목적으로 해군력으로 차단 고립시키는 해군작전이다.[4] 이처럼 '봉쇄는 모든 국가의 선박 및 항공기의 출입을 방지하기 위한 목적으로 행하는(for the purpose of preventing ingress or egress of vessels or aircraft of all nations) 군사작전'인 것이다.[5]

봉쇄는 교전 당사자에 의하여 행하여지기 때문에 교전 당사자인 국가 및 교전단체는 봉쇄의 주체가 될 수 있지만 반란단체(insurgency)는 봉쇄를 행할 수 없다. 왜냐하면 반란단체의 승인 효과는 제3국에게 중립의무를 지우지 않기 때문이다.[6]

---

2) 봉쇄행위는 전쟁행위로서 자위권 행사를 위하여 실시하는 것이 아닌 한 전쟁의 위법화에 따라 금지되는 행위이며, 특히 1933년의 '침략의 정의에 관한 조약'도 타국의 해안 또는 항구의 봉쇄를 침략행위에 포함하고 있다.

3) T. Halkiooulas, "The Interference between the Rules of new Laws of the Sea and Law of War", Rene-Jean Dupuy and Daniel Vignes(eds.), *A Handbook of the New Law of Sea*, Vol.2, Martinus Nijthoff Publishers, 1991, p.1329; Ludwig Weber, "Blockade", Rudolf Bernhardt(ed.), *Encyclopedia of Public International Law*, Vol.3, North-Holland, 1982, p.47.

4) 병관수, 군사학대사전, 세문사, 1964, p.46.

5) H. Lauterpacht, *Openheim's International law*, 7th ed., Vol.2, Longmans, 1952, pp.768-769.

6) Herbert W. Briggs, *The Law of Nations: Case, Documents and Notes*, 2nd ed., Appleton, 1953, p.1003.

또한 봉쇄는 주로 해군력에 의하여 행하여지는 것이 일반적이지만 이는 반드시 함정세력만을 의미하는 것은 아니다. 해군은 공군과 육군 장거리포의 도움을 받아 봉쇄할 수도 있다. 특히 현대에 들어 항공기의 발달로 항공기에 의한 봉쇄가 주목받고 있다.[7]

그리고 봉쇄는 적국 또는 적국이 점령한 지역[8]에 대하여 행하여진다. 따라서 중립국의 항구나 해안의 봉쇄는 금지된다(런던선언 제18조). 1909년의 런던선언도 마찬가지로 "봉쇄는 적국 또는 적국 점령지의 항구 및 연안에 한하여 이를 시행하여야 한다."(blockade must not extend beyond the ports and coasts belonging to or occupied by the enemy)고 규정하고 있다(동 제1조). 적국과 중립국 사이에 있는 항구는 중립국의 권리를 침해하지 않는 범위 내에서 봉쇄할 수 있으며, 중립국의 항구나 해안에 도달할 것이 명백한 중립선은 통과를 허용하여야 한다.

봉쇄의 목적은 적국의 영토로 또는 그로부터 인원 및 물자를 수송하기 위하여 적이 적국 또는 중립국의 선박 및 항공기를 이용하는 것을 거부하는 데 있다. 적국으로의 전시금제품 유입을 막기 위하여 중립국 영역 외의 어느 곳에서도 행사할 수 있는 교전국의 임검 또는 수색권과는 달리 교전자의 봉쇄권은 적을 국제해역 또는 공역으로부터 분리시키기 위하여 설정, 공표된 봉쇄선을 선박과 항공기가 통과하지 못하도록 한다. 이처럼 봉쇄는 적국의 교통을 단절하는 행위로서 적의 항구나 해협을 공격하거나 점령하는 전투행위가 아니라 해상교통을 차단함으로써 경제적 저항력을 약화하는 데 있다.[9]

봉쇄는 그 성립에 불가결한 요건을 사실상 갖추지 못하게 될 때 종료된다. 교

---

7) James M. Spaight, *Air Power and War Rights*, 3rd ed., Longmans, 1947, p.396. 한편 항공기에 의한 봉쇄는 실효성을 갖추지 못한 지상봉쇄(paper blockade)로 위법이라는 반론도 있다. Phillip C. Jessup, *A Modern Law of Nations*, Macmillan, 1948, p.119. 그러나 광대한 지역의 봉쇄를 실시키 위해 항공모함에서 발진하는 항공기 세력으로 실효적 봉쇄가 성립될 수 있을 것이다. 봉쇄지역으로 접근하는 수상함정의 통제는 무선으로 가능하며, 봉쇄침파의 혐의가 있는 함정의 수색을 위해 항공기는 혐의선박을 수상함 쪽으로 유도할 수 있을 것이다. 김영구, "해상봉쇄에 관한 해전법규의 발전과 변모(Ⅱ), 해양전략 제33호, 1984, p.23. 항공기를 이용한 해상포획에 관한 전반적인 내용에 대해서는 Z. Rotocki, "Aircraft and Prize Law in Sea Warfare", 4 *Polish Yearbook of International Law*, 1977, pp.187-208 참조.

8) 일반적으로 적국이 점령한 지역이란 제3의 영역을 말하는 것이 일반적이지만 적국이 점령한 자국(봉쇄국)의 영역일 수도 있다. 이러한 봉쇄의 사례로는 보불전쟁 당시 프랑스가 독일군에 의해 점령당한 자국 항구인 Rouen, Dieppe, Fecamp을 봉쇄한 것을 들 수 있다. H. Lauterpacht, *op. cit.*, p.773.

9) H. Lauterpacht, *op. cit.*, p.768.

전 당사자가 봉쇄를 해제하고 이를 중립국 및 봉쇄구역의 지방관헌에 고지하는 경우(동 제13조), 봉쇄부대의 대부분이 다른 방면으로 회항하는 등 봉쇄가 실효성을 상실한 경우, 봉쇄함대가 특정 중립국 또는 자국 선박에게만 봉쇄항에의 출입을 허가하는 등 차별대우를 하는 경우 및 봉쇄는 전쟁을 전제로 실행되므로 전쟁이 끝난 경우에 종료된다.

그러나 악천후로 인하여 봉쇄함대가 일시 그 장소를 이탈하거나(동 제4조), 다른 함선의 추적을 위하여 일시 그 장소를 이탈한 경우에는 실효성을 잃지 않는다. 그리고 해난으로 인하여 봉쇄구역을 출입해야 할 때에는 적화를 양륙하지 않을 것을 조건으로 예외적인 대우를 할 수 있다(동 제7조). 미 해전법규에서도 "급박한 위난에 처한 중립국의 선박 및 항공기는 봉쇄함대에 대하여 지휘관이 지시한 조건하에 봉쇄구역으로 들어오고 또한 나갈 수 있도록 허가할 수 있다." 고 규정하여 런던선언과 뜻을 같이하고 있다.[10]

2. 해상봉쇄법의 성립 및 내용

가. 해상봉쇄법의 성립

노선시대의 해상봉쇄는 로마와 카르타고의 지중해에서의 패권을 차지하기 위한 포에니 전쟁에서 찾아볼 수 있다. 제1차 포에니 전쟁에서 로마함대는 시칠리아 섬에 대하여 해상봉쇄를 실시하여 카르타고군의 고립을 기도하였다. 이때의 봉쇄는 군수적재능력의 제한으로 장기간 실시가 곤란하였다. 또한 함선은 폭풍에 취약했기 때문에 가능한 한 원거리 항해를 기피하였다. 따라서 적의 세력을 기동하지 못하게 봉쇄한다는 개념은 범선이 출현하면서 가능하게 되었다.[11]

해군력에 의한 최초의 공식적인 봉쇄는 1584년 네덜란드에 의한 스페인령 플랑드르(Flanders) 해안에 대한 봉쇄이다.[12] 이때부터 군사력 측면에서 봉쇄를 확

---

10) The Law of Naval Warfare(NWIP - 10), 제632항 h(2).

11) 임동원, 해상봉쇄의 전략적 가치와 해군력 발전방안, 해군대학 졸업논문, 1996, p.8.

12) James F. McNulty, *Blockade: Evolution and Expectation*, 62 US Naval War College International Law Studies, 1980, pp.172-174. 동 봉쇄는 봉쇄선언에만 의존하여 간혹 임검하여 혐의가 있을 경우 나포할 뿐이어서 실효성을 결여한 지상봉쇄였다.

립하고 중립국으로부터 그 합법성을 인정받기 위해서는 어떤 요건이 요구되는 가 하는 것이 문제되었다. 이후 각기 다른 국가이익들의 대립으로 이의 규제법 규를 확립하지 못했음에도 불구하고 각국은 다양한 형태의 봉쇄를 실행하여 왔다.

해상봉쇄는 영국과 프랑스의 7년 전쟁(1756－1763)에서도 사용되었다. 개전 6개월 전인 1755년 여름 영국은 프랑스에 대하여 봉쇄를 실시하였는바, Ushant 와 Cape Finisterre에 있는 프랑스 선박에 한정하여 적용되었던 이 봉쇄의 목적 은 전쟁 발발 전에 프랑스를 전략적으로 약화시키고자 하였던 것이다. 7년 전쟁 이 공식적으로 선언되기 이전 이미 영국 해군은 300척의 프랑스 상선과 6,000 명이 넘는 선원들을 포획하고 있었다. 전쟁 기간에 모든 프랑스 항구는 봉쇄되 고, 프랑스 항구로 향하는 모든 선박은 국적에 관계없이 합법적인 전리품으로 포획될 것이라고 영국은 공표하였다. 영국 해군은 중립국 선박까지도 포함하는 이 봉쇄작전을 계속하였으며, 1758년에는 176척이 넘는 중립국 선박을 포획하 였다.[13] 이러한 봉쇄는 그 당시 해양에서 경쟁자가 없었던 영국이 어떤 형태의 봉쇄를 설정하여 강제하든 인정될 수밖에 없다는 힘을 바탕으로 한 현실주의적 입장의 표출이었다.[14]

이후 계속되어 온 해상봉쇄에서 봉쇄국들은 선언, 공포 또는 유사한 수단들을 이용하여 봉쇄 관련 사실들을 중립국에게 고지하였지만, 종종 그 불공평으로 인 하여 중립국과 봉쇄국 간의 갈등 및 마찰을 가져왔다.[15] 봉쇄가 일반화됨에 따 라 이전의 관행 대신에 이를 규제할 일반규칙이 요구되었던 것이다. 이에 따라 국제법학자들은 기존의 관행을 그대로 인정하여 이를 정당화하기에 앞서 적의 보급선을 차단하고자 하는 교전국의 열망과 타국과의 교역을 지속하고자 하는 중립국의 이익을 조화시키고자 노력했다.

그러나 전통적인 봉쇄법의 근간이 된 것은 실질적으로 국가관행이었다. 당시 까지 행해지던 봉쇄관행의 분석에서 전통적인 봉쇄법의 주요 내용들을 도출했 던 것이다. 중립국들은 교전국들의 특수한 봉쇄관행에 대해 침묵함으로써 묵시

---

13) 김성찬(역), "봉쇄", 해양전략 제77호, 1992, pp.168－169.

14) Alfred T. Mahan, *The Influence of Seapower Upon History*, Hill and Wang, 1957, p.275 참조. 프랑스 함대를 파괴하기보다는 무력화시키기 위한 이러한 영국의 봉쇄로 전쟁 중이나 전쟁 후에 있어서도 프랑스는 계 속 열세한 상태에 처할 수밖에 없었다. *Ibid.*, p.261.

15) James F. McNulty, *op. cit.*, p.175.

적으로 그에 따르기도 하고, 공개적으로 항의하거나 분쟁에 개입함으로써 그러한 관행에 대한 거부를 나타내기도 했다. 이러한 중립국과 교전국 간의 대립과 타협으로 봉쇄의 설정(establishment) 및 강제(enforcement)를 규제하고 봉쇄 기간 동안 상반되는 중립국 및 교전국의 권리들을 조정하는 원칙들, 즉 적절한 설정, 충분한 고지, 실효적 강제, 공평한 적용, 중립국 권리의 존중 및 봉쇄침파의 처벌이라는 일반원칙들이 확립되었다.[16]

이후 이러한 원칙들은 봉쇄의 설정 및 강제에 있어, 그리고 상충하는 이해를 조정함에 있어 기본이 되었다. 중립국들은 일반적으로 봉쇄를 존중하여 자국 상선에 대한 임검 및 수색을 묵인하였으며, 교전국들은 일반적으로 중립무역에 종사할 중립국의 권리를 존중했다.[17] 또한 봉쇄국으로서뿐만 아니라 중립국으로서 봉쇄를 경험한 해양강대국들도 이러한 전통적 원칙들의 가치를 인정하여 이를 승인하고, 자국 포획법원에서 봉쇄의 정당성과 제3국 선박의 권리의무를 판단함에 있어 그 준거로 이러한 전통적 원칙들을 원용하였다.[18]

중립국 및 해양강대국의 전통적 주요 원칙들의 존중은 봉쇄군의 조치와 중립국 상선들의 조치들을 더욱 예상할 수 있게 하였고, 합리적 범위 내의 봉쇄를 가능케 하여 중립국과 봉쇄국 간의 갈등이 분쟁으로 발전될 가능성을 감소시켰다.[19] 이러한 각국의 태도와 이후 형성된 관행들은 교전국 군함과 중립국 상선 간의 다양한 이익들을 조정하고 분쟁과 갈등을 감소시킴으로써 그러한 원칙들을 국제관습법의 지위로 올려놓았다.[20]

그런데 제1차 세계대전 발발 시까지 봉쇄의 설정 및 강제에 있어 지침이 되었던 이러한 전통적 원칙들은 이미 17세기 말부터 일반적으로 승인되고 있었음에도 불구하고 대륙국과 영국 간의 매우 첨예한 의견대립으로 1856년까지 공식

---

16) Michael G. Fraunces, "The International Law of Blockade: New Guiding Principles in Contemporary State Practice", 101 *The Yale Law Journal*, 1992., p.895.

17) Daniel P. O'Conell, *The Influence of Law on Sea Power*, Manchester University Press, 1975, pp.18-19.

18) 해양강국들은 제국건설이라는 공통의 목적을 갖고 있었는데, 봉쇄법은 이러한 그들의 목적추구를 반영한 것이었다. 교전국들은 해외식민지 건설에 봉쇄법을 이용했다. 당시 그들은 교전국 및 중립국으로서의 자신들의 역할이 얼마나 빨리 역전되는가를 알고 있었으며, 그리고 양자의 권리들을 존중할 가치가 있다는 것을 인식하고 있었다. Michael G. Fraunces, *op. cit*, p.899.

19) *Ibid.*, p.893.

20) W. T. Mallison, *Studies in the Law of Naval Warfare: Submarines in General and Limitted Wars*, 1966, p.61, Michael G. Fraunces, *op. cit*, p.896에서 재인용.

적인 국제적 합의나 이들 원칙들의 적용에 대한 국제적 승인을 받지 못했다.[21]

그 이후 1909년 주요 해양국들은 관습봉쇄법의 법전화를 위하여 런던에서 회합을 갖고 이제까지의 관행과 관행에서 도출된 원칙들을 명문화하였다. 이것이 런던선언이다. 그러나 회의 참석자들은 런던선언에 서명은 했었지만 발효에 필요한 비준은 하지 않았다. 하지만 동 선언은 전통봉쇄법의 원칙들을 집단적으로 승인한 당시까지의 관행과 각국의 입장을 확인할 수 있는 유일한 법적 문서일 뿐만 아니라 오늘날의 해상봉쇄를 규제하는 기본적인 지침역할을 하고 있다.

나. 해상봉쇄법의 내용

(1) 적절한 설정

봉쇄를 설정할 수 있는 권리는 적대행위에 공개적으로 참여한 국가에게만 한정된다.[22] 봉쇄국은 이를 설정할 경우 봉쇄설정을 결정한다는 일방적 의사표시인 봉쇄선언을 행한다. 봉쇄의 선언은 종래의 국가관행으로 봉쇄요건이 아니었으나 런던선언에서 비로소 봉쇄의 성립요건이 되었다.[23] 이는 국가행위이므로 봉쇄를 설정하는 국가 또는 해군당국에 의해서 행하여야 한다.[24] 따라서 함대사령관이 재량으로 봉쇄를 선언할 수 없다. 그러나 함대사령관에게 선언의 권한이 부여된 경우 또는 선언 후 본국정부에 의하여 사후 추인이 행해진 때에는 예외이다. 봉쇄의 선언에는 봉쇄개시일, 봉쇄구역의 범위 및 중립선박에 허용되는 퇴거 기한 등이 명시되어야 한다. 실제 봉쇄와 다른 봉쇄인 경우 그 선언된 봉

---

21) 크리미아전쟁 수 세기 전부터 유럽 여러 국가들에 의해서 받아들여진 중립국의 선박이나 화물과 구분하여 적국의 선박과 화물의 대우에 대하여 대체로 반영되지 않았다. 동 전쟁의 발발과 함께 분쟁 당사국들은 해상에서의 선박나포에 대한 규정을 일치시켜야 할 필요성을 느꼈다. 이에 1856년 2월 25일부터 4월 16일까지 파리에서 개최된 회의에 소집된 7개국(오스트리아, 프랑스, 영국, 프러시아, 러시아, 사디니아 및 터키) 대표들은 사략선의 폐지, 중립국 선박 내의 적국 또는 중립국의 화물(전시금제품 제외)의 나포 금지, 봉쇄의 유효성 요건을 규정한 파리선언을 채택하였다. 동 선언은 해상봉쇄를 명문화한 최초의 공식문서이다. 비록 동 선언이 7개국에 의해 서명되었지만(총 가입국 51개국) 그 후 사실상 모든 해양국들이 동의하였으며, 많은 비당사국들도 동 선언을 준수하여 국제관습법으로 받아들여졌다. 해군본부, 전쟁법규집, 1988, p.28. 당시 미국은 공식적으로는 동 선언을 승인하지 않았지만 실제로는 미국내전과 1898년의 스페인 전쟁에서 이를 인정하였다. Herbert A. Smith, "The Delaration of Paris in Modern War", 55 *The Law Quarterly Review*, 1939, p.237.

22) H. Lauterpacht, *op. cit.*, p.775.

23) L. Weber, *op. cit.*, p.48.

24) 런던선언 제9조. 1967년 5월 제3차 중동전쟁의 직접적인 도화선이 되었던 아랍연맹의 이스라엘 아카바만에 대한 봉쇄는 아랍연맹 대통령이, 쿠바미사일 위기 시 해상차단 및 베트남 전쟁에서 북베트남 봉쇄는 미국 대통령이 봉쇄를 선언했다.

쇄는 무효이며, 새로이 봉쇄를 선언해야 한다.

(2) 충분한 고지

충분한 고지 원칙은 적절한 설정 원칙과 밀접하게 관련되어 있다. 봉쇄의 고지는 봉쇄를 결정하였다는 통지로서, 고지하지 않은 경우에는 그 사실에 입각한 권리를 주장할 수 없다.[25]

봉쇄의 고지방법으로는 일반적 고지(general notification), 지방적 고지(local notification), 개별적 고지(special notification)의 3가지가 있다. 일반적 고지는 모든 중립국에 대한 고지로서 직접 중립국정부에게 공신을 발하거나 봉쇄를 행하려는 국가에 주둔하는 중립국의 대사·공사에게 공신을 보내어 행한다(동 제11조 1항). 지방적 고지는 봉쇄된 항구, 해안에 대한 고지로서 봉쇄함대의 지휘관이 지방관헌에 대하여 행한다.[26] 지방관헌은 가능한 한 속히 봉쇄항 또는 봉쇄해안에서 직무를 집행하는 외국의 영사에게 이를 통지해야 한다(동 제11조 2항). 미 해전법규에서도 적절한 수단으로써 모든 국가의 정부에 대하여 고지하는 것이 실례이다. 봉쇄부대의 지휘관은 항상 봉쇄구역의 지방당국에 고지를 행한다고 규정함으로써 일반적 고지는 물론 지방적 고지를 원칙으로 하고 있다.[27] 개별적 고지는 봉쇄함대에 의한 개개의 선박에 대한 고지이다. 개개의 중립선박이 봉쇄사실을 실제로 몰랐던 경우는 반증의 자유를 인정하여 반증이 성립하면 봉쇄함대 지휘관은 다시 해당선박에 고지함과 아울러 해당선박의 항해일지에 기입하게 된다.[28] 이와 같이 고지의 방법은 세 종류이지만 런던선언은 일반적 고지와 지방적 고지를 채택하고 있다.

(3) 실효적 강제

전통적 봉쇄법은 봉쇄를 설정해서 종료되기까지 실효적인 강제를 요구했다. 이는 교전국이 봉쇄를 강제할 능력도 없으면서 봉쇄를 선언하는 소위 지상봉쇄(paper blockade)를 불법화하여 중립국 통상에 대한 제한을 가능한 한 줄이기 위

---

25) H. Lauterpacht, *op. cit.*, pp.775－776.

26) 한편 중립국 정부에 대한 일반적 고지로 충분하며 봉쇄연안지역의 지방관헌에 대한 고지는 필요 없다는 견해도 있다. 川本正昭, "현행법상의 해상봉쇄", 기술정보, 제24호, 1984. 9. p.3.

27) NWIP－10, 제632항 C.

28) 川本正昭, *op. cit.*, p.3.

해서였다.[29] 동 원칙은 이론적으로는 만약 봉쇄국이 적 연안에 충분한 수의 군함들을 배치할 능력과 자원을 갖고 있지 못한 봉쇄에 의해 무역거래에서 방해받고 싶지 않다는 중립국의 의도를 반영한 것이다.[30] 봉쇄가 효과적이기 위해서는 "적 연안에의 접근을 실질적으로 방지할 수 있을 정도로 충분한 군대에 의해 유지되어야 한다."

봉쇄의 실효성 보장방법에 있어서 대륙주의와 영미주의는 입장을 달리하였다. 대륙주의는 정박봉쇄를 주장하고, 영미주의는 순항봉쇄를 주장한다. 그러나 오늘날 함정의 고속화 및 항모의 출현 등 전투수단의 발달에 따라 정박봉쇄는 그 의미를 상실하였으며, 1856년의 파리선언(제4조)이나 1909년의 런던선언(제2조)에서 순항봉쇄(영미주의)를 채택하였고, 대표적 대륙주의 지지국인 프랑스도 제1차 세계대전 이후 정박봉쇄 주장을 포기하였다.[31]

(4) 공평한 적용

전통적 봉쇄법은 또한 국적에 관계없이 모든 선박에게 봉쇄를 공평하게 적용해야 할 의무를 요구했다(런던선언 제5조). 이는 무역거래를 지속케 함으로써 영국의 상업적 이익은 허용하면서도 특정항구에의 타국선박의 출입을 금지하던 18세기 및 19세기 초의 불공평한 영국관행에 대한 대륙국가의 반발에서 나왔다.[32]

여기서 공평이란 국가에 대한 공평을 의미하며 선박에 대한 공평을 뜻하는 것이 아니다. 따라서 각국에 대하여 평등하게 취급하는 한 일정 종류의 선박에 한하여 출입을 허용할지라도 봉쇄의 유효성은 저해되지 않는다.[33] 즉 출입항에 대한 허용 여부는 각국에 평등하게 적용되는 한 봉쇄함대 지휘관의 자유재량이었다(동 제6조, 제7조).

따라서 해난을 만난 선박이 봉쇄해역 내로 일시 피난하여 재출발하는 것을 허가하여도 적화에 이상이 없는 경우는 공평을 위반한 것이 아니다(런던선언 제

---

29) Robert W. Tucker, *The Law of War and Neutrality at Sea*, U.S. Naval War College International Law Studies No.50, 1955, p.285.

30) Francis H. Upton, *The Law of Nations affecting Commerce during War*, Methuen & Co., 1863, p.278. Michael G. Fraunces, *op. cit.*, p.897에서 재인용.

31) H. Lauterpacht, *op. cit.*, p.780.

32) James F. McNulty, *op. cit.*, p.176.

33) 김명기, 국제법원론(하), 박영사, 1996, p.1487.

7조). 그리고 봉쇄항으로의 입항 또는 봉쇄항으로부터의 출항 중 어느 한쪽만을 금지하는 경우도 봉쇄의 공평성을 위반하는 것이 아니다. 실제로 봉쇄되었을 때 봉쇄항 내에는 중립선박이 허가된 퇴거 기간에 출항하는 경우 봉쇄선 통과가 인정되나 출항하지 않고 재항하는 경우 이를 포획할 수 있다.[34]

(5) 중립국 권리의 존중

중립국 권리의 존중 원칙은 중립국과 교전국 권리 및 의무 간의 매우 복잡한 관계를 나타낸다. 봉쇄군은 중립국이 봉쇄항 또는 봉쇄연안과 직접적으로 통상하는 것을 방지할 권리를 갖는바, 중립국항에 대한 접근의 방지까지 봉쇄를 확대하지는 않는다. 즉 봉쇄는 중립항 또는 중립지역으로 도달하는 것을 차단하는 것이어서는 안 된다(동 제18조). 한편 적국과 중립국 사이에 있는 항구에 대해서는 관계중립국의 권리를 침해하지 않는 범위 내에서 봉쇄할 수 있으며, 중립국의 항구나 해안에 도달할 것이 명백한 중립선은 통과를 허용하여야 할 것이다.

봉쇄군의 권리는 중립국의 위반행위가 행해진 위치, 즉 중립국 선박의 위치에 따라 다양하다. 봉쇄국 선박과 적 연안 중간에 위치하는 수역에서는 교전국은 봉쇄연안을 출입하는 등 봉쇄침파를 시도하는 어떠한 선박을 나포(capture) 할 수 있다(동 제17조). 출항침파의 경우 봉쇄를 침파하는 선박은 봉쇄군의 선박에 의해 계속적으로 추적되는 동안 나포될 수 있다(동 제20조).

봉쇄구역 외부 및 공해에서 교전국은 적국에 전시금제품(contraband)을 수송하고 있는 것으로 의심되는 선박을 정선시키기 위하여 '임검 및 수색'(visit and search)의 관행에 의존해 왔다. 공해를 항행하는 교전국 군함은 모든 상선을 임검 및 수색할 권리를 갖는다. 적에게 전시금제품을 수송하는 것이 확인된 상선은 나포되어 교전국의 가까운 항으로 인치되었다. 그런 다음 교전국의 포획법원은 나포된 선박과 화물의 운명을 결정했다. 상선이 나포 또는 임검 및 수색에 저항하는 경우 봉쇄군은 추적할 수 있으며 필요하다면 그 선박을 복종하도록 하기 위하여 피해를 입히거나 파괴할 수 있다.[35]

---

34) 川本正昭, *op. cit.*, p.4.

35) William O. Miller, "A New International Law for the Submarine?", *US Naval Institute Proceeding*, Oct. 1966, p.97.

(6) 봉쇄침파 선박의 처벌

봉쇄침파(breach of blockade)란 유효하게 성립된 봉쇄선을 선박이 통과하여 봉쇄구역으로 출입하는 행위를 말한다. 봉쇄침파가 성립하기 위해서는 봉쇄선을 침범한 자가 봉쇄사실을 알고 있어야 하며(봉쇄의 인식), 중립선박이 봉쇄를 돌파하여 그 봉쇄지역을 통과하였거나 통과하기 위하여 항행하고 있어야 하며(봉쇄선의 통과), 봉쇄선을 침입한 중립선박은 현행 중에 포획된 것이어야 한다(현행 중).

봉쇄의 인식의 정도는 대륙주의와 영미주의가 견해를 달리한다. 대륙주의는 추정적 인식으로는 부족하고 현실적인 인식이 있어야 한다고 한다. 따라서 개별적 고지가 있어야 하며 그 후에 봉쇄선을 통과하려고 할 때에 봉쇄의 침파가 성립된다고 한다. 반면에 영미주의는 일반적 고지가 있으면 봉쇄의 사실을 알고 있는 것으로 추정하며, 부지의 사실을 선박 측에서 입증해야 한다. 런던선언에서는 현실적 또는 추정적인 인식이 있어야 한다고 규정하고 있기 때문에 양 주의를 조화시킨 것으로 보인다(동 제14조). 미 해전법규에서도 런던선언과 같은 내용을 규정하고 있다.[36]

어떠한 경우를 통과의 시도라고 볼 것인가에 대하여도 대륙주의와 영미주의가 대립된다. 대륙주의는 힘이나 기계를 사용하여 봉쇄선을 통과하고자 시도하는 것이 필요하다고 한다. 반면에 영미주의는 봉쇄선 근처에서 봉쇄선을 향한 방향으로 항행하거나 또는 그 봉쇄를 고지하고 있는 항을 향하여 항행하고 있는 경우에도 봉쇄선의 통과를 시도한 것으로 인정된다. 또한 연속항행주의를 주장하여 외관상 중립국항 또는 봉쇄되지 않은 적항을 향하여 항행하는 선박이라 할지라도 다시 그곳을 경유하여 봉쇄항으로 항행할 의도가 있을 경우에는 그 선박을 포획할 수 있다는 것이다. 런던선언에 있어서는 통과의 시도에 대한 규정이 없다. 다만 봉쇄함대는 선박이 중립국의 항구나 해안에 도착하는 것을 차단할 수 없고, 현재 봉쇄되지 않은 영해를 향하여 항해하고 있을 때에는 선박이나 화물을 포획할 수 없다고 규정하고 있다(동 제19조). 이는 연속항해주의를 인정하지 않았음을 의미한다.[37]

---

36) NWIP - 10, 제632항 g.

37) H. Lauterpacht, *op. cit.*, pp.786 - 787, n.5.

봉쇄침파는 현행 중(in delicto)의 침파행위에 대해서만 성립한다(동 제38조). 그러나 미 해전법규에서는 봉쇄침파의 미수에 관하여 다음과 같이 정의했는데 "봉쇄침파는 어떤 선박이나 항공기가 봉쇄를 무효화할 의도로써 항구나 활주로를 출발한 때로부터 발생한다. 만일 궁극적인 목적지가 봉쇄구역이거나 혹은 적하에서 발견된 물건이 봉쇄구역을 통하여 다른 선박에 옮겨 실을 예정이었다면, 임검 당시에 그 선박이나 항공기가 중립국의 항구 또는 비행장행이었다는 것은 문제가 안 된다. 선박 및 항공기가 봉쇄지역으로의 통과지점으로 기여하는 중립국의 항구 또는 비행장행인 경우에 봉쇄침파 기도로 추정된다."고 하였다. 그러면서 이러한 기도의 경우도 후술할 포획의 대상으로 규정하고 있다.[38]

포획에 대해서 대륙주의와 영미주의의 학설이 대립하는바, 런던선언은 대륙주의를 채택하고 있다(동 제38조). 대륙주의는 함선이 봉쇄선 내에서 항행 중일 경우에 포획한다. 즉 이 주의는 현행 중이라는 의미를 봉쇄선 내에서 항행 중일 때와 그곳에서 봉쇄함대에 의하여 추적되고 있는 동안을 의미한다고 주장한다. 영미주의는 출발항에서 봉쇄항을 거쳐 출항 또는 본국으로 귀항하는 동안에 어느 때이건 포획이 가능하다. 이는 연속항해주의에 따른 개념이라 하겠다.[39]

봉쇄를 침파한 경우, 봉쇄를 선언한 교전 당사자는 이를 포획, 처벌할 수 있다. 선박은 몰수된다. 그 선박이 적국의 선박이건 중립국의 선박이건 불문한다(동 제21조). 선적된 화물의 경우에 영미주의는 첫째 화주와 선주가 동일하지 않은 경우에도 화주가 화물을 선적할 때에 당해선박이 봉쇄항을 향한다는 사실을 인식한 경우에는 몰수된다. 런던선언은 화물을 선적할 때에 봉쇄의 고지가 있었음을 화주가 인식하지 못하였거나, 인식할 수 없었음을 입증한 경우 이외에는 몰수된다고 규정하고 있다. 선원에 대해서는 18세기 이전에는 선원을 사형에 처했으나, 오늘날에는 포획재판소의 결정에 따라 즉시 석방되며 포로로 할 수 없다. 그러나 적국의 선원은 대체로 포로가 된다.[40]

---

38) NWIP-10, 제632항 g(1)(2).
39) 川本正昭, *op. cit.*, p.6 참조.
40) H. Lauterpacht, *op. cit.*, p.790.

1585년 스페인령 플랑드르 해안에 대한 네덜란드의 봉쇄 이후 해상봉쇄는 거의 모든 해전에서 해양통제권 확보를 위해 사용되어 왔다. 해상봉쇄는 지역적으로 한정됨에 따라서 강력한 효과를 갖는다. 일반적인 해상포획의 경우에는 적함 및 적함상의 적국 화물만을 몰수하지만, 봉쇄의 경우에는 봉쇄를 침파한 선박은 중립선박이라도 화물과 함께 포획된다. 따라서 해상봉쇄는 중립국에 대하여 많은 불이익을 미치므로 엄격한 요건이 부과되어 왔다.

제1차 세계대전 이전의 전통적 원칙들은 수상함에 의한 봉쇄의 강제라는 봉쇄관행에 기초했었다. 중립국과 교전국 간의 대립과 타협으로 실행, 강제되어 온 이러한 봉쇄관행을 기초로 적절한 설정, 충분한 고지, 실효적 강제, 공평한 적용, 중립국 권리의 존중 및 봉쇄침파의 처벌이라는 일반원칙들이 확립되었다. 이후 이러한 원칙들은 봉쇄의 설정 및 강제에 있어 그리고 상충하는 이해를 조정함에 있어 기본이 되었으며 교전국 군함과 중립국 상선 간의 다양한 이익들을 조정하고 분쟁과 갈등을 감소시켰다.

그러나 제1차 세계대전 이후 급속한 과학기술의 발전과 새로운 전투수단의 도입은 이전의 봉쇄관행을 급속도로 변화시켰다. 잠수함, 항공기, 기뢰 및 미사일의 방어적 사용은 봉쇄함이 더 넓은 해역을 감시할 수 있도록 했으며, 이러한 무기들의 공격적 사용은 선언된 특정구역에 들어오는 모든 선박들을 무차별적으로 격침시키는 봉쇄구역을 필요로 했다. 전통적 봉쇄원칙은 제1차 세계대전 이전의 관행에 기초하고 있었기 때문에 이와 같은 새로운 봉쇄형태에는 적합하지 않았다.

이러한 문제는 오늘날 세계경제의 상호의존 및 상품의 해상수송의 의존 증대, 현대무기의 급속한 확산으로 더욱 악화되고 있다. 세계경제의 상호의존 및 상품의 해상수송 의존 증대는 봉쇄를 더욱 효과적인 무기로 만들었으며, 현대무기의 급속한 확산은 이러한 무기들을 보유한 많은 새로운 국가들로 하여금 봉쇄를 행할 수 있게 만들었다. 또한 냉전의 종식으로 국제사회가 신국제질서에 적응하는 과정에서 해상분쟁의 발발 가능성이 증대되고 있다.

이러한 변화들은 새로운 형태의 봉쇄를 낳았으며, 그 결과 관행과 규범 간의 괴리가 커졌다. 또한 오늘날의 분쟁에서의 국가목표의 변화, 봉쇄 강제능력의 증대 및 봉쇄수단의 다양화 등도 봉쇄관행에 있어 많은 변화를 가져왔다. 이에 따라 중립국과 교전국 간에 실제적인 충돌이 발생될 가능성은 더욱 커지고 있다. 따라서 이를 조절할 새로운 명시적인 법이 필요하다.

우선 국가들 간의 봉쇄행위를 예상 가능토록 하고 그에 따라 해상에서의 폭력을 감소시키기 위해서는 현 봉쇄법의 내용을 포괄하는 원칙들을 명료하게 하여야 한다. 봉쇄법이 명확할수록 봉쇄국은 봉쇄의 설정 및 집행에 있어 더욱 명확한 결정을 내릴 수 있을 것이고, 그 원칙들을 준수함으로써 봉쇄국의 행위는 더욱 신뢰를 받게 될 것이며, 교전국과 중립국 간의 불필요한 분쟁은 줄어들 것이다.

제2차 세계대전 이후의 해상봉쇄들에서 이전의 근접봉쇄 대신에 장거리 봉쇄 및 봉쇄구역의 등장이라는 급격한 봉쇄관행의 변화로 인하여 발생된 규정과 관행 간의 괴리는 실제사례에서의 타협과 조절로서 메워졌는데, 국가관행의 검토를 통해 오늘날의 해상봉쇄법의 주요 원칙으로 봉쇄국과 중립국의 이익 조화, 충분한 고지, 공평한 적용 및 합리성 보장을 도출하였다. 장차 시간이 지남에 따라 이러한 새로운 해상봉쇄법을 명시적으로 승인하고 강제해야 할 필요는 더욱 커질 것이다.

해양전략의 관점에서 볼 때 해상봉쇄는 우세한 해군력에 의해 최소한의 비용으로 유지될 수 있는 것이며, 바다에 의존하는 어떠한 나라에 대해서도 위험을 줄 수 있는 하나의 무기이다. 그러나 봉쇄는 예민하고 융통성 있는 해군력의 활용방식으로 신중하고 합리적인 정책에 의하여 활용될 때에 훌륭한 국가의지의 수행수단으로서 전쟁의지의 목적을 다할 수 있을 것이다.

따라서 현대 해양전략 환경하에서 효과적인 해상봉쇄를 실시하기 위해서는 봉쇄로 인한 확전 가능성, 봉쇄침파행위에 대한 유효한 대응 능력 및 국내적 및 중립국의 정치적 지지 획득 여부 등 제반 고려요소들의 신중한 검토를 토대로 적합한 봉쇄형태 및 봉쇄규모를 선택하여야 할 것이다.

제2절 전쟁수역

1. 전쟁수역의 의의 및 문제점

최근 해상무력분쟁(해전)에서 분쟁 당사국들은 일정 해역 및 그 상공에 선박의 통항 및 비행을 제한하기 위한 군사적 목적의 수역(zones)을 설정하고, 분쟁 당사국이나 제3국의 선박 및 항공기가 동 수역에 들어올 경우 발견 즉시 공격 대상이 된다는 것을 선언하고 있다.[41] 이러한 수역은 통상 전쟁수역(war zone)으로 명명되나 배제수역(exclusion zone)이나 작전수역(operational zone)[42]으로도 불리고 있다.

전쟁수역의 설정으로 동 수역에의 출입 허가를 받지 않은 선박이나 항공기는 종종 미사일, 항공기, 잠수함 또는 수상함에 의한 공격 및 제재를 받거나 적의 해양 사용을 억제하고 출입을 봉쇄하기 위하여 부설한 기뢰원에 들어갈 위험을 무릅쓴 채 이러한 수역에 출입할 수밖에 없다.[43]

문제는 실제 해상무력분쟁에서 각국들이 관행적으로 전쟁수역을 설정, 운용하고 있는데도 현재까지 발효된 어떠한 해전법규에서도 동 수역에 관한 명시적 규정을 두고 있지 않다는 것이다. 따라서 일부에서는 이러한 수역은 위법이며 따라서 그것을 설정해서는 안 된다고 주장하기도 한다.

그러나 실제 분쟁에서 이들 수역이 현실적으로 설정되고 있고, 그러한 국가관행을 불법화할 명확한 관행이나 합의가 존재하지 않는 현실에서 이들 수역의

---

41) A. Gioia, "Neutrality and Non-Belligerency", Harry H. G. Post(ed.), *International Economic Law and Armed Conflict*, Martinus Nijhoff Publishers, 1994, p.96.

42) 배제수역이란 적국 또는 중립국의 선박이 적의 해안에 접근하는 것을 방지하여 중립국과 적국의 교역을 통제하기 위해 적국 영해 주변의 비교적 광범위한 수역에 설정된 항행금지수역이며, 작전수역이란 현존하는 급박한 교전행위로 인한 중립항행의 위험을 경고하기 위하여 교전국이 선포한 수역이다. 이들 수역들은 봉쇄와 유사한 성격을 갖고 있으나 봉쇄가 봉쇄침파 선박을 정선시켜 검색함으로써 통상을 통제하는 반면, 그 설정 사실을 모르고 진입한 선박에 대하여도 무차별 파괴를 감행함으로써 통상을 금지시킨다는 점에서 배제수역과 차이가 있으며, 중립국의 통항이 금지된다는 것을 중립국에 알리지만 실효적인 봉쇄를 유지하기 위하여 필요한 수만큼의 많은 함선이 투입되는 것이 아니라는 점에서 작전수역과 구별된다. M. Jenkins, "Air Attacks on Neutral Shipping in the Persian Gulf: The Legality of the Iraq Exclusion Zone and Iranian Reprisals", 8 *Boston College International & Comparative Law Review*, 1985, p.527 참조.

43) L. Doswald-Beck(ed.), *San Remo Manual on International Law Applicable to Armed conflict at Sea*, Cambridge Univ. Press, 1995, p.181.

설정을 지나치게 확대한다든가 또는 수역을 설정함으로써 기존의 국제법적 의무를 면하려고 하는 분쟁 당사국의 자의적인 조치를 방지하기 위해서는 보다 보편적인 지침을 제시하는 것이 합리적일 것이다.

왜냐하면 전쟁수역은 교전국에게는 지정수역 내에서 해상교통을 정지시킬 수 있는 권리주장을 가능케 하며 중립국 선박에게는 동 수역에서 항행을 해서는 안 되는 의무를 부과할 뿐만 아니라 공격을 받거나 격침될 수도 있어 동 수역의 설정으로 중립국 국민들은 타국의 군사적 필요에 의해 결과적으로 피해를 당하는 결과를 가져올 수 있기 때문이다.[44]

가장 바람직한 것은 국가들 간의 행위를 예상 가능토록 하고 그에 따라 해상에서의 불필요한 피해를 감소시키기 위해서는 전쟁수역 설정 원칙들을 명료하게 하는 일이다. 원칙(법)이 명확할수록 분쟁 당사국은 전쟁수역의 설정 및 집행에 있어 더욱 명확한 결정을 내릴 수 있을 것이고, 그 원칙들을 준수함으로써 자신들의 행위는 더욱 신뢰를 받게 될 것이며, 교전국과 중립국 간의 불필요한 분쟁은 줄어들 것이다.

그리고 이러한 지침의 도출은 해전에서의 새로운 수단 및 방법, 새로운 목표의 등장으로 국가관행의 분석이 매우 복잡하긴 하지만, 기존의 국가관행을 기초로 하지 않을 수 없다. 왜냐하면 현실과 관행을 도외시한 규범이란 그 실천력을 담보할 수 없기 때문이다.

2. 전쟁수역 설정 주요 사례

가. 제1, 2차 세계대전

(1) 내용

독일은 1914년 8월 對英 전쟁을 개시하기 직전부터 영국 동부 연안 주요 항 주변해역에 기뢰를 부설하였는데, 이는 영국 선박의 동 수역 항행에 매우 위협적이었다. 이에 대항하여 영국은 1914년 10월 2일 영국과 벨기에 간의 해역에 상설기뢰부설구역(Permanent Mine – Field)을 설정했다. 1914년 11월 5일에는 영

---

44) 김현수, "국제법상 전쟁수역의 법적 지위", 해양전략, 제89호, 1995. 12. p.124.

국의 헤브리지즈제도, 훼로즈제도 및 아이슬란드를 직선으로 잇는 선으로부터 북해(North Sea) 전 해역을 군사수역으로 지정했다.[45] 그 후에는 독일 잠수함과 방어기뢰로부터의 피해를 예방하기 위하여 독일연안에서 수백 마일 떨어진 해역에 군함을 주둔시켰다. 이에 따라 북해 연안의 중립국들도 사실상 봉쇄되어 버리는 결과를 초래했다.

한편 독일은 영국이 군사수역에서 중립국 선박 내의 독일 화물을 불법으로 포획하자 도버해협 전역을 포함한 영국 주변의 모든 수역에 출입하는 모든 적상선을 그 승무원과 승객에 대한 위험을 피할 수 없는 경우 이를 격침시킬 수 있으며, 중립국 선박이 중립국기를 남용할 경우 격침시킬 수 있다는 것을 핵심 내용으로 하는 전쟁수역을 선언했고, 수상함만으로는 해상통제에 역부족을 느껴 잠수함까지 동 수역에 배치했다. 이 수역의 설정 목적이 당초 영국 선박에 대한 무경고 격침을 위한 것이지 중립국 선박의 영국항으로의 출입을 금지하는 것이 아니었기 때문에, 전쟁 초기 독일은 동 수역 내에서 발견되는 상선을 임검, 수색 및 나포할 것을 자국 잠수함에게 명령하면서도 중립국 선박의 고의적인 격침은 금지시켰다.[46]

영국은 독일의 전쟁수역 설정에 대한 보복으로 1915년 3월 독화나포추밀원령(獨貨拿捕樞密院令)[47]을 공포했다. 이 조치는 무장상선으로 하여금 타 선박을 임검하거나 수색하기 위해 부상하는 독일 잠수함을 공격하여 격침시킴으로써 소기의 성과를 거두었다. 이에 독일은 영국의 추밀원령이 1909년 런던선언을 위반했다면서 영국 주변해역에 한정되어 있었던 전쟁수역을 1917년 2월 프랑스, 이탈리아, 그리스, 소아시아 및 북아프리카 주변해역까지 확대했다. 그리고

---

45) 川本正昭, *op. cit.*, p.7.

46) W. T. Mallison, *Studies in the Law of Naval Warfare: Submarines in General and Limitted Wars*, US Naval War College, 1968, pp.62 – 64.

47) 동 법령의 구체적 내용은 다음과 같다.
(1) 독일항에 출입하는 모든 중립선박은 정선명령을 받고 독일의 제항에 출입하지 않는 선박이라도 최후의 발송지를 적국으로 히는 선박은 정선을 명한다.
(2) 독일항에 출입하지 않는 선박이라도 적의 소유, 적국의 원산 또는 적국을 발송지로 하는 적재 화물은 모두 원칙적으로 미, 불 양국의 어느 항에 양륙시킨다.
(3) 독일국민의 소유로 인정되는 화물은 이것을 유치하든지 또는 포획심검소의 지시에 따라 매각한 매각취득금은 소유자를 위해 평화회복시까지 이를 보관한다.
(4) 적국원산 화물로 중립국인에 속하는 것은 신청에 따라 해방하고 해방되지 않는 것은 징발하든지 매각하여 소유자 취득금으로 한다. 기타 중립선박에 적재되어 있는 자유화물은 징발되지 않는 한 이를 소유자에게 반환한다.

그 해역에서는 특별히 항행허가를 받은 선박을 제외한 모든 선박을 기뢰나 잠수함으로 경고 없이 격침한다는 훈령을 발표했다.[48]

독일의 전쟁수역 설정에 의한 중립국 선박의 피해 증가와 고의적 격침에 대한 우려 및 반발로 미국이 참전하게 되자, 독일은 잠수함에 의한 임검과 수색을 포기하고 봉쇄도 일시적으로 중지시켰다. 하지만 육상전투에서의 심각한 곤경과 영국의 대응조치로 인한 피해 증가 및 중립국의 보복을 두려워한 독일은 자국 잠수함에게 선언된 전쟁수역 내에서 발견되는 적 상선은 물론 중립선을 포함한 모든 선박들을 무차별적으로 격침하라고 명령했다.[49]

제1차 세계대전에서 해전법규와 중립법규는 분쟁 당사국들의 고의적 무시로 기능을 제대로 발휘하지 못했다. 중립국과 교전국의 관계는 전시 중립규칙에 따라 규제되었어야 했다. 그러나 영국과 독일 간의 해전은 북해 전역을 무대로 격렬하게 행해졌으며, 전시금제품에 관한 종래의 규칙이 지켜지지 않았고, 교전국 선박에 의한 중립국기의 악용이 있었으며, 기뢰가 무제한으로 부설되기도 했던 것이다.[50]

제2차 세계대전에서는 1차 세계대전과는 달리 영국이 1939년 9월의 전쟁 초기부터 군사수역을 설정하고 실시하였으나, 그 지리적 범위는 명시하지 않았다. 1939년 11월에는 제1차 세계대전에서와 마찬가지로 독화나포추밀원령이 공포되었으며, 기뢰부설수역도 1940년 4월 이후부터 노르웨이 발틱해 남부까지 확장되었고, 7월에는 유틀란트반도 주변해역이 전쟁수역으로 지정되었고, 이 해역에서 어떠한 선박도 경고 없이 공격받을 것이라고 하였다.[51] 독일은 이러한 영국의 대독(對獨) 군사구역과 독화나포추밀원령의 적용을 제1차 세계대전의 군사수역과 같은 조치로 간주하고 이를 국제법 위반이라고 하면서 1940년 8월 대영

---

48) W. T. Mallison, *op. cit.*, pp.66 - 67. 영국은 독화나포추밀원령에서 해상포획이나 봉쇄란 말을 사용하지 않는다. 그것은 동령의 규정이 해상포획이나 봉쇄와는 차이가 있는 독특한 것이었기 때문이었다. 그러나 영국은 동령의 적용을 정당화하기 위하여 후에 이것을 장거리 봉쇄라 칭하였다.

49) D. P. O'Connell, *op. cit.*, p.47 참조. 독일은 동 구역 내에서 발견되는 모든 선박을 격침시킬 것인가를 결정하기 전에 중간조치(interim step)를 취했다. 독일은 잠수함 함장에게 상선을 격침시키기 전에 그들이 무장을 했는지를 확인하라고 지시했다. 하지만 이러한 해결책은 실용성이 없었는데, 그 이유는 잠수함이 부상하여 임검 및 수색을 시작할 때까지 영국 상선들이 무장을 숨기고 있었기 때문이었다. W. T. Mallison, *op. cit.*, p.67. 육상전투에서의 심각한 곤경과 영국봉쇄의 유효성 증대는 독일로 하여금 봉쇄구역을 설정토록 하였다.

50) 이중범, 전쟁과 평화: 국제법을 중심으로, 단국대학교출판사, 1983, p.212.

51) D. P. O'Connell, *op. cit.*, p.47 참조.

봉쇄(對英封鎖)를 선언했다. 봉쇄범위는 도버해협을 포함한 영국의 모든 주변해역이었다. 중립국 선박은 이 해역에서 지정된 안전항로로 항행할 것을 요구받았고, 그 항로를 이탈하는 선박은 모두 적선으로 간주하여 나포하거나 격침한다는 훈령을 발표했다.[52]

(2) 평가

제1, 2차 세계대전에서 영국과 독일은 상대방의 모든 해상무역을 금지시키기 위하여 전통적 봉쇄형태를 무시했다. 영국은 군사수역(Military Zone)을, 그리고 독일은 전쟁수역(War Zone)을 채택했었다. 이 수역들은 기존의 전통적 봉쇄와는 전혀 다른 형태이지만 실질적으로는 봉쇄와 동일한 효과를 갖는 봉쇄와 유사한 제도였다.

이러한 수역 설정에 대해 독일과 영국은 각각 다음과 같은 논리로 합법성을 주장했다. 독일은 영국이 국제법 원칙을 무시한 채 독일에 대해 통상파괴전을 수행하고 있고, '해전에 관한 런던선언'(1909년)을 준수할 것을 선언하였으면서도 이를 위반하고 있어 이에 대한 복구조치로 전쟁수역을 설정했다고 강변하였다. 이에 대해 영국 외무성은 독일의 불법적 기뢰부설과 무제한 잠수함 작전에 대한 복구조치라면서, 독일이 영국 상선(Lusitania호)의 중립국(미국)기 남용을 비난한 데 대해서는 중립국기 게양이 일정한 유보하에서 전시의 기계(奇計, ruse of war)로서 관행상 확립된 것이라고 응수하였다.[53]

그러나 이러한 양국의 주장은 설득력이 약하다. 먼저 복구조치라는 양국의 주장에 대해 살펴보자. 복구(Reprisals)란 자국에 행하여진 타국의 불법행위에 대해서 취하는 강제적인 응보행위로서, 이는 원래 불법적인 것이나 그것이 타국의 불법행위를 대상으로 하는 것이므로 일정한 요건을 구비할 경우에는 위법성이 조각되어 합법적인 것으로 인정된다.[54] 따라서 복구조치는 당연히 불법행위를 자행한 교전국을 대상으로 하여야 한다. 그러므로 불법행위와 무관한 중립국의 적법한 통상과 항행권까지도 제한하는 영국과 독일의 전쟁수역 설정이 상대방

---

52) 川本正昭, *op. cit.*, p.8; D. P. O'Connell, *op. cit.*, p.49 참조. 제2차 세계대전 초기 독일과 영국의 상대국에 대한 봉쇄 및 대항봉쇄에 대한 자세한 설명은 C. P. Stacey, "The War: Blockade and Counter-Blockade", 9 *University of Toronto Law Review*, 1939~1940, pp.270-281 참조.

53) 이중범, *op. cit.*, pp.212-213.

54) 김정균·성재호, 국제법, 박영사, 2006, p.708.

의 불법행위에 대한 복구조치라는 주장은 타당하지 않다.

또한 중립국기 게양이 일정한 유보하에서 전시의 기계로서 관행상 인정된다는 영국의 주장도 무리가 있다. 왜냐하면 추적하는 적이 오인토록 하기 위해 일시적으로 중립국기를 사용하는 것과 공해의 일정수역에서 일반적으로 중립국기를 사용하는 것을 정부가 허가하는 것(영국의 조치)은 분명히 다른 것이므로 이런 행위가 계속된다면 중립국에게 중대한 피해를 초래할 수 있기 때문이다.

하지만 제1, 2차 세계대전에서의 영국과 독일의 변형된 특정수역(영국의 군사수역과 독일의 전쟁수역)의 설정은 이상과 같이 그 정당성에 있어 논란이 있긴 하지만, 오늘날까지 장거리 봉쇄(Long – Distance Blockade)와 봉쇄구역(Zone of Blockade)이라는 관행으로 변형되어 계속되고 있다. 이러한 봉쇄관행의 변화는 무력분쟁에서 경제전의 중요성 증대와 해상무력분쟁에서 사용되는 전투수단의 급속한 발전 및 현대무기의 전통적 봉쇄를 행할 능력이 없는 중립국으로의 확산에서 비롯되었다.[55]

나. 포클랜드전

(1) 내용

1982년 4월 2일 이른 아침 남대서양 끝단에 위치한 영국령 포클랜드 군도에 2,600여 명의 아르헨티나 병력이 상륙하면서 포클랜드전이 시작되었다.[56] 그 후 약 2개월간의 무력분쟁에서 영국과 아르헨티나는 시간이 경과함에 따라 다양한 명칭의 전쟁수역을 설정하였다.

---

55) Thomas C. Linn, "Naval Forces in the Post – Cold War Era" 20 *Strategy Review*, No.4, 1992, pp.19 – 20.

56) 영국과 아르헨티나 간에 영토분쟁의 대상이 된 포클랜드는 아르헨티나 동쪽 580km에 위치한 군도로서 면적 12,000㎢에 인구 1,800명이 살고 있던 섬이다. 이 섬은 1592년과 1594년 영국의 항해자 존 데이비스가 처음으로 발견하였고, 1690년에 영국인 선장 존 스트롱이 상륙하여 자신의 上司의 이름을 따 포클랜드 군도로 명명하였다. 그러나 남미에서는 이 섬을 '말비나스'군도라고 불렀다. 아르헨티나가 스페인 지배하에 있던 1770년 부에노스아이레스 총독 부칼렐리는 西포클랜드를 점령하기 위해 5척의 스페인 전함으로 구성된 소규모 함대를 파견하였다. 포트스탠리항에서 스페인은 해안포대의 지원을 받고 있는 2척의 영국 프리깃함을 발견하였으나 실제 전투는 없었고 3주간의 협상 끝에 철수하고 말았다. 포클랜드에 대한 스페인의 무력점령 기도에 영국 정부는 협상과 동시에 강력한 기동부대를 편성하여 외교적 압력을 가했다. 이러한 영국의 조치는 실효를 거두어 1771년 1월 스페인왕은 부칼렐리 총독이 월권행위를 하였고, 포클랜드는 영국에 반환되어야 한다고 선언함과 동시에 정식으로 반환되었다. 이후 포클랜드의 법질서 확립을 위해 1833년 영국은 챌린저호를 급파하면서 동 선박의 선임장교인 스미스 대위를 총독으로 임명하였다. 그 이후 많은 영국인들이 정착하게 되었으며, 영국의 통치권이 1982년까지 계속되었다. 민평식(역), 포클랜드전쟁, 병학사, 1983, pp.216 – 218 참조.

먼저 영국은 4월 12일 포클랜드 주변에 반경 200마일의 해상배제수역(Maritime Exclusion Zone: MEZ)을 설정하고, 동 수역 내에서 발견되는 아르헨티나 군함과 해군 보조선박을 적성으로 간주하여 공격대상이 된다고 천명했다. 4월 23일에는 영국 기동함대 주변에 방위수역(Defensive Area)을 선포하고 영국군의 군사임무를 방해할 위험이 있는 아르헨티나 군함·잠수함과 그 보조선박 및 군항공기가 적절한 응징을 받게 될 것이라 했다. 또한 영국군을 정찰하는 민간항공기를 포함한 모든 아르헨티나 항공기가 적성으로 간주되며 이에 대한 책임을 져야 하는 것이라고도 하였다. 그리고 4월 28일에는 아르헨티나군의 포클랜드 점령을 지원하는 모든 선박과 항공기 그리고 영국 국방성의 허가 없이 이 수역에서 발견되는 모든 항공기가 적성으로 간주되며 영국군의 공격을 받게 된다는 MEZ와 동일한 지리적 범주의 전면배제수역(Total Exclusion Zone: TEZ)을 설정하였다. 5월 7일에는 아르헨티나 연안 12마일 외측의 모든 아르헨티나 군함과 군용기는 적성을 갖는 것으로 간주한다는 성명(Policy Statement)을 통해 단계적으로 전쟁수역의 강도를 높였고, 7월 22일(6월 14일 아르헨티나 항복)에는 기존의 배제수역들을 폐지하고 23일에는 모든 아르헨티나 군함과 군용기가 포클랜드에 접근하지 못하게 하는 150마일 해상보호수역(Maritime Protection Zone)을 설정하였다.[57]

한편 아르헨티나도 3종류의 전쟁수역을 선포하였는데, 이들 수역들은 아르헨티나의 고유 전략에 따라 운용된 것이 아니라 영국의 전쟁수역 선포에 대한 반작용 성격이 강한 것들이었다. 또한 아르헨티나는 영국 선박과 항공기에 대해서만 전쟁수역을 적용하는 등 다소 소극적인 입장을 표명했다. 4월 8일 포클랜드 본토와 남조지아 도서 주변 외곽 200마일에 대해 자위상 필요하다면 군사행동을 취할 수 있는 작전수역으로 하는 해상수역(Maritime Zone)을 설정하였다. 4월 29일에는 동일한 지리적 범주의 강화된 해상수역(strengthened Maritime Zone)을 선포하고, 동 수역 범위내의 수역이 아르헨티나 영수이기 때문에 영국항공기가 동 수역 내로 진입할 수 없고 이를 위반 시는 공격할 것임을 천명하였다. 5월 11일에는 남대서양 전쟁수역(South Atlantic War Zone)을 설정했으며, 이 수역에

---

57) Hause of Commons, *Official Report, Parliamentary Debates*(Hansard), Vol.21, No.95, 6 April 1982, p.1035; *Ibid.,* Vol.22, No.105, 27 April 1982, p.296 참조. 吉田靖之, "國聯海上沮止活動の法的考察", 法學政治論究, 第43号, 1999. 11. p.17에서 부분 재인용.

들어오는 선박과 항공기가 공격대상이 된다는 것을 영국에 통보하였다.[58]

(2) 평가

2차 세계대전 이후 최대의 해전이 벌어졌던 포클랜드 전쟁에서 양국이 선포한 각종 전쟁수역은 교전 시 중립국의 권리를 침해한 것으로 공해자유원칙을 훼손한 조치였다.

오늘날 모든 적 상선이 합법적 공격목표가 되는 것은 아니다. 적 상선에 대한 즉각적인 공격은 허용되지 않으며 군사목표물의 정의에 합치되는 경우에만 공격할 수 있다. 그리고 공격할 경우에도 해전수단 및 방법의 제한에 관한 기본원칙에 따라야 한다. 이처럼 적 상선은 합법적인 군사목표가 아닐 경우 일정한 경우 나포될 수는 있지만 공격으로부터는 면제된다. 물론 일정한 경우 군사목표에 대한 공격의 결과 부수적 손해를 입을 수도 있다.[59] 따라서 남대서양이라고 하는 광대한 수역에서 영국 상선과 항공기를 공격대상으로 하는 아르헨티나의 남대서양 전쟁수역 설정은 국제법상 인정될 수 없다.[60]

또한 영국의 전면배제수역은 아르헨티나군의 포클랜드 점령을 지원하는 모든 선박과 항공기 외에도 영국 국방성의 허가를 받지 않은 동 수역에서 발견되는 모든 항공기를 적성으로 간주하여 공격할 것을 공표하였는데, 이는 전시에도 적국의 전쟁노력을 지원하거나 전시금제품을 수송하는 등의 분쟁과 직·간접적인 경우가 아니면 국제법규와 관행상 보장된다는 중립국의 통상 자유를 제한하는 조치였다.

한편, 영국의 전면배제수역 설정에 대해서는 그 합법성을 인정하는 견해도 다수 있다. 이 견해에 따르면, 동 수역이 주요한 해상교통로로부터 멀리 떨어져

---

58) W. J. Fenrick, "The Exclusion Zone Device in the Law of Naval Warfare", 20 *Canadian Yearbook of International Law*, 1986, pp.109 - 116 참조.

59) 이민효, "해전에서의 군사목표구별원칙에 관한 연구", 해양연구논총, 제36집, 2006, p.114. 적 상선은 다음의 경우 군사목표로 간주되어 공격대상이 된다. (a) 적을 대신하여 적대행위를 하는 경우, 즉 기뢰부설 및 소해, 해저 전선 및 관선 절단. 중립국 선박에 대한 승선 및 검색 또는 기타 선박들에 대한 공격, (b) 적 군대의 보조세력으로 행동하는 경우, 즉 군대의 수송 또는 전투함에의 보급 지원, (c) 적의 정보수집체계로 편입 또는 이를 원조하는 행위. 즉, 정찰, 조기경보, 탐색 또는 통제 및 통신임무에의 종사, (d) 적 군함 및 군용기의 호위하에 항행하는 경우, (e) 정선명령을 거부하거나 적극적으로 승선, 검색 또는 나포를 거부하는 경우, (f) 군함(잠수함 포함)에 위해를 가할 수 있을 정도로 무장한 경우 및 (g) 군사물자의 수송 등 기타 군사행위에 효과적으로 기여하는 경우.

60) W. J. Fenrick, *op. cit.*, p.114.

있고, 포클랜드 제도 근해에서 활동하는 선박이 아르헨티나의 군사행동에 협력하고 있는 것으로 합리적으로 추정할 수 있으며, 수역 발표 후 발효까지 유예기간이 부여되었으며, 실제 수역 내에서 공격을 받은 중립국 선박이 거의 없었고, 이에 항의한 국가가 아르헨티나와 정보 수집을 위해 현지에서 아르헨티나와 협력하고 있는 소련뿐이었기 때문에, 동 수역은 합리적인 것으로 묵인되었다고 볼 수 있다는 것이다.[61]

다. 이란 – 이라크전

(1) 내용

이란 – 이라크전쟁에서도 중립국 민간선박에 대해 광범위한 공격이 있었을 뿐만 아니라 양국에 의해 전쟁수역(배제수역)이 설정되었다.[62] 이란은 1980년 9월 22일 폭 40해리의 배제수역을 설정(Notice to Mariners No.17/59)하였다.[63] 이란은 이란 항구를 향하지 않는 모든 선박은 이 수역의 서쪽으로 항행할 것을 경고했다. 전쟁 초기 이란은 이라크 연안의 원유수출 시설을 파괴하고 이라크의 주요 항구를 봉쇄하였다.[64]

이라크는 페르시아만에서 가장 수심이 깊은 지역, 특히 이란의 석유적출항이 있던 카그섬 주변을 전쟁수역으로 선포하였는데 이 섬에 출입하는 중립국 유조선이 주요 목표였다. 이라크는 어떠한 선박이라도 북위 29도 30분 위쪽의 페르시아만 북동쪽을 침범하면 공격하겠다는 경고했다.[65]

이란 – 이라크전에서의 전쟁수역은 분쟁이 격화됨에 따라 보다 확대되었으며, 이에 따라 중립국 통상에도 심각한 피해가 야기되었다. 이란이 석유적출항을 이라크가 설정한 전쟁수역 남방으로 이동시키자 이라크는 전쟁수역을 벗어나 이

---

61) *Ibid.*, pp.112 – 114.

62) F. V. Russo, Jr., "Neutrality at Sea in Transition: State Practice in the Gulf War as Emerging International Customary Law", 19 *Ocean Development and International Law*, 1988, pp.389 – 392; J. H. McNeill, "Neutral Rights and Maritime Sanctions: The Effects of Two Gulf Wars", 31 *Virginia Journal of International Law*, 1991, pp.631 – 639 참조.

63) A. Guttry and N. Ronzitti(eds.), *The Iran – Iraq War(1980 – 1988) and the Law of Naval Warfare*, Cambridge University Press, 1993, p.37.

64) David L. Peace, "Major Maritime Events in the Persian Gulf between 1984 and 1991: A Juridical Analysis", 31 *Virginia Journal of International Law*, p.547 참조.

65) *Ibid.*

란 동남부 연안으로까지 공격을 확대하였으며, 이에 대항하여 이란도 페르시아 만 연안의 중립국으로 향하는 선박을 포함한 상선들을 공격했다. 이러한 양국의 공격으로 제2차 세계대전에서 피해를 입은 선박 총톤수의 절반에 해당하는 4,000만 톤의 상선이 피해를 입었으며, 피해 선박의 3분의 1이 침몰되었다.[66]

이 외에도 동 전쟁에서는 미국 이지스함 *Vincences*호가 두바이로 향하던 이란 의 정기여객기를 공격하여 탑승객 290명 전원이 사망하는 사건도 있었다. 이 격추사건은 민간물자에 대한 교전국 해군의 정확한 식별에 실질적인 어려움이 있다는 것과 민간항공당국의 활동과 해상에서의 교전군 요구 간의 불명확한 관 계를 밝혀야 한다는 논쟁이 야기되었다. 특히 기뢰부설은 상당한 논란을 불러일 으켰는데, 부설된 기뢰의 일부는 중립국 선박에 의해 소해되었으며, 1995년 6월 스리랑카 민간주민들에게 구호물자를 공급하기 위해 ICRC에 의해 용선된 선박 이 기뢰폭발로 심각하게 파손되어 침몰하기도 했다.[67]

(2) 평가

이란의 배제수역은 봉쇄의 전통적 기준을 충족할 뿐만 아니라 동 수역에 들 어왔다고 해서 바로 무경고 공격대상으로 삼지 않았고 자국방위를 목적으로 하 고 있었기 때문에 국제법상 인정되는 것으로 평가되었다.[68] 이는 이라크의 해상 교통로를 파괴하고자 노력하면서도 강력한 중립국의 현실적 능력과 통상권 인 정을 고려하여 축소된 봉쇄형태 및 규모를 선택했기 때문이었다.[69] 반면에 선박 의 무경고 공격을 예정한 이라크의 전쟁수역은 과거 독일의 전쟁수역을 재현한 것으로서 위법이라는 것이 다수의 견해였다.[70] 이에 대한 논거로는 앞의 세계대 전에서의 관행에 대한 비판이 그대로 적용될 수 있을 것이다.

한편 전쟁수역 내외에서 대규모로 행해진 對상선 공격을 이란과 이라크가 복 구로 정당화하자, 중립국들은 전쟁수역의 합법성 문제보다는 상선에 대한 무차별

---

66) 眞山 全, "海戰法規における目標區別原則の新展開(2)", 國際法外交雜誌, 第96卷 1号, 1998, p.29 참조.

67) L. Doswald-Beck, "San Remo Manual on International Law applicable to Armed Conflict at Sea", 309 *International Review of the Red Cross*, 1995, p.583.

68) 新井 京, "封鎖法の現代的'變容'", 村瀬信也・眞山 全(編), 武力紛爭の國際法, 東信堂, 2006, pp.490-491.

69) Michael G. Fraunces, "The International Law of Blockade: New Guiding Principles in Contemporary State Practice", 101 *The Yale Law Journal*, 1992, p.910.

70) 新井 京, *op. cit.*, pp.490-491.

공격행위를 강력하게 비난했다. 교전국 상선이나 교전국으로 향하는 상선에 대한 공격의 위법성은 언급하지 않은 채 '비교전당사국항에 출입하는' 상선이나 공해 상 또는 중립수역에 있는 '무해한' 상선에 대한 공격을 비난하였던 것이다.[71]

이는 안보리 결의에서도 마찬가지로 나타나고 있다. 1984년 6월 결의 제552 호에서는 '적대행위 당사국이 아닌 연안국의 모든 항구 및 시설에 출입하는 선 박의 국제수역 및 해상교통로에 있어 자유로운 통항권을 재확인'하고 '쿠웨이트 와 사우디아라비아 항구에 출입하는 상선에 대한 공격을 비난'하고 있으며, 1986년 2월의 결의 제582호에서도 '중립국' 상선 또는 민간항공기에 대한 공격 을 비난하는 데 그쳤다.

라. 걸프전

(1) 내용

1990년 8월 2일 약 350여 대의 탱크를 앞세운 이라크군은 쿠웨이트를 기습 침공하여 '잠정자유정부'를 수립했다. 8월 8일 쿠웨이트를 병합했으며, 8월 28 일에는 쿠웨이트를 이라크의 19번째 주로 편입했다. 약 6개월간의 협상에도 평 화적으로 해결되지 못하자, 1991년 1월 17일 다국적군은 이라크에 대해 공중폭 격을 가했다. 이렇게 시작된 걸프전은 전쟁개시 43일 만에 다국적군 측의 일방 적인 승리로 끝났다.[72]

국제연합 안전보장이사회는 이라크의 사담 후세인 대통령의 쿠웨이트 침공에 따른 쿠웨이트와 미국의 공동요청으로 긴급회의를 소집했다. 동 이사회는 이라 크의 침공을 국제평화에 대한 침해라고 규정한 후 즉각적이고 무조건적인 이라 크군의 쿠웨이트 철수와 양국의 협상을 촉구하는 결의 제660호를 의결했다.

이라크가 이러한 국제사회의 요구를 무시하자, 4일 후인 8월 6일 안전보장이 사회는 이라크에 대한 통상과 재정적 제재인 금수조치를 부과하는 결의 제661 호를 의결했다. 국제연합의 비회원국까지도 포함한 모든 국가들도 이라크군이

---

71) A. Guttry and N. Ronzitti(eds.), *op. cit.*, pp.63, 213 - 214, 305.

72) 이민효, "Gulf전에서 본 국제연합의 역할", 해사논문집, 제37집, 1994, p.2 참조. 걸프전은 국제연합 창설 이 후 일국이 자국소유라고 주장하는 영토를 회복한다는 명목으로 무력을 사용한 사례로서, 회원국의 전 영토가 타국의 무력에 의해 최초로 강제 점령된 전쟁이었다. O. Schschter, "United Nations Law in the Gulf Conflict", 85 *American Journal of International Law*, 1991, pp.452 - 453.

쿠웨이트에서 철수할 때까지 이 결의를 준수할 것을 요구받았다. 또한 각국이 취하는 금수조치에 대한 보고서를 통하여 결의의 이행을 감시하기 위하여 안보리 위원회가 설립되기도 했다.[73]

8월 25일 안보리는 금수조치 결의에도 불구하고 이라크 선박들이 여전히 석유수출에 사용되고 있다는 것을 확인하고 회원국들에게 '쿠웨이트 정부와의 협력'과 '모든 화물과 그 목적지를 검사 및 조사하고 금수조치의 더욱 엄격한 이행을 보장하기 위한 모든 출입선박의 정지'에 필요한 조치들을 걸프만에서 집행하기 위하여 해상세력을 배치할 것을 요구하는 결의 제665호를 채택했다. 동 결의는 의심이 가는 선박을 정지시키기 위하여 각국에 해군력을 이용할 수 있는 권한을 부여한 것으로,[74] 회원국들에게 선박의 적하와 행선지의 검사 및 확인을 위해 이라크와 쿠웨이트에 출입하는 모든 선박을 정선시키고 '구체적 상황에 입각하여 필요한 조치를 취할 것'을 요청했다.

이라크에 대한 경제제재 조치는 1990년 9월 25일 찬성 14표, 반대 1표(쿠바)로 채택된 결의 제670호[75]에 의해 더욱 강화되고 확대되었다. 동 결의는 국제연합이 사전에 승인한 것을 제외하고 이라크와 쿠웨이트로 향하는 항공기를 허가하지 말 것을 모든 국가들에게 요구하고 있다. 즉 공중금수조치를 명령하는 것이었다. 또한 동 결의는 경제제재 조치의 효과를 극대화하기 위하여 결의 제661호에 의하여 창설된 위원회로 하여금 공중금수조치를 계속 감시하고 무역과 재정과 관련되는 각국들의 금수조치에 대한 모든 정보를 계속 수집하도록 하였다.

이러한 결의들을 근거로 다국적군은 페르시아만, 오만만, 아덴만, 지중해 및 홍해에서 해양차단활동을 실시하였다. 그런데 선박의 차단은 안보리로부터의 수권(결의 제665호, 1990. 8. 25)이 있기 이전인 8월 16일(실제 작전 개시시일은 17일이었음)에 이미 미국에 의해 개시되었다. 미국은 안보리에 서한을 보내 쿠웨이트의 요청으로 안보리 결의 제661호에 의해 실시된 집단적 조치를 준수하지 않고 이라크나 쿠웨이트와의 무역에 종사하려고 하는 선박을 차단할 것이라고

---

73) 걸프전에서의 이라크에 대한 비군사적 제재에 대한 일련의 과정과 국제연합의 대응조치에 대해서는 吉村 祥子, 國聯非軍事的制裁の法的問題, 國際書院, 2003, pp.128 - 135 참조.

74) O. Schachter, *op. cit.*, p.454.

75) 동 결의는 국제연합 사상 처음으로 취해진 공중통상 금지조치(Aerial Embargo)로서 영공주권의 원칙, 인도법상의 민간인 보호원칙, 민항기에 대한 무력행사 금지원칙 등이 내포되어 있다.

하였다.76) 미국은 이러한 조치의 근거로 자위권을 원용하였으며, 봉쇄(Blockade)
대신에 차단(Interception)77)라는 용어를 사용하였다.

다국적 해군은 해상저지활동을 실행할 때 자국의 지휘계통을 통하여 서로 협
력했고, 작전해역을 분담하였으며, 작전수행에 있어 표준화를 도모하였다. 상선
을 차단할 경우 행선지, 출항지, 선적 및 적하 등을 질문하고 의심스러울 경우 승
선검색을 실시하였으며, 안보리 결의를 위반하는 화물을 수송하고 있으면 행선
지를 변경시켰다. 매우 드물었지만, 정선을 거부할 경우에는 경고사격이 실시되
었으며(11척), 금수위반의 혐의가 있고 정선을 거부하는 비협력적인 선박에 대해
서는 헬리콥터를 이용하여 강제로 승선검색팀을 투입(takedown)하였다(11척).78)

걸프전에서 다국적군은 이라크에 대한 금수조치를 집행하기 위하여 임검과
수색을 실시하고 침로를 변경시켰다. 약 7개월의 분쟁 기간 동안 다국적군 19
개국 해군의 165척 이상이 7,500척을 넘는 상선을 차단하였는데, 적화목록과
화물창고의 검사를 위해 964척에 승선하여 검색하였으며, 국제연합 안전보장이
사회의 제재에 위반하는 100만 톤을 넘는 화물을 수송하던 51척의 침로를 변경
시켰다.79)

(2) 평가

걸프전 초기 해양차단수역(전쟁수역) 설정과 운영은 미국의 주도로 이루어졌
으나, 이후 국제연합 안전보장이사회의 결의를 통해 권한을 위임받았다. 이는
이전의 여타 분쟁에서 시행된 전쟁수역 관행과는 다른 모습의 사례였다.

1990년 8월 16일 미국 정부는 對이라크 경제제재 조치를 승인한 안보리 결

---

76) UN, Doc. S/21537(1980. 8. 16).

77) 해양차단작전을 시달한 합참의장의 최초 시행명령은 1990년 8월 16일부터 해상검역부대작전(Maritime
Quarantine Force Operations)을 시행할 것을 지시하고 있었으나, 2번째 시행명령은 '검역'(Quarantine)이
라는 용어 대신 '차단'(Interception)이라는 용어로 대체되었으며 작전명칭도 해양차단부대작전(Maritime
Interception Force Operations)이라고 변경되었고, 작전시행시간을 24시간 연기했다. '검역'과 '금수'
(Embargo)라는 용어는 호전성을 띠고 있다는 이유로 사용되지 않았고, '봉쇄'(Blockade)도 사용되지 않았다.
'봉쇄'라는 용어는 '사전 계산된 비전쟁적인 방법의 선박나포라는 적대적인 행위를 포함할 수 있고, 더욱이 봉
쇄를 침파(鍼破)하는 선박을 파괴하는 것도 포함'하는 반면에 '차단'은 '제재조치를 위반하였거나 위반하는 선
박을 회항'시키는 것을 의미했다. 따라서 '봉쇄' 대신에 '차단'이라는 용어를 사용하였다. 해군본부(역), 걸프전
해상작전, 2004, pp.1-39~1-40.

78) US Department of Defense, *Conduct of the Persian Gulf War*, Final Report to Congress, April 1992,
pp.52-53.

79) *Ibid.*, pp.76ff.

의 661(1990. 8. 6)의 실효를 거두기 위하여 페르시아만, 홍해 일부와 오만만 전체에 대하여 차단이라는 해상봉쇄를 선언했다. 차단 대상은 이라크와 쿠웨이트에 출입하는 모든 선박이었으며, 승선과 검색을 위한 정선경고를 무시하는 선박에 대해서는 필요한 최소한의 무력을 사용한다는 것과 금수물자를 적재하고 있는 것이 발견된 선박은 억류한다고 하였다.[80]

그런데 이러한 미국의 조치를 봉쇄로 인식한 이라크는 '미국 군함에 의한 이라크 선박의 통항 방해는 명백한 전쟁도발 행위이며, UN은 미국에 결코 그러한 권한을 부여한 바 없다'고 비난하면서 이라크에 대한 침략행위를 즉각 중단할 것을 요구하였다. 이는 해상봉쇄는 일반적으로 교전상태의 한 양상으로 받아들여지고 있으며, 선전포고가 없어도 단행될 경우 개전의사를 표시한 것으로 간주되기 때문이었다.[81] 이에 프랑스 정부도 금수조치(Embargo)가 아닌 해상봉쇄에는 프랑스 해군이 참여하지 않을 것임을 미국에 통고하고, 다국적 군대가 연합으로 해상봉쇄를 단행하려면 UN안보리의 별도 결의가 있어야 한다고 주장하였다.[82] 금수조치란 전쟁의 교전국 또한 침략행위 국가에 대하여 일정한 품목의 상품들, 특히 무기와 금수물자를 수출하는 것을 금지하는 행위인 반면에 봉쇄(Blockade)란 전시에 있어 주로 적국해안의 해상교통을 방지하기 위하여 교전국의 일방이 해군력에 의해서 적국해안에 차단선을 설정 유지하면서 이 선을 침파하고 적지와 교통하는 선박 및 화물을 포획 처분하는 제도로써 금수조치가 수출국 자체에서 자발적으로 중단하는, 어떻게 보면 소극적인 행위인데 반하여, 봉쇄는 적극적인 행동이 가미된 상태로 만약 금수조치의 대상이 된 물품을 실

---

80) 이에 앞서 1990년 8월 11일 미 합참의장 콜린 파월(Colin Powell) 대장은 이라크 선박에 대한 경제적인 검역조치를 시행할 해양차단작전(Maritime Interception Operation: MIO)에 대한 경고명령을 하달했는데, 주요점은 다음의 3가지였다. 첫째, 이라크로 항해하는 것으로 인지되는 모든 선박, 이라크 통제항구·이라크나 이라크 통제항구로 물자환적을 위한 지점·이라크와 이라크 통제항구로부터의 금수물자를 운반하는 선박은 검역요원의 승선과 검색에 응하여야 한다. 둘째, 차단된 선박은 그들이 이라크를 지원하지 않는 국가의 항구로 항행한다는 의도를 확실히 밝혀야만 검역요원의 승선 및 검색 없이 계속 항행할 수 있다. 셋째, 이라크 통제항구인 Ehms로 항행하는 모든 공선(空船)은 회항하도록 조치될 것이다. 해군본부(역), *op. cit.*, pp.1 - 39.

81) 당시 안보리는 다국적군에 의한 통상금수조치를 인정하지 않고 있었고, 국제법상 해양차단활동은 전투행위로 만약 미 해군이 이라크 탱커를 격침시키는 것과 같은 사건이 발생하면 그에 대한 보복으로 이라크가 사우디아라비아를 침공할 구실을 줄 우려가 있었기 때문에 매우 조심스럽게 수행했으며, 실제 작전에서도 무력사용과 관련된 통일된 명령이나 일관된 작전지침이 하달되지 못했다. 안보리 결의 제665호(필요한 조치를 취한다)가 승인된 이후에야 비로소 무력행사를 실시할 수 있었다. 오정석(역), 걸프전쟁: 역사적 배경과 전쟁수행과정을 중심으로, 연경문화사, 2002, pp.540 - 541 참조.

82) 정상일, "GULF전 개전초기의 경제전(Economic Warfare) 양상", 공군평론, 제89호, 1992, p.45.

은 선박이나 교전국 국적의 선박을 해상에서 차단하여 이를 준수케 하는 행위인 것이다. 다시 말해 교전상태로 들어감을 의미한다고 볼 수 있다.[83]

미국은 자신들의 행위가 해상봉쇄가 아니라 저지(Interdiction)라고 강조하면서, 이는 쿠웨이트 정통정부의 요청에 기초한 집단적 자위권의 행사라고 주장했다.[84] 하지만 해상봉쇄는 전쟁 그 자체이므로 헌장 제41조에 기초한 경제제재를 근거로 해상봉쇄를 취하는 것은 헌장에 위배되는 행위임에는 분명했다.[85]

이와 같은 법적 논란이 야기되자 안보리는 금수조치의 유효한 실시를 위해서 새로운 결의안의 검토에 들어가 8월 25일 결의 665를 채택하였다. 안보리는 동 결의에서 무력사용(use of force)이라는 용어를 명시적으로 언급하고 있지는 않지만, 동 결의 제1항에 비추어 볼 때 걸프만에 파견되어 있는 군함들에게 금수조치를 위해서 필요한 최소한의 무력사용을 허용하고 있는 것으로 해석된다.[86]

이처럼 국제연합의 대이라크 경제제재는 8월 6일의 결의 661에 의해 처음으로 취해진 후, 경제봉쇄를 시행하기 위한 한정적인 무력행사를 허용한 8월 25일의 결의 665와 이라크와 쿠웨이트에 대한 공중금지조치를 결정한 9월 25일의 결의 670에 의해 강화되어 갔다. 이러한 일련의 안보리 결의 채택으로 미국이 주도한 다국적군에 의한 강제조치의 법적 흠결이 치유되었다고 볼 수 있다.

3. 전쟁수역의 합법성 분석과 국제사회의 법제화 노력

가. 전쟁수역의 합법성 분석

(1) 합법성 논쟁의 2가지 측면

현재까지 전쟁수역과 관련된 통일된 지침이나 UN 등 국제기구에 의해 제시

---

83) 박기갑, "이라크의 쿠웨이트에 대한 무력침략과 국제법상의 문제점", 국제법률경영, 제6호, 1991, p.110.

84) UN Doc.S/21492, 10 August 1990.

85) 김득주, "걸프전쟁의 국제법적 조명", 국방연구, 제35권 제2호, 1992. 12, p.90 참조.

86) 박기갑, *op. cit.*, p.112. 하지만 동 결의가 무제한의 무력사용을 허용하고 있는 것은 아니다. 왜냐하면 안보리가 허용한 무력은 경제제재를 위하여 "필요한 경우", "안보리의 권한하에서", "결의 제661의 엄격한 실행을 보장하고 화물과 행선지를 조사하고 확인하기 위하여" 사용되는 것이기 때문이다. 따라서 군함들이 사용한 무력행사는 비례성의 원칙이나 필요성의 원칙의 한계 내의 것이어야 한다. 그러나 동 결의는 무력행사의 구체적인 절차와 한계에 대하여 아무런 언급도 하고 있지 않아 무력행사를 둘러싼 새로운 분쟁의 발생을 야기할 위험이 있었다.

된 표준절차 같은 것은 존재하지 않는다. 그렇지만 기존의 전쟁수역의 설정 사례들을 살펴보면, 수역 출입 선박에 대한 조치의 내용과 강도는 거의 동일했었다는 것을 알 수 있다. 현장에서의 무기사용 등 실력행사는 최소한으로 제한되었다. 하지만 전쟁수역이 설정된 해역이 주로 공해상이었으며, 규제 대상 선박들도 교전 당사국뿐만 아니라 제3국, 즉 중립국 선박도 포함하고 있어 전쟁수역의 설정과 운영을 둘러싸고 그 합법성에 대한 논란이 꾸준히 제기되어 왔다.

전쟁수역의 합법성과 관련한 논란은 크게 두 가지 측면으로 구분할 수 있다. 그 하나는 설정상의 합법성이고, 다른 하나는 운영상의 합법성이다. 전자는 전쟁수역 설정 그 자체의 합법성 판단 문제로 전쟁수역은 주로 공해상에 설정되기 때문에 이것이 공해에서의 자유로운 통항을 규제하는 것이 아닌가, 즉 공해 자유원칙을 제한하는 것이 아닌가 하는 문제이다. 반면에 후자는 군사목적을 갖지 않은 선박이 전쟁수역 내에 위치(출입)한다는 사실만으로 그 선박에 대한 공격이 합법적인가 하는 문제와 구체적으로 당해 선박에 대해 취하는 여러 조치의 내용이 무력분쟁법상 허용되는가 하는 문제와 관련이 있다.

그런데 세계대전 이후 현재까지 거의 모든 해전에서 명칭은 다르지만 전쟁수역이 설정·운영되어 왔고, 그 과정에서 타 분쟁 당사국이나 중립국은 그 합법성에 의문을 제기해 왔다. 문제는 그러한 의문의 주된 내용이 대부분 운영상의 문제와 관련 있다는 것이다. 분쟁 당사국은 서로 자신들의 전쟁수역 설정이 상대방의 불법행위에 대한 복구로 취해진 합법적인 조치라고 주장하기 때문에 수역 설정 그 자체를 문제시하지는 않았다. 만약 타방의 전쟁수역 설정 자체를 문제 삼으면 자국의 조치도 합법성이 부정되기 때문이었다. 또한 운영적인 측면에서도 자국 상선이 타방의 군사수역 내 또는 그 인근 해역에서 나포되거나 공격을 받아 피해를 입은 경우 이에 대해 타방에게 항의하는 경우도 있었으나, 항의의 강도 및 의도는 전쟁수행 과정에서의 심리적 전술이나 우호적 국제여론 조성을 위한 정치적 수사 그 이상은 아니었다.

전쟁수역의 합법성과 관련하여 제기된 문제의 대부분은 중립국과 분쟁 당사국 간에서 발생했다. 분쟁 당사국의 입장에서는 적국의 전쟁수행능력을 제한하기 위한 효과적인 경제전 수행과 해전수역 및 그 주변해역에서의 원활한 작전 수행을 위해서는 중립국 선박의 적국에의 출입을 봉쇄할 필요가 있고, 출입을 허용할 경우 제3국 선박이 적재하고 있는 화물이 전시금제품인지 아니면 나포의 대상이 되지 않는 자유품인지 확인하기 위한 정선 및 검색 등의 조치를 취하는 것도 용이하지 않은 측면이 있다. 그리고 제3국의 입장에서는 국제법상 보장되어 있는 공해상의 자유통항원칙이 침해되기도 하거니와 더 중요한 것은 해전법규상의 전시 중립통상이 규제받거나 금지되어 분쟁 당사국과는 아무런 관계가 없는 여타 중립국과의 교역에서 큰 피해를 입는 경우가 많았기 때문이다.

이러한 양자의 입장으로 인해 전쟁수역 설정 그 자체보다는 전쟁수역 내에서 분쟁 당사국이 중립국 선박에게 취하는 조치의 불법성에 대한 항의가 전쟁수역의 합법성에 대한 논란의 핵심이었다. 즉 중립국들은 전쟁수역의 설정 자체의 합법성 문제보다는 자국 상선들에 대한 무차별 공격행위를 강력하게 비난했던 것이다. 이란 – 이라크전에서 교전국 상선이나 교전국으로 향하는 상선에 대한 공격의 위법성은 언급하지 않은 채 '비교전당사국항에 출입하는' 상선이나 공해상 또는 중립수역에 있는 '무해한' 상선에 대한 공격을 비난하였던 것은 중립국의 이러한 입장을 잘 보여주는 사례이다.

(2) 규범적 측면

분쟁 당사국은 과거 전쟁수역 설정의 정당화 사유로서 복구를 원용했었다. 그러나 양차 대전을 통해 일관된 일탈행위가 행해졌으며, 제2차 대전에서는 연합국도 전쟁수역을 설정하고 상선을 공격했었다. 따라서 이러한 모든 현상을 복구로 인한 법으로부터의 일시적 일탈로 보는 것은 비현실적이다. 그렇다면 양차 대전의 관행을 새로운 관습법의 발전으로 볼 수 있을 것인가? 미국은 제1차 대전 당시 독일의 전쟁수역 설정을 강경하게 항의하였으나 제2차 대전에서는 그다지 강한 항의를 하지 않았고, 오히려 전쟁수역을 묵인하는 듯한 태도를 취한 바 있다. 그러나 복구주장에 대한 항변이 되풀이되었다는 사실로 미루어볼 때, 양차 대전 시의 관행으로부터 전쟁수역 설정이 교전국의 새로운 권리라는 법적 신념이 도출된다고는 볼 수 없다.[87] 또한 뉴렌베르그 국제군사법원도 되니츠 재판에서 전쟁수역의 합법성을 부정하였다.[88]

---

87) 新井 京, *op. cit.*, p.488.

88) 법원은 전쟁수역이 런던의정서를 위반한 것이라면서 다음과 같이 판결하였다. "전쟁수역을 선언하고 그곳에 들어오는 중립국 상선을 격침토록 한 관행은 제1차 세계대전 시 영국에 대한 보복으로 독일이 행했었다. 1936년

그런데 1980년대의 이란 - 이라크전과 포클랜드전에서 기존의 봉쇄와는 다른 (전쟁)수역이 설정되었고, 그 후 각국의 군사매뉴얼 등에서 전통적인 봉쇄제도와 더불어 일정한 수역을 설정하는 것을 긍정적으로 인정하는 분위기가 형성되기 시작했다.

한국의 해군작전법규는 "교전국은 일정 영역 안에서 중립국 선박이나 항공기의 활동에 대하여 특별한 통제를 할 수 있고, 이런 선박이나 항공기기 그 영역 안으로 진입하는 것을 금지시킬 수 있다. 그 영역의 범위에 관하여 국제법상 일정한 기준은 없으나, 공해에까지 미쳐 제3국의 공해이용의 자유를 제한할 수 있는 것으로 국제관습법상 인정되어 왔다."라면서 전쟁수역을 인정하고 있다.[89] 1992년 독일 매뉴얼도 "해상배제수역(전쟁수역)이란 일정한 해역 및 그 상공에서 교전국이 선박 및 항공기의 진입을 제한하거나 또는 금지하는 광범한 권리를 행사하는 수역이다. 동 수역의 설정 목적은 군사목표의 식별과 적대행위에서의 예방조치를 용이하게 하기 위한 것으로 적의 전시 경제를 공격하기 위한 것은 아니다."라면서 전쟁수역의 설정 요건으로 실효성, 균형성, 범위·기간·제재조치의 공표 등을 열거하고 있다.[90]

하지만 이러한 각국의 군사매뉴얼에서 전쟁수역의 설정을 인정하고 있다는 사실에서 군사수역의 합법성을 단정적으로 유추해 내기는 다소 무리가 있다. 과거 해전에서 설정된 사례가 있고, 이를 명문화한 개별 국가의 군사매뉴얼에서 인정되고 있다고 해서 보편적 효력을 갖는 국제관습법화되었다고 볼 수는 없다.[91] 관습법 성립 여부를 확인할 수 있는 핵심요소인 법적 확신, 즉 해전에서의 전쟁수역 설정과 교전국의 일방적 조치를 준수해야 한다는 신념이 규범화되

의 런던의정서는 제1차 세계대전에서 이러한 수역이 설정되었던 사실을 인지한 채 채택되었지만, 이 수역에 있어서는 예외가 명시되어 있지 않다. 따라서 되니츠가 수역에 들어온 중립국 상선을 격침하라는 명령을 내린 것은 의정서 위반이다."

89) 해군본부, 해군작전법규(해전교 2 - 1 - 가), 1994, pp.2 - 3 - 22.

90) German Federal ministry of Defence, *Humanitarian Law in Armed Conflicts - Manual*, 1992, para.1048 - 1050.

91) 한편, 전쟁수역이란 교전국의 보복수단으로서 예외적으로 합법화될 수 있으며, 전쟁수역을 합법화시키기 위한 교전국들의 관행이 있어 왔고 또한 그러한 관행은 오래전에 국제관습법화되었다는 견해도 있다. 만약에 전쟁수역의 관습법적인 지위가 인정되지 않는다 하더라도 머지않아 군사기술의 발전으로부터 불가피하게 허용될 수밖에 없을 것이라는 주장도 있다. J. A. Roach, "Missiles on Target: the Law of Targeting and the Tanker War", 82 *Proceedings of the American Society of International Law*, 1988, p.158; J. Gilliland, "Submarines and Targets: Suggestions for New Codified Rules of Submarine Warfare", 73 *Georgetown Law Journal*, 1985, p.1005 참조.

었다는 것을 확인하기에는 아직 시기상조라고 판단된다. 더군다나 각국 매뉴얼도 전쟁수역의 개념만 인정하고 있을 뿐, 동 수역 내에서의 분쟁 당사국과 중립국의 권리의무에 대한 구체적인 언급은 없는 실정이다. 다만 전쟁수역 제도가 점차 인정되어 가고 있는 와중에 있다는 것은 분명한 사실이다. 또한 전쟁수역의 합법성에 대한 문제 제기도 설정 그 자체보다는 설정 이후 실제 운영과 주로 관계있다는 점을 고려한다면, 향후 전쟁수역에 대한 논의의 초점은 운영상의 지침을 어느 수준에서 확정할 것인가 하는 점에 집중되어야 할 것이다.

나. 국제사회의 법제화 노력: 산레모 매뉴얼의 채택

오늘날의 해전은 규모와 피해 면에서 과거와는 비교가 되지 않을 정도로 변화되었다. 따라서 기존의 전통적 법규로는 해전에 대해 더 이상 유효하게 대응할 수 없다. 이에 제2차 세계대전 이후 비약적으로 발전한 해전수단과 방법을 규율하고 해상무력분쟁법에 영향을 미친 타 국제법 분야의 중요한 변화를 포함하는 새로운 해상무력분쟁법의 재확인과 발전이 요구되어 왔다.

그동안 간헐적으로 제기되어 온 이러한 요구는 구체적 성과를 보지 못하다가 1980년대 후반 들어 현실화되었다. 이탈리아 산레모(San Remo)에 소재한 국제인도법연구소(International Institute of Humanitarian Law)는 1987년 '해상무력분쟁법의 현대화'라는 의제로 각국의 정부대표, 해군관계자, 학자 및 국제적십자위원회(International Committee of the Red Cross: ICRC)의 전문가들로 구성된 '해상무력분쟁에 적용될 국제인도법에 관한 예비 원탁회의'(a preliminary Round Table on International Humanitarian Law Applicable to Armed Conflicts at Sea)를 개최하였다. 동 회의에서 해상무력분쟁법의 현대화가 필요하다는 것이 합의되었다.

1988년 마드리드회의에서 '행동계획'(Plan of Action)이 채택되었으며, 이후 일련의 원탁회의가 Bochum, Toulon, Bergen, Ottawa, Geneva 그리고 마지막으로 Livorno에서 개최되었다. 이러한 국제사회의 협력과 지지의 결과 1994년 '해상무력분쟁에 적용될 국제법에 관한 산레모 매뉴얼'(San Remo Manual on International Law Applicable to Armed Conflicts at Sea, 이하 산레모 매뉴얼)[92]

이 채택될 수 있었다.[93]

　기존 해전법규와 비교해 볼 때 동 매뉴얼이 갖는 가장 뚜렷한 특징들 중의 하나는 전쟁수역에 관한 명문 규정을 두고 있다는 점이다. 전쟁수역을 명문화할 경우 전쟁수역이 합법적이라는 신념을 조장하지는 않을까 하는 일부 원탁회의 참가자들의 우려도 있었지만, 대다수 참가자들은 전쟁수역이 현실적으로 설정되어 왔을 뿐만 아니라 향후에도 계속해서 사용될 것이므로 이를 명확하게 하는 것이 실제적으로 유용하다고 판단했으며, 그리하여 그들은 전쟁수역 설정의 남용과 당해수역 내에서의 국제인도법 위반행위를 방지하기 위해 일정한 기준과 제한을 도입하였다. 동 매뉴얼에서 전쟁수역과 관련된 사항들을 규정하고 있는 4개 항 중 핵심 내용은 다음과 같다.[94]

> **제105항** 교전 당사국은 해양의 일정구역의 합법적 사용에 부정적 효과를 미치는 수역을 설정함으로써 국제인도법의 의무를 면할 수 없다.
>
> **제106항** 교전 당사국이 예외적인 조치로써 그러한 구역을 설정한 경우에는
> (a) 수역의 내측과 외측에 동일한 법이 적용된다.
> (b) 수역의 범위, 위치, 설정 기간 및 부과된 조치는 군사적 필요성과 비례성 원칙에 의해서 엄격하게 요구되는 것을 초과해서는 안 된다.
> (c) 해양을 합법적으로 사용할 중립국의 권리에 타당한 고려를 해야 한다.
> (d) 다음의 경우 수역 내에서 중립국 선박과 항공기에 필요한 안전 통항로를 설정하여야 한다.

---

92) 1917년 국제법협회(Institute of International Law)가 채택한 '교전국 간의 관계를 규율하는 해전법에 관한 옥스퍼드 매뉴얼'(Oxford Manual on the Law of Naval War Governing the Relations Between Belligerent, 이하 옥스퍼드 해전교범)을 현대화한 동 매뉴얼은 총 6부(part) 183개 항(paragraph)으로 구성되어 있다. 이 매뉴얼에는 해상무력분쟁법의 핵심내용에 따라 6개의 부(部)를 설정한 후 이와 관련된 소주제를 중심으로 몇 개의 절(節)로 나누어 전통적인 해전법규와 국가관행을 존중하면서도 변화된 환경에도 적용할 수 있는 새로운 규정들이 추가되어 있다.

93) L. Doswald-Beck(ed.), *op. cit.*, pp.64-66 참조.

94) *Ibid.*, p.181-183 참조. 이 외에도 관련 규정으로는 다음이 있다. 수역 내에서 일방 교전 당사국에 의해 취해진 조치에 따르는 것을 타방 교전 당사국에 대한 유해한 행위로 해석해서는 안 되며(제107항), 해상작전 인근에 있는 중립국 선박과 항공기를 통제할 교전 당사국의 관습적 권리는 감소되지 않는다(제108항). 산레모 매뉴얼에서의 전쟁수역의 명문화는 Fenrick의 제안에 영향을 입은 바 크다. 1986년 그는 영국의 전면배제수역을 기초로 '분쟁 당사국이 통제하고 선박과 항공기의 무허가 진입을 거부하는 수역과 그 상공'을 의미하는 '해상 배제수역' 개념을 제창하면서 이러한 수역이 허용되기 위해서는 ① 범위 · 기간 · 배제대상 · 제재조치의 공표, ②수역의 실효적 유지, ③자위를 위한 필요성과 균형성, ④중립국 이익의 고려, ⑤분쟁의 지리적 범위의 한정 또는 공격목표 인정을 목적으로 할 것 등의 요건을 충족해야 된다고 하였다. W. J. Fenrick, *op. cit.*, pp.92, 124-125. 이러한 Fenrick의 제안은 1980년대 말 이후의 해전법규의 근대화 및 법전화를 위한 국제사회의 노력에 크게 영향을 미쳤으며, 이후 산레모 매뉴얼을 채택한 일련의 라운드 테이블에서 논의의 토대가 되었다.

(i) 수역의 지리적 범위가 중립국의 항구와 해안에의 자유롭고 안전한 교통을 현
저히 방해하는 경우
(ii) 군사적 요구가 인정되지 않는 경우를 제외한 통상적인 항로가 영향을 받는 기
타의 경우
(e) 수역의 개시일, 기간, 위치 및 범위, 부과되는 제한은 공개적으로 선언되고 적절
히 통고되어야 한다.

그러나 동 매뉴얼은 구속력 있는 법적 문서가 아니다. 매뉴얼 기초자들은 각
국의 능력과 정책의 차이로 해전법규에 대한 다양한 입장이 존재하고 있고 아
직 이를 통일적으로 조정하거나 합의를 이끌어 내지 못하는 국제사회의 현실에
비추어 볼 때 이를 조약초안으로 보는 것을 시기상조라고 보았다. 향후 통일된
해상무력분쟁법을 조약화할 경우 동 매뉴얼이 내포하고 있는 제반 문제점들을
면밀하게 분석하여 빠짐없이 보완, 개선함은 물론 전쟁수역을 명문화하여 보다
완비된 실효적인 문서가 되도록 하여야 할 것이다.[95]

4. 입법론적 관점에서 본 전쟁수역의 설정과 운영의 가이드라인

현재 전쟁수역을 규정하고 있는 명문의 강제법규는 확립되어 있지 않다. 그렇
지만 분쟁 당사국들은 제1차 세계대전 이후 주요 해전들에서 일정 수역, 이른바
전쟁수역 또는 유사한 성격을 갖는 특정수역으로 선언하고 이에의 출입을 제한
해 왔다. 우리는 이러한 관행들에서 그리고 해전법규의 발전 과정에서 향후 전
쟁수역의 설정과 운영에 적용할 수 있는 일반적 지침을 도출할 수 있을 것이다.
물론 이러한 지침들이 법적 효력의 확신을 얻기까지는 상당한 시간이 필요할
것이다. 하지만 시간이 지날수록 이러한 지침들을 명시적으로 승인하고 강제해
야 할 필요성은 더욱 커질 것이다. 다음은 입법적 관점에서 살펴본 전쟁수역 설
정과 운영에서 준수되어야 할 지침이다.

---

95) 이민효, "해상무력분쟁에 적용될 국제법에 관한 산레모 매뉴얼 연구", 국제법학회논총, 제49권 제3호, 2004,
p.165 참조.

가. 설정범위와 기간 등의 결정 시 합리성 원칙의 존중

분쟁 당사국은 전쟁수역을 예외적인 조치로 설정할 경우 그 범위, 위치, 기간 및 부과 조치의 결정을 군사적 필요성과 비례성 원칙에 의해서 엄격하게 제한되어야 한다. 전쟁수역 설정과 동 수역에 부과되는 조치(제한조치 및 강제조치 모두 포함)는 수역 설정국의 자위권과 균형을 이루어야 한다. 또한 그 조치들 간의 증명할 수 있는 관련성도 존재해야 한다. 예컨대 포클랜드 분쟁으로 아르헨티나가 설정한 포클랜드제도(諸島) 주위 200해리 전쟁수역은 적절하다고 볼 수 있지만, 남대서양 전역이 전쟁수역이라는 취지의 아르헨티나 선언은 자국을 방위해야 할 필요성에 비추어 볼 때 균형을 상실한 것으로 분쟁과 무관한 선박에 영향을 미쳤다.

문제는 전쟁수역을 설정하는 국가가 수역 설정 시 수역 안에 들어오는 선박에 대한 제한조치와 그 제한조치에 따르지 않는 선박에 대한 강제조치를 공표하여야 하는가 하는 것이다. 이에 대해서는 제한조치와 강제조치의 공표가 수역 설정의 정당성을 높인다고 보는 견해가 있는 반면, 강제조치의 공표가 교전규칙(Rules of Engagement)을 공표하는 것과 같기 때문에 타국의 동의를 얻기 어려울 것이라는 견해도 있다.

그러나 제한조치의 공표는 통항하는 선박이 교전 당사국의 요구 내용을 알 수 있게 하기 때문에 전쟁수역을 설정하는 국가에게 정확한 교전규칙을 밝힐 것을 요구하지는 않지만, 강제조치의 전반적인 내용을 확정하고 이를 공표하는 것이 바람직하다.

나. 중립국 관할 해전수역 내 전쟁수역의 설정 금지

1982년 해양법협약 질서하에서 적대행위를 행할 수 있는 수역, 즉 해전수역은 ① 교전국의 영해와 내수, 영토, 배타적 경제수역, 대륙붕과 군도수역, ② 공해, ③ 일정한 제한하에서 중립국의 배타적 경제수역과 대륙붕의 수중, 수상 및 상공으로 규정할 수 있다.[96]

---

96) 기존 수역들 외에 군도수역이 해전수역에 포함된 것은 군도항로대통항 그리고 타국에게 약간의 권리와 활동이 허용된다는 예외가 있긴 하지만 군도국가의 주권이 그 영해와 동일한 의미를 갖는 군도수역에도 미친다는 사실을 반영한 것이다. 배타적 경제수역이 해전수역에 포함되는 것은 일부 경제적 목적을 위하여 연안국에게 주권

이러한 해전수역의 전반적 범위와 관련하여 무력분쟁과 무관한 중립국의 이익과 권리가 보장되는 중립국 관할의 배타적 경제수역과 대륙붕에 전쟁수역을 설정할 수 있는가 하는 것은 또 다른 문제이다. 비록 중립국의 배타적 경제수역과 대륙붕이 특히 경제적 이익과 관련하여 중립국의 중대한 이익이 걸려 있는 수역이기는 하지만, 동 수역들에서도 적대행위가 허용된다는 것은 일반적으로 인정되고 있다. 단, 이 경우 교전국은 동 수역에서의 중립국의 관할권, 즉 권리의무에 대한 타당한 고려를 행하여야 한다.[97]

이들 수역에서 적대행위를 할 수 있다는 것이 전쟁수역을 설정할 수 있다는 것을 의미하는 것은 아니다. 해상에서 적국과 교전이 벌어져 부득이한 경우 중립국 관할 수역에서 적대행위를 할 수 있다는 것과 그리고 직접적인 교전이 시작되기 이전이나 교전이 일어나지 않을 수도 있는 상황에서 적국의 전쟁능력을 제한하기 위하여 제3국과의 거래를 제한하고자 중립국 관할 수역의 일정 부분을 사용하지 못하게 하기 위한 전쟁수역의 설정은 질적으로 다른 문제로서 엄연히 구분되어야 한다.

따라서 교전국이 전쟁수역을 설정할 수 있는 수역은 오늘날 해전수역으로 인정되고 있는 수역들 중에서 중립국 관할 수역을 제외한 수역, 즉 (a) 교전국의 영해와 내수, 영토, 배타적 경제수역, 대륙붕과 군도수역, 그리고 (b) 공해에 한정되어야 할 것이다.

다. 전쟁수역 내에서의 국제인도법상 의무의 존중

전쟁수역을 설정한 교전국이 국제인도법의 의무로부터 면제되는 권리를 갖는가 또는 전쟁수역을 설정함으로써 추가적인 권리를 획득하는가 하는 문제가 쟁점이 될 수 있다. 그러나 교전국은 전쟁수역을 설정하더라도 국제인도법상의 의무를 면할 수 없으며 또한 선박과 항공기를 공격할 수 있는 새로운 권리도 향유하지 못할 뿐만 아니라 기존의 의무를 면할 수 있는 것도 아니다. 다만 전쟁

적 권리와 관할권을 인정하면서도 동 수역을 연안국의 주권하에 두는 것을 금지하고, 타국의 항행과 상공비행의 자유라는 권리 및 이러한 자유에 관련된 해양의 합법적인 이용을 승인하고 있는 배타적 경제수역에 관한 해양법협약 규정(해양법협약 제56조~제58조, 제88조~제115조)을 반영한 결과이다. 이민효, 해양에서의 군사활동과 국제해양법, 연경문화사, 2007, p.177.

97) *Ibid.*, p.178.

수역의 설정을 둘러싼 현실적인 사정을 생각하면, 특히 방위목적으로 수역이 설정된 경우에는 당사국이 어떤 행위를 수역 밖보다는 수역 내에서 행하기가 쉬울 것이다. 예컨대 교전국은 허가 없이 그 수역 내에 있는 선박이나 항공기에 대해 적대적인 목적하에 그곳에 들어왔다고 추정하기가 수역이 설정되어 있지 않은 경우보다도 쉬울 것이다. 그리고 교전국은 해전 수행과정의 정책문제를, 예컨대 수역 내에서는 합법적인 군사목표를 구성하는 선박이나 항공기를 공격할 수 있는 권리를 행사하지만, 수역 밖에서는 그러한 선박이나 항공기를 공격하지 않는다고 결정할 수 있을 것이다.

라. 중립국의 합법적 해양사용권에 대한 고려

교전국은 중립국이 주권적 권리, 관할권 및 기타 일반국제법에 기초한 권리를 향유하는 수역에서 작전을 수행하는 경우 당해 중립국의 정당한 권리와 의무에 대해 타당한 고려를 하지 않으면 안 된다. 교전국은 작전이 어디에서 실행되더라도 그 수역에서 인정되는 중립국의 권리를 부당하게 간섭하지 않는 방법으로 행할 의무가 있는 것이다.[98]

전쟁수역을 설정하는 분쟁 당사국은 해양을 합법적으로 사용할 중립국의 권리에 대해 타당한 고려(due regard)를 해야 한다. 이러한 중립국의 권리에는 어업의 권리와 관선 및 전선을 사용할 권리가 포함되어야 한다. 또한 전쟁수역의 개시일, 기간, 위치와 범위, 부과되는 제한은 공개적으로 선언되고 적절히 통고되어야 한다. 이러한 통고대상에는 외교경로와 적절한 국제기관, 특히 국제해사기구(International Maritime Organization: IMO)와 국제민간항공기구(International Civil Aviation Organization: ICAO)가 포함되어야 한다.

전쟁수역의 지리적 범위가 중립국의 항구와 해안에의 자유롭고 안전한 교통을 현저히 방해하는 경우나 군사적 요구가 인정되지 않는 경우를 제외한 통상적인 항로가 영향을 받는 기타의 경우에는 중립국 선박과 항공기에 대해 전쟁수역 내에 필요한 안전통항로를 설정하여야 한다. 이처럼 분쟁에 관여하지 않고 있는 중립국 선박이나 항공기가 수역을 통과하지 않으면 안 될 경우 특별항로

---

98) *Ibid.*

를 제공하여야 하며, 또한 그들에 대한 공격위험을 감소시키기 위해 특별조치를 취해야 된다. 이는 항행의 자유를 제한할 수도 있지만 그러한 선박이나 항공기에 대한 위험을 최소화해야 한다는 것을 의미한다.

마. 전쟁수역의 인근 해역에 소재한 중립국 선박과 항공기의 통제 인정

전쟁수역이 설정되었다고 해서 선언된 전쟁수역 이외의 해상작전 인근 해역에 있는 중립국 선박과 항공기를 통제할 교전 당사국의 관습적 권리가 감소되는 것은 아니다. 해상작전 인근 해역이란 적대행위가 행하여지고 있거나 교전국 부대가 실제로 작전행동 중인 해역을 말한다. 교전국은 해상작전 인근 해역에서 중립국 선박과 항공기의 활동을 특별히 제한할 수 있으며 또한 그러한 선박과 항공기가 인근 해역에 들어가는 것을 금지할 수 있다. 예컨대, 교전국 군함은 인근 해역에 존재하는 중립국의 상선이나 민간기가 해상작전을 위해하는 경우 그들의 통신을 통제할 수 있으며, 이러한 지시를 무시하는 선박이나 항공기는 나포 또는 공격할 수 있다.

바. 인도적 물품에 대한 자유통과의 보장

전쟁수역 설정은 상대 교전국의 통상을 차단할 수 있기 때문에 민간주민에 대한 고통을 가중시키는 경향이 있다. 기존의 해전법규들은 이 문제에 대해 침묵하고 있으며, 오직 국제인도법의 몇몇 규정들에만 해상봉쇄 등 해상경제전의 제한에 대해 언급되어 있을 뿐이다.

1949년 제네바 제4협약(전시 민간인 보호협약) 제23조는 비록 봉쇄를 침파한 화물이라 할지라도 다른 목적에 사용하지 않고, 남용되지 않는다는 것이 보장될 경우 오로지 민간인을 위하여 사용되는 물품은 통과되어야 한다고 명규하고 있으며, 1977년 제1추가의정서 제70조도 민간주민의 구호품과 구호요원의 신속하고 무해한 통과보장을 재차 확인되고 있다. 또한 제1추가의정서 제69조(피점령 지역에 있어서의 기본적 필요)는 점령국이 가용한 수단을 다하여 그리고 어떠한 불리한 차별도 없이 피복·침구·대피장소·피점령 지역의 민간주민의 생존에 필수적인 기타 물품과 종교적 예배에 필요한 물건의 공급을 보장해야 함을, 제

71조는(구호활동에 참여하는 요원) 구호요원이 구호활동을 수행할 영역국의 승인과 그 국가의 안보상의 요구를 존중하는 조건으로 구호활동에 참여할 수 있으며, 이 경우 영역국은 구호요원을 존중하고 보호하여야 한다고 규정하고 있다.

그리고 제1, 2차 대전에서는 독일에 대하여, 미국 내전에서는 남부연방에 대하여 기아작전의 일환으로 해상봉쇄가 이용되었다. 제1추가의정서 제54조와 제2추가의정서 제14조는 민간인들에 대한 전투방법으로서의 기아작전을 금지하고 있다. 만약 전투방법으로서 민간주민에 대한 기아작전이 금지된다면, 논리적으로 볼 때 민간주민의 기아를 가져올 수 있는 전투방법은 불법이거나 합법성이 의문시된다. 왜냐하면 봉쇄에 의해 야기된 고의적인 경제적 마비가 민간주민을 기아에 빠트릴 우려가 크기 때문이다.[99]

이처럼 분쟁 당사자에게 부과된 경제적 제재조치는 그 지역에 거주하고 있는 주민들에게 인도적 문제를 야기할 수 있다. 따라서 경제적 제재조치지역 내의 민간주민의 보호를 위한 적절한 대응이 요구된다. 외부와의 모든 교역이 금지됨으로써 의약품, 식량 및 생활필수품 등의 부족으로 의식주와 보건상의 어려움을 겪기도 하고,[100] 분쟁 당사자 모두에게 일률적으로 제재조치를 적용함으로써 군사적 약자에게 오히려 더 큰 피해를 가져다줄 수도 있다. 따라서 제재조치를 부과할 때 이러한 문제들을 유의하여 그 피해를 최소화할 수 있는 장치를 마련하는 것이 필요하다.[101]

---

99) Thomas D. Jones, "The International Law of Maritime Blockade: A Measure of Naval Economic Interdiction", 26 *Howard Law Journal*, 1983, p.540.

100) 이익보호국이나 국제적십자위원회 및 각국 적십자사 등 공정한 인도적 기관의 구호활동에 있어 식료품, 의복, 의약품 등 민간주민의 생존에 필수적인 물자들은 전시금제품으로 취급되어서는 안 되며 자유로운 통과가 보장되어야 한다. E. Rosenblad, *International Humanitarian Law of Armed Conflict: Some Aspects of the Principle of Distinction and Related Problems*, Henry Dunant Institute, 1979, p.124 참조.

101) 이민효, "냉전후 국내분쟁과 국제사회의 역할", 해양전략, 제103호, 1999. 6, pp.144–145. 국제연합 경제제재의 국제인도법적 측면에 대한 관심은 걸프전 당시 이라크에 대한 안전보장이사회의 포괄적 경제제재로 인한 이라크 국민의 비극적 상태가 알려지면서 대두되기 시작했다. 이러한 관심을 배경으로 1995년 9월 6일부터 9일까지 이탈리아 산레모에서 국제인도법연구소(International Institute of Humanitarian Law) 주최로 "국제인도법 존중을 위한 단결"(United for the Respect of International Humanitarian Law)을 주제로 개최된 국제회의에서 '분쟁상황에서의 국제연합 제재의 인도주의적 결과'(Humanitarian Consequences of the UN Sanctions in Conflict Situation)에 대한 토의가 있었으며, 경제제재로 인한 민간주민의 비극적 상황을 예방하기 위한 국제사회의 다각적인 노력을 촉구한바 있다. 동 회의에 대한 자세한 설명은 김원경, "'국제인도법 존중을 위한 단결' 국제회의 참가보고서", 국제법학회논총, 제40권 제2호, 1995, pp.198–201 참조.

제3절 기계 및 배신행위

1. 기계

기계(ruse of war)란 전쟁 중 교전자가 진실하게 행동할 의무가 없는 경우에 군사 작전상의 이익을 얻기 위하여 적을 착오에 빠트릴 목적 아래 고의적으로 사용하는 술책을 말한다. 이는 군인이 교전자의 자격으로 적정 및 지형을 탐지하는 정찰과 함께 전술의 일종으로서 합법적인 전투수단이다(헤이그 육전규칙 제24조).

이에 해당되는 중요한 것으로는 복병, 위장공격 및 퇴각, 허위정보의 유포, 적의 간첩을 매수하여 허위 보고케 하는 행위 등을 들 수 있다. 1977년 제1추가의정서 제37조 1항은 위장, 유인물, 양동작전 및 허위정보의 사용을 기계의 예로 들고 있다.[102]

해상에서의 기계는 해군 역사에서 가장 특징적인 전투방법의 하나이다. 군함은 자기를 위장할 권리가 있기 때문에 원할 경우 전투행위 중이 아니면 타국의 국기를 게양할 수 있다. 교전국의 군함이 목적물에 접근하기 위하여 또는 그것으로부터 이탈하기 위하여 중립국 또는 적국의 국기를 게양하는 것은 기계행위로서 합법적인 것으로 인정된다. 그러나 공격개시, 임검, 수색, 나포 등을 행할 경우에는 반드시 자국의 국기를 게양해야 한다.

이러한 관행은 평화적인 항행에 현저한 부정적 영향을 미친다. 만약 평화적인 항행을 절대적으로 보호하고자 한다면 해상무력분쟁 시 기계는 전면적으로 금지되어야 한다. 그러나 일반적인 해상 무력분쟁법이 교전자의 위장조치를 전면적으로 금지하고 있지 않기 때문에 그러한 전면금지는 가능하지 않을 것이다. 또한 오늘날 군함은 전자파를 중지하는 등 각종 수단을 사용하여 적의 탐지로부터 벗어나기 위한 여러 조치를 취할 능력을 갖추고 있다.

그러나 기계는 평화적인 항행을 위협하는 한 요인이 되는 것은 분명하므로

---

102) ICRC Commentary to Additional Protocol Ⅰ, *Commentary on the Additional Protocols of 8 June 1977 to the Geneva Conventions of August 1949*, pp.440ff 참조.

일정한 제한은 피할 수 없다. 일반적으로 전투원은 민간주민으로부터 자기를 구별할 것이 요구되며, 이 규칙으로부터 일탈하는 것은 매우 특수한 상황에서만 가능하다. 따라서 군함 및 그 보조선박(군용기 및 보조항공기 포함)은 적의 공격으로부터 면제되는 지위, 민간인의 지위 또는 중립국의 지위를 가장할 수 없다. 구체적으로 군함 및 보조선박은 위장기(false flag)를 게양한 채 공격하거나 (a) 병원선, 연안구조용 소형 선박 및 의료수송선, (b) 인도적 임무의 선박, (c) 민간여객을 수송하는 여객선, (d) 국제연합기에 의해 보호되는 선박, (e) 카르텔 선박을 포함한 당사자 간 사전의 합의에 의해 안전통항권이 보증된 선박, (f) 적십자 또는 적신월 표장에 의해 확인될 수 있는 선박, (g) 특별보호하에 있는 문화재를 수송하는 선박의 지위를 적극적으로 가장하는 것은 금지된다.

이러한 기계의 실례로 제1차 세계대전 중 독일 함정 엠던(S. S. Emden)호는 일본의 국기를 걸고 말레이(Malay)의 페낭(Penang)항에 들어가 정박 중인 러시아 함정 젬슈그(S. S. Zhemshug)호에 돌진, 일본기를 내리고 독일 국기를 게양하고 공격을 개시하여 동 함을 격침시켰는데, 이 행위는 기계로서 합법적인 것으로 인정되고 있다. 이에 반하여 1783년 프랑스 군함 시비유(S. S. Sybille)호는 영국기를 게양하고 동 선박이 해난을 당하여 영국 군함에 포획된 것처럼 위장하여 구조하기 위해 접근하던 영국 군함 후살(S. S. Hussar)호를 프랑스기를 게양하지 않은 채 공격하였으나 역부족으로 후살호에 포획되었던 바 이와 같은 시비유호의 공격행위는 위법행위로서 비난을 받았다.

2. 배신행위

배신행위(perfidy)는 적의 신뢰를 배반하려는 의도를 갖고 무력분쟁에 적용되는 국제법의 규칙들하에서 보호받을 권리가 있거나 보호할 의무가 있는 것처럼 적의 신뢰를 유발하는 행위이다.[103]

이러한 배신행위는 금지되는바, 이에는 (a) 면제되는 지위, 민간인의 지위, 중립국의 지위 또는 국제연합의 지위 및 (b) 항복 또는 조난(조난신호의 송신 또

---

103) *Ibid.*, pp.434ff 참조.

는 승무원을 구명정에 옮기는 것)을 가장한 공격,[104] (c) 군사기·적기·적군장·적군복·휴전기·적십자기장의 부당사용(육전규칙 제23조 1항(f)), (d) 휴전기하 또는 투항기하에서의 협상의도의 가장, 부상 또는 질병에 의한 무능화의 가장, 유엔 또는 중립국이나 기타 비충돌 당사국의 표식·표장 또는 복장의 착용에 의한 피보호지위의 가장(제1추가의정서 제37조 1항) 등이 해당된다. 이 외에 적국의 국가원수, 지휘관, 군인 등의 암살행위도 배신행위로 보는 견해도 있다.[105]

배신행위의 예로는 적십자표식을 단 구급차에서 교전지역 내에 있는 미군에게 총격을 가한 사실에 대해 피고에게 유죄판결을 내린 1946년의 미 군사법원의 '하겐더프사건'(The Hagenderf Case)을 들 수 있다.[106]

제4절 기뢰

1. 기뢰의 사용

기뢰란 선박에 손해를 가하거나 격침시킬 의도를 갖는 또는 어떤 해역에 선박이 진입하는 것을 저지할 의도를 갖고 해중, 해저 또는 그 지하에 부설되는 폭발장치로서 적이 일정구역을 사용하는 것을 거부하기 위해서 즐겨 사용되는 수단이다. 그러한 거부는 여러 가지 방법으로 달성될 수 있는바, 그 구역에 기뢰를 부설하지 않았으면서도 기뢰를 부설하였다고 적국에 허위정보를 알리거나 또는 실제 기뢰원의 존재를 통고하는 것도 포함된다.[107]

---

104) (a)와 (b)에 규정된 예는 당연한 것으로 그 결정적 요소는 군함이나 군용기가 보호되는 지위를 위장하고 있는 동안에 적대행위를 준비하여 실행하는 것이다. 그러므로 해상무력분쟁에 적용될 국제법에 관한 산레모 매뉴얼 채택을 위한 라운드 테이블은 과거 영국의 Q-Ships의 관행(제1차 세계대전 중 영국에서는 외견상은 비무장 또는 경무장의 상선 — 대개 소형의 연안항행선 — 이 실제로는 위장된 갑판실에 통상 4inch포를 숨기고 있었다. Q-Ship의 Prince charles호는 1915년 7월 헤브리데스제도(諸島)에서 독일 잠수함 U36을 격침시켰다.)은 오늘날에는 인정되지 않는다는 입장을 보였다. L. Doswald-Beck(ed.), *San Remo Manual on International Law applicable to Armed Conflicts at Sea*, Cambridge University Press, 1995, p.186.

105) M. Greenspan, *The Modern Law of Land Warfare*, 1959, p.317.

106) L. Oppenheim, *International Law*, vol. Ⅱ, 7th ed., Longman, 1952, p.362 참조. 이병조·이중범, 국제법신강, 일조각, 2008, p.1001에서 재인용.

107) Louise Doswald-Beck(ed.), *op. cit.*, p.169.

기뢰는 군사목적상 일반적으로 (1) 적이 교전국 영역(연안수역, 해안, 투묘지 및 기타)에 출입하는 것을 저지하기 위하여 통상 사용되는 수세적 부설, (2) 선박의 교통로를 방호하기 위하여 사용되는 기뢰의 부설. 특히 적 잠수함이나 수상함이 교전국 연안 외측의 일정한 수역을 사용하는 것을 저지하기 위한 방호적 부설, (3) 적국이 지배하는 수역이나 적국의 해상교통로에 불가결한 투묘지에 부설하는 공세적 부설 등으로 사용된다.[108]

러일전쟁(1904~1905)에서의 기뢰의 광범위한 사용과 전쟁 중에 부설된 기뢰가 전쟁종료 후 상선 등에 대하여 막대한 피해를 야기하자 기뢰문제는 1907년 제2차 헤이그 평화회의의 주요의제에 포함되었는바,[109] 그 결과 기뢰의 사용 및 제한은 '자동촉발해저기뢰의 부설에 관한 헤이그 제8협약'(헤이그 제8협약)에 자세하게 규정되게 되었다. 하지만 동 회의에서 중립선박을 보호하기 위해서는 기뢰의 사용이 규제되어야 한다는 주장이 제기되자 영국은 계류되지 않은 자동촉발기뢰의 사용과 무역봉쇄를 위한 기뢰의 사용을 금지하자고 제안하였으며, 이러한 영국의 제안에 대해 독일을 비롯한 몇몇 국가들이 반대하자 헤이그 제8협약은 양측의 입장을 일부 수용하여 절충안이 채택되었다.[110] 동 협약에 따르면 부설자의 관리를 벗어난 후 적어도 1시간 이내에 무해한 것으로 되지 않는 무계류 자동촉발기뢰, 계류를 벗어난 후 즉시 무해한 것으로 되지 않는 계류 자동촉발기뢰 및 명중되지 않을 경우 무해한 것으로 되지 않는 어형기뢰는 사용이 금지되며, 또한 상업상의 항행을 차단할 목적으로서 적의 연안 및 항구전면에 자동촉발기뢰를 부설할 수 없다(헤이그 제8협약 제1~2조).

동 협약이 그 기초 시에 기뢰를 전면적으로 금지하지 못하고 특별히 한 범주의 기뢰(자동촉발기뢰)만을 금지시키고 있는 것은 유감으로써 동 협약의 큰 결점이다.[111]

그간의 무력분쟁에서의 교전국 관행은 동 협약의 규정들이 현대 해전에 있어서도 계속해서 유용하다는 사실을 여실히 보여주었다. 1972년 미국은 Haiphong

---

108) *Ibid.*, p.170.

109) D. Fleck, *op. cit.*, p.442.

110) 해군본부(역), 전쟁법규집, 1988, p.99.

111) 헤이그 제8협약의 결점에 대한 자세한 설명은 N. Ronzitti(ed.), *The Law of Naval Warfare*, Maitinus Nijhoff Publishers, 1988, pp.140-141 참조.

을 포함하여 9개의 베트남 항구에 봉쇄를 선언하고 이를 강제하기 위하여 기뢰를 부설했다.[112] 걸프전에서 이라크는 다국적군의 해상작전을 방해하고 예상되는 상륙작전을 제거하기 위하여 페르시아만 북부에 1,167발의 기뢰를 부설하였다. 이로 인하여 상선 몇 척이 손상을 입었고, 미 해군 상륙강습함 트리폴리(Tripoli)가 경미한 손상을, 이지스 순양함 프린스톤(Princeton, CG – 59)은 비교적 심각한 피해를 입었다. 또 미 해병대가 쿠웨이트에 상륙작전을 실시하지 못한 이유 중의 하나는 이라크가 부설한 기뢰를 완전하게 소해하지 못한 데 있었음에 틀림없다.[113]

1907년 헤이그 제8협약 주요내용(본문)

제1조

다음 사항은 금지한다.

1. 부설자의 감리를 떠나면서부터 늦어도 1시간 이내에 무해의 구조를 가진 것을 제외하고 무계류자동촉발기뢰를 부설하는 것
2. 계류를 떠난 후 즉시 무해로 되지 않는 계류자동촉발기뢰를 부설하는 것
3. 명중치 않는 경우에 무해로 되지 않는 魚形기뢰를 사용하는 것

제2조

단지 상업상의 항해를 차단할 목적으로서 적의 연안 및 항구 전면에 자동촉발수뢰를 부설함을 금지한다.

제3조

계류자동촉발수뢰를 사용할 때에는 평화적 항해를 안전케 하기 위하여 모든 가능한 예방수단을 취하여야 한다. 교전자는 할 수 있는 한 앞의 기뢰로 하여금 일정한 기간의 경과 후는 무해케 하는 장치를 시설할 것 및 앞의 기뢰가 감시되지 않게 되었을 때에는 군사필요상 지장이 없는 한 조속히 항해자에 대한 고시로써 그 위험구역을 지시할 것을 약정한다. 이러한 고시는 외교상의 절차에 의하여 이를 각국 정부에 통고할 것으로 한다.

제4조

중립국으로서 그 연안 前面에 자동촉발기뢰를 부설하는 국가는 교전자와 동일한 규정에 典據하며 또한 동일한 예방수단을 취함을 요한다. 중립국은 사전에 고시로써 자동촉발기뢰를 부설하려는 구역을 항해자에게 통지함을 요한다. 이러한 고시는 외교상의 절차에 의하여 이를 각국 정부에 통고할 것으로 한다.

---

112) Daniel P. O'Conell, *The Influence of Law on Sea Power*, Manchester U. P., 1975, p.94.

113) 정호섭, "우주항공력, 해양력, 합동작전의 측면에서 본 걸프전", 국방정책연구 제46호, 1999, p.87; 해군본부, Gulf 전쟁분석, 1991, p.46 참조. 걸프전에서의 기뢰의 효용성에 대한 자세한 설명은 J. M. Martin, "We still haven't Learned", U.S. Naval Inst. *Proc.*, July 1991, pp.64 – 65.

제5조

　체약국은 전쟁이 종료한 때에는 각자 그 부설한 기뢰를 인양하기 위하여 시행할 수 있는 모든 수단을 다할 것을 약정한다. 교전국의 일방이 타 교전국의 연안에 부설한 계류자동촉발기뢰에 관하여는 이를 부설한 국가는 그 부설수역을 타국에 통고하고 각국은 최단기한 내에 자국 수역 중에 있는 부설기뢰를 인양하는 수단을 취하여야 한다.

2. 기뢰사용의 제한

　기뢰는 적에 대한 해상거부를 포함한 정당한 군사목적에 대해서만 사용되어야 하는데, 기뢰를 정당한 군사목적에 한정해서 사용해야 한다는 이러한 의무는 국제인도법의 기본원칙으로부터 논리적으로 도출된다. 해상무력분쟁에 있어서 기뢰는 그 사용이 엄격하게 제한되고 있다. 그것은 그 성질상 공해상에 부유하여 중립국 선박의 공해상 항행의 안전을 해칠 가능성이 크기 때문이다.

　따라서 공해에서의 무차별적인 기뢰부설의 위법성을 명확히 규정하기 위해서는 구역거부(Area Denial)를 위한 기뢰 사용의 합법성이 명시적으로 확립되어야 하며, 적국의 해역사용을 거부하기 위한 기뢰부설은 다음의 제한사항들이 준수되어야 할 것이다.

　(가) 분쟁 당사국은 만약 분리되거나 통제가 상실된 경우 유효하게 무력화되지 않는다면 기뢰를 부설해서는 안 된다. 부유기뢰는 (a) 군사목표물에 대한 사용, (b) 통제를 상실한 후 1시간 이내에 무력화되는 경우 이외에는 사용이 금지된다. '통제를 상실한'이라는 어구는 기뢰가 투하되는 순간을 의미한다.[114]

　(나) 폭발할 수 있는 상태로 기뢰를 부설하거나 사전에 부설된 기뢰를 폭발할 수 있는 상태로 하는 경우, 만약 그 기뢰가 군사목표물인 선박에 대해서만 폭발할 수 있는 것이 아니라면 통지되어야 한다.[115]

　(다) 교전 당사국은 부설한 기뢰의 위치를 기록해 두어야 한다. 기뢰가 부설

---

114) 헤이그 제8협약 제3조 참조. 동 조는 다음과 같이 규정하고 있다: "계류자동촉발수뢰를 사용할 때에는 평화적 항해를 안전케 하기 위하여 모든 가능한 예방수단을 취하여야 하며, 일정 기간 경과 후에는 무해하게 하는 장치를 설치하여야 한다."

115) 통지의무는 국제적인 선박수송을 위해 마련된 통상의 경로, 즉 '수로통보'(Notice to Marines)에 의한 공표와 국제해사기구에의 전달을 통한 통지로 충족될 수 있을 것이다. 이러한 공표방식은 필요한 정보를 전달하는 현대의 효과적인 수단으로 간주된다. 어떤 상황에서는 외교경로를 통한 모든 국가에 대한 통지가 적절할 수도 있을 것이다.

된 위치를 기록해야 할 의무는 한편으로는 국제항로를 항행하는 선박에 폭발 가능한 상태로 부설된 기뢰를 통고해야 할 의무에서 당연히 도출되는 것이며, 다른 한편으로는 기뢰를 적절한 감시하에 두고 필요하면 적대행위의 종료 시에 제거할 수 있도록 하기 위해서이다

(라) 봉쇄규칙에 근거한 중립국 선박의 보호와 같이 중립국 선박을 효과적으로 보호하기 위한 규칙은 필요하다. 교전 당사국은 내수, 영해 또는 군도수역 내 최초 기뢰부설 시 중립국 선박의 자유통과를 보장하여야 한다. 이는 기뢰부설과 관련하여 새로운 것이기는 하지만 이미 관습법상의 의무로 발전되어 있다고 간주되고 있다. 항만뿐만 아니라 영해와 군도수역에까지 이러한 의무를 확장한 것은 교전국이 존중하지 않으면 안 되는 공격 시의 예방조치로부터의 논리적 귀결이다.

(마) 교전 당사국은 중립국 수역에 기뢰를 부설할 수 없다. 중립국 수역에의 적대행위의 하나인 기뢰부설은 '해전에서의 중립국 권리의무에 관한 헤이그 제13협약' 제2조에 이미 금지되어 있다. 이러한 제한이 중립국으로 하여금 자국 수역에 기뢰를 부설할 수 있는 권리를 손상시키는 것은 아니지만 해양법협약은 그러한 기뢰부설이 다른 중립국들과 공평의무를 준수하는 교전국에 의한 무해통항에 관련되는 수역을 영구적으로 폐쇄하는 효과를 갖는 것이어서는 안 된다는 것을 시사하고 있다.[116]

(바) 기뢰부설은 중립국 수역과 국제수역 간의 통항을 방해하는 실질적인 효과를 가져서는 안 된다. 이러한 의무는 중립국의 이익에 대하여 부당한 개입을 하여서는 안 된다고 하는 일반적 의무로부터 추론할 수 있다.

(사) 기뢰부설국은 특히 중립국 선박에 안전한 대체항로를 제공함으로써 공해의 합법적인 사용에 타당한 고려를 해야 한다. 교전국의 '타당한 고려' 의무 규정은 평화적인 항해, 특히 중립국 선박의 이익보호를 보증하기 위해서 교전국이 실시하지 않으면 안 되는 조치들과 관련하여 평가하여야 할 여지를 남기고 있다. 안전한 대체항로의 제공은 교전국이 평화적인 항해를 보호하기 위해서 선택할 수 있는 방법의 하나에 불과하다. 그러한 유효한 방법은 피해를 입지 않고 기뢰원을 항행하기 위해서 도선이나 호위 역무를 제공하는 것이다.

---

116) 유엔해양법협약 제25조 3항 참조.

(아) 국제해협에서의 통과통항 및 군도수역에서의 군도항로대통항이 적용되는 수역에서의 통항은 안전하고 편리한 대체항로가 제공되지 않으면 방해되어서는 안 된다. 통과통항과 군도항로대통항에 관한 새로운 제도는 해협과 항로대에의 기뢰부설을 위법적인 것으로 하지는 않지만 국제해협과 군도항로대의 중요성을 생각하면 교전국은 이들 수역에 무제한적으로 기뢰를 부설할 수 없다.

(자) 분쟁 당사국들은 상호 간 또는 적당한 경우 제3국 및 국제기구 간에 기뢰원을 제거하거나 또는 다른 방법으로 무력화하기 위해 필요한 적절한 정보의 제공 및 기술적, 물질적 지원에 관한 합의에 도달하도록 노력하지 않으면 안 된다.[117]

(차) 적대행위가 종료된 후 분쟁 당사국은 그들이 부설한 기뢰를 제거하거나 무력화하기 위해 최선을 다해야 한다. 적국의 영해에 부설한 기뢰에 대해 각 당사국은 그 위치를 통고하여 최단기한 내에 제거할 수 있게 하거나 다른 방법으로 그 영해를 항행에 안전한 곳으로 하지 않으면 안 된다.

제5절 미사일 및 기타 발사체

현대전의 역사와 성격은 핵무기의 등장, 항공기의 계속적 발전, 다목적 유도병기의 급격한 발달 및 인공위성의 전쟁무기화 등으로 말미암아 급변하는 과정에 놓여 있다.[118] 즉 무기체계의 운반수단에 대한 고도의 기술적인 발전으로 전술 핵무기가 재래식 전쟁에서 자유롭게 사용될 수 있도록 개발되어 가고 있으며, 컴퓨터를 이용한 C4I체계와 정밀성과 파괴력이 증가된 무기체계에 의한 유도무기 사용으로 현대전의 전쟁양상이 크게 변모되어 가고 있는 실정이다.[119]

오늘날 고도화된 정밀무기의 확산으로 수상함이 공격받을 가능성이 증대됨에

---

117) 기뢰원의 소해 및 무해화에 관한 의무의 중요성을 과소평가하면 안 된다. 제2차 세계대전 중에 사용된 기뢰가 지금도 북해에서 간헐적으로 발견되고 있어 평시의 합법적인 권리행사를 위협하고 있다. 육전에 있어서의 지뢰제거 문제는 지금까지 무력분쟁국의 경제발전을 현저히 위협하고 있다. 그러나 교전국이 적대관계의 종료 직후에 부설한 기뢰를 제거하거나 또는 다른 방법으로 무해한 것으로 하기 위한 협력에 합의할 수 있을지는 의문이다.

118) 임덕규, "전통 전쟁법 원칙과 현대전에 따른 제변화", 서울국제법연구, 제6권 2호, 1999, p.290.

119) *Ibid.,* p.291.

따라 비록 우세한 해군력을 가졌다 하더라도 해양을 일방적으로 통제하기란 매우 어렵다.

군사기술의 발달에 의한 현대 해전에서의 정밀유도무기체계의 사용으로 보다 치명적이고 정확하며 소형의 수상함에서도 발사가 가능하여 보다 큰 타격력을 제공하였으며, 이러한 유도탄을 탑재한 함정은 비록 표적의 탐지, 식별 등에 있어 문제를 내포하고는 있지만 광대한 해상통제를 가능케 하였다. 그리하여 중소 국가의 소규모의 해군일지라도 비록 그 정도는 낮지만 강대국의 위협적인 해군 활동에 효과적으로 제한을 가할 수 있는 방향으로 해양활동이 변화되었다.[120]

미사일 및 초수평선(Over The Horizon: OTH) 능력을 갖는 발사체는 목표물 구별원칙에 따라 사용되어야 한다. 통상적으로 발사후에는 함정의 유도지원없이 표적을 알아서 추적하는(fire and forget weapon) 특징을 갖는 미사일 등의 전투 수단은 일단 발사될 경우 그 비행속도가 매우 빠르기 때문에 지휘관이 판단을 재고할 여유가 없다. 또한 표적을 빗나간 미사일은 해전구역 내의 군사목표가 아닌 다른 선박을 추적하기도 한다.

따라서 미사일 및 기타 발사체는 그 사용 시 구별원칙과 공격 시의 예방조치에 관한 의무를 확실하게 준수하여야 한다. 이러한 제한을 위반하거나 무시한 공격은 불법적인 것으로 금지된다. 그러므로 지휘관은 초수평선 및 초시계(Beyond Visual Range: BVR) 능력을 갖고 있는 미사일이나 발사체의 발사를 결정할 때에 부수적 손해에 대한 신중한 고려를 포함해서 목표구별의 기본적 원칙과 공격 시의 예방조치를 특히 중시해야 한다. 하지만 초수평선 또는 초시계 유도시스템에 의한 미사일과 발사체도 만약 표적을 구별하는 데 충분한 센서를 갖추고 있거나 외부적인 표적데이터 자료와 결합되어 운용된다면 합법적인 것이 된다.

다음으로 항주를 끝냈을 때 가라앉지 않거나 무해한 것으로 변하지 않는 어뢰는 사용이 금지된다. 어뢰를 사용할 경우 오로지 군사목표물만이 피해를 입고 다른 선박이나 비군사목표물은 피해를 입지 않도록 보장하기 위하여 해상 무력분쟁에 적용되는 일반원칙이 준수되어야 한다. 1907년 헤이그 제8협약(자동촉발기뢰의 부설에 관한 협약)의 어뢰에 관한 규정(제1조 3항)도 이를 규정하고 있

---

120) G. Till, *Maritime Strategy and the Nuclear Age*, Macmillan, 1982, p.176.

다. 동 규정은 오늘날 일반적으로 국제관습법의 일부로 받아들여지고 있다.[121] 이러한 요건이 없으면 어뢰는 항주를 끝낸 후 부유기뢰처럼 수중에 정지하는 것이 합리적이라고 추정될 수도 있는바, 그러한 어뢰는 공격이 면제되는 선박에 위협이 되기 때문에 금지되어야 한다.

제6절 해상포획

1. 의의

전시에 있어서 교전국이 적국 또는 중립국의 선박이나 화물을 해상에서 포획하고 적국과의 교통을 차단함을 말한다. 이는 육군에 의한 적국의 점령 및 공군에 의한 폭격과 함께 중요한 전투방법이다.

근대전이 전면전의 성질을 띠고 경제전의 양상을 나타냄에 따라 해면은 교전국에 대한 보급로로서 경제전의 무대가 되어 해상포획은 그 중요성을 더하게 되었다.[122] 그런데 해상포획은 중립국의 이익에 중대한 영향을 미치는 것이므로 과거 수 세기간 교전국과 중립국 간의 분쟁원인이 되는 경우가 많았다. 이러한 분쟁으로부터 교전국의 전쟁수행의 필요와 중립국의 통상자유의 주장과의 타협인 약간의 법규가 성립되었다. 이와 같은 법규의 종합을 해상포획법이라고 부른다.[123]

해상포획법에 따라 교전국은 적선과 적화를 포획할 수 있는 권리, 봉쇄선을 설정하여 적의 해상교통을 차단하고 봉쇄선을 침파하는 선박을 처벌할 수 있는 권리, 전시금제품을 지정하고 해상에서 이의 수송을 억제할 수 있는 권리 및 군사적 방조를 방지할 수 있는 권리 등을 갖는다.

---

121) D. Fleck, *op. cit.*, p.458.

122) 해상포획은 적국을 목적지로 한 전쟁물자(선박, 재화) 및 금제인(禁制人)을 해상에서 차단하여 적국의 전력증강을 억제하는 전쟁수단이다. 근대전쟁은 국민 대 국민(volk gegen volk)이라는 총력전쟁의 특성을 갖고 있으므로, 해상을 통한 전시금제품과 기타 군사방조를 차단하는 해상포획은 전쟁의 승패를 좌우하며, 또한 준전시 또는 냉전 상태에서는 적국의 해군력 증강을 둔화시키는 주요한 해전행위라고 할 수 있다. 조기성, "전시금제품의 이전과 해상포획, 포획재판소의 기능에 관한 연구", Strategy 21, vol.3, no.2, 2000, pp.136 - 137.

123) 이한기, 국제법강의, 박영사, 2006, pp.775 - 776.

2. 해상포획법의 발달과정

교전국 군함은 해상에 있어서 적성이 있는 선박과 화물을 나포하여 이를 몰수할 수가 있으며, 따라서 해상에 있어서의 교전국의 사유재산은 육전에 있어서와 달라 적국으로부터 소탕을 당하게 된다. 그러면 이와 같이 육상에 있어서는 사유재산이 원칙적으로 보호 존중되는 데 반하여 해상에 있어서의 사유재산이 가혹하게 취급되는 이유는 어디에 있는가? 이것은 육상에 있어서의 사유재산은 원칙적으로 사인이 그 일상생활을 향유하기 위한 것이 보통이므로 이를 몰수하면 그 반향으로서 적국민의 격렬한 적개심을 일으켜 전쟁수행상 얻는 이익이 적음에 반하여, 해상에 있어서의 사유재산은 이를 몰수하더라도 그러한 염려가 적고, 동시에 효과적으로 적의 경제력을 약화시킬 수 있기 때문이다.[124]

해상포획에 관한 각국의 실행은 반드시 일치된 것은 아니었다. ① 적선은 선박과 함께 화물(중립화 포함)도 몰수하고, 중립선은 중립화와 함께 비몰수를 원칙으로 하나 중립선 내에 적화가 있을 때에는 적화와 함께 중립선도 몰수한다는 프랑스(1543, 1584, 1690년의 칙령) 및 스페인 등에서의 敵性感染主義, ② 적선은 적화(중립화 제외)와 함께 몰수하고, 중립선에서는 적화만을 몰수하고, 중립선과 중립화는 몰수하지 않는다는 프랑스(1650년) 및 영국 등에서의 콘솔라테 델 마레(Consolate del Mare)주의, ③ 적선은 적화 및 중립화와 함께 몰수하고, 중립선은 적화나 중립화와 함께 몰수하지 않는다는 프랑스(1778년) 및 미국의 '자유선박, 자유화물', '적성선박, 적성화물'식인 국기주의, ④ 적선은 적화(콘솔라테 델 마레주의처럼 중립화 제외)와 함께 몰수하고, 중립선은 화물(국기주의처럼 적화 포함)과 함께 몰수하지 않되 전시금제품만은 예외로 취급하도록 한 파리선언, ⑤ 해상사유재산 포획권 폐지주의 등이 해상포획에 관한 주요 연혁을 이루어 왔다. 이 중에서 가장 중요한 것은 파리선언인데, 이는 콘솔라테 델 마레 이래 허다한 변천을 거듭해 오면서 이루어진 것이었다. 그러나 장기간에 걸쳐 유효했던 파리선언도 연속항해주의의 채용과 전시금제품의 범위확대로 그 효력이 감퇴하였고, 이 경향은 제2차 대전 후 더욱 심해졌는데, 이는 파리선

---

124) 박관숙·최은범, 국제법, 문원사, 1998, p.369. 최근 총력전 및 경제전의 경향으로 전쟁과정에서 국가와 개인을 구별할 필요성이 절대적으로 감소하였으며, 제1차 세계대전 이후 절대적 금제품과 상대적 금제품의 구별 곤란 및 금제품의 확대 등으로 인하여 해상사유재산의 포획 및 몰수는 한층 강화되고 있는 실정이다.

언 자체가 전쟁으로 인한 중립국의 해상무역의 피해를 극소화하는 목적으로 중립국에 유리하게 작성되었다는 점을 상기할 때, 중립국이 거의 존재하지 않고 중립제도 자체가 동요하게 된 오늘날에 와서는 오히려 당연한 경향이라고 지적되고 있다.[125]

포획제도는 전통적으로 선박 대 선박의 전형적 해전을 전제로 하여 형성되고 발전해 온 것인데, 최근에는 선박 대 전투기라는 새로운 무력분쟁 형태가 일반화하고 있으므로 이전부터 내려오는 국제법 규칙으로 충분히 대응할 수 있을지는 의문이다.[126]

3. 적선 및 적화의 포획과 절차

가. 적선 및 적선 내의 적화의 포획

적선 및 적선 내의 적화는 해상에서 포획·몰수할 수 있다. 적국의 사유재산도 포획의 대상이 되며, 일정한 요건 아래서는 파괴할 수도 있으나 승무원의 보호 및 선박종류와 화물의 안전조치를 취하지 않고 무경고격침을 행하는 것은 허용되지 않는다.

그러나 중립선상의 적화 또는 적선 내의 중립화는 전시금제품만 몰수될 뿐이다(파리선언 제2, 3조). 따라서 적선은 물론 적선 내의 적화도 몰수할 수 있다. 바로 이 점이 미국이 파리선언에의 가입을 거부하였던 이유 중의 하나이다. 미국은 적 상선을 몰수할 수 없다는 원칙을 인정하지 않는다면 포획사선의 폐지에도 찬성할 수 없다면서 해전에서 사유재산은 보장되어야 하는데, 이러한 파리선언에서 규정하고 있는 포획제도는 후진해군국의 지위를 약화시키기 위한 수단이라고 비난하였다.[127]

적 군함을 나포한 경우 이를 몰수하여 국가의 전리품으로 한다. 그리고 군함에 적재된 화물 중 적성화물은 전리품으로 간주하여 몰수하고, 중립화물에 대하

---

125) 김정균·성재호, *op. cit.*, p.763; 이한기, *op. cit.*, pp.777－778 참조.

126) 노석태(역), *op. cit.*, p.371.

127) 한형건, "해전시 포획권 행사에 의한 해상통상의 저지", 법률행정논집 제13집, 고려대학교 법률행정연구소, 1976, pp.88－89.

여는 의견이 대립되고 있는데, 오늘날의 통설은 이를 몰수할 수 있다는 것이다. 포획된 군함에 승선한 자는 포로로 하는 것이 원칙이나 비교전자가 이에 동승한 경우, 전쟁에 중요한 역할을 담당하는 자 또는 병역의무자를 제외한 모든 적국의 사인은 적절한 시기에 석방하여야 한다.[128]

나. 포획 절차

해상포획은 공해와 교전 당사국의 영해에 한하며, 중립국의 영해 내에서는 이를 행할 수 없다. 먼저 정선을 명하고 임검·수색·나포·인치의 과정을 거친 후 교전 당사국의 포획재판소의 재판에 의해 결정된다. 적국의 군함과 그 밖의 공선은 파괴 또는 나포할 수 있지만, 나포한 경우에는 전리품으로서 포획국의 소유가 된다. 정선명령에 불응하거나 임검·수색에 저항하는 선박은 격침시킬 수 있다.

4. 전시금제품

가. 전시금제품의 의의

戰時禁制品(contraband of war)은 군용에 공급되는 물품으로서 중립국의 국민에 의해 일방의 교전국에 공급되는 것을 타방의 교전국이 해상에서 그 수송을 방지하고 포획 및 몰수할 수 있는 것을 말한다.

중립국 국민은 전시에 있어서도 교전국과 자유로이 통상할 수 있는 권리를 향유함을 원칙으로 하나, 이러한 권리는 결코 무제한적인 것이 아니어서 일정한 제한이 가해지는데, 전시금제품도 그러한 제한제도의 일종인 것이다.[129]

---

128) *Ibid.,* p.86.

129) 김정균·성재호, *op. cit.,* p.778. 전시금제품에 있어 화물의 소유주가 누구인지는 그다지 중요하지 않다. 비록 수송 도중에 있는 화물이 중립국인에 속한다 하더라도 적국인의 소유물로 간주하여 이를 전시금제품으로 취급하게 된다. 교전국은 공해상에서 조우한 중립선 내의 전시금제품을 자국 포획재판소의 소정의 절차를 거쳐 손해배상 없이 몰수할 수 있다. 한형건, *op. cit.,* p.72.

나. 관련 법규의 발달

(1) 파리선언

1856년 해상법에 관한 선언(파리선언)은 전시금제품과 관련하여 제2조와 제3조에서 중립국의 기를 게양한 선박에 적재한 적국의 화물은 전시금제품을 제외하고는 이를 포획할 수 없으며(제2조), 적국의 기를 게양한 선박에 적재한 중립국 화물은 전시금제품을 제외하고는 이를 나포할 수 없다(제3조)고 규정하고 있다. 이처럼 파리선언은 중립선 내의 전시금제품인 적국 화물과 적선 내의 전시금제품인 중립국 화물의 포획을 허용하고 있다.

동 선언에서 규정하고 있는 전시금제품 포획 관련 규정은 Crimean 전쟁을 계기로 발전된 것이다. 동 전쟁이 발발하기 수 세기 전부터 유럽 여러 국가들에 의해서 받아들여진 해상법칙에는 중립국의 선박이나 화물과 구분하여 적국의 선박과 화물의 대우가 대체로 반영되지 못했다. 1854년 크림전쟁의 발발과 함께 모든 분쟁국은 私掠船을 인정하지 않는다고 선언하였다. 부가해서 프랑스나 영국 같은 연합국은 해상에서의 선박나포에 대한 서로 다른 규칙에 대하여 이를 일치시킬 필요성을 느꼈다. 마침내 프랑스는 적국 선박에 실린 중립국의 화물에 대한 나포를 책임지지 않는다고 선언하였고, 영국은 중립국 선박에 실린 적국 화물에 대한 나포에 책임을 지지 않는다고 선언하였다.[130] 이러한 선언을 조문화한 것이 파리선언이다.

(2) 런던선언

1909년의 런던선언[131]은 전시금제품에 대하여, 특히 전시금제품의 유형 및 각 유형에 해당되는 물품의 종류에 대하여 일반적으로 규정한 최초의 국제적 문서였다.[132]

---

130) 해군본부(역), *op. cit.*, p.28.

131) 런던선언은 영국의 제안으로 10개 주요 해운국이 모여 개최된 국제회의(1908. 12 - 1909. 2)에서 채택되었다. 동 선언은 해상교전권과 중립권과의 관계에 있어서의 포획법규를 규정한 것으로 봉쇄, 전시금제품, 군사적 원조, 중립선의 파괴, 군함의 호송 및 임검 등에 관한 내용을 담고 있다. 그러나 동 선언은 영국이 비준하지 않자 다른 나라들도 비준하지 않아 정식으로 발효되지 못하였다. 그러나 동 선언은 당시 통상적으로 인정되던 관습법을 집대성하여 정비하고 그것을 성문화하였다는 점이 국제법 발전과정에서 높이 평가되고 있다.

132) 그로티우스 이래의 분류에 의하면 전시금제품은 전적으로 전쟁의 용도에 제공되는 물자(무기 및 탄약 등), 즉 절대적 금제품(absolute contraband)과 전쟁용으로도 평화용으로도 사용되는 물자(食料 및 衣料 등), 즉 상대적 금제품(또는 조건부 금제품, conditional contraband)의 양자로 구별되어 왔다. 런던선언은 이 구별을

그러나 동 선언은 비준되지 않았으며, 더욱이 제1차 대전 이후의 총력전에 있어서 런던선언의 원칙을 오늘날 그대로 인정하기는 곤란하게 되었다. 즉 제1차 대전에서는 각국의 금제품 리스트가 현저히 확대되었으며, 자유품도 계속 금제품으로 편입되었다(예, 면화 및 양모 등). 제2차 대전에서 각국 공통의 현상은 금제품의 품목을 낱낱이 열거하지 않고, '육상, 해상 및 공중의 무장에 직접 소용되는 모든 물품과 재료' 또는 '군사목적과 평시목적의 쌍방에 사용되는 모든 품목과 재료'와 같이 금제품을 일반적으로 규정하는 것이었다. 이로써 전시금제품의 범위가 크게 확장되었으며, 또한 절대적 금제품과 상대적 금제품을 구별하는 의미도 없어지게 되었다.[133]

다. 요건

전시금제품을 구성하기 위해서는 군용으로 제공될 수 있고(susceptible of belligerent use), 敵性目的地(enemy destination)를 가진 것이어야 한다.

(1) 군용에 제공될 것

전시금제품은 군용에 제공될 수 있는 물품인데 종래에는 이러한 물품이라 할지라도 당연히 전시금제품으로 되는 것이 아니고 국제관습법, 조약, 교전국의 국내법 등에 입각하여 전시금제품으로 미리 선언됨으로써 비로소 전시금제품이 되었다.[134]

(2) 적성목적지를 가질 것

전시금제품이 되기 위한 제2의 요건은 적성목적지로 수송되고 있는 사실이다. 이 점에 관하여 런던선언은 절대적 금제품과 상대적 금제품을 구별하였다. 절대적 금제품의 경우에는 적국의 영역(점령지 포함)으로 수송되고 있는 것을 입증할 수만 있으면 포획할 수 있으나, 상대적 금제품의 경우에는 적국의 군이나 행정청에 수송되고 있는 것을 입증할 수 없으면 포획할 수 없는 것으로 하였다(제30조, 제33조). 그러나 실제 무력분쟁에 있어서는 화물의 적성목적지에 관하여

인정하는 동시에 전시금제품으로 인정될 수 없는 자유품을 인정하였다. 이한기, *op. cit.*, p.781.
133) *Ibid.*
134) *Ibid.* p.780.

포획재판소가 허다한 추정을 행하는 관행이 생기게 되었으며, 이 결과 실질적으로는 양자의 구별이 필요 없는 데까지 이르렀다.135)

화물이 직접적으로 적성목적지에 수송되는 경우에만 전시금제품으로 인정되는가. 이 문제에 관하여 런던선언은 절대적 금제품에는 소위 連續航海主義(the doctrine of continuous voyage)136)를 적용하고(제30조 후문), 상대적 금제품에는 이 주의의 적용을 인정하지 않았다. 그러므로 런던선언에 있어서 절대적 금제품은 중립항을 목적지로 할지라도 적국영역에 수송되리라는 증거가 있으면 그것을 포획할 수 있는 반면, 상대적 금제품은 중립항에 양륙되지 않고 직접 적국을 향하여 항행하는 선박에 의하여 수송되는 경우에만 포획할 수 있게 된다(제35조 1항). 2종의 금제품을 구별하는 의미도 여기에 있었으나 제1차 대전 시 연속항해주의를 상대적 금제품에도 적용하는 경향이 생기고, 제2차 세계대전은 이러한 경향을 한층 강화하였다

라. 종류

런던선언은 전시금제품(25종)과 비전시금제품(17종)으로 나누고 전시금제품을 절대적 금제품(11종)과 상대적 금제품(14종)으로 구분하고 있다. 규정된 전시금제품중 그 목록에서 제외하고자 하는 국가는 이를 선언으로 통지하는 경우 전시금제품에서 제외할 수 있다. 이 경우 그 효과는 선언국에만 미친다(제26조).

전시금제품을 지정하는 데 있어 미국과 유럽국가들의 정책은 판이하게 차이가 있다. 유럽제국은 전쟁 목적을 위해서는 식량, 원유, 원자재 공급이 필요하므로 이들 품목을 절대적 전시금제품목에서 제외시키려 하였고, 이에 대해 원자재를 생산하고 있는 라틴아메리카 제국이 이를 찬성하였으나 미국과 캐나다는 제2차 세계대전 중 독일과 그 동맹국에 전쟁물자 보급을 차단하기 위하여 식량,

---

135) *Ibid*, p.781.

136) 전시금제품 수송에 관한 연속항해주의란 금제품을 수송하는 선박이 중립항을 목적지로 해서 항해 중일 경우에도 그 목적지가 표면상의 것일 뿐이고, 중립항에서 양륙 또는 전재된 후 육로 또는 해로를 거쳐 적지로 수송될 것임이 분명할 때는 이를 포획할 수 있다는 것이다. 이 주의의 보다 넓은 의미 속에는 금제품을 수송하는 선박이 일단 중립항에 기항했다가 다시 적항으로 향하려는 것일 경우 그 전후의 항해를 연속적인 것으로 보아 중립항으로 가는 항해 도중에 포획하는 것도 포함시킬 수 있다. 연속항해주의의 채용과 전시금제품의 범위 확대는 해상포획에 관한 파리선언의 효과를 감퇴시켰지만 연속항해주의는 그 범위를 한층 넓혀 가고 있는 전시금제품의 통제를 위해 더욱 강화되어 나갔다. 김정균·성재호, *op. cit.*, pp.781－782.

원유, 섬유, 피혁 등의 공급을 봉쇄하고자 노력했다.[137]

(1) 전시금제품

(가) 절대적 금제품(제22조)[138]

① 모든 무기(狩獵用武器 포함) 및 그 부분품인 것이 명백한 것

② 모든 탄환, 장약, 彈藥包 및 그 부분품인 것이 명백한 것

③ 특히 전쟁용으로 제조된 화약 및 폭발물

④ 砲架, 탄약차, 전차, 군용운반차, 野戰鍛工器 및 그 부분품인 것이 명백한 것

⑤ 군용임이 명백한 피복 및 武裝具

⑥ 군용임이 명백한 모든 마구

⑦ 전쟁에 사용할 수 있는 乘用, 견인용 및 荷物用의 獸類

⑧ 陣營具 및 그 부분품인 것이 명백한 것

⑨ 갑철판

⑩ 전투용 함정 및 특히 이에 사용할 수 있음이 명백한 부분품

⑪ 병기, 탄약의 제조를 위하여 또는 육군용 혹은 해군용의 무기 및 재료의 제조용 혹은 수리용을 위하여 전적으로 제작된 機械器具

(나) 상대적 금제품(제24조)[139]

① 식량

② 獸類의 사료용에 적합한 잡초 또는 곡류

③ 군용에 적합한 의복, 피복용 직물 및 가죽류

④ 금, 은, 화폐 및 기타의 地金, 화폐의 代用紙幣

⑤ 전쟁용에 제공될 수 있는 모든 차량 및 그 부분품

⑥ 모든 선박 및 단정, 浮독크, 독크의 부분 및 그 부분품

⑦ 철도의 고정적 및 군전용 재료와 전신, 무선전신 및 전화용의 재료

⑧ 비행선, 비행기, 氣球 및 그 부분품임이 명백한 것과 항공기에 제공되는

---

137) 조기성, *op. cit.*, p.127.

138) 이들 물자 외에도 오로지 전쟁용으로 제공되는 물건 및 재료는 선언을 통해 포고하여 고지하는 경우 절대적 금제품으로 추가할 수 있다. 이 경우 고지는 타국정부 또는 선언을 행하는 국가에 주재하는 외교사절에게 통지하는 것으로 이루어졌다. 전쟁개시 후에 행하는 고지는 중립국에 보냄으로써 충분하다(제23조).

139) 절대적 금제품 및 동 조에 규정된 상대적 금제품 외에도 전쟁용이나 평시용으로 제공될 수 있는 것은 고지하는 선언의 방법에 의하여 상대적 금제품으로 추가할 수 있다(제25조).

것으로 인정되는 부속품 물건 및 재료

⑨ 연료 및 기계 윤활용품

⑩ 특히 전쟁용으로 제조된 것이 아닌 화약 및 폭발물

⑪ 有刺鐵線과 그 가설용 또는 절단용으로 제공되는 기계 기구

⑫ 체철 및 체철용 재료

⑬ 견인 및 안정에 사용되는 물건

⑭ 쌍안경, 망원경, 크로노미터 및 각종 항해용구

(2) 비전시금제품(제28조, 자유품)

① 생면, 양모, 면, 황마, 아마와 기타 직물업용 원료와 그 직계

② 유제품의 원료인 견과, 穀種 및 코프라

③ 코쥬, 고무 수지, 고무, 칠 및 호프

④ 生皮, 角, 骨 및 상아

⑤ 천연 및 인조비료(농업에 사용할 수 있는 초산염 및 인산염 포함)

⑥ 광석

⑦ 흙, 점토, 석회, 石(대리석 포함), 연와, 판석 및 개와

⑧자기 및 유리기

⑨ 종이류 및 그 제조용으로 제작된 재료

⑩ 비누, 彩料(전적으로 이를 제조하는데 사용되는 재료 포함) 및 洋漆

⑪ 클로르석탄, 소다灰, 가성소다, 솔트케이크, 암모니아, 유화암모니아 및 硫
化銅

⑫ 농사용, 채광용, 직물업용 및 인쇄용 기계

⑬ 귀석, 준귀석, 진주, 진주모 및 산호

⑭ 벽시계, 탁상시계 및 크로노미터 이외의 회중시계

⑮ 기호품 및 사치품

⑯ 각종 우모 및 강모류

⑰ 가구용 및 장식용 물건과 사무용 기구 및 그 부속품

이들 품목들 외에도 전적으로 상병자의 간호용에 제공되는 물건 및 재료와

선박 자체의 사용에 제공되는 선내에 있는 물건 및 재료[140]와 항행 중 그 선박의 승무원 및 승객의 사용에 제공되는 물건 및 재료는 전시금제품으로 간주할 수 없다(제29조).

마. 포획

(1) 화물

(가) 전시금제품

전시금제품은 敵貨이든 中立貨이든, 적선상에 있든 중립선상에 있든 무력분쟁 중 중립국 영수 이외의 해상에서 언제든지 포획되어 몰수된다. 전시금제품의 소유자에 속하는 동일 선박 내에 있는 화물도 몰수된다(런던선언 제42조).

전시금제품을 수송하는 선박이 석방될 때에는 각국 포획심검소의 검색절차 그리고 검색 중 당해 선박 및 그 적재화물의 보존에 있어서 포획자가 지출한 비용은 그 선박이 부담한다(동 제41조).

그리고 선박이 전쟁의 사실 또는 그 화물에 대한 전시금제품 선언을 알지 못하고 항해 중에 해상에서 군함을 조우한 경우에는 전시금제품인 물품은 배상을 지불치 않고서는 몰수할 수 없다. 이 선박 및 화물의 잔여분은 몰수 및 제41조에 규정한 비용의 지불이 면제된다. 선장이 전쟁의 개시 또는 전시금제품에 관한 선언을 알고 있어도 또 전시금제품인 물품을 양륙할 수 없을 때에도 또한 같다. 중립항의 소속국에 대하여 적당한 시기에 있어서 전쟁개시 또는 전시금제품 선언의 고지가 있은 후 선박이 그 항구를 출발한 때에는 상기 선박은 전쟁상태 또는 전시금제품의 선언을 알았던 것으로 간주한다. 또한 전쟁개시 후 적항을 출발한 때 그 선박은 전쟁상태를 알았던 것으로 간주한다(동 제43조).

또한 전시금제품을 수송하고 있다는 이유로 정선을 명령받았으나 분량 관계상 몰수되지 않은 선박은 선장이 교전국 군함에 금제품을 인도한다면 사정에 의하여 그 항해를 계속함이 허가될 수 있다. 전시금제품의 인도가 있을 때에는 포획자는 이를 정선을 명령한 선박의 서류에 기입하며, 또한 선장은 필요한 일

---

140) 이들 품목도 군사상 중대한 필요가 있는 경우 적국영역, 적국점령지 또는 적군으로 행선지를 가진 때에는 배상을 지불하고 징발할 수 있다(제29조).

체의 선박서류의 인증등본을 포획자에게 교부함을 요한다. 포획자는 인도된 전시금제품을 파괴하는 권능을 향유한다(동 제44조).

① 절대적 금제품

절대적 금제품은 적국영역, 적국점령지 및 적군에 향해졌음이 입증된 때에는 포획된다. 그 물품이 직접 수송되는가, 轉載 또는 육로로 수송되는가는 관계없다(동 제30조).

절대적 금제품의 행선지를 판단함에 있어 ⓐ 화물이 적항에 양륙되거나 또는 그 군함에 인도되어야 함이 선박서류에 기록되어 있을 때 및 ⓑ 선박이 적항에만 도달하여야 할 때 또는 선박이 선박서류상 화물의 양륙지인 중립항에 도달하기 이전에 적항에 기항하며 혹은 적군과 조우치 않으면 아니 되는 것일 때에는 적국영역, 적국점령지 및 적군이 그 행선지라는 것을 명백히 증명하는 것으로 본다(동 제31조).

선박서류는 절대적 금제품을 수송하는 선박의 항로에 관한 증거로 본다. 단, 그 선박이 선박서류의 기재에 의하여 항행하는 항로를 명백히 이탈한 경우에 군함을 조우하며 또한 항로변경에 대하여 충분한 이유를 변증할 수 없을 경우에는 그러하지 아니하다(동 제32조).

② 상대적 금제품

상대적 금제품은 적국의 군대 또는 행정청의 사용으로 향해졌음이 입증된 때에는 포획된다. 단, 행정청에 향해진 경우에 있어서 상대적 금제품(금, 은, 화폐 및 기타의 地金, 화폐의 代用紙幣는 제외)이 사실상 전쟁에 사용되지 않음이 제반 상황에 의하여 입증되었을 때에는 그러하지 아니하다(동 제33조). 적국관헌에게 수송될 때 또는 적국에 거주하는 상인이 상대적 금제품에 해당하는 종류의 물건 및 재료를 적에게 공급하는 것이 분명한 경우 그 상인 앞으로 수송되는 화물은 적국의 군대 또는 행정청으로 향하는 것으로 추정된다. 적이 방어하고 있는 장소 또는 적군기지인 기타 장소를 선행지로 하여 수송될 때에도 마찬가지다.(동 제34조).

그리고 상대적 금제품이 적국영역, 적국점령지 및 적군으로 향해 항행하는 선박 내에 있거나 중간의 중립항에서 양륙되지 않는 경우가 아니면 포획할 수 없다(동 제35조 전단). 상대적 금제품이 향하는 적국이 해양을 접하고 있는 국경을 갖지 않은 경우에도 포획된다(동 제36조).

(나) 비전시금제품

중립선상의 비전시금제품은 몰수되지 않으며(파리선언 제2조), 적선상의 중립화도 보호를 받지만(동 제3조), 적선상의 화물은 통상 敵貨로 추정되기 때문에[141] 중립화라는 것을 입증하지 못하면 포획된다. 이 경우 그 화물 중의 비전시금제품이 전시금제품의 소유자와 동일인에게 속할 경우 포획된다(런던선언 제42조).[142]

(2) 선박

전시금제품을 수송하는 선박이 적선이든 중립선이든 중립국 영수 이외의 수역에 있어서는 언제든지 나포될 수 있으며, 적국영역, 적국점령지 및 적군에 도달하기 전에 중간항에 기항하려는 의사를 가진 때에도 또한 같다(동 37조). 또한 전시금제품이 가격, 중량, 용적 또는 운임상 전체 화물의 반을 넘을 경우에는 이를 수송하는 선박을 몰 수 있다(동 제40조).[143]

그러나 전시금제품을 수송하는 선박을 포획할 수 있는 경우는 현행 중에 한정되며 전에 이행하였거나 또는 현재 종료한 전시금제품의 수송이라는 이유로써 할 수 없다(동 제38조).

---

141) 런던선언 제59조. 적선 내에 있는 화물의 중립성을 입증할 수 없을 때에는 그 화물은 적성을 가지는 것으로 추정된다.

142) 영미주의는 이와 같은 런던선언의 감염주의에 일치하는 것으로서 비전시금제품의 몰수를 원칙으로 하나 반드시 이 주의를 일관하지는 않고 先買權을 유보하는 실행도 있었다. 이에 대하여 대륙주의(프랑스주의)는 이러한 비전시금제품의 비몰수를 관행으로 한다. 이한기, *op. cit.*, p.782.

143) 전시금제품을 수송하는 중립국선박의 포획에는 영국주의와 대륙주의 입장이 대립하였는데, 영국주의는 선박소유자가 전시금제품의 소유자와 동일한 경우나 선박소유자가 전시금제품 수송에 악의를 가진 경우에 그 선박을 포획한다고 본 반면에 대륙주의는 선박에 적재된 화물 중에 전시금제품이 타 화물과 비교하여 다량인 경우에 한하여 선박을 몰수할 수 있다고 보았다. 런던선언은 후자, 즉 대륙주의 입장을 취하고 있다.

제5장

해전중립법규와
중립국 상선의 법적 지위

제1절 해전중립법규

1. '해전중립협약'의 성립

전통적 해전중립법규는 1982년 해양법협약의 채택으로 영향을 받지 않을 수 없었다. 기존의 해양수역과는 달리 EEZ 등 새로운 수역이 설정되었을 뿐만 아니라 영해의 범위가 확대되는 등 해양제도에 일대 변혁을 가져왔기 때문이다.

해양법협약이 전통적인 해전중립법규에 미친 영향을 이해하기 위해서는 우선 1982년 해양법협약에 의해 현재와 같은 수역들이 확립되기 이전의 내수, 영해 및 공해로 구성되던 기존 해양법하에서 일반적으로 승인되었던 전통적 해전중립법규를 이해하여야 한다.

17～18세기 들어 해전중립에 관한 일반원칙들은 구체적이지는 못했지만 각국들의 관행에 의해 일반적으로 승인된 일련의 공식적인 행위규칙으로 다듬어졌으며, 특히 알라바마호 사건을 계기로 체결된 워싱턴조약은 중립제도에 크게 기여하였으니, 전시 중립국은 자국 영해 내에서 전쟁에 참여할 것으로 예상되는 선박들이 전비를 갖추어 출항하는 것을 금지해야 하며, 교전 당사국들은 자국 항구나 수역을 다른 교전 당사국에 대한 작전기지로 사용하거나 군사장비나 무기의 교체 및 증강에 사용하도록 허용하면 안 된다는 원칙이 마련되었다.[1] 이러한 행위규칙 및 기본원칙들의 대다수는 제2차 헤이그 평화회의(the 2nd Hague Peace Conference)에서 '해전에서의 중립국의 권리 및 의무에 관한 1907년 협약(ⅩⅢ)'(Convention(ⅩⅢ) Concerning the Rights and Duties of Neutral Powers in Naval War, 이하 '해전중립협약')으로 성안되었다.

장차 발생될 모든 경우에 적용될 수 있는 종합적인 조치를 강구할 수는 없지

---

1) 이석용, "해양의 군사적 이용에 관한 연구", Strategy 21, vol.3, no.2, 2000, p.96.

만 전쟁이 발발할 경우 적용할 수 있는 일반적 규칙을 마련하기 위하여 체결된 '해전중립협약'은 영국을 비롯한 대다수 해양강국들의 일반적인 비준을 받지 못했음에도 불구하고, 그 규정들의 대부분은 관습법을 선언한 것으로 간주되었으며,[2] 중립국의 '해상영토'(maritime territory), 즉 내수 및 영해 내에서의 적대활동과 관련된 중립국과 교전국의 권리 및 의무를 규정한 조약으로 이러한 문제들에 대한 논의에 단초를 제공한 것으로 이해되고 있다.

'해전중립협약'은 제31조(발효규정)[3]에 의해 1909년 11월 27일부터 60일 이전에 비준한 국가는 1910년 1월 26일자로, 기타 비준국 및 조인국들은 그 일자로부터 60일이 경과한 후 발효하였으며, 중국, 미국, 터키를 비롯한 일부 국가들은 서명, 및 비준 시에 일부 조항 및 그 해석과 관련하여 유보를 선언하기도 하였다.[4]

'해전중립협약'은 일부 규정을 제외하고 대부분이 국제관습법의 일부로 간주되고 있지만, 현 국제법에서 동 협약은 전체적으로 그 중요성에 있어 제한적이다. 동 협약은 단지 해전중립법규의 일부, 즉 중립국 영토 및 영수와 관련된 중립법규만을 다루는 등 전통적인 엄격한 의미에서의 중립국을 구상(고안)할 뿐 현 국제법하에서 대부분의 경우 국가들이 비교전상태(non-belligerency)를 취한다는 사실을 고려하지 않고 있다. 동 협약은 1945년 이후 실질적으로 잘 적용되지 않고 있다.[5]

2. 해전중립협약의 내용

해전중립협약은 오로지 중립국 영역(중립국 항구 및 중립국 수역) 내에서의

---

2) D. Schindler, "Commentary on Hague Convention XIII", N. Ronzitti(ed.), *The Law of Naval Warfare: A Collection of Agreements and Documents with Commentaries*, Martinus Nijhoff Publishers, 1988, p.211.

3) 동 협약 제31조는 다음과 같다.
   본 협약은 제1회의 비준서 기탁에 가입한 국가는 그 기탁서의 일자로부터 60일 후, 그 후에 비준하거나 가입하는 국가는 네덜란드 정부가 비준 또는 가입의 통고를 접수한 날로부터 60일 후에 그 효력을 발생한다.

4) 동 협약과 관련된 각국의 유보내용에 대해서는 J. B. Scott, *The Hague Conventions and Declarations of 1899 and 1907*, New York, 1915, pp.218-219 참조.

5) N. Ronzitti, *The Law of Naval Warfare*, Martinus Nijhoff Publishers, 1988, p.221.

중립국과 교전국의 권리의무를 다루고 있을 뿐, 공해에서의 그러한 내용을 다루지는 않고 있다. 그러므로 동 협약은 전시금제품, 봉쇄, 임검, 수색, 중립국 상선의 나포 및 파괴, 포획절차 등과 같은 중립무역에 관한 교전국의 제한에 관한 어떠한 규정도 다루고 있지 않다. 이러한 문제들은 1907년 '상선의 군함으로의 전환에 관한 헤이그 제7협약', 1907년 '해전에서의 포획권 행사의 제한에 관한 헤이그 제11협약', 1907년 '전시 포획심검소의 설치에 관한 헤이그 제12협약' 및 1909년 '해전법규에 관한 런던선언'에서 부분적으로 다루어지고 있다.

가. 중립국의 권리

'해전중립협약'에서 중립국의 권리는 크게 중립국의 영역을 존중해야 할 교전국의 의무와 중립위반을 구성하지 않는 중립국의 조치로 나누어 볼 수 있다. 먼저 전자와 관련하여 교전국은 중립국의 주권적 권리를 존중하고 중립국 영토 및 영수에서 중립위반을 구성하는 일체의 행위를 삼가야 하며(해전중립협약 제1조), 교전국 군함이 중립국 영수에서 포획, 임검, 수색 기타 일체의 적대행위를 행하는 것은 중립위반이다(동 제2조). 그리고 교전국은 중립국의 영토 내뿐만 아니라 영해에 있는 선박 내에도 포획재판소를 설치할 수 없으며(동 제4조), 교전국은 중립국의 항구 및 영수를 작전근거지로 삼거나 무선전신국이나 교전국 병력과의 통신에 사용되는 장비를 설치할 수 없다(동 제5조).

다음으로 후자와 관련하여 중립국은 교전국의 일방 또는 타방을 위한 병기, 탄약, 기타 군용에 제공될 수 있는 일체 물건의 수출 또는 통과를 방지해야 할 것이 요구되지 않으며(동 제7조), 중립국은 교전국의 군함 또는 그가 포획한 선박의 단순한 중립영수의 통과는 허용할 수 있으며(제10조), 중립국은 그의 도선사를 교전국 군함에서 사용함을 임의로 결정할 수 있고(동 제11조), 중립국이 협약에 규정된 권리를 이행하는 것은 이를 승인한 교전자의 일방 또는 타방에 대하여 우의를 위반한 행위로 간주되지 않는다(동 제26조).

나. 중립국의 의무6)

(1) 회피의 의무(duty of abstention)

회피의무는 중립국이 교전국의 일방에 대하여 직접 또는 간접으로 전쟁수행에 관계되는 원조를 제공하지 않을 의무이다. 따라서 중립국은 교전국으로부터 전쟁수행에 관계되는 원조를 요청받더라도 이를 회피하여야 한다.

'해전중립협약'에서 이러한 중립국의 회피의무를 규정하고 있는 유일한 규정은 다음과 같은 제6조이다. "중립국은 어떠한 명의로서 행하든 교전국에 대하여 직접 또는 간접으로 군함, 탄약 또는 일체의 군용재료를 교부할 수 없다."(제6조). 이러한 금지는 중립국에게만 적용되며, 중립국 영역 내에 있는 개인이나 법인에게는 적용되지 않는다.

(2) 방지의 의무(duty of prevention)

중립국은 그 항구, 정박지 및 영수에서 일체의 중립위반을 방지하기 위하여 시행할 수 있는 모든 수단으로 감시하여야 한다. 특히 중립국은 중립을 침해하는 교전국의 모든 행위를 방지하여야 한다. 중립국은 만약 '시행할 수 있는 수단'을 이용했다면, 그 조치가 반드시 효과적인 것이어야 할 필요는 없다. 그러한 경우 교전국은 만약 중립국 영토 및 영수에서 개시된 무력공격의 희생자가 되는 경우가 아니면, 중립국 영수를 불법적으로 이용하는 적국에 대하여 적대행위를 취하는 것이 허용되지 않는다.7)

먼저 중립국은 교전국의 적대행위를 방지할 의무가 있다. 교전국은 중립국의 영수에서 적대행위를 행할 수 없으며, 중립국은 그러한 행위를 방지할 의무가 있으며(동 제25조), 교전국 군함이 중립국 영수 내에서 선박을 포획한 경우 중립국은 그것을 석방하기 위하여 가능한 일체의 수단을 강구하지 않으면 안 된다(동 제3조).

또한 중립국 자국 영수 내에서 교전국 선박이 무장하는 것을 방지하여야 한

---

6) 중립국은 교전국이 중립법규에 의해 행한 행위를 용인하여야 한다. 교전국은 전쟁수행 중 중립국에게 비록 고의가 아닐지라도 어떠한 해를 끼칠 수 있는데, 이것이 평시에는 용인될 수 없으나 전시에는 용인될 수밖에 없다. 이러한 '묵인의 의무'(duty of acquiescence)와 관련 중립국 영수에서의 권리의무를 다루는 '해전중립협약'은 묵인의무가 주로 관련되는 공해에서의 권리의무에 대해서는 아무런 언급이 없으며, 그 결과 중립국의 묵인의무에 관해서는 어떠한 규정도 포함하고 있지 않다. *Ibid.,* p.221.

7) *Ibid.,* p.218.

다. 중립국은 교전국의 일방에 대하여 순라의 용도에 제공되고 또는 적대행위에 참가하리라고 믿을 만한 상당한 이유가 있는 선박이 자국의 관할 내에서 장비, 의장 또는 무장하는 것을 방지하지 않으면 안 되며, 또 교전국의 일방에 대하여 그러한 의도로 어느 선박이 자기의 관할 외로 출발하는 것을 방지하기 위하여 동일한 형태의 감시를 하지 않으면 안 된다(동 제8조).

다음으로 중립국은 교전국 군함이 예외적인 경우를 제외하고 중립국 항 및 영수에 정박하는 것을 방지하여야 한다. 정박은 허용할 수 있으나 교전국 쌍방에 대해 공평하게 적용한다는 전제하에서 이를 금지 또는 제한할 수 있으며(동 10조), 정박은 파손 또는 해난상태의 경우를 제외하고는 원칙적으로 24시간을 초과할 수 없다(동 제12조). 동일한 항에 동시에 정박할 수 있는 교전국 군함의 수는 각각 3척을 초과할 수 없으며(동 제15조), 교전국 쌍방의 군함이 동시에 동일한 항에 정박하는 경우에는 일방 군함의 출발과 타방 군함의 출발간에는 적어도 24시간의 간격을 두어야 하고(동 제16조), 교전국 군함은 중립국항에서 항해의 안전에 필요한 정도 이상으로 그 파손을 수리하거나 또는 어떠한 방법에 의하든 간에 그 전투력을 증강할 수 없으며(동 제17조), 교전국 군함은 군수품이나 무장을 변경 또는 증강시키거나 승무원을 보충하기 위하여 중립국의 항구, 정박지 또는 영수를 이용할 수 없다(동 제18조). 교전국 군함은 원칙적으로 가장 가까운 본국 항에 도달하는 데 필요한 한도 이상의 연료를 중립국 항에서 적재하거나 또는 중립국의 동일 항에서 3개월 이내에 재차 연료를 적재할 수 없으며(동 제19조 및 제20조), 교전국 군함이 중립국 관헌의 통고가 있음에도 불구하고 퇴거치 아니할 때에는 중립국은 당해 군함을 전쟁 계속 중에 출항할 수 없도록 억류할 수 있다(동 제24조).

그리고 중립국은 포획물은 중립국 항으로 인치하는 것을 방지하여야 한다. 불가항력의 경우와 억류의 경우를 제외하고 교전국 군함은 포획한 선박을 중립국의 항에 인치할 수 없으며(동 제21조), 포획된 선박이 이러한 조건에 의하지 않고 인치된 경우 중립국은 이를 석방하여야 한다(동 제22조).

제2절 중립국 상선의 법적 지위

해전에서의 중립국 상선의 합법적 군사목표로서의 인정과 이들의 통상에 대해 각국들은 다양한 입장을 견지해 왔다. 해양력을 보유한 국가들은 자국 이익을 반영하고자 했는데, 강력한 해군력을 보유하고 있던 영국은 자유로이 적 상선을 파괴하고 중립국 지원하에 적국으로 이송되는 보급품을 차단할 수 있기를 원했으나, 해상통상을 주도하고자 했던 네덜란드는 교전국 물품을 이송하는 중립국 선박에 면책권을 부여하여야 하며 통상에 대한 해군작전은 최대한 자제되어야 한다고 주장하였다. 한편 경제성장에 주력하고 있던 중립국 미국은 중립국 선박에 대한 공격면제를 주장하였으며, 영국의 봉쇄로 어려움에 처해 있던 프랑스는 중립국 선박의 보호 외에도 합법적 봉쇄를 엄격히 규제해야 한다고 주장했다.[8]

이처럼 중립국 상선의 군사목표성은 각국의 해군(양)정책과 밀접한 상호 유기적 관계를 맺고 시대와 상황에 따라 그 내용이 변해 왔다. 그러나 무력분쟁에 있어 군사목표와 비군사목표는 엄격하게 구별되어야 하며, 모든 전투행위는 오로지 군사목표에 한정되어야 한다(군사목표 구별원칙)는 것은 어떠한 경우에서도 변함없이 요구되는 무력분쟁법상의 핵심가치이다.[9] 중립국 상선이 통상적 임무에 종사하고 있는 경우 군사목표가 아닌 것은 분명하다.

해상무력분쟁에서도 무력공격은 엄격하게 군사목표에 한정되어야 하는바, 공격은 원칙적으로 군사목표에 대하여 또는 군사목표인 적선을 대상으로 행하여져야 한다. 따라서 중립국 상선을 공격해서는 안 된다. 그렇지만 일정한 경우 중립국 상선도 공격할 수 있는바, 이들에 대한 공격은 매우 조심스럽게 검토되어야 한다. 왜냐하면 중립국 상선에 대한 공격은 자칫 중립국의 통상을 극도로 제한하여 무력분쟁에의 참여 의지가 없던 중립국을 분쟁에 끌어들이는 계기가 될 수 있을 뿐만 아니라 불필요한 파괴와 살상을 불러올 수도 있고, 무력사용의

---

8) James J. Busuttil, *Naval Weapons Systems and the contemporary Law of War*, Clarendon Press, 1998, pp.109 - 110 참조.

9) 오늘날 파괴력이나 정확성에서 고도로 발달된 전투수단의 등장으로 군사목표와 비군사목표 간 구별원칙이 모호해졌다고 볼 수도 있겠지만, 현대 무력분쟁에서 분쟁과는 아무런 관련이 없는 민간인 희생자가 급격하게 증가하고 있는 현실을 볼 때 이러한 구별원칙의 강조 및 강화는 매우 시급하다.

정당성과 합법성에 대한 국제사회의 의심과 비난을 야기할 수도 있기 때문이다. 이는 자국 의사의 강제라고 하는 무력분쟁의 근본 목적을 달성하는 데 중요한 장애가 될 수도 있다.

그렇다면 구체적으로 중립국 상선은 무력분쟁에서 어떠한 법적 지위를 향유하는가? 즉 교전국은 중립국 상선에 대해 어떠한 법적 조치를 취할 수 있는가? 해전에서 중립국 선박을 나포 및 공격하기 위해서는 어떠한 조건을 갖추어야 하고, 제한사항은 무엇인가?

1. 임검 및 수색

가. 일반원칙

해상무력분쟁에서 교전국 군함 및 군용기는 원칙적으로 중립국 상선을 임검 및 수색할 수 없지만, 나포할 수 있다고 의심되는 합리적인 이유가 있을 경우에는 중립국 영수 밖에서 중립국 상선을 임검 및 수색할 수 있다.[10]

그리고 임검 및 수색 대신 상선의 동의하에 중립국 상선을 선언된 본래의 목적지로부터 침로를 변경시킬 수 있다.[11] 전통적인 해전법규와 국가관행에 비추어 볼 때 중립국 상선의 침로를 변경시킬 교전국 권리는 예외적인 경우에 매우 제한적으로 인정되었다. 해상에서 조우하는 대다수 중립국 상선은 중립국 항구를 향해 항행 중이거나 중립국 수취인에게 운송되는 화물을 수송 중이기 때문에 이들 선박의 서류나 적재 화물의 성격을 검증하여 침로를 변경시킬 실질적이고 불가피한 이유 및 나포를 정당화하는 증거를 확보하거나 발견하기란 매우 어려울 뿐만 아니라 당해 화물의 진정한 최종 도착지를 보증하지 못하기 때문이다.[12] 제1차 세계대전에 참전하기 이전 당시 중립국이었던 미국은 중립국 선

---

10) San Remo Manual on International Law Applicable to Armed conflicts at Sea, 1994, para.118. 이라크 – 쿠웨이트전에서 다국적군은 정밀장비를 보유하고 있었지만 이라크에 대한 금수조치(禁輸措置)를 집행하기 위하여 임검과 검색을 실시하고 침로를 변경시켰다. 다국적군에 의한 임검과 검색에 대해서는 US Department of Defense, *Conduct of the Persian Gulf War*, Final Report to Congress, 1992, pp.76ff.; Wolff Heintschel von Heinegg, "The current of International Prize Law", Harry H. G. Post(ed.), *International Economic Law and Armed Conflicts*, Martinus Nijhoff Publishers, 1994, pp.6 – 7 참조.

11) San Remo Manual on International Law Applicable to Armed conflicts at Sea, 1994, para.119.

박을 검색하기 위해 목적지가 아닌 타 항구로 침로를 변경시킨 영국의 관행에 항의하였다.[13]

그러나 양차 세계대전을 겪으면서, 특히 총력전 경향이 점차 강화되면서 상선에 의한 적의 전쟁능력이 지속적으로 증강되는 경향이 나타나자 상선을 임검 및 수색할 필요성이 더욱 커졌으며, 필요한 경우 동의를 전제로 상선을 임검 및 수색하는 대신 침로를 변경시켜 예상되는 불필요한 오해를 사전에 차단할 교전국의 권리가 인정되었다.

이러한 교전국 군함의 조치에 따라 중립국 상선은 군함 또는 전투수역에의 접근이 금지될 수도 있으며, 국제법에 의거 봉쇄가 설정된 경우 연안해역이나 특정 항구에의 진입 또는 그곳으로부터의 출항이 금지될 수도 있고, 특정 수역이나 항구로 향하도록 침로를 변경시켜 중립성 확인을 위한 임검 및 수색에 따라야 한다.[14]

하지만 이러한 조치는 해당 상선에게 금전적으로나 시간적으로 상당한 부정적인 영향을 미칠 수밖에 없다. 그리고 임검과 수색 및 임검과 수색을 위한 침로변경은 상선과 차단 군함 쌍방에 위험이 되기도 한다. 나포는 경제전의 한 수단, 즉 적국의 통상과 경제력의 제한에 관한 것이긴 하지만, 해당 상선을 몰수하는 것이 반드시 교전국의 이익이 되는 것은 아니다. 임검과 수색을 위해 상선을 교전국 항구나 해역으로 향하도록 침로를 변경시키는 것은 특정한 수역에서 상선을 배제하는 것만으로도 충분한 경우가 있다.

그렇지만 이러한 침로변경은 항행의 자유에 관한 중립국 권리를 침해할 가능성이 높다. 게다가 침로변경으로는 해당 중립국 상선이 금제품을 수송하고 있는지 또는 비중립적 역무에 해당되는 어떠한 행위를 하고 있는지 확인할 수 없다. 따라서 이러한 영향을 경감시킬 필요성이 제기되는데, 기본적으로는 중립국 상선과 교전국 쌍방의 이익에 합치되는 방향으로 조정되어야 할 것이다. 이를 담보하기 위한 첫 번째 요건이 중립국 상선(선장)의 침로변경에의 동의이다. 만약

---

12) Robert W. Tucker, *The Law of War and Neutrality at Sea*, US Naval College, 50 International Law Series, 1955, p.340; L. Doswald-Beck(ed.), *San Remo Manual on International Law applicable to Armed conflicts at Sea*, Cambridge University Press, 1995, pp.196-197 footnote 172 참조.

13) 1914년 11월 7일자 국무성 서한 참조(9 *AJIL*, pp.55ff.(1915, Special Supplement)).

14) L. Doswald-Beck(ed.), *op. cit.*, pp.196-197.

교전국의 요청에 중립국 상선이 동의하지 않으면, 차단 군함의 지휘관은 임검과 수색의 권리를 행사하든지 상선을 당초의 침로로 항행시켜야 할 것이다.[15]

그러나 해상에서의 임검 및 수색이 불가능 또는 위험한 경우, 교전국의 군함 또는 군용기는 임검 및 수색권을 행사하기 위해 적당한 해역 또는 항구로 상선의 침로를 변경시킬 수 있다. 이는 上述한 '임검 및 수색 대신' 상선의 동의하에 중립국 상선을 선언된 본래의 목적지로부터 침로를 변경시키는 것과는 구별되는 것으로, 해당 상선이 안전한 장소에서 임검과 수색을 받도록 하기 위해서 침로를 변경하는 것이다. 이 경우 중립국 상선은 침로변경 명령에 따르지 않으면 안 된다.

나. 임검 및 수색 면제조건

적국 군함의 호송하에 있는 중립국 상선은 적국 상선과 동일한 취급을 받는다. 적국 호송하의 항행은 임검 수색 및 나포의 권리에, 외국군함의 권리에 대해 실력으로 저항하는 충분한 증거가 되어 이러한 상선은 무경고공격의 대상이 된다(런던선언 제63조).

그러나 전통 국제법하에서 중립국 상선은 '합리적 이유'가 있는 경우 임검과 수색을 받게 되는바,[16] 중립국 상선이라 하더라도 군함의 호송하에서 항행하는 경우 교전국 군함은 중립국 상선을 임검하여 수색할 수 있다. 하지만 임검과 수색의 권리는 자의적으로 행사되어서는 안 되며, '해당 선박이 나포대상이 된다고 의심되는 합리적인 이유'가 있는 경우에만 실시되어야 한다. 따라서 이러한 '합리적 이유'가 없는 경우 임검과 수색은 면제된다.

임검과 수색이 면제되는 구체적인 경우로는 다음을 들 수 있다. 첫째, 중립국 항으로 향하고 있는 경우와 동일국적의 중립국 군함 또는 호송상선의 기국과 협정을 체결한 중립국 군함이 호송(convoy)[17]하고 있는 경우 면제된다.[18]

---

15) *Ibid.*, p.197 참조.

16) 1913년 France 우편선인 The Carthage호 사건에 관한 France와 Italia 간의 Hague 상설중재재판소 판결에서 '보편적으로 인정된 원칙에 의하면 교전국 군함은 특별한 경우를 제외하고 원칙적으로 공해상에서 중립국 상선을 정선시켜 특히 전시금제품의 관점에서 중립규칙을 준수하고 있는가를 확인하기 위하여 임검할 권리를 갖는다.'라고 판시하였다. *AJIL* 1913 pp.623-629.

17) '호송'이라는 용어는 호송 군함이 상선 인근에서 항행해야 한다는 것을 의미하는 것은 아니다. 현대적 해상무력분쟁에서 탐색범위의 확대와 정밀무기의 발달로 상선을 보호하기 위해 군함이 상선을 인근에서 보호해야 할 필

둘째, 중립국 기국의 군함이 당해 중립국 상선이 전시금제품을 수송하고 있지 않다는 것을 또는 중립국의 지위와 양립하지 않는 활동에 종사하고 있지 않다는 것을 보증하는 경우 및 차단하는 교전국 군함 또는 군용기의 지휘관이 요구할 시 중립국 군함 지휘관이 임검 및 수색을 통해 확인될 수 있는 상선과 그 화물의 성격에 관한 모든 정보를 제공하는 경우 임검과 수색은 면제된다. 따라서 별도의 기를 게양하는 중립국 군함의 기국과 해당 상선은 임검과 수색이 면제되지 않는다. 중립국 군함의 기국과 해당 상선이 그 기를 게양하는 별도의 중립국과 협정을 체결하고 있는 경우에만 다국적의 호송은 임검과 수색을 면한다. 중립국 군함의 기국 및 호송하는 중립국 군함의 지휘관은 관계 기국 간에 그와 같은 협정이 없을 때에는 성실하게 자기의 임무를 이행하는 것으로 간주되지 않기 때문이다. 또한 중립국 군함의 지휘관이 차단하는 군함 지휘관의 요청을 충족시킬 의도가 없든지 또는 충족할 수 없는 경우 후자는 상선을 임검하고 수색할 권리를 갖는다.[19]

다. 감독조치

전통 국제법상 중립국은 교전자의 일방 또는 타방을 위한 무기, 탄약, 기타 군용에 제공될 수 있는 물자의 수출 또는 통과를 방지하여야 하는 것은 아니며, 자국 국적을 갖는 선박상에 있는 화물을 보증하는 증명서의 발급의무를 지지도 않는다. 전시금제품 수송은 국제법에 의해 금지되는 것은 아니며, 그것은 중립국 상선의 권리로서 전시금제품을 나포할 수 있는 교전국 권리와의 충돌에 불과하다. 전시금제품을 수송하는 중립국 국민은 국제법을 위반하는 것이 아니라 자신들의 이익을 위해 위험을 무릅쓰고 있는 것이며, 만약 나포되면 그 결과를 받아들여야 한다. 교전국의 나포할 수 있는 권리가 중립국의 전시금제품을 수송

요성은 매우 감소되었다. 따라서 피호송 상선은 호송 군함과 보다 가까운 거리에 있어야 한다는 것을 의미하는 중립국 군함의 '운영통제'하에 있어야 하는 것이 아니라 '작전통제' 하고 있으면 충분하다. 그러나 실제로 호송이라고 볼 수 없을 정도로 너무 떨어져 항행해서는 호송이라고 볼 수 없을 것이다. 군함 지휘관은 상선과 화물의 성격에 관한 정보를 차단 군함의 지휘관에게 제공할 의무가 있기 때문에 중립국 군함은 호송 상선의 인근에 있어야 한다. L. Doswald-Beck(ed.), *op. cit.*, p.198.

18) 동일 국적 군함의 호위하에 있는 중립국 상선에 대해 임검 및 수색권이 행사될 수 있는가 하는 것은 원래 해결되지 못한 문제였지만, 오늘날은 일반적으로 동일 국적 군함의 호위하에 있는 중립국 상선은 임검과 수색이 면제된다고 간주하고 있다. NWP9A, *op. cit.*, para.7.6 참조.

19) L. Doswald-Beck(ed.), *op. cit.*, pp.198-199.

할 권리에 우선하는 것이다.[20]

그러나 임검과 수색은 항행상의 불편이나 재정적 손실을 발생시킬 위험이 크다. 임검과 수색을 집행하기 위한 침로변경과 인치도 그 침로를 변경한 중립국 상선에 상당한 재정적 손실을 가져올 수 있다. 다른 한편 교전국은 '그 일부가 적의 손에 도착하는 것이 확실하더라도 적하의 중립국항에의 입항을 허용할 것인지 아니면 정당한 중립통상을 방해할 위험이 있더라도 이러한 통상에 엄격한 통제를 부과할 것인가'의 선택에 직면하게 된다.[21]

따라서 자국 상선이 전시금제품 수송에 종사하지 않을 것을 확보하도록 중립국에게 일정한 조치를 취할 권리를 인정할 필요가 있다. 즉, 임검 및 수색을 피하기 위하여 교전국은 중립국 상선 내에 적재된 화물의 검사 및 동 상선이 전시금제품을 수송하고 있지 않다는 것을 증명하기 위한 통제조치 및 증명절차 강화와 같은 합리적인 조치를 취할 수 있다.[22]

과거 세계대전에서 영국과 그 동맹국들이 사용한 봉쇄해역 통과허가증(Navicerts) 제도가 대표적인 사례이다. 이 제도는 중립국과 교전국의 마찰을 회피하는 유효한 방법이었으며, 오늘날에도 인정되고 있다.[23] 중립국 상선이 교전국에 의한 화물의 검사 및 비금제품 화물증명서의 제시와 같은 감독조치를 따른다는 사실은 타 교전국에게 중립의무를 위반한 행위가 되는 것은 아니다.

2. 나포 및 파괴

가. 나포

(1) 중립국 상선

1973년 이전의 중동전쟁, 1965년부터 1971년까지의 인도-파키스탄전쟁 및

---

20) *Ibid.*, p.201

21) Robert W. Tucker, *op. cit.*, p.280.

22) San Remo Manual on International Law Applicable to Armed conflicts at Sea, 1994, para.122.

23) NWP9A, *op. cit.* para.7.4.2. 한편 어느 일 교전국에 의해 발급된 봉쇄해역 통과허가증이나 봉쇄해역 상공 통과허가증은 그 상대방 교전국의 임검과 수색의 권리에 어떠한 영향도 미치지 않는다. 통과허가증 제도의 기원에 대해서는 H. Ritchie, *The "Navicert" System during the World War*, Carnegie Endowment for International Peace, 1938, pp.4-7 참조.

1980년부터 1988년까지의 이란-이라크전쟁에서 중립국 상선은 교전국으로로부터의 심각한 도전에 직면했었다. 교전국들의 조치는 나포에 한정되지 않았다. 특히 이란-이라크전쟁에서 중립국 상선은 양 교전국에 의해 발견 즉시 공격을 받곤 했다(sink-on sight policy). 걸프만에서 중립국 유조선에 대한 공격은 국제법에 반한다는 합의가 있긴 했지만 어떤 조건하에서 이들이 나포되는가 하는 것에 대한 논란이 있었다.[24]

중립국 상선은 원래 나포의 대상이 아니지만 예외적인 경우, 즉 적대행위에 직간접적으로 관여하는 경우에는 나포할 수 있다. 이러한 경우를 살펴보면 다음과 같다.

첫째, 전시금제품의 수송에 종사하고 있는 또는 그와 같은 수송에 종사하고 있다는 것이 합리적으로 의심되는 중립국 상선은 나포의 대상이 된다(런던선언 제37조).[25] 중립국은 자국 상선이 교전국의 통상에 종사하는 것을 금지하여야 할 법적 의무는 없지만 만약 적 상선이 전시금제품을 수송할 경우 나포대상이 된다는 것을 인정하여야 한다. 전시금제품을 수송하는 선박이 적선이든 중립선이든 중립국 영수 이외의 수역에 있어서는 언제든지 나포될 수 있으며, 적국영역, 적국점령지 및 적군에 도달하기 전에 중간항에 기항하려는 의사를 가진 때에도 또한 같다(동 37조). 또한 전시금제품이 가격, 중량, 용적 또는 운임상 전체 화물의 반을 넘을 경우에는 이를 수송하는 선박을 몰 수 있다(동 제40조).[26] 그러나 적 상선은 이전에 이행하였거나 또는 이미 종료된 전시금제품 수송을 이유로 나포되지 않는다(동 제38조).

둘째, 적군에 편입된 개인을 수송하기 위한 목적으로 항행하거나 적의 직접적인 통제, 명령, 용선, 사용 또는 지시하에서 항행하는 경우 나포할 수 있다. 교전국은 중립국 선박이 적군을 수송하는 것을 방지할 권리가 있다. 그러나 군대의 구성원인 적국 국민 또는 병력에 동원될 예정인 적국민이 우연히 승선하고 있다는 것이 나포를 정당화하지는 않는다.[27]

셋째, 비정규 또는 허위문서의 제시, 필요한 문서의 결여, 문서를 파기·손상·은닉하는 경우 나포의 대상이 된다. 이러한 행위들은 당해 선박이 적성을 갖는다는 것을 확인하는 유효한 증거가 되며, 따라서 나포 대상이 된다는 충분한 근거를 제공한다.[28]

넷째, 해상작전 인근 수역 내에서 교전국이 정한 규제를 위반하는 경우 나포할 수 있다. 중립국 상선은 통상적으로 교전국 일방의 어떠한 명령에 복종해야 할 의무가 없다. 그러나 해상작전의 인근 구역, 예를 들면 해군부대 근처에서는 안전에 관한 교전국의 이익이 중립국의 상업목적을 위한 항행의 자유보다 중대하다. 중립국 상선이 이러한 명령에 따르지 않는 경우 명령을 내린 교전국은 중립국 상선이 적성을 갖는 것으로 또는 적대의도를 가진 것으로 추정할 수 있다는 것은 합리적 해석이라 판단된다. 따라서 명령이 자의적으로 부여된 것이 아닌 한, 이를 무시하는 상선은 적국 선박으로 취급할 수 있을 것이다.[29]

다섯째, 봉쇄침파 또는 봉쇄침파를 기도하는 경우 나포 대상이 된다. 교전국이 국제법에 따라 봉쇄를 설정한 경우 교전국은 모든 선박이 봉쇄된 수역이나 항구에 출입하는 것을 저지할 권리를 갖는다. 봉쇄침파 선박에 대해서는 통상적으로 나포할 수 있을 뿐이나 사전 경고 후 봉쇄를 침파하고 있는 선박이 고의적으로 또는 명확히 정선을 거부할 경우에는 공격할 수 있다.[30]

한편 중립국 상선의 나포는 그러한 선박을 심검에 회부하기 위한 포획물로 확보함으로써 완료된다. 중립국 선박의 나포는 포획자에게 포획물에 대한 권원을 이전시키는 효과를 가져오지 않고 포획자가 일시적으로 당해 재산을 점유하는 상황에 두는 것에 불과할 뿐, 선박(또는 화물)을 몰수할 근거의 판단에 대한 최종적 결정은 권한 있는 포획재판소에 있다. 따라서 포획자는 선박(과 화물)이 손상되지 않도록 유지하고, 합리적 기간 내에 적정한 항구로 인치하기 위한 모든 합리적 조치를 취하여야 한다(동 제48조). 포획재판소가 나포를 정당하지 않다고 결정할 경우 선박 소유자나 운항자는 불법적인 나포로 인해 입은 피해에 대한 보상을 받을 권리가 있다.

---

27) L. Doswald-Beck(ed.), *op. cit.*, p.214.

28) *Ibid.*; NWP9A, *op. cit.*, para.7.9 참조.

29) L. Doswald-Beck(ed.), *op. cit.*, p.214.

30) *Ibid.*

(2) 중립국 상선 내의 화물

중립국 상선에 적재된 화물은 적화 또는 중립화이든 원칙적으로 나포가 면제되는데 봉쇄, 비중립적 역무 및 임검수색에 대해 저항하는 경우를 제외하고 그것들이 전시금제품(contraband of war)에 해당되는 경우에만 나포할 수 있다.[31]

따라서 교전국의 전시금제품 목록에 포함되지 않은 자유품목은 나포되지 않는다. 이러한 자유품목에는 (a) 종교적 용품, (b) 오로지 상병자의 치료 및 질병예방에 충당되는 물품, (c) 민간주민, 특히 여성 및 아동을 위한 의복, 침구 및 필수적인 식료품(다만 타목적으로 전용될 것이라는 또는 그것을 군사적 목적으로 사용할 수 있는 적화를 대신하여 충당됨으로써 적에게 명백한 군사적 이익을 줄 것이라고 믿을 만한 중대한 이유가 없어야 한다), (d) 식량, 의복 및 교육·문화·오락용 물품을 포함한 개인소포 및 집단구호품 등 전쟁포로에게 배달되는 물품, (e) 국제조약 또는 교전국 간 특별협정에 의해 특별히 나포가 면제된 기타 물품 및 (f) 무력분쟁에 사용될 것으로 의심되지 않는 기타 물품 등이 최소한 포함되어야 한다.[32]

오늘날은 전시금제품을 구성하는 요소를 하나로 정의하여 절대적 금제품과 조건부 금제품을 구별하지 않고, 교전국이 발표한 전시금제품 목록에 따라 나포하는 경향이 있다. 이는 특정 무력분쟁에서의 상황들을 고려하여 전시금제품으로 간주되어야 할 것을 사전에 규정하는 것은 불가능하다는 판단에 따른 것이다. 하지만 이것이 어떠한 물품도 전시금제품으로 선언될 수 있다는 것을 의미하는 것은 아니며, 전시금제품 목록은 합리적인 구체성을 갖지 않으면 안 된다. 그래야만 어떤 물품의 수송이 위험한가 위험하지 않는가를 사전에 중립국 상선이 판단할 수 있을 것이다.[33]

---

31) 종래의 관행에서 교전국은 중립국 상선이 적화를 적재하고 있을 경우에는 그 중립선을 나포할 수 있었다. 그러나 미국 독립전쟁 당시 러시아 女帝 Ekatepha Ⅱ는 '중립선상의 적화는 전시금제품을 제외하고는 자유로 하여야 한다.'고 선언하였다(1780. 2. 28). 그래서 덴마크, 스웨덴, 프로이센, 오스트리아 등은 러시아의 지도 아래 '무장중립동맹'을 맺고 '자유선 자유화물'의 원칙을 지켰다. 이는 적국 화물은 무기와 탄약을 제외하고는 중립선에 적재하는 것이 자유이며 또한 중립선은 교전국의 항만 내에서는 어떠한 방해도 없이 자유로 거래할 수 있다는 것이다. 이중범, 전쟁과 평화, 단대출판사, 1983, p.32.

32) San Remo Manual on International Law Applicable to Armed conflicts at Sea, 1994, para.150, 1949년 제네바 제2협약 제38조, 제4협약 제23조 1항 참조.

33) 전시금제품에 관한 자세한 설명은 제4장 제6절 참조.

나. 파괴

　중립국 상선을 포획하였을 경우 이를 파괴할 수 없으며, 포획의 적법성을 검증하기 위해 적절한 장소로 인치하여야 한다(런던선언 제48조). 그러나 군사적 상황상 나포된 중립국 선박을 적 포획물로서 심검하기 위해 인치할 수 없을 시 일정한 조건이 충족되면 예외적 조치로서 파괴할 수 있다.[34)]

　포획한 중립국 상선을 파괴하기 위해서는 일정한 조건이 충족되어야 한다. 첫째, 승객 및 승조원의 안전이 제공되어야 한다. 이 경우 만약 승객 및 승조원의 안전이 당시의 해상 및 기상조건상 육지에 인접해 있거나 그들을 선내에 수용할 수 있는 선박이 확보되지 않으면 선박의 단정은 안전한 장소로 간주되지 않는다. 둘째, 나포된 선박과 관련된 문서 및 서류는 안전한 장소에 보호 및 보존되어야 하고, 가능한 경우 승객 및 승조원의 개인용품도 보전되어야 한다. 또한 파괴에 앞서 모든 선박 서류 및 이해관계인 포획의 효력에 관한 검증에 필요하다고 인정하는 기타 서류는 군함으로 이전하여야 한다(동 제50조).[35)]

　중립국 선박의 파괴는 매우 신중하게 집행되어야 한다. 중립국 포획물의 파괴를 허용하는 규칙을 핑계로 과거 세계대전에서처럼 무차별적인 중립국 선박의 파괴가 재연되어서는 안 되기 때문이다. 나포된 중립국 선박의 파괴를 피하기 위하여 모든 노력이 경주되어야 할 이유도 여기에 있다. 그러므로 나포된 선박이 교전국의 항구로 인치, 침로변경 또는 적절하게 석방되지 않는다는 확신이 들지 않으면 이러한 파괴를 명하여서는 안 된다.

　또한 중립국 선박을 파괴한 포획자는 포획의 효력에 관한 검증에 앞서 파괴를 정당화하는 예외적 필요가 있었던 사실을 증명하여야 하며, 그렇지 못할 경우 그 포획자는 포획의 유효 여부의 심문 없이 이해관계인에게 배상하여야 한다(동 제51조). 중립국 선박의 파괴 요건이 증명된 경우에도 후에 무효로 검증

된 경우 포획자는 반환을 받을 권리를 가진 이해관계인에 대하여 그 代償으로서 배상하여야 하고(동 제52조), 몰수할 수 없는 중립화물이 선박과 함께 파괴된 때에는 그 화물의 소유자도 배상받을 권리가 있다(동 제53조).

3. 공격

무력분쟁에서 민간물자는 공격으로부터 면제되는바, 기본적으로 이러한 민간물자에 속하는 중립국 상선도 당연히 공격으로부터 면제된다. 그러나 오늘날 해상무력분쟁에 있어서 중립국 상선은 교전국의 군사적 조치에 의하여 상당한 영향을 받는다.

교전국은 적국의 전쟁수행능력을 약화시키기 위하여 중립국 상선이라 할지라도 적국을 위하여 종사하고 있다고 의심되는 경우 이를 정선시켜 임검 및 수색할 수 있으며, 국제연합 헌장 제51조에 의해 정당화되는 경우에는 무력까지도 사용할 수 있다. 반면 중립국은 무력분쟁 중에도 자국의 경제적 이익에 대한 교전국의 개입을 허용하지 않으려는 경향이 강하다. 이러한 과정에서 중립국 상선은 아무런 법적 근거 없이 또는 과도하게 피해를 입기도 한다.[36]

무력분쟁 시 상선의 피해를 방지하고 감소시키기 위해서는 교전국과 중립국의 법적 관계를 명확히 하고 중립국 상선의 행동규범 및 그에 따른 교전국 조치의 내용 및 한계를 구체적으로 규정할 필요가 있으며, 중립국은 자국 선박이 분쟁에 개입하지 않도록 엄격하게 감독하여야 한다.

그렇다면 중립국 상선은 적의 공격과 관련하여 어떠한 법적 지위를 갖는가? 중립국 상선의 법적 지위가 그 기능과 적재하고 있는 화물에 달려 있다고 보는 입장에서는 전쟁수역에서 멀리 떨어진 해역에서 작전 중인 적선은 군사목표가 아니지만, 적국에 중요한 화물을 수송하고 있는 중립국 상선은 군사목표로 간주되기 때문에 게양하고 있는 국기에 관계없이 무해한 것으로 추정된다. 그러나 사전예방조치가 취해진 경우에만 공격할 수 있다.[37]

---

36) L. Doswald-Beck(ed.), *op. cit.*, p.156.

37) *Ibid.*, p.157.

이처럼 군사목표는 그것이 교전국 소유인지 중립국 소유인지를 고려하여 결정되는 것은 아니다. 따라서 군사목표 정의 자체가 아니라 정의에 포함되어 있는 기준을 명확하게 하여야 하며, 중립국 상선은 예외적인 경우에만 공격되어야 한다. 즉 중립국 상선이 적국의 군사활동에 효과적으로 기여하고, 그 파괴가 명확한 군사적 이익을 제공하는 경우에는 공격할 수 있어야 한다. 또한 중립국 상선은 적국의 호위하에서 행동하거나 또는 적국을 위하여 전쟁행위에 종사해서는 안 된다. 중립국 상선은 정당한 정선명령에 복종해야 할 의무가 있으며, 임검과 수색에 저항할 수 없다.[38] 반면에 교전국은 구역제한(zonal restriction)을 선언하고, 적국 상선이든 중립국 상선이든 모든 상선에 정선을 요구하고 임검 및 수색할 수 있으며, 일정한 조건하에서 나포할 수 있으며 경고한 후 또는 무경고로 상선을 공격할 수 있다.

당시 존재하던 관습법을 반영한 1909년 런던선언에서는 '비중립적 역무'를 이유로 중립국 상선을 공격하는 것은 인정되지 않았지만, 제1차 세계대전에서 그러한 관행은 이미 변경되었고 이에 따라 관련 법규도 개정되어 오늘날 비중립적 역무에 종사하는 중립국 상선에 대한 공격은 인정되고 있다.[39]

그렇다면 어떤 경우 중립국 상선이 비중립적 역무에 종사하는 것으로 볼 수 있는가? 즉 어떤 경우 중립국 상선을 공격할 수 있는가? 중립국 상선은 다음의 행위를 하지 않는 한 공격되지 않는다.[40]

첫째, 전시금제품을 수송하거나 봉쇄를 침파한다는 충분한 근거가 있거나, 사전 경고에도 불구하고 의도적으로 명백하게 정지할 것을 거부하거나 고의적으로 승선, 검색 및 나포를 거부하는 경우. 적국의 군함이나 군용기의 호위하에 항행하는 선박은 임검, 수색 및 나포에 저항하는 것으로 볼 수 있기 때문에 공격을 행하기 전에 경고할 필요는 없다.

둘째, 적을 대신하여 적대행위를 하는 경우. 이러한 전쟁행위에는 기뢰부설 및 소해, 해저전선의 절단 및 상선에 대한 공격이 포함된다.

셋째, 적 군대의 보조세력으로 행동하는 경우. 중립국 상선이 군대 및 군함이

---

38) *Ibid.*

39) *Ibid.* pp.159 - 160.

40) *Ibid.,* pp.160 - 161. San Remo Manual on International Law Applicable to Armed conflicts at Sea, 1994, para.70.

나 상륙부대에 보급하기 위한 어떠한 물자를 수송하고 또는 군사작전 중의 군함이나 상륙부대에 수반되어 적국군대의 보조자로서 행동하는 경우가 이에 속한다.

넷째, 적의 정보체계에 편입되거나 이를 원조하는 경우. 대다수 분쟁에서 통상적인 상업활동에 종사하는 선박이 적국의 선박이나 항공기를 조우할 경우 이를 보고할 것을 지시받았다는 이유로 공격대상이 되는 것은 아니다. 그러나 상선이 정보수집에 주로 사용되거나 또는 선상에 특별한 통신이나 탐지장치 및 그 운용요원을 승선하고 있는 경우에는 발견 즉시 공격대상이 된다. 예를 들면, 포클랜드 분쟁 중에 영국군은 아르헨티나 트롤어선 Narwal을 공격하여 격침시켰다. 동 선박은 반복적으로 영국 군함의 위치를 보고하였을 뿐만 아니라 아르헨티나 해군에서 파견된 대원을 승선시키고 있었다. 뉘른베르크 재판에서도 영국 무장선박이 적국 선박이나 항공기의 발견을 보고하라는 내부명령을 부여받았다는 사실에 대해 독일군은 발견 즉시 영국 무장상선을 공격하는 것이 금지되지 않았다고 볼 수 있다는 판결이 있었다.

다섯째, 적 군함 또는 적 군용기의 호위하에 항행하는 경우.[41] 적 군함이나 군용기의 호위하에 항행하는 중립국 상선은 적 군함이나 군용기가 군사목표이기 때문에 전투지역 인근에 있는 경우 위험에 처하게 된다. 타방 교전국은 중립국 상선이 적 군대의 보조선박으로 행동하고 있는 것으로 추정하거나 적군의 전쟁수행능력을 지속시키거나 또는 강화시키기 위한 전쟁물자를 수송하고 있는 것으로 생각할 수도 있을 것이며, 적 군함이나 군용기의 호위하에 항행하고 있는 중립국 상선은 그러한 활동에 종사하고 있을 가능성이 매우 높다. 실제 무력분쟁 당사국 어느 일방(중립국 상선을 호위하는 군함 및 군용기의 기국)의 전쟁노력과 아무런 관련이 없다면 타방 분쟁 당사국으로부터의 공격 위험을 무릅쓰고 중립국 상선이 어느 한 분쟁국의 호위를 받으며 항행하지는 않을 것이다.

---

41) 중립국 군함이 호송하는 중립국 상선은 중립항구를 통과하는 동안 공격의 대상이 되지 않으며, 임검 및 수색에도 따르지 않는다. 중립호송은 기국 이외의 국가에 의해서도 행해질 수 있다. 이란 – 이라크 전쟁 시 쿠웨이트 상선이 미국 군함의 호송하에 항행하였다. G. P. Politakis, *Modern Aspects of the Laws of Naval Warfare and Maritime Neutrality*, 1998, pp.560 – 571 참조. 이처럼 호송 군함과 상선의 기국이 서로 다른 경우 상선은 자국 국기를 게양한 채 항행할 수 있다. 만약 호송 군함과 상선의 기국이 문제의 상선이 전시금제품을 적재하고 있지 않거나 중립지위에 반하는 행위를 하지 않는다는 것을 확인 및 보장하도록 하는 것으로 충분하다. M. H. Nordquist and M. G. Wachenfeld, "Legal Aspects of Reflagging Kuwait Tankers and Lying of Mines in the Persian Gulf", 31 *GYIL*, 1998, pp.140 – 151 참조.

여섯째, 기타 적의 군사행동에 효과적으로 기여하는 경우. 만약 중립국 상선이 군사물자를 수송하는 경우 항로변경, 물자의 하역 또는 여타 조치를 취할 수 있다는 것을 경고할 수 있다. 이러한 경우에는 군사작전을 위하여 또는 군용품의 생산에 사용되는 대부분의 수입품이 포함된다.[42]

이상과 같은 요건에 해당하는 경우에도 중립국 상선에 대한 공격은 조심스럽고 제한적으로 행사되어야 하는바, 해상무력분쟁에서의 공격 시에 적용되는 일반규칙에 따라야 한다. 중립국 상선에 대한 공격은 전투수단과 방법의 무제한적 선택 금지, 군사목표물과 민간물자의 구별, 과도한 상해 및 불필요한 고통을 야기하거나 무차별적 효과를 갖는 전투수단과 방법의 사용 제한, 전멸명령의 금지, 고의적인 자연환경의 대규모 파괴 및 공격 시의 예방조치 등에 관한 기본규칙에 따라 행하여야 한다. 이러한 기본규칙은 공격목표 결정이 내려진 경우에도 따르지 않으면 안 된다.

또한 단순히 중립국 상선이 단순히 무장하고 있다는 사실이 공격의 이유가 되지 않는다. 오늘날 일부 해역에서 해적은 상선의 평화적 해양이용을 위협하고 있다. 이러한 위협으로부터 자신을 방위하기 위한 최소한의 무장은 허용되어야 한다. 따라서 무장하고 있다는 이유만으로 공격하는 것은 합리적이지 못하다.

---

42) 중립국은 자국 상선이 이러한 행위를 하는 것을 예방하여야 한다. 교전국 정부는 교전국의 어느 한쪽에 대하여 순항용으로 또는 적대행위에 가담하는 것으로 인정될 상당한 이유가 있는 선박은 자국의 관할 아래서 위장, 무장 또는 장비하는 일을 방지하기 위하여 적절한 주의를 해야 한다(워싱턴3원칙 중 제1원칙).

제6장

분쟁희생자의 인도적 보호

제1절 상병자 및 조난자의 보호

1. 피보호 대상

해상무력분쟁에서의 1차적 보호대상자는 상병자 및 조난자이다. 여기서 조난이라 함은 원인의 여하를 불문한 모든 조난을 말하며 또한 항공기에 의한 또는 항공기로부터의 해상 불시착을 포함한다. 해전에서의 상병자 및 조난자에 대해 상세하게 분류하고 있는 것은 1949년 제네바 제2협약이다. 동 협약에 따르면 피보호자로서의 상병자 및 조난자는 다음의 부류에 속하는 자이다(1949년 제네바 제2협약 제13조).

첫째, 분쟁 당사국 군대의 구성원 및 그러한 군대의 일부를 구성하는 민병대 또는 의용대의 구성원. 해군에 정규군 외에 의용군이 있을 가능성은 매우 낮지만, 제2차 세계대전 중 교전국 일방의 동맹국이었던 피점령국의 국민이 해상전투를 계속하고 그 함대와 같이 군의 지휘하에 들어간 일이 있었다.

둘째, 분쟁 당사국에 속하며, 또한 그들 자신의 영토(그 영토가 점령되고 있는지의 여부 불문)의 내외에서 활동하는 기타 민병대 및 의용대의 구성원(조직적인 저항운동의 구성원 포함). 단, 그러한 조직적 저항운동을 포함하는 민병대 또는 의용대는 그 부하에 대하여 책임을 지는 자에 의하여 지휘될 것, 멀리서 인식할 수 있는 고정된 식별 표지를 가질 것, 공공연하게 무기를 휴대할 것 및 전쟁에 관한 법규 및 관행에 따라 작전할 것이라는 조건을 충족시켜야 한다.

셋째, 억류국이 승인하지 않은 정부 또는 당국에 충성을 서약한 정규군대의 구성원.

넷째, 실제로 군대의 구성원은 아니나 군대에 수행하는 자. 즉 군용기의 민간인 승무원, 종군기자, 납품업자, 노무대원 또는 군대의 복지를 담당하는 부대의 구성원. 단, 이들이 수행하는 군대로부터 인가를 받고 있는 경우에 한한다. 그러나 현대전에 있어서 이에 해당하는 민간인이 군함에 승선하는 경우는 매우 드물 것이다.

다섯째, 선장, 수로안내인 및 견습선원을 포함하는 분쟁 당사국 상선의 승무원 및 민간항공기의 승무원으로서 국제법의 다른 어떠한 규정에 의하여서도 더 유리한 대우의 혜택을 향유하지 아니하는 자. 여기서 '선장'이란 말은 계급의 의미로 받아들여서는 안 되고 선박을 지휘하는 자를 지칭하는 것이며, 상선의 '승무원'이란 승선소집을 받은 상선의 승무원만을 말하며 근무시간을 완료하고 승객으로서 승선 중인 자(그러나 휴가 중인 자는 제외)는 포함하지 않는다. 이는 민간항공기의 승무원에게도 마찬가지로 적용된다.

여섯째, 미점령 영토의 주민으로서, 적이 접근하여 올 때 정규군 부대에 편입할 시간이 없어 침입하는 군대에 대항하기 위하여 자발적으로 무기를 든 자. 단, 이들이 공공연하게 무기를 휴대하고 또한 전쟁법규 및 관행을 존중하는 경우에 한한다. 이는 1913년의 '옥스퍼드편람'에서도 확인되고 있는데, 동 편람은 제13조에서 "미점령 지역 주민으로서 적의 접근 시 선박을 군함으로 변경할 시 일이 없어 적과 교전하기 위하여 자발적으로 선박을 무장하는 것은 전쟁법규 및 관례를 존중하는 경우에는 교전자로 본다."고 규정하고 있다.

2. 상병자 및 조난자 보호의 일반원칙

국제법상 보편적으로 승인된 인도상의 법칙에 따라 상병자 및 조난자는 누구이건, 가령 그들이 유격대이건 범죄자이건 존중되고 인도적으로 대우받아야 하며 그 상태에 상응한 간호를 받을 권리가 있다. 물론 이 경우 그러한 자는 그가 받을 재판절차에 따라야 한다. 민간인이라도 상병 또는 조난당한 군대의 구성원에 부여되는 보호와 동일한 인도적 보장의 이익을 받는다. 그러므로 상병자 또는 조난자가 제네바 제2협약 제13조의 어느 부류에도 해당되지 않는 경우에도 교전국은 그들의 존중을 회피하거나 또는 필요한 대우를 거부할 권리가 없다.[1]

---

1) 대한적십자사 인도법연구소(역), 제네바협약 해설 II, 1985, p.108.

상병자 및 조난자는 다음과 같은 일반원칙에 의거 존중 및 보호된다.

첫째, 군대의 구성원과 기타의 자로서 해상에 있고 또한 상병자 또는 조난자인 자는 모든 경우에 존중되고 보호되어야 한다(제네바 제2협약 제12조 1항).[2] 이러한 의무는 일반적인 것이다. 이는 '모든 경우'에 유효한 것이며, 또 모든 자(군함과 상선의 장 및 승무원 그리고 육상의 당국, 일반 시민 등)에게 적용된다. 전투 외에 있는 자에 대한 불가침 원칙은 보편적인 것이며, 동 원칙에 따라 행동해야 하는 것은 의무이다.[3]

둘째, 상병자 또는 조난자를 그 권력하에 두고 있는 당사국은 이들을 성별, 인종, 국적, 종교, 정견 또는 기타의 유사한 기준에 근거를 둔 차별 없이 인도적으로 대우하고 간호하여야 한다. 이들의 생명에 대한 위협 또는 신체에 대한 폭행은 엄중히 금지되며, 특히 살해 또는 몰살되거나 고문 또는 생물학적 실험을 받아서는 안 된다. 그리고 고의로 의료와 간호를 제공받지 않은 채 방치되어서는 안 되며, 전염이나 감염에 노출되어서도 안 된다(동 제12조 2항). 간호를 필요로 하는 상병자 및 조난자는 그들이 우군이건 적군이건 불문하며 교전자가 어떠한 차별을 행하는 것이 정당화되지 않는다. 그들은 보호, 존중 및 간호를 호소할 권리에 있어 전적으로 평등한 지위에 있다.[4] 교전 당사국이 자신의 권력 내에 있는 이들에게 이를 위반하는 경우 중대한 위반행위[5]에 해당된다. 체약국은 중대한 위반행위를 범하였거나 또는 범하도록 명령한 자에 대한 유효한 형벌을 규정하기 위하여 필요한 입법조치를 취할 것을 약정하여야 한다. 그리고 중대한 위반행위를 범하였거나 범할 것을 명령한 혐의가 있는 자를 수사할 의무를 지며 이러한 자는 국적여하를 불문하고 자국의 법원에 기소하여야 한다. 또한 각 체약국은 희망하는 경우 또한 국내법의 규정에 따라 관계체약국이 유

---

2) 해전에서의 조난자, 부상자 및 병자의 구조원칙이 실정법규로 최초로 구체화된 것은 1899년 헤이그 제3협약이다. 동 협약에 따르면, 병원선은 '국적에 관계없이 교전국의 부상자, 병자 및 조난자를 구조하고 원조하여야 하며'(제4조), 부상자와 병자를 '존중하고 간호하여야 한다.'(제8조)

3) *Ibid.*, p.100.

4) *Ibid.*, pp.101－102. 동 항은 부상자, 병자 및 난선자를 생물학적 실험에 제공하는 것을 금지함으로써 그들을 희생시켰던 범죄적 관행을 종결시키고 또 체포된 부상자가 의학적 실험을 위하여 모르토르의 대용이 되는 것을 금지하는 것이 목적이었다. *Ibid.*, p.102.

5) 중대한 위반행위란 무력분쟁에서의 피보호자 및 피보호재산에 대하여 행하여지는 고의적인 살인, 신체 또는 건강을 고의로 크게 해치거나 고통을 주는 고문이나 비인도적 대우(생물학적 실험을 포함) 또는 군사상의 필요로서 정당화되지 아니하며 불법적이고 고의적인 재산의 광범위한 파괴 또는 몰수를 의미한다(1949년 제네바 제2협약 제51조).

리한 증거를 제시하는 경우 이러한 자를 그 국가에서 재판을 받도록 인도할 수 있다(동 제50조).[6)

셋째, 치료상의 우선권은 긴급한 의료상의 이유로만 허용된다(동 제12조 3항). 동 항은 부상자, 병자 및 난선자를 평등하게 대우해야 한다는 원칙을 강화하기 위한 것으로, 치료순서에 있어서 우선권을 정당화하는 이유는 의료상의 이유 하나만이라는 것을 말하고 있다. 평등대우원칙에 대한 유일한 예외로써, 예를 들어 병원선에 적군과 우군 쌍방의 부상자가 다수 수용되어 혼잡한 경우, 의사는 방치하여 두면 죽거나 또는 생명에 위험이 있는 환자를 우선적으로 간호하고, 그 후에 긴급한 간호를 요하지 않는 상태에 있는 환자를 간호하여야 한다.[7)

넷째, 부녀자는 여성이 당연히 받아야 할 모든 고려로서 대우되어야 한다(동 제12조 4항). 공식적으로 군사작전에 참가하는 여성은 그 성별 때문에 특별한 고려로써 대우하여야 한다는 것은 이미 1929년에 인정되었다. 이러한 취지의 규정은 포로대우에 관한 협약에서 규정되었으나 소위 제네바협약에는 아무런 언급이 없었다. 그러나 군사작전에 참가하는 여성이 점차 증가하고, 제2차 세계 대전 중의 쓰라린 경험으로부터 상병 여성전투원에 대한 특별고려가 필요하다는 것이 점차 인정되었다. 여성을 특별고려로써 대우해야 한다는 것은 물론 여성이 남성과 동등하게 향유할 수 있는 보호에 추가하여 보호를 받는다는 것을 의미한다. 이러한 보호는 모든 문명국에 있어서 자기보다 약하지만 명예와 존엄이 존중되어야 할 자에게 당연히 주어져야 하는 것이다.[8)

---

6) 국가는 관계자의 국적여하를 불문하고 중대한 위반행위를 범해 기소된 자의 수사를 자발적으로 개시하여야 한다. 또한 피고인이 자국민이든 외국인이든 불문하고 그리고 그 외국인이 동맹국 국민이든 적국민이든 불문하고 동일한 절차에 따라야 하고 또한 동일한 법원에서 재판되어야 한다. 범죄인인도는 피고인을 구류하고 있는 국가의 법률에 의해서도 제한될 뿐만 아니라 피고인의 인도를 요구하는 체약국은 그자에 관하여 充分한 證據(prima facis case)를 제시하여야 한다. 만일 국내법에 관련 세부규정이 없을 경우에는 '충분한 증거'라 함은 인도요구를 받은 국가에서도 기소 가능한 범죄사실이 존재하고 있다는 의미로 해석되지 않으면 안 된다. *Ibid.*, pp.313－314.

7) *Ibid.*, p.102.

8) *Ibid.*, p.103.

3. 상병자 및 조난자 보호의 구체적 내용

가. 교전국 군함의 상병자 인도 요구

교전국의 모든 군함은 그 국적 여하를 불문하고, 軍병원선 및 구호단체 또는 私병원선과 상선, 요트 및 기타의 주정에 있는 상병자 또는 조난자를 인도하도록 요구할 권리를 갖는다(동 제14조).[9]

군함은 병원선 또는 상선을 조우한 경우 이를 수색할 권리가 있으며, 선내에 있는 상병자 및 조난자의 인도를 요구할 수 있다. 그들이 자국 국적을 가진 경우 전시포획으로부터 해방시킬 수 있다. 적 국적을 가진 경우에는 전투원은 부상한 자라도 적의 권력 내에 들어간 경우에는 포로가 되므로 그들을 포로로 할 수 있다.[10] 교전국의 인도 요구권(right of surrender)은 국적 여하를 불문하고 모든 종류의 병원선 및 구명정과 상선 기타의 선박에도 적용된다.

그러나 이러한 인도 요구권 행사에는 일정한 제한이 적용된다. 상병자가 이동할 수 있는 상태에 있어야 하며, 당해 군함이 필요한 의료상의 치료를 하는 데 충분한 편익을 제공할 수 있어야 한다. 이는 상병자를 치료할 장비와 인력을 갖추고 있지 않은 군함으로 인도될 경우 상병자에게 과도한 고통이 따를 수도 있다는 우려를 불식시키기 위한 것이다.[11]

나. 중립국 군함 및 군용기에 수용된 자의 군사작전 참가 금지

상병자 또는 조난자가 중립국의 군함 또는 군용기에 수용되는 경우, 그들이 군사작전에 더 이상 참가할 수 없도록 보장되어야 한다(동 제15조).

이 경우 교전국에 의한 수용 또는 인도 요구권은 문제되지 않는다. 군함은 일반적으로 기국의 배타적 관할권하에 있기 때문이다. 교전국의 부상자 등이 중립

---

9) 1868년의 '전장에서의 군 부상자의 상태개선에 관한 협약 추가수정안'은 교전국 선박이 구호단체의 병원선 선내에 있는 부상자의 인도를 요구할 수는 없으나 군병원선에 대해서는 이를 나포할 수 있는 것이므로 그 선내에 있는 부상자의 인도를 요구할 수 있다고 하였다.

10) 적의 수중에 들어가는 교전국의 상병자 및 조난자는 포로가 되며, 그들에게는 포로에 관한 국제법 규정이 적용된다. 포로를 포획한 자는 그들을 억류할 것인지, 자국이나 중립국 항구로 이송할 것인지의 여부를 사정에 따라 결정할 수 있다. 본국으로 송환된 포로는 전쟁이 계속되는 동안 군대에 복무하지 못한다(제네바 제2협약 제16조).

11) *Ibid.*, pp.118－120 참조.

국에 수용되는 경우, 더 이상 전투행위에 참가하지 못하도록 확보하기 위하여
그들을 억류하지 않으면 안 된다.

다. 중립국 항구에 상륙한 부상자 등의 군사작전 참가 금지

현지 당국의 동의를 얻어 중립국 항구에 상륙한 상병자 및 조난자는 중립국
과 교전국 간의 반대 약정이 없는 한, 군사작전에 다시 참가할 수 없도록 중립
국이 감시하여야 한다(동 제17조).

중립국에 부상자 등이 상륙하는 것은 양국 간에 협정이 존재하고 있다는 것
을 의미한다. 이 협정은 지휘관이 대표하는 당해 군함의 기국을 일방으로 하고
항만당국이 대표하는 중립국을 타방으로 하는 협정이다. 중립국이 동의하는 경
우 교전국 군함은 중립국 항구에 단시간 기항할 수 있다. 이 경우 교전국 군함
은 함 내에 수용되어 있는 포로(자국 부상자의 경우는 더욱 그렇다)를 상륙시킬
의무가 없으며, 그들을 태운 채 출항할 수 있다.[12]

그러나 함장은 긴급한 위생상의 이유가 있을 때 또는 설비가 부족한 경우 특
히, 그 군함이 기지로부터 원거리에 있는 경우에는 함 내에 있는 부상자 등을
중립국 영역에 상륙시키고 잔류하도록 희망할 수 있다. 상륙시킬 경우 중립국
지방당국의 동의를 얻어야 한다. 상륙에 관한 상호 합의가 성립되면 당해 중립
국과 교전국 간에 반대의 협정이 없을 때 부상자 등은 그들의 본국으로 귀환할
수 없으며, 또다시 군사행동에 참가할 수 없다는 국제법 규칙에 따라 억류되지
않으면 안 된다.[13]

라. 교전 후 희생자의 보호 및 수색

분쟁 당사국은 매 교전 후에 부상자 등을 찾아 수용하고, 그들을 약탈과 학대
로부터 보호하며, 충분한 간호를 보장하고 또한 사망자를 찾아 약탈로부터 방지
하기 위하여 모든 조치를 지체 없이 취하여야 한다(동 제18조 1항).

해전의 희생자를 수색하고 수용해야 할 분쟁 당사국의 의무는 제네바 제2협

---

12) *Ibid.*, p.134.

13) *Ibid.*, pp.134 – 135.

약 제12조(부상자 등의 간호 및 보호상의 일반원칙)로부터 논리적으로 연원한다. 부상자 등을 존중하고 보호해야 한다는 요구에는 그들을 긴급한 위험(예를 들면, 대부분의 경우 조난)으로부터 구하지 않으면 안 된다는 의미를 포함하고 있다. 지체 없이 조치를 취하여야 할 의무는 엄격하긴 하지만 당사국이 취할 수 있는 범위의 조치에 한정된다. 즉, 군 당국이 무엇이 가능한가를 판단하고 어느 범위까지 그 부대 및 인원을 조난자를 위한 수색에 충당할 수 있을 것인가를 결정할 수 있다는 것이다.[14)]

또한 분쟁 당사국은 사정이 허용하는 한 언제든지 점령 또는 포위된 지역으로부터 상병자를 해로로 이송하기 위하여 또한 동 지역으로 갈 의무요원, 종교요원 및 장비를 통과시키기 위하여 현지 약정을 체결하여야 한다(동 제18조 2항).

마. 적 부상자 등의 기록 및 정보의 송부

분쟁 당사국은 그들의 수중에 들어오는 적국의 조난자, 상병자 또는 사망자에 관하여 가능한 한 조속히 그러한 자의 신원 판별에 도움이 될 어떠한 세부사항이라도 기록하여야 한다(동 제19조 1항).[15)]

이 기록은 포로의 대우에 관한 1949년 제네바제2협약 제122조에 기술된 정보국에 가능한 한 조속히 송부되어야 하며, 동 정보국은 이익보호국 및 중앙포로기구를 중개로 하여 이들 소속국에 이 자료를 전달하여야 한다(동 조 3항).

분쟁 당사국은 사망증명서 또는 정당하게 인정된 사망자 명부를 작성하여 동 정보국을 통하여 상호 송부하여야 하며 사망자에게서 발견된 이중신분표지의

---

14) *Ibid.*, p.147 참조. 격침 함정의 승무원을 고속어뢰정 및 잠수함과 같은 전투함정이 수용해 줄 것을 항상 기대할 수는 없다. 왜냐하면 이러한 함정은 설비가 미비하거나 충분한 수용능력을 갖추지 못할 수가 있기 때문이다. 잠수함은 장시간 해상에 체류하거나 수용한 인원을 상륙시킬 항구에 입항하는 것이 매우 위험할 수도 있다. 군함이 구조작업중 공격의 위험에 처하게 될 경우 군함 지휘관은 구조작업에 종사하지 않으면 안 된다는 절대적 규칙을 준수할 수는 없을 것이다. 그러나 분쟁희생자를 수용할 수 없는 군함은 병원선이 인근 해역에 있을 경우에는 병원선에 통보하고, 군함보다 더 나은 설비를 갖춘 선박이 있으면 그 선박에도 통보해야 한다. 그렇지 않으면 중립국 선박에 구조를 요청하여야 한다. 그리고 군함은 가장 가까운 연안당국에 통보하거나 공군에 원조를 요청할 수도 있다. 부득이 조난자를 포기하지 않으면 안 될 경우에는 그들이 원조를 기다리거나 해안에 도달할 수 있게 하기 위한 수단(구명보트, 식량, 음료수 및 해도 등)을 제공하도록 노력하여야 한다. *Ibid.*, pp.147 - 148 참조.

15) 가능할 경우 이들 기록에는 소속국, 소속 부대명 및 군번, 성, 이름, 생년월일, 신분증명서 또는 표지에 표시된 기타 상세한 내용, 포로가 된 일자 및 장소 또는 사망일자 및 장소 및 부상이나 질병 또는 사망 원인에 관한 상세한 내용 등이 포함되어야 한다(동 제19조 2항).

반 또는 단일표지의 경우에는 신분표지 그 자체를 근친자에 대한 유서나 기타의 중요한 서류, 금전 및 일반적으로 고유의 가치 또는 정서적 가치를 갖는 모든 물품을 동일하게 수집하여 동 정보국을 통하여 상호 송부하여야 한다. 이들 물품은 확인되지 않은 물품과 함께 밀봉된 채 송부되어야 하며, 이에는 사망한 소유자의 신원확인에 필요한 모든 정보를 상세하게 기재한 서류와 밀봉 물품의 내용을 온전히 나타내는 표를 첨부하여야 한다(동 조 4항).

또한 분쟁 당사국은 사망을 확인하고 신원을 확실히 하며 보고서 작성을 가능하게 하기 위하여 사정이 허용하는 한 개별적으로 실시될 사망자의 수장이 사체의 면밀한 검사, 가능하면 의학적 검사가 있은 다음에 행하여지도록 보장하여야 한다. 이중신분표지가 사용된 경우에는 동 표지의 반을 사체에 남겨두어야 한다. 사망자가 육지로 이송될 경우에는 육전에 있어서의 군대의 부상자 및 병자의 상태 개선에 관한 1949년 제네바 제1협약의 규정이 적용된다(동 제20조).

바. 부상자 등의 보호를 위한 중립국 선박에의 원조 요청

분쟁 당사국은 중립국의 상선, 요트 또는 기타 주정의 선장에게 상병자 및 조난자를 선내에 수용하여 간호하고 또한 사망자를 인양해 줄 것을 호소할 수 있다. 이러한 요청에 응하는 모든 종류의 함선과 상병자 및 조난자를 자발적으로 수용한 선박은 그러한 원조를 수행하기 위하여 특별한 보호와 편익[16]을 향유한다. 이들 선박은 어떠한 경우에도 그러한 수송을 이유로 포획되지 않는다. 단, 반대의 약정이 없는 한 중립의무를 위반할 경우 포획으로부터 면제되지 않는다(동 제21조).

부상자 등은 존중되어야 함은 물론 지체 없이 수용되고 간호되어야 한다. 이에는 긴급이 요구되므로 해군의 의료기관이 이러한 임무를 수행하지 못하면 중립국 선박을 포함한 인근에 있는 모든 선박에 원조를 요청해야 한다. 그러나 이는 임의적이어서 분쟁 당사국은 중립국의 자선에 호소할 수 있지만, 중립국 선

---

16) 보호 및 편익의 형태는 상황에 따라 다르다. 예를 들면, 동일 국적의 다른 군함에 의한 정선 및 임검을 받지 않고 항행을 계속할 수 있도록 안전통항권(safe conduct)을 교부받을 수 있다. 이러한 보호의 목적은 오로지 분쟁희생자의 상태를 개선하기 위한 것이다. 의사는 의사이기 때문에 보호되는 것이 아니고, 분쟁희생자에게 제공하는 인도적 역무 때문에 보호를 받는 것이다. 마찬가지로 원조를 제공한 중립국 선박에게는 어떠한 대가도 지불되지 않는다. *Ibid.*, p.172.

박은 요청받은 원조를 이행해야 할 법적 의무가 있는 것은 아니다.[17]

자선행위를 행하는 선박이 보호와 편익을 제공받는다면 원조를 행하고 있는 동안 이를 포획해서는 안 된다는 것은 너무나 당연하다. 중립국 선박은 중립위반(군사원조의 제공), 전시금제품 수송 및 봉쇄침파 등이 있을 경우에 한하여 포획된다. 상병자를 간호하는 것은 결코 분쟁에 개입하는 것도 비난받을 일도 아니다. 이것은 국제인도법의 기본원칙의 하나이다.[18]

제2절 병원선 및 그 승조원 보호

1. 병원선 등의 인도적 보호

가. 보호대상 병원선 등의 유형

병원선은 특별히 그리고 오로지 군인 및(또는) 민간인 상병자 또는 조난자에 대한 원조제공을 유일한 목적으로 분쟁 당사국에 의해 건조되었거나 설비된 선박(제네바 제2협약 제22조 및 제1추가의정서 제22조), 각국의 적십자사나 적신월사 및 공식적으로 승인된 구호단체나 私人에 의해 사용되는 동일한 성질을 갖는 선박(제네바 제2협약 제24조 및 제1추가의정서 제22조. 이 경우 동 선박의 기국인 분쟁 당사국이 이들 선박에 공식적으로 임무를 부여하고 있을 것을 조건으로 한다) 및 중립국, 중립국 적십자사나 적신월사, 공식적으로 승인된 구호단체, 중립국의 사인 또는 공평한 국제적 인도단체에 의해 사용되는 동일한 성질을 갖는 선박(제네바 제2협약 제25조 및 제1추가의정서 제22조. 분쟁 당사국의 허가 및 사전에 자국 정부의 동의를 얻어 분쟁 당사국의 어느 일국의 관리 하에 있을 것을 조건으로 한다)을 말한다.

병원선은 모든 외면을 백색으로 하고 최대한의 가시성을 확보할 수 있도록 크고 짙은 적십자를 표시하여야 하며, 메인마스트에는 백색의 적십자기를 가능

---

17) *Ibid.*, p.171.
18) *Ibid.*, pp.172-173.

한 한 높이 게양하여야 한다. 모든 병원선은 게양된 국기로 식별되며, 병원선이 중립국에 속할 경우 지휘를 받는 분쟁 당사국의 기를 게양하여야 한다(제네바 제2협약 제43조).

기타 의료수송선은 제네바 제2협약 및 제1추가의정서에 의해 보호되는 기타 종류의 선박으로 군용이든 민간용이든, 영구적이든 일시적이든 관계없이 분쟁 당사국의 권한 있는 당국의 통제하에 있고, 의료수송에 전적으로 할당된 모든 수송수단을 말한다(제1추가의정서 제8조(g)). 이에 해당하는 선박은 구명보트 및 구명보트와 병원선의 소주정(제네바 제2협약 제26조 및 제1추가의정서 제22조), 의료설비를 수송하기 위해 용선된 선박[19] 및 기타 의료용 선박 및 주정을 들 수 있다.[20] 이러한 선박들은 공격 또는 나포로부터 면제되며 그리고 복구의 대상으로 할 수 없다.

다음으로 구명정 및 구명보트도 공격으로부터 보호된다. 이들을 공격으로부터 보호하는 것은 조난자에 대하여 공격금지를 규정하고 있는 확립된 관습법규에 기초하고 있다. 조난자를 보호해야 할 의무는 군인이든 민간인이든 재난의 결과 해상에서 위험에 처해 있는 모든 자 또는 조난자를 수송하고 있는 선박이나 항공기에 적용된다(제1추가의정서 제8조(b)). 조난자를 공격하는 것은 전쟁범죄 대상이 되며, 그러한 자가 건강을 회복해 다시 적대행위에 참가할 가능성이 있다는 이유로 보호를 거부할 수는 없다. 만약 조난자가 실제로 적대행위를 재개할 경우 그 보호는 종료된다.

나. 인도적 보호 내용

(1) 공격 및 나포의 면제

상병자와 조난자를 원조하며 또한 그들을 치료하고 수송하기 위하여 국가에 의하여 건조되거나 설비된 군병원선(사용 10일 전에 선명과 현태가 분쟁 당사

---

19) 이들은 오로지 군대의 상병자 치료나 질환의 예방을 위해 할당된 설비를 수송하기 위하여 특히 용선된 선박이다(제네바 제2협약 제38조). 민간주민의 치료를 위해 할당된 설비도 그 대상이 된다. 왜냐하면 제네바 제2협약 제38조의 문언에 포함되어 있지는 않지만 제1추가의정서에 정의된 '의료수송선'의 정의에 해당하기 때문이다.

20) 이 카테고리에 해당하기 위한 중요한 조건은 그 선박이 상병자, 조난자, 위생요원 및(또는) 종교요원, 의료설비 또는 의료물자의 수송에 오로지 관계하고 있는가 하는 것이다. 이러한 배타적인 사용이 일시적인가 아니면 항구적인가 하는 것은 이 정의에 있어 중요하지 않다.

국에 통고되어야 함), 해양의료시설, 분쟁 당사국의 구호단체 및 사인이 사용하는 병원선(소속 분쟁 당사국이 그들에게 공적 임무를 부여하고 통고된 경우) 및 중립국의 구호단체 및 사인이 사용하는 병원선(자국 정부의 사전 동의와 관련 분쟁 당사국의 허가를 받아 분쟁 당사국의 어느 일방의 관리하에 들어가고 통고된 경우)은 공격으로부터 면제될 뿐만 아니라 나포할 수 없다(제네바 제2협약 제22조~제25조).

반면 연안구조작업을 위하여 국가 또는 공인된 구호 단체가 사용하는 소주정(소속 분쟁 당사국이 그들에게 공적 임무를 부여하고 통고된 경우)은 작전상의 요건이 허락하는 한 존중되고 보호되어야 한다. 즉 이들 소주정의 보호는 절대적인 것이 아니다. 이러한 보호는 인도적 사명을 위하여 이들 소주정이 독점적으로 사용하는 고정된 연안시설에 대하여도 가능한 한 적용되어야 한다(동 제27조).

(2) 군함 내 병실의 보호

군함 내에서 전투가 발생할 경우 가능한 한 병실은 존중되고 공격을 삼가야 한다. 병실과 그 설비는 계속하여 전쟁법규의 적용을 받으며, 상병자를 위하여 필요로 하는 한 그 용도를 변경하여 사용할 수 없다. 그러나 지휘관은 긴급한 군사상의 필요가 있는 경우 병실에 수용되어 있는 상병자에 대한 적당한 간호를 보장한 후 병실 및 그 설비를 기타의 목적에 사용할 수 있다(동 제28조).

이 규정은 병실에서 간호를 받고 있는 상병자의 이익에 반하여 병실과 관련 설비를 다른 목적에 이용할 수 없다면서도 승인된 국제법의 원칙에 따라 이러한 인도상의 원칙도 때로는 긴급한 군사상 필요라는 예외적인 경우에 따라야 한다는 것을 명확하게 밝히고 있다. 즉 전술상의 고려에서 병실을 다른 목적에 사용하거나 또는 군함을 파괴할 필요가 발생한 경우 그러한 조치를 취할 수 있다는 것이다. 그러나 여기에도 하나의 예외가 있다. 교전자가 그러한 조치에 호소하기 전에 병실 내에서 간호를 받고 있는 상병자의 안전과 복지에 대하여 먼저 조치를 취해야 한다. 환언하면 그들의 상태가 필요로 하는 치료와 이를 제공할 적당한 설비와 기재를 갖춘 다른 함선에 상병자를 이전시켜야 한다.[21]

---

21) 대한적십자사 인도법연구소(역), *op. cit.*, p.204.

(3) 병원선 등의 군사목적 사용 금지

상병자와 조난자를 원조, 치료 및 수송하는 병원선 및 연안구조용 소주정은 국적 구분없이 상병자 및 조난자에 대하여 구제 및 원조를 제공하여야 하며, 전투원의 이동을 방해하는 경우 무력공격의 위험을 감수하여야 한다(동 제30조 1항). 체약국은 이들 선박들이 어떠한 군사상의 목적을 위하여 사용되지 않도록 하여야 하며(동 2항),[22] 이들 선박들은 전투원의 이동을 결코 방해하여서는 안되고(동 3항), 그러한 선박은 전투 중 또는 전투 후에 그들 스스로가 위험을 부담하며 행동한다(동 4항). 병원선은 다른 함정의 행동을 방해해서는 안 된다. 민간인 등 비군사목표가 전투원의 행동을 의도적으로 방해하지 않을 의무는 오래 전부터 관습법적으로 확립되어 있다. 병원선에게 전투원의 이동을 고의적으로 방해하지 않을 것을 요구하는 것은 병원선이 교전국의 군사행동에 중대한 문제를 일으키는 것을 방지하기 위한 것으로, 선박이 본래의 역할에 무해하게 사용되어야 한다는 조건과 연결되어 있다.

병원선이 공격대상이 되는 것은 전투원의 이동을 '고의적으로' 방해할 경우이다. 이는 이들 선박이 통상의 임무에 무해하게 종사하는 동안 의도하지는 않았지만 때때로 전투원의 이동을 방해하는 경우가 발생될 수 있는데, 그 때문에 면제대상 선박이 보호를 상실하지는 않으며 처벌을 받거나 공격대상이 되어서는 안 된다는 것을 강조한 것이다. 여기서 '스스로 위험을 부담하며 행동한다'는 의미는 적이 고의로 병원선을 공격하는 것은 결코 인정되지 않으나 병원선이 우연히 발행하는 손해에 대하여 그 책임을 져야 한다는 것이다.

또한 병원선으로 개조된 무력분쟁 당사국의 상선은 적대행위가 계속되는 동안에는 다른 어떠한 사용에도 충당되어서는 안 된다(동 제33조).

(4) 분쟁 당사국의 감독 및 임검수색권 인정

분쟁 당사국은 이들 선박들을 통제하고 수색할 권리를 갖는바, 이들 선박으로부터의 원조를 거절할 수 있으며, 퇴거를 명령하고 어떤 항로를 취하도록 하고,

---

22) 병원선이 중립적 지위를 위반했다는 이유로 유책이 인정된 사례는 다음이 있다. 첫째, 러일전쟁 중 러시아 병원선 Orel호는 일본포획심검소에서 건장한 신체를 가진 포로 및 군용장비를 수송했다는 이유로 심판받았다. 둘째, 제1차 세계대전 중 독일 병원선 Ophelia호(임검 직전에 선내에 있는 문서를 바다에 투하하고 암호로 송신하였다)는 영국포획심검소에서 정당한 이유없이 신호기재(신호등 및 로켓)를 탑재하고 있다는 이유로 유책이 인정되었다. P. Cobbett, *Case on International Law*, Vol. II, London, 1937, p.164, 224 - 226; 대한적십자사 인도법연구소(역), *op. cit.*, p.209 주1)에서 재인용.

그들의 무선전신 및 기타의 통신수단의 사용을 통제하고 또한 사정의 중대성으로 인하여 그렇게 함이 필요한 경우에는 정선을 명한 때부터 7일을 초과하지 않는 기간 동안 그들을 억류할 수 있다(동 제31조 1항). 또한 명령을 즉시 집행할 수 있는 해상에 있는 어떠한 군함도 의무용 선박 및 주정에게 정지, 퇴거 또는 특정항로를 따를 것을 요구할 수 있다(제1추가의정서 제23조 2항). 그러나 이들 선박의 보호는 적절한 상당한 여유를 부여하고 정당한 경고가 행해진 이후 또는 그러한 경고가 무시된 경우에라야 정지된다(동 제3항).

이는 병원선이 군사적 목적에의 이용 여부가 의심되는 경우 취할 수 있는 조치로서, 교전자로 하여금 그러한 선박이 실제로 통상의 임무에 종사하고 있다는 것을 확인할 수 있게 하여 군사목적에 이용되지 않는 병원선에 대한 공격을 사전에 예방하는 기능을 담당한다. 선박이 이러한 권리에 따를 의무는 식별이 요구되었을 때 자기를 명확하게 하는 것을 의미하며, 검색에 따라야 할 의무는 검사관이 승선하여 선박을 수색하는 것을 인정해야 한다는 것을 의미한다.

분쟁 당사국은 제1항의 명령이 집행되도록 감독하는 것을 그 전적인 임무로 하는 감독관을 임시로 승선시킬 수 있으며(제네바 제2협약 제31조 2항), 제네바 제2협약의 엄격한 준수를 확인하여야 하는 중립국의 감독관을 일방적으로 또는 특별한 협정에 의하여 승선시킬 수 있다(동 4항). 중립국 출신의 검사관이나 국제적십자위원회와 같은 인도적 단체에 속하는 검사관은 선박 기국의 요청에 따라 이들 선박에 승선할 수 있다. 병원선에 대한 임검수색은 언제든지 가능하지만, 가능하다면 당사국은 항해 전에 검사하고 수색에 의해 야기될 수 있는 선박의 임무중단을 가능한 한 제한하여야 한다.

(5) 기타 보호 내용

병원선이 적국의 권력이 미치는 항구에 있는 경우 그 항구에서 출항하는 것이 허용되어야 한다(동 제29조). 병원선은 육상부대 또는 해상부대로부터 모든 경우 그 장소 여하에 불문하고 유효한 절대적 보호를 향유하기 때문에 영해 내 또는 공해상에 있을 경우와 마찬가지로 항구 내에서도 포획되거나 나포로부터 면제된다. 따라서 병원선은 적국의 권력이 미치는 항구에 있는 경우 자유롭게 출항할 수 있다.[23]

또한 중립국 항구에 정박하는 경우 군함으로 간주되지 않는다(동 제32조). 병원선은 해군의 일부를 구성하고 있더라도 군함이 아니다. 그 임무를 고려한다면 중립국의 항구에 있어서의 교전국의 군함에 적용되는 제한을 병원선이 따르게 하는 것은 정당하지 못하다.[24]

다. 공격 및 나포면제 지위의 상실

공격이 면제되는 선박이 면제조건들 중 어느 하나를 위반하여 보호를 상실한 경우 자동적으로 당해 선박이 공격을 받는 것은 아니다. 이들 선박을 나포 또는 공격할 경우에는 일정한 절차와 기준이 충족되어야 하는바, 침로변경 또는 나포가 불가능한 경우, 군사적 통제를 행사하기 위한 다른 방법이 없는 경우, 선박이 군사목표물이 되었거나 될 것을 합리적으로 추정할 수 있는 비준수 상황이 매우 중대한 경우 및 부수적 사상 또는 손해가 획득되었거나 기대되는 군사적 이익에 비례할 경우 면제조건을 위반한 선박을 공격할 수 있다.

한편 병원선도 면제조건을 위반한 경우에만 공격대상이 되는 것은 여타 선박들과 마찬가지지만, 다른 선박과는 달리 엄격한 절차적 및 내용적 제한이 따른다. 병원선은 침로변경 또는 나포가 불가능한 경우, 병원선을 통제하기 위해서 이용 가능한 모든 수단을 다하였으나 실패한 경우, 병원선이 군사목표가 되었거나 또는 합리적으로 그렇게 추정할 수 있을 정도로 비준수의 상황이 매우 중대한 경우 및 부수적 사상 또는 피해가 발생되었거나 기대되는 군사적 이익에 비례할 경우에는 최후수단으로 공격의 대상이 된다. 이러한 조건들은 전부 충족되어야 하며 하나의 조건이라도 충족되지 않은 경우 병원선을 공격할 수 없으며, 또한 병원선이 면제조건을 위반하는 경우 그 원인을 제거할 수 있는 합리적 기한을 정하여 경고하고 그 경고 기간이 종료된 이후라야만 공격할 수 있다(동 제34조).[25]

하지만 이 경우에도 병원선이 직접적인 공격 이외의 행위를 하는 경우 타방

---

23) *Ibid.,* p.205.

24) *Ibid.,* p.218.

25) 경고의 목적은 병원선의 승조원에게 그 상황을 수정할 기회와 만약 병원선이 보호조건을 위반하지 않았다고 확신하면 그것을 설명할 기회를 주고자 하는 것이다. 시간적 기한은 '합리적'(reasonable)인 것이 아니면 안 되는바, 경고의 목적을 생각하면 이는 행위를 정지시키기에 충분한 시간을 부여하지 않으면 안 된다는 것을 의미한다고 보아야 할 것이다. 그러나 병원선이 직접적인 공격을 행하는 경우 시간적 기한의 부여는 불필요하다. *Ibid.,* pp.224 – 225 참조.

교전 당사자는 그러한 행위를 정지시키는 데 필요한 정도의 조치를 취하는 것
으로 충분하며, 조치를 취하기 이전에 가능한 한 승선하고 있는 부상자의 안전
을 위한 적절한 조치를 강구하여야 한다.[26] 이처럼 병원선에 대한 공격에는 엄
격한 제한이 부과되는데, 이러한 제한은 상병자 및 난선자에게 부여되어야 할
특별한 존중을 강조하는 또 다른 인도적 요구의 하나이다.

그러나 함선 또는 의무실의 승무원이 질서유지를 위하여 그들 자신 또는 상
병자의 방위를 위하여 무장하고 있는 경우, 항해 또는 통신을 용이하게 하는 것
을 전적인 목적으로 하는 장치가 선내에 존재하는 경우, 상병자 및 조난자로부
터 거둔 휴대용 무기와 탄약으로서 아직 적당한 기관에 인도되지 아니한 것이
병원선 내에서 또는 병실에서 발견된 경우, 병원선 및 선박의 의무실 또는 승무
원의 인도적 행위가 민간인 상병자 또는 조난자의 치료에까지 미치고 있는 경
우 및 전적으로 의무상의 직무를 목적으로 하는 장비와 인원을 통상의 수요량
을 초과하여 수송하고 있는 경우에도 병원선은 그 자신 또는 함선 내의 의무실
이 받을 보호를 박탈당하지 않는다(동 제35조).

2. 의무요원 등의 인도적 보호

가. 병원선 의무요원 등의 보호

병원선의 의무요원,[27] 종교요원 및 병원요원과 그 승조원은 존중되고 보호되
어야 한다. 그들은 선내에 상병자의 유무를 불문하고 병원선에서 근무하고 있는
동안에는 포획되지 않는다(동 제36조).

이러한 보호의 배경은 병원선을 항상 운항이 가능하도록 유지하는 데 있는바,
요원 및 승조원은 선박과 불가분을 이루고 있기 때문에 이들이 체포되면 병원
선의 운항은 불가능해지고 더 이상 그 임무를 수행할 수 없게 된다. 요원 및 승

---

26) *Ibid.*, p.225 참조.

27) 병원선의 의무요원이라 함은 해군 및 상선의 상병자 및 조난자를 직접 간호하는 자로서, 의사, 약사, 위생병,
　　간호사 및 이송병을 말한다. 이들은 교전국의 의무기관에 소속하거나 아니면 교전국 또는 중립국의 적십자사나
　　기타 승인된 구호단체에 속한다. 의료기관의 구성을 결정하고 또 그것을 위해 어떤 사람을 사용할 것인가를 결
　　정하는 것은 각국이 할 일이다. 그러나 보호를 확보하기 위해서 그러한 자는 전속적으로 의료임무에만 종사하
　　는 자라야 한다. 대한적십자사 인도법연구소(역), *op. cit.*, pp.234－235, 239 참조.

조원은 병원선에 근무하고 있는 동안 보호되며 만일 그들이 일시적으로 병원선을 이탈 또는 상륙하지 않으면 안 되는 경우에도 보호는 계속된다. 마찬가지로 병원선은 선상에 병자나 부상자가 없을 때라도 자유로이 이동 가능하여야 하며 또 하시라도 출항 가능하여야 하므로 이러한 면제는 계속된다. 일단 승조원이 더 이상 병원선에 배속되지 않으면 이러한 면제는 종료된다.[28]

제네바 제2협약에는 관련 규정이 없지만 구조용 주정의 승조원도 구조활동에 종사하고 있는 동안 나포되지 않는다고 보아야 할 것이다. 구조용 주정이 중립국에 속하면 적대행위를 행한 승조원만을 억류할 수 있다. 교전국의 구조용 주정의 승조원을 보호하는 이유는 병원선의 승조원의 경우와 동일한, 즉 구조용 주정의 운항을 가능하게 유지하기 위해서 필요하기 때문이다. 이러한 주정에 배치된 승조원은 구조활동에 종사하는 동안 보호되어야 한다. '종사하고 있다'라는 문언은 구조활동을 수행하지 않으면 안 되는 해역으로 이동하고 있을 때에도 보호되어야 한다는 것을 나타낸다.[29]

나. 기타 선박의 의무요원 및 종교요원의 보호

병원선에 근무하는 요원 이외의 자 중에서 상병자 및 조난자의 정신상 및 의료상의 간호를 담당하는 의무요원, 종교요원 및 병원요원은 적의 수중에 들어갈 경우 존중되고 보호되며 포로로 간주되지 않는다. 하지만 그들의 역무가 포로의 의료상 또는 정신상의 요구를 위해 필요로 하는 한 억류할 수 있으며, 그들을 지휘하에 두고 있는 총사령관이 실행 가능하다고 인정할 때에 즉시 송환하여야 한다(동 제37조 1항, 제1추가의정서 제22조 및 제23조 5항). 포로의 의료상 또는 정신상의 필요로 인하여 이들 요원의 일부를 억류가 필요하게 될 때에도 가능한 한 조속히 그들을 하선시키기 위해 최선을 다하여야 한다(제네바 제2협약 제37조 2항). 억류된 요원은 하선과 동시에 1949년 제네바 제1협약(육전에서의 희생자 보호 협약 제28조~제32조)의 적용을 받는다(동 3항). 이 규정은 병원선 이외의 기타 선박과 상선 등의 모든 의무요원을 대상으로 한다.

---

28) *Ibid.*, p.239.

29) L. Doswald-Beck(ed.), *San Remo Manual on International Law Applicable to Armed Conflicts*, Cambridge University Press, 1995, p.225.

제3절 중립국 국민의 보호

중립국의 국민은 그가 적국이나 중립국의 선박 및 항공기에 탑승하고 있는 경우 원칙적으로 나포되지 않으며, 따라서 이들을 전쟁포로로 할 수 없다. 하지만 이들이 적국군대의 구성원인 경우 또는 포획된 자에 대하여 스스로 적대행위를 한 경우에는 전쟁포로로 할 수 있다.[30] 또한 적국의 군함 또는 보조선박, 적 군용기 및 보조항공기의 승조원도 전쟁포로로 할 수 있다.[31]

이들 경우 외에도 적국 또는 중립국의 상선 또는 민간기의 승조원은 해당 선박 또는 항공기가 군사목표물로 인정되거나 공격대상이 될 수 있는 행위를 한 경우 또는 포획된 자에 대하여 스스로 적대행위를 한 경우에는 전쟁포로로 할 수 있다. 이를 구체적으로 살펴보면 다음과 같다.

첫째, 적 상선 또는 민간기의 승조원인 중립국 국민은 교전국에 의해 나포되었을 때 포로로 할 수 없다(1907년 헤이그 제11조약 제5조 제1항). 그러나 선박이 포획자에 대한 적대행위에 참가한 경우는 예외이며, 그 경우에는 승조원을 포로로 할 수 있다. 즉, 적 상선 및 적 민간기가 군사목표로 간주되는 활동을 행하는 경우에는 모든 승조원을 포로로 할 수 있다. 그러나 이러한 활동을 행하지 않았으면 포획자에 대해 스스로 적대행위를 행한 승조원만을 억류할 수 있다. 적 상선 및 적 민간기는 (a) 적을 대신하여 적대행위를 한 경우, (b) 적 군대의 보조세력으로 행동하는 경우, (c) 적의 정보수집체계로 편입 또는 이를 원조하는 경우, (d) 적 군함 및 군용기의 호위하에 항(비)행하는 경우, (e) 정선명령을 거부하거나 적극적으로 승선·검색 또는 나포를 거부하는 경우(상선의 경우), (f) 식별조치·항로변경명령 등을 회피하거나 항공무기체계의 사격통제장비 운용 및 교전국 군용항공기의 공격을 위해 기동하는 경우(민간기의 경우), (g) 공대공 또는 공대함 무장을 한 경우(민간기의 경우), (h) 군함에 위해를 가할 수 있을 정도로 무장한 경우(상선의 경우) 및 (i) 기타 군사행위에 효과적으로 기여하는

---

30) NWP9A, *The Commander's Handbook*, para.8.2.2.1 참조. 중립국 국민이 제1추가의정서 제47조 의미의 용병으로서 적국을 위해 적대행위를 행하지만 적국의 군대구성원이 아니면, 그러한 자는 포로자격을 가질 권리가 없다. 그러나 동 의정서 제75조에서 부여되는 보호를 받을 권리는 갖는다.

31) 이러한 자들은 제네바 제3협약 제4조 A(1)에서 포로자격을 향유할 권리를 지닌 적국 군대의 구성원이든지 또는 군수품 공급자와 같이 제4조 A(4)의 의미에 포함되는 군대에 수반되는 자이다.

경우에는 군사목표가 된다.

둘째, 중립국의 상선 또는 민간기의 승조원인 중립국 국민은 나포되었을 때 억류할 수 없다. 그러나 분쟁 당사국이 이들 선박과 민간기를 공격할 수 있을 정도의 군사활동을 하는 경우에는 예외이다. 이러한 활동을 한 경우 승조원을 포로로서 억류할 수 있지만,32) 이러한 활동을 하지 않는 경우에는 포획자에 대하여 스스로 적대행위를 행한 승조원만을 억류할 수 있다. 중립국의 상선 또는 민간기는 (a) 전시금제품을 수송하거나 봉쇄를 침파한다는 충분한 근거가 있다고 의심되거나, 사전 경고에도 불구하고 의도적으로 명백하게 정지할 것을 거부하거나 고의적으로 명백히 승선, 검색 및 나포를 거부하는 경우(상선의 경우), (b) 적을 대신하여 적대행위를 하는 경우, (c) 적 군대의 보조세력으로 행동하는 경우, (d) 적의 정보체계에 편입되거나 이를 원조하는 경우, (e) 적 군함 또는 적 군용기의 호위하에 항행하는 경우, (f) 기타 적의 군사행동에 효과적으로 기여하는 경우 및 (g) 전시금제품을 수송한다는 충분한 근거가 있다고 의심되거나 사전 경고 또는 차단에도 불구하고 의도적으로 그리고 명백하게 목적지로의 항로를 변경할 것을 거부하거나 임검 및 수색을 위하여 관련 기종의 항공기가 안전하게 그리고 충분히 도달할 수 있는 교전국 비행장으로의 비행을 의도적으로 그리고 명백하게 거부하는 경우(민간기의 경우) 공격대상이 된다.

제4절 피보호자(물)에 대한 보복금지

상병자, 조난자, 의무요원 및 종교요원과 같은 피보호자에 대한 인도적 원조에 종사하는 요원, 선박 또는 그 장비에 대한 보복은 금지된다(제네바 제2협약 제47조). 이러한 보복의 금지는 절대적이다.

무력분쟁이라는 심리적 긴장 가운데서 그리고 또 일련의 불가피한 사건들에 의해 보복조치는 종종 중대한 남용을 초래하였으며, 동시에 그 본래의 목적인 '권리의 재확보'를 달성하는 데 있어서도 그다지 성공적이지 못했다.33)

---

32) NWP9A, *The Commander's Handbook*, para.7.9.2.

특정한 부류의 분쟁희생자에 대한 보복을 절대적으로 금지하는 규정이 도입된 것은 1929년 포로협약이다. 이는 보복조치가 조직적으로 적용되었던 제1차 세계대전 중에 포로들이 불필요한 고통을 당했던 쓰라린 경험 때문이었다. 그런데 상병자 협약에는 이러한 명시적 금지규정을 두지 않았었다. 공공의 양심이 포로에 대한 보복을 금지하고 있었기 때문에 방위수단을 전혀 갖고 있지 않은 상병자 및 조난자에게도 보복이 금지되어야 함은 당연한 것이었지만 채택된 협약에는 누락되었다. 이러한 결함은 1949년 제네바협약에서 보완되었다.[34]

분쟁 당사국은 때때로 상대방의 위반행위에 대해 동일하거나 또는 유사한 보복조치를 취하려는 유혹을 느낄 수 있다. 이러한 유혹은 신속한 결과에 대한 소망이나 흥분한 여론의 압박에 의하여 또는 상호주의를 인도적 법칙의 기초라고 보는 입장에 의하여 증대되곤 한다. 그러나 상대의 위반에 대한 보복에의 호소는 양 분쟁 당사국의 피보호자를 급격하고 참담한 위험에 노출시킬 뿐 분쟁의 근본목적을 달성하는 데 아무런 도움이 되지 못한다. 따라서 분쟁 당사국들은 국제인도법상 사태해결을 위한 각종 수단, 즉 이익보호국의 중개, 조사절차, 중대한 위반행위에 대한 책임 있는 개인의 형사처벌 등을 활용할 필요가 있다. 또한 법률상의 조치와는 별도로 중립적 여론에 대한 호소 등과 같은 기타 조치들로 대응할 수도 있을 것이다.[35]

제5절 분쟁희생자의 인도적 보호 강화

1. 민간주민의 보호 강화

적대행위에 있어서 분쟁 당사자가 추구할 수 있는 유일한 합법적 목적은 적군사력의 약화라는 것은 1868년 피터스버그 선언 이후 일반원칙으로 인정되고 있다. 따라서 적군사력과 직접적인 관계가 없는 민간주민은 가능한 한 분쟁의

---

33) 국제적십자사 인도법연구소(역), *op. cit.*, p.297.

34) *Ibid.*, p.298 참조.

35) *Ibid.*, pp.299-230 참조.

영향으로부터 보호되어야 한다. 특히 봉쇄, 경제적 강제조치 등의 제재지역 내에 있는 민간주민의 보호에 보다 세심한 고려가 요구된다. 적과의 모든 무역 또는 적에 의해 점령된 모든 국가와의 무역금지, 중립국과의 엄격한 무역규제 및 전시금제품의 확대는 적 당사자를 완전한 경제적 및 재정적 고립상태에 두기 위한 효과적이고도 합법적인 전투수단이다. 하지만 이러한 조치들은 대체로 전투원과 비전투원에게 무차별적으로 영향을 미쳐 민간주민에게도 고통을 야기하기 때문에 인도적 문제를 야기할 수 있다. 외부와의 모든 교역이 금지됨으로써 의약품, 식량 및 생활필수품 등의 부족으로 의식주 및 보건상의 어려움을 겪기도 하고, 제재조치를 분쟁 당사자 모두에게 일률적으로 적용함으로써 군사적 약자에게 오히려 더 큰 피해를 가져올 수도 있다. 따라서 제재조치의 부과에 있어서 이러한 문제들을 유의하여 그 피해를 최소화할 수 있는 장치를 마련하는 것이 필요하다.

봉쇄 등 경제전은 피봉쇄국의 모든 통상을 차단하기 때문에 민간주민에 대한 고통을 가중시키는 경향이 있다. 봉쇄를 직접적으로 규제하고 있는 파리선언과 런던선언(비준되지 않음)도 이 문제에 대해 침묵하고 있다. 오직 국제인도법의 몇몇 규정들에서 해상봉쇄의 제한에 대해 언급하고 있을 뿐이다.

1949년 제네바 제4협약인 전시 민간인 보호협약 제23조는 경제봉쇄 동안 구호물자의 자유로운 통과를 보장하여야 한다고 규정하고 있다. 비록 봉쇄를 침파한 화물이라 할지라도 다른 목적에 사용하지 않고, 남용되지 않는다는 것이 보장될 경우 오로지 민간인을 위하여 사용되는 물품은 통과되어야 한다는 것이다.[36] 그러면서도 동 조 2항에서는 일정한 제한을 부과하고 있다. 즉 탁송품이 그 행선지에 도착하지 못할 우려가 있는 경우, 관리가 유효하게 실시되지 못할 우려가 있는 경우 및 적이 당해 탁송품이 없으면 자신이 공급 또는 생산하지 않으면 안 될 물품의 대용으로 그 탁송품을 충당하거나 또는 당해 탁송품이 없었더라면 그러한 물품의 생산에 필요한 원료, 용역 또는 설비를 사용치 않게 됨으로써 적의 군사력 또는 경제에 대하여 명백히 이익을 주게 될 것을 우려할

---

36) 제23조 의료품, 식량 및 피복 등의 탁송품
　　각 체약국은 타방 체약국, 비록 적국일지라도 민간인에게만 향하는 의료품 및 병원용품, 그리고 종교상의 의식을 위하여 필요로 하는 물품 등 모든 탁송품의 자유통과를 허용하여야 한다. 각 체약국은 15세 미만의 아동과 임산부에게 송부되는 불가결한 식료품, 피복 및 영양제 등 모든 탁송품의 자유통과를 허가하여야 한다.

중대한 이유가 있다고 인정되는 경우에는 통과를 제한할 수 있다.[37] 민간주민의 구호품 및 구호요원의 신속하고 무해한 통과보장은 1977년 제1추가의정서 제70조에서도 재차 확인되고 있다.

제70조 구호활동
1. 만일 분쟁 당사국의 지배하에 있는 자들로서 피점령지역이 아닌 모든 지역의 민간주민이 제69조에서 언급된 물품을 충분히 공급받지 못하는 경우에는, 그 성질상 인도적이고 공정한 그리고 어떠한 불리한 차별도 없이 행하여지는 구호활동은 그러한 구호활동과 관계있는 당사국들의 합의에 따를 것을 조건으로 행하여져야 한다. 그러한 구호의 제의는 무력 충돌에 대한 개입이나 또는 비우호적 행위로 간주되어서는 아니 된다. 구호품의 분배에 있어서는 아동, 임산부 및 보모로서 제4협약 또는 본 의정서에 의하여 특전적 대우 또는 특별한 보호가 부여되는 자들에게 우선권이 주어진다.
2. 분쟁 당사국 및 각 체약 당사국은 그러한 원조가 적대국의 민간주민에게 행선하는 것이라 하더라도, 본 장에 의하여 제공되는 모든 구호품, 장비 및 요원의 신속하고 무해한 통과를 허용하고 이에 대한 편의를 제공하여야 한다.
3. 제2항에 의하여 구호품, 장비 및 요원의 통과를 허용하는 충돌 당사국 및 각 체약 당사국은,
   가. 그러한 통과가 허용되는 기술적 조치(검색을 포함)를 지시할 권리가 있다.
   나. 이익보호국의 현지 감독하에 행하여지는 이러한 원조의 분배에 있어서 그러한 허용을 조건부로 할 수 있다.
   다. 관계 민간주민의 이익관계상 긴급한 필요의 경우를 제외하고는, 절대로 구호품의 본래 의도된 용도를 전용하거나 또는 전달을 지체하여서는 아니 된다.
   4. 분쟁 당사국은 구호품을 보호하고 그것들의 신속한 분배를 용이하게 하여야 한다.
5. 분쟁 당사국 및 관계 각 체약 당사국은 제1항에서 말하는 구호활동의 효율적 조정을 장려하고 용이하게 하여야 한다.

제네바 제4협약 제23조는 비국제적 무력분쟁에는 적용되지 않고 국제적 무력분쟁에만 적용된다. 하지만 이 문제는 비국제적 무력분쟁에 적용되는 제2추가의정서 제18조에 의해 부분적으로 해결되었다.

제18조 구호단체 및 구호활동

---

37) 로젠블라드(E. Rosenblad)는 제1항은 전체로서의 민간주민에 대해서가 아니라 15세 이하의 아동, 임산부 및 유아의 모와 같은 "가장 고통받기 쉬운(공격을 받기 쉬운) 계층에 대해서만 구호를 규정하고 있으며, 제2항은 광범위하고 모호해서 봉쇄군에게 너무 많은 재량과 주관적 행사를 허용하고 있다"고 비판했다. E. Rosenblad, *International Humanitarian Law of Armed Conflict: Some Aspects of the Principle of Distinction and Related Problems*, Henry Dunant Institute, 1979, pp.113-114.

1. 적십자(적신월, 적사자 태양)단체와 같은 체약 당사국의 영역 내에 소재하는 구호단
   체는 무력충돌의 희생자와 관련된 그들의 전통적인 기능수행을 위하여 그들의 역무
   를 제공할 수 있다. 민간주민은 자발적으로 부상자, 병자 및 난선자를 수용하고 가
   료를 제공할 수 있다.
2. 민간주민이 식량 및 의료공급 등 생존에 필수적인 공급의 결핍으로 과도한 곤경에
   처하고 있을 경우 오로지 인도적이고 공평한 성질을 띠며 불리한 차별을 행함이 없
   이 수행되는 민간주민을 위한 구호행위는 관련 체약 당사국의 동의하에 실시되어야
   한다.

또한 제1추가의정서 제2장 '민간주민을 위한 구호'(제68조~제71조)는 제네바 제4협약 제23조 및 제2추가의정서 제18조의 실질적 내용을 기본적으로 반영하고 있다. 제68조(적용범위)는 제2장의 규정이 제네바 제4협약 제23조를 보완하는 규정이라는 것을 밝히고 있으며, 제69조(피점령 지역에 있어서의 기본적 필요)는 점령국은 가용한 수단을 다하여 그리고 어떠한 불리한 차별없이 피복·침구·대피장소·피점령 지역의 민간주민의 생존에 필수적인 기타물품 및 종교적 예배에 필요한 물건의 공급을 보장해야 함을, 제71조는(구호활동에 참여하는 요원) 구호요원은 자신의 임무를 수행할 영역이 속하는 당사국의 승인에 따를 것을 조건으로 자신의 임무를 수행 중인 영역이 속하는 당사국의 안보상의 요구를 존중하는 조건으로 구호활동에 참여할 수 있으며, 이들은 존중되고 보호되어야 한다고 규정하고 있다.

또한 봉쇄는 1949년 제네바협약 추가의정서에 의해서도 일정한 제한을 받는다. 제1, 2차 대전에서는 독일에 대하여, 미국내전에서는 남부연방에 대하여 기아작전의 일환으로 해상봉쇄가 이용되었다. 제1추가의정서 제54조 및 제2추가의정서 제14조는 민간인들에 대한 전투방법으로서의 기아작전을 금지시키고 있다.

제54조 민간주민의 생존에 불가결한 물건의 보호
1. 전투방법으로서의 민간인의 기아작전은 금지된다.
2. 민간주민 또는 적대국에 대하여 식료품·식료품생산을 위한 농경지역·농작물·가
   축·음료수 시설과 그 공급 및 관개시설과 같은 민간주민의 생존에 필요 불가결한
   물건들의 생계적 가치를 부정하려는 특수한 목적을 위하여 이들을 공격·파괴·이
   동 또는 무용화하는 것은 그 동기의 여하를 불문하고, 즉 민간인을 굶주리게 하거나
   그들을 퇴거하게 하거나 또는 기타 여하한 동기에서이든 불문하고 금지된다.
3. 제2항에서의 금지는 동 항의 적용을 받는 물건이 적대국에 의하여 다음과 같이 사

용되는 경우에는 적용되지 아니한다.

    가. 오직 군대구성원의 급양으로 사용되는 경우 또는

    나. 급양으로서가 아니라 하더라도 결국 군사행동에 대한 직접적 지원으로 사용되는 경우. 다만, 여하한 경우에라도 민간주민의 기아를 야기하거나 또는 그들의 퇴거를 강요하게 할 정도로 부족한 식량 또는 물을 남겨 놓을 우려가 있는 조치를 취하지 아니하는 것을 조건으로 한다.

4. 이러한 물건은 보복의 대상이 되어서는 아니 된다.

5. 침략으로부터 자국 영역을 방위함에 있어서 충돌 당사국의 필요 불가결한 요구를 인정하여, 충돌 당사국은 긴박한 군사상의 필요에 의하여 요구되는 경우에는 자국의 지배하에 있는 그러한 영역 내에서 제2항에 규정된 금지사항을 파기할 수 있다.

제14조 민간주민의 생존에 불가결한 대상물의 보호

전투방법으로서의 민간인의 기아작전은 금지된다. 따라서 이러한 목적을 위하여 민간주민의 생존에 불가결한 식량, 식량생산에 필요한 농업지대, 수확물, 가축, 음료수 시설 및 공급, 관개시설 등과 같은 목표물을 공격, 파괴, 이동 또는 무용화하는 것은 금지된다.

만약 전투방법으로서 민간주민에 대한 기아작전이 금지된다면 논리적으로 볼 때 민간주민의 기아를 가져올 수 있는 전투방법은 불법이거나 또는 합법성이 의문시된다. 봉쇄 등 경제전에 의해 야기된 고의적인 경제적 마비는 민간주민을 기아케 할 우려가 크다.[38] 파리선언 및 런던선언의 존재에도 불구하고 여러 범주의 전시금제품 간 구분이 사라져 가고 있고, 전시금제품의 품목이 확대되는 경향에 비추어 볼 때 봉쇄로 인한 민간주민의 기아는 절박한 문제이다. 사실상 식료품(식량)이 절대적 또는 조건부 금제품으로 취급됨에 따라 민간주민은 가장 극심한 고통을 피할 길이 없는 것이다.[39]

무력분쟁은 교전 당사국 전투원 간의 관계이지 교전 당사국과 민간인 간의 관계는 아니기 때문에 전투원과 민간인, 군사목표물과 비군사목표물 간의 구별 원칙은 인간가치의 파괴를 최소화하기 위한 노력에 의해 준수되어야 한다.

모든 관련 당사자의 고통과 피해를 줄이기 위해서는 전시 인권에 대한 적절한 존중을 보장하는 규범을 확립하여야 한다. 구체적으로 국제적 또는 비국제적 성격의 무력분쟁에서 민간주민의 보호를 위히여 제공되는 구호물자를 규율하는

---

38) Thomas D. Jones, "The International Law of Maritime Blockade: A Measure of Naval Economic Interdiction", 26 *Howard Law Journal*, 1983, p.540.

39) *Ibid.*

더욱 강력한 규정이 마련되어야 한다. 그리고 이익보호국 또는 국제적십자위원회, 각국 적십자사 또는 국제연합구호군과 같은 공정한 인도적 기관에 의해 감독되는 공정한 인도적 구호의 상황에서 식료품(식량), 의복, 의료 및 병원물품, 피난처와 그 수단 및 기타 민간주민의 생존에 필수적인 물자는 전시금제품으로 취급되어서는 안 될 것이다.[40]

무력분쟁에서 경제적 제재조치는 분쟁 당사자들에게 영향을 미쳐 분쟁의 해결에 영향을 미치기도 했다. 1992년 라이베리아에 부과된 안보리의 강제적인 무기금수조치[41]는 평화정착과정에 영향을 미쳤으며, 아이티에 대한 강제적인 석유 및 무기금수조치(S. C. Res. 841)도 평화협정의 완전한 이행을 보장하지는 못했지만 그 과정에 상당한 영향을 미쳤다.

그러나 분쟁 당사자에게 부과된 경제적 제재조치는 그 지역에 거주하고 있는 주민들에게 인도적 문제를 야기할 수 있다. 따라서 경제적 제재조치지역 내의 민간주민의 보호를 위한 적절한 대응이 요구된다. 외부와의 모든 교역이 금지됨으로써 의약품, 식량 및 생활필수품 등의 부족으로 의식주 및 보건상의 어려움을 겪기도 하고, 분쟁 당사자 모두에게 일률적으로 제재조치를 적용함으로써 군사적 약자에게 오히려 더 큰 피해를 가져올 수도 있다. 따라서 제재조치의 부과에 있어서 이러한 문제들을 유의하여 그 피해를 최소화할 수 있는 장치를 마련하는 것이 필요하다.[42]

국제연합 경제제재의 국제인도법적 측면에 대한 관심은 걸프전 당시 이라크에 대한 안보리의 포괄적 경제제재로 인한 이라크국민의 비극적 상태가 알려지면서 대두되기 시작했다. 이러한 관심을 배경으로 1995년 9월 6일부터 9일까지 이탈리아 산레모에서 국제인도법연구소(International Institute of Humanitarian Law) 주최로 "국제인도법 존중을 위한 단결"(United for the Respect of International Humanitarian Law)을 주제로 개최된 국제회의에서 '분쟁상황에서의 국제연합 제재의 인도주의적 결과'(Humanitarian Consequences of the UN Sanctions

---

40) E. Rosenblad, *op. cit.*, p.124.

41) S. C. Res. 788(1992). 동 결의에서 안보리는 이베리아 상황이 평화에 대한 위협을 구성한다고 결정하고, 헌장 제7장하에서 라이베리아에 대한 무기금수를 부과했으며, 서아프리카경제공동체(Economic Community of West African States: ECOWAS)의 활동을 비난했다. 동 결의에 따라 UN대표단이 이베리아에 파견되었다.

42) 이민효, "냉전후 국내분쟁과 국제사회의 역할", 해양전략 제103호, 1999. 6, pp.144 - 145.

in Conflict Situation)에 대한 토의가 있었으며, 경제제재로 인한 민간주민의 비극적 상황을 예방하기 위한 국제사회의 다각적인 노력을 촉구한 바 있다.[43]

2. 전투수단과 방법의 제한 원칙 준수

군사목표물에 한정되지 않는 대량파괴무기의 기술적 발달은 새로운 형태의 지상 및 공중공격으로부터 민간인 보호를 위한 전투수단과 방법의 규제에 관한 새로운 규정의 필요성을 보여주었다.[44]

무력분쟁에서의 전투수단의 제한에 있어서는 헤이그법상의 기본원칙을 그대로 보장하여 전투수단을 선택할 분쟁 당사자의 권리는 무제한적이지 않다는 것이 강조되어야 하며, 불필요한 고통 또는 필요이상의 상해를 일으키는 해적수단 및 자연환경에 광범위하고 장기간의 심각한 피해를 야기할 의도를 가지거나 또는 그러할 것으로 예상되는 해적수단의 사용은 금지되어야 한다. 전투방법의 제한에 있어서도 마찬가지로 이 분야의 일반원칙들인 무차별공격 및 무방수지역에 대한 공격은 금지되어야 하며, 민간인과 전투원 및 민간물자와 군사목표물은 구별되어 민간인 및 민간물자는 공격으로부터 보호되어야 하고, 민간인에 대한 보복공격은 금지되어야 하며, 배신행위에 의한 적의 살상과 포획도 금지되어야 하며, 군사작전 시 공격 또는 공격의 영향으로부터 민간인 및 민간물자가 피해를 받지 않도록 사전에 예방조치가 강구되어야 한다.

가. 전투수단 및 방법의 선택권 제한

무력분쟁에 있어 전투수단 및 전투방법을 선택할 분쟁 당사국의 권리는 무제한적이지 않다. 동 원칙의 기원은 19세기에 개최된 여러 회의와 논의들에서 확인되고 있는바, 1874년 브뤼셀 회의에서의 무력분쟁에 관한 문서(브뤼셀선언) 제12조에 처음으로 반영되었고, 그 후 1907년의 Hague 육전규칙에서 제22조로

---

43) 동 회의에 대한 자세한 설명은 김원경, "'국제인도법 존중을 위한 단결' 국제회의 참가보고서", 국제법학회논총, 제40권 제2호, 1995, pp.198－201 참조.

44) G. I. A. D. Draper, "The Development of International Humannitarian Law", UNESCO(ed.), *International Dimensions of Humanitarian Law*, Martinus Nijhoff Publishers, 1988, p.82.

조문화되었으며, 1977년 제1추가의정서 제35조 1항 및 1980년 특정재래식무기 협약 서문에서 재확인되었다.

헤이그 육전규칙 제22조는 전통 전쟁법상의 '군사필요원칙' 및 '인도주의원칙'과 관련하여 논의되어야 할 것이다. '군사필요원칙'은 정당한 전쟁목표의 신속한 달성을 위해 필요한 군사력의 사용을 허용한다는 원칙이고, '인도주의원칙'은 교전 당사자에게는 군사목표를 달성하기 위한 모든 전투수단과 방법이 허용되는 것이 아니고 문명과 인도주의(civilization and humanity)에 따른 제한이 부과된다는 것이다. 양 원칙은 상호 제한적인 원칙하에서 조화되어야 한다. 이러한 양 원칙의 조화로서 전투수단 특히, 무기에 관해서 전통 전쟁법 원칙으로 표현된 것이 '교전자는 해적수단(害敵手段)의 선택에 관하여 무제한적인 권리를 갖는 것은 아니다.'라고 규정하고 있는 헤이그 육전규칙 제22조라고 볼 수 있다.

그러나 전투에 관한 인도적 기본규칙의 핵심인 동 원칙은 전투수단과 방법의 규제에 있어 기초를 구성하지만,[45] 실제 상황에서 선택할 수 없는(또는 있는) 전투수단과 방법에 대해 아무런 언급도 하고 있지 않기 때문에 구체성과 명확성을 결한 추상적·일반적인 성격을 갖는다.

신무기 및 전투수단과 방법의 연구·개발·획득 및 채택에 있어서 체약국에게 동 무기 및 전투수단의 사용이 제1추가의정서 및 체약국이 적용할 수 있는 국제법의 여타 규칙에 의하여 금지되는지의 여부를 결정할 의무를 부과하고 있는 동 의정서 제36조는 본 항의 실효적인 이행과 관계가 깊다. 무력분쟁법에 의해 분쟁 당사국이 부담하는 의무와 관련하여 새로운 전투수단과 방법을 평가하여야 할 의무는 본 항에서 언급된 선택의 자유가 없다는 것으로부터 논리적으로 도출된다.[46]

그리고 이 원칙은 이론 및 국가의 사후 관행 면에서 다음과 같은 역할을 행하였다. 이론 면에서 볼 때 이 원칙은 '교전자에게 잔인하거나 배신적인 행위를 억지하여야 할 일반적 의무를 과하는' 역할을 행하여 왔으며,[47] 관행 면에서 볼

---

45) D. Fleck(ed.), *The Handbook of Humanitarian Law in Armed Conflicts*, Oxford University Press, 1995, p.112.

46) ICRC Commentary to Additional Protocol Ⅰ, *Commentary on the Additional Protocols of 8 June 1977 to the Geneva Conventions of 12 August 1949*, (eds.) Yves Sandoz, Christophe Swinarski, Buruno Zimmermann, 1987, pp.390 - 399 참조.

47) D. Bindschedler - Robert, *A Reconsideration of the Law of Armed Conflicts*, 1971, p.28.

때 (1) 헤이그 육전규칙에 의하여 금지되지 않는 무기는 그 사용이 허용된다는 추론을 배제하며,[48] (2) 특정무기사용의 규제를 위한 기본적 전제[49]로서의 역할을 담당해 왔다.[50]

위 원칙은 해전에 있어서의 전투수단과 방법의 선택에도 마찬가지로 적용할 수 있을 것이다. 물론 육상 무력분쟁에 적용되는 일반원칙이 해상에서의 적대행위에도 관련 있는지 명확하게 언급하고 있는 조약규정은 현재 존재하지 않는다. 그러나 이러한 일반원칙이 해상 무력분쟁법에 확실히 정착되었다는 것은 전체 법체계에서 볼 때 당연하다. 게다가 국제연합 총회는 1968년 12월 19일의 결의 2444(XXⅢ)[51]에서 '무력분쟁에 있어서 전투수단 및 방법을 선택할 분쟁 당사국의 무제한적 권리 불인정'을 포함한 무력분쟁법의 기초가 되는 여러 원칙들을 만장일치로 확인한 바 있다.

나. 과도한 상해 및 불필요한 고통을 야기하는 무기 사용금지

과도한 상해 및 불필요한 고통을 야기하는 무기 사용금지 원칙은 간접적인 표현 형식이기는 하지만 1868년의 세인트·피터스버그선언(St. Petersburg Declaration) 전문에서 처음으로 규정되었다. 즉 "국가가 전쟁 기간 중에 달성하고자 노력하여야 할 정당한 목적은 적의 군사력(military forces)을 약화하는 것이며, 이를 위하여서는 가능한 한 다수의 자를 무능력화하는 것으로 충분하며, 따라서 이미 무능력하게 된 자의 고통을 소용없이 증대하거나 또는 죽음을 불가피하게

---

48) A. Cassese, "Means of warfare: The Traditional and the New Law", A. Cassese(ed.), *The Humanitarian Law of Armed Conflict*, 1979, p.161. 이는 전투수단은 국제법의 다른 규정, 즉 전쟁에 관한 법규 및 선언에 의한 금지 또는 허용 여부에 따라 결정된다는 것을 의미한다.

49) 1974년부터 1977년에 걸쳐 개최된 '무력분쟁에 적용될 국제인도법의 재확인 및 발전에 관한 외교관회의' 에서 동 기본원칙을 전제로 하여, 특정재래식무기를 규제하기 위한 일반적 기준으로 불필요한 고통 및 과다한 상해를 일으키거나 무차별적 효과를 초래하거나 배신적 효과를 갖는 무기사용 금지라는 3개 원칙을 채택하였다. Report of the Ad Hoc Com. on Conventional Weapons of the Diplomatic Conf., 1st Sess.(CDDH/47/Rev.1, 1977), pars.21 – 25.

50) UN. Doc. A/9215(Existing rule of international law concerning the prohibition or restriction of use of specific weapons, Respect for Human Rights in Armed Conflicts), vol.1, 1973, p.17.

51) 국제연합의 후원하에 1968년 4월 22일부터 5월 13일까지 테헤란에서 개최된 국제인권회의(International Conference of Human Rights)는 인권과 국제인도법 간의 관계를 확립함으로써 중요한 전환점을 이루었는데, 동 회의는 국제연합 총회로 하여금 사무총장에게 (1) 모든 무력분쟁에서 국제인도법의 보다 나은 적용을 확보하기 위한 조치, (2) 모든 무력분쟁에서 민간주민, 포로 및 전투원의 보호 및 특정 전투방법을 금지시키기 위한 국제인도법의 개정 또는 보완을 연구토록 요구할 것을 요청했다. 이러한 요청을 받아들인 국제연합 총회가 사무총장에게 국제적십자위원회 등과 협력하여 이를 행할 것을 요청한 결의가 총회 결의 2444(ⅩⅩⅢ)이다.

하는 무기의 사용은 전쟁법 목적의 범위를 넘어선다."고 하였다.

동 원칙을 보다 명확하게 표현한 것은 헤이그 규칙과 제1추가의정서이다. 헤이그 규칙 제23(e)항에 의하면 불필요한 고통을 일으키는 무기, 발사물 및 기타 물질의 사용을 금지하고 있으며,[52] 제1추가의정서 제35조 2항에서도 '필요 이상의 상해 또는 불필요한 고통'을 일으키는 성질의 무기, 발사물 및 전투물질과 그러한 방법을 사용함을 금지한다고 규정하고 있다.

동 원칙은 세계여론이 교전국가들의 행위의 정당 여부를 평가함으로써 도덕적, 정치적 규범으로서 역할을 할 수 있다. 이 원칙의 초법적인 평가는 여론이 대중매체를 통해 정부에 영향을 주기 때문에 단순한 법적인 평가보다도 더 중요하게 나타날 수 있으므로 과소평가되어서는 안 된다. 무엇보다도 동 원칙은 각 국가가 새로운 무기를 개발하는 것을 억제하거나 그 사용을 금지하고자 할 때 일반적인 인도주의적 근거의 하나로 이용되기 때문에 대단히 중요한 교시 자료이다.[53]

그러나 동 원칙은 그 개념이 애매하고 객관성이 결여되어 있어 실질적으로 존중되지 않았으며, 각국은 편의적으로 해석하는 경향이 강하였다. 그 결과 잔인한 특성의 무기가 명백하기 때문에 누구도 그것을 부인할 수 없다거나, 동 원칙을 반복적·대규모적으로 위반한 증거가 있는 경우와 같은 극단적인 경우에만 교범적인 역할을 하고 있다.[54]

다. 무차별적인 효과를 초래하는 무기 사용금지

분쟁 당사국은 민간인 또는 피보호자와 전투원, 민간물자 또는 공격 면제물자와 군사목표를 항상 구분하지 않으면 안 된다. 무력공격은 엄격하게 군사목표에 한정되어야 하는바, 공격은 군사목표에 대하여 또는 군사목표인 적선 및 적 항공기에 의해 수행되는 것과 기능상 구별되지 않는 임무에 종사하는 제한된 중립국 선박과 항공기를 목표로 하여야 한다.

---

52) 동 원칙은 400g 이하의 작렬탄, 담담탄, 질식성 또는 유독성 가스 등 몇 가지 전투수단의 특수한 사용금지를 자동적인 적용규칙으로 만들고자 함을 목적으로 하고 있다. A. Cassese, *Means of Warfare, The Humanitarian law of Armed Conflict*, Napoli, 1979, p.162.

53) 임덕규, *op. cit.*, p.297.

54) A. Cassese, *op. cit.*, p.163.

군사목표물은 그 성질, 위치, 용도 또는 사용이 군사활동에 효과적으로 공헌하는 것으로 그 전면적 또는 부분적 파괴, 포획 또는 무력화가 당시 상황하에서 명확한 군사적 이익을 가져오는 것이다. 이러한 정의하에서 군사목표로 분류되는 것은 예컨대 군함, 군용차량, 무기, 탄약, 연료 저장소 및 요새와 같은 엄밀한 군사목표 외에도 가정의 미래 시점이 아닌 그 당시 상황에서 이러한 기준을 충족하는 경우, 예컨대 수송과 통신체계, 철도, 비행장, 항만시설 및 무력분쟁에 있어서 기본적인 중요성을 갖는 산업과 같은 군사작전에 대하여 행정 및 후방 지원을 제공하는 활동도 군사목표에 포함된다. 또한 군사목표가 '군사활동에 효과적으로 공헌'하는 것이어야 한다는 것이 전투행위와의 직접적인 관계를 요구하는 것은 아니기 때문에 민간물자가 전투행위와 단지 간접적으로 결부되더라도, 분쟁 당사국의 전체적인 전쟁 수행능력 중의 군사적 부분에 효과적으로 공헌하도록 사용되면 군사목표가 되어 공격으로부터 면제되지 않는다.

오늘날 교전자(전투원)와 비교전자(민간인) 및 군사목표와 비군사목표(민간물자)는 엄격하게 구별되고 있다(구별의 원칙, Principle of Distinction). 동 원칙은 오늘날 헤이그법의 가장 기본적인 원칙으로서 확립되어 있으며, 제1추가의정서 제48조에 의하여도 재확인되고 있고, 국제연합 총회도 일반적인 무력분쟁법 전체의 기초가 되는 약간의 원칙을 만장일치로 확인하면서 '가능한 한 민간주민을 보호하기 위하여 적대행위에 참가하는 자와 민간주민의 구성원은 항상 구별되지 않으면 안 된다.'고 결의한 바 있다.[55]

이 원칙은 모든 전투행위를 오직 교전자와 군사목표에 대하여만 지향하고 민간인에게는 원칙적으로 교전자격을 인정하지 않는 반면에, 민간인 및 민간물자는 최대한 공격대상으로부터 면제하고, 이들을 가능한 한 보호하려는 데 그 목적이 있다.[56]

그러나 군사목표에 대한 공격이 군사목표를 오인하거나 군사목표에 명중했지만 그 영향이 군사목표에 한정되지 않고 확대되어 다른 사람이나 물건에 부수적인 사상이나 손해를 야기하였다고 해서 무조건 동 원칙을 위반한 것은 아니다. 왜냐하면 어떠한 전투방법이나 수단도 100퍼센트 정확히 기능하는 것은 아

---

55) UN, G.A., Res.2444(XXIII)(1968. 12. 19).

56) 정운장, 국제인도법, 영남대학교 출판부, 1994, pp.256 - 257.

니며, 일반적으로 발사체가 표적에만 명중할 확률은 꽤 낮다. 그러므로 부수적 손해가 일어날 가능성이 있다고 해서 무력공격을 불법적인 것으로 만드는 것은 아니다.

구별원칙이 해전법규에 적용된다고 명확하게 언급하고 있는 조약 규정은 현재 존재하지 않는다. 그러나 실제로 해상작전을 규율하는 무력분쟁법은 비록 불완전하기는 하지만 공격할 수 있는 자와 없는 자, 공격할 수 있는 물자와 없는 물자 간에는 식별원칙이라고도 불리는 구별원칙을 그 법체계의 본질적인 요소로 하고 있다. 현대 무력분쟁에서 모든 희생자 중 민간인 희생자의 비율이 증가하고 있는바, 오늘날 구별원칙이 모호해졌다고 볼 수도 있겠지만 이러한 구별원칙이 강조되고 강화되어야 하는 것은 자명한 일이다.

라. 전멸명령 금지

생존자에 대한 전멸명령과 그러한 명령으로 적을 위협하는 행위 및 생존자를 전멸시킬 목적으로 행하는 적대행위는 금지된다. 1907년의 헤이그 육전규칙 제23조(d) 및 제1추가의정서 제40조에 명시적으로 규정된 동 원칙은 상당히 오랜 역사적 과정을 거쳐 발전되었다. 다만 어떠한 조명도 허용하지 않는다고 선언하는 것을 확고하게 반대하는 입장이 확립된 것은 19세기 이후이다. 이러한 원칙은 분명히 해상에서의 부상자, 병자 및 난선자의 존중 및 보호와 밀접히 결부되어 있다. 먼저 불필요한 고통에 관한 규칙의 설명에 비추어 실제 이것은 전투원으보다는 물자에 주로 영향을 미치기 때문에 해상작전 수행에 직접 적용되는 원칙이라기보다는 병자 및 난선자를 보호하는 의무의 일부로 보아야 한다. 이러한 접근은 항복하는 적의 살상을 금지하고 있는 제17조에서 조명거부를 첨부하고 있는 1913년의 해전에 관한 옥스퍼드 매뉴얼에 반영되어 있다. 해상에서의 적대행위에서 동 원칙은 제2차 세계대전 후에 열린 몇몇 주요한 재판의 판결에서 그 유효성이 지속되고 있다는 것이 확인된 바 있다.[57]

---

57) Wolff Heintschel v. Heinegg(ed.), *The Military Objective and the Principle of Distinction in the Law of Naval Warfare*, pp.11 - 17 참조.

마. 고의적인 대규모 환경파괴 금지

전투수단 및 방법은 국제법의 관련 규칙을 고려하여 자연환경에 타당한 고려를 해야 한다. 군사적 필요성에 의해 정당화되지 않고 또한 자의적으로 행하여지는 자연환경에 대한 손해 또는 파괴는 금지된다.

무력분쟁은 일반적으로 군사적, 경제적 목적을 위한 삼림의 파괴, 식수의 고의적 오염과 같은 직접적, 계획적인 환경파괴 및 환경에 유해한 화학물질 배출시설에 대한 공격, 부정확한 표적선택 및 대량파괴무기에서 발생되는 의도하지 않았던 경미한 환경파괴와 같은 간접적, 부수적으로 영향을 미친다.[58]

이러한 무력분쟁에서의 환경파괴에 대응하여 국제사회는 무력분쟁 시의 환경보호에 관한 제 규정들을 두고 있다. 이러한 법규들에는 무력분쟁과 관련없는 국제환경법상의 일반원칙 및 보호규정, 환경문제를 직접 언급하지는 않았지만 적용 가능한 무력분쟁 관련 법규에 명시된 규정 등이 있다.[59] 이들 중 무력분쟁법상 무력분쟁에서 환경보호에 관한 법규들로는 전투수단과 방법의 제한에 관한 불필요한 고통금지, 군사상 필요원칙 및 전투원과 민간인의 구분원칙 및 비례성원칙 등 무력분쟁법의 일반원칙과 헤이그 협약,[60] 1949년 제네바협약(제네바 제4협약 제32, 5, 55 및 56조 참조), 1977년 추가의정서(제1추가의정서 제35, 54, 55 및 56조 참조), '환경변경기술의 군사적 또는 기타 적대적 사용금지협약'(Convention on the Prohibition of Military or any Other Hostile Use of Environmental Modification Techniques: ENMOD Convention)[61] 등이 있다.[62]

---

58) J. Leggett, "The Environmental Impact of War: a Scientific Analysis and Greenpeace's Reaction", G. Plant(ed.), *Environmental Protection and the Law of War: A Fifth Geneva Convention on the Protection of the Environment in Time of Armed Conflict*, Belhaven Press, 1992, p.68.

59) 이들 각각의 규정들에 대한 자세한 설명은 B. Baker, "Legal Protections for the Environment in Times of Armed Conflicts", 33 *Virginia Journal of International Law*, 1993, pp.353-376 참조.

60) 1899년 협약(Ⅱ) 제22조 및 제55조, 1907년 협약 제22, 25, 27, 28 및 55조 참조. 이러한 규정들은 직접적으로 환경보호를 위해 채택된 것은 아니지만 군사필요성으로 정당화되지 않는 문화적으로 중요한 자연자원과 환경보호에 적용 가능하며 국제인도법이 자연환경의 보호문제에까지 확대될 수 있는 법적 기초가 되었다.

61) UN GA Res.31/72, UN GAOR, 31st Sess., Supp. No.39, UN Doc.A/31/39(1976). 군축위원회의 산물인 동 협약은 환경에 유해한 전투행위의 규제를 포괄적으로 규제하지는 못했지만 군비통제와 환경보존 간의 관계를 나타냄으로써 인간보존을 위한 건강한 환경의 필요성을 묵시적으로 인정하고 있다. 동 협약 제1, 2조 참조.

62) 무력분쟁 시의 환경보호에 관한 국제인도법에 대해서는 International Committee of the Red Cross, *Protection of the Environment in Time of Armed conflict: Report Submitted by the International Committee of the Red Cross to the Forty-English session of the United Nations General Assembly*, 1993 참조.

해상 무력분쟁에서의 환경문제는 새로운 해전 기술과 방법, 무력분쟁법과 해양법의 새로운 전개 및 해상무력분쟁의 결과로서 환경에 대한 중대한 손해가 발생할 가능성의 증대로 주목받기 시작하였으며, '해상무력분쟁에 적용될 국제법에 관한 산레모 선언'의 채택을 위하여 1991년에 개최된 베르겐(Bergen) 회기와 1992년의 오타와(Ottawa) 회기에서의 예비논의를 거쳐서 1993년 제네바 회기 라운드 테이블을 위한 합의의제로 삽입되면서부터 공식적으로 논의되기 시작하였다.

제네바 회기 중 무력분쟁 중의 환경보호에 관한 특별보고자는 보고서에서 평시에 해양환경을 해하지 않을 의무가 국가에 존재한다고 하였는데, 걸프전쟁(1991년)의 경험에 비추어 볼 때 적어도 해상 무력분쟁 중에 전투 수단으로서 해양환경을 이용하는 것 또는 그것을 공격목표로 하는 것을 금지하는 규칙이 출현했다는 것은 매우 명백하다고 강조하였다. 제네바 회기에서 논의 결과 '군사적 필요성에 의하여 정당화되지 않고 또한 자의적으로 행하여지는 자연환경에 대한 손해 또는 파괴는 금지한다.'라는 조항을 채택하기로 합의되었다. 이는 많은 참가자들이 표명한 관심사, 즉 '군사적 필요 원칙'의 범위 내에서 해상 무력분쟁의 전투수단 또는 직접적인 공격 목표 대상으로서 해양환경을 이용하는 것을 위법화해야 한다는 것을 수용한 것이었다.

제네바 회기에서 합의된 안은 리브로노(Livrono) 최종회기에서 '전투수단 및 방법은 그 법원의 여하에 관계없이 무력분쟁에 적용되는 자연환경의 보호와 보전에 관한 국제법 규칙에 따라 사용되지 않으면 안 된다.'라고 수정할 것이 제안되었는데, 이는 보다 명확하고 직설적이었다. 특히 무력분쟁 시의 환경보호에 적용되는 법규의 향후 발전에 길을 여는 것이었다. 그러나 다른 참가자들은 본 항에 '국제법의 관련 규칙을 고려하여'를 언급하는 것은 무력분쟁에 적용되는 그러한 규칙을 존중하지 않으면 안 된다는 것을 적절히 규정하고 있고, 또한 그것에 '타당한 고려'의 기준을 추가하는 것은 보다 효과적인 환경보호에 기여한다고 생각하였다. 그 이유는 오늘날 무력분쟁 중의 환경보호를 직접 언급하는 규칙은 매우 한정되어 있고, 또한 '타당한 고려'라는 표현은 개개의 특정 경우에 있어 대립되는 이해를 평가하는 데 유연성을 부여한다고 보았기 때문이었다.

바. 마르텐스 조항

저명한 국제법 학자로서 헤이그 전쟁법회의 제2위원회 제2소위원회 의장이던 러시아 대표 마르텐스(F. F. Martens)는 1907년 '육전의 법규와 관례에 관한 헤이그협약'(Convention on Respecting the Laws and Customs of War on Land) 전문 제8항에 도입된 소위 마르텐스 조항(Martens Clause)을 기초했다. 동 조항은 1949년 제네바협약(공통조항, 제1협약 제163조) 및 1977년 추가의정서(제1조 2항)에서도 그대로 계승되고 있다. 실제 발생할 수 있는 모든 상황을 다룰 수 있는 규칙을 제정하는 것이 가능하지 않음을 확인한 동 조항은 협약에 의해 규제되지 않는 경우에도 "교전자는 인도의 법칙 및 공공양심의 명령으로부터 유래되는 문명화된 인민들 사이에 확립된 관습상의 국제법 원칙의 보호 및 지배하에 있다."라고 하여 '인도적 이익 및 점진적인 문명화의 필요성'을 강조하고 인도적 원칙이 무력분쟁에 관한 모든 법전에까지 확대된다는 것을 분명히 하고 있다. 이는 각국들이 국제인도법의 정신과 실질을 준수해야 할 의무가 있다는 것을 인정하고 있다는 것을 의미한다.63) 따라서 마르텐스 조항은 명문의 규정이 없더라도 모든 무력분쟁에 적용되는 관습적 성격을 갖는 일반원칙이라고 볼 수 있다.

3. 예방조치 강구

무력분쟁에 있어 적을 공격할 경우 분쟁 당사국은 분쟁의 참화를 방지 및 경감하기 위하여 예방조치를 취할 것이 요구된다. 1977년 제네바협약 제2추가의정서는 제57조(공격에 있어서의 예방조치)에서 분쟁 당사자는 군사작전 수행에 있어 민간주민(인) 및 민간물자가 피해를 받지 않도록 하기 위하여 부단한 보호조치가 행해져야 한다면서, 해상(공중 포함)에서의 군사작전과 관련된 예방조치

---

63) M. Lippman, "Crime Against Humanity", 17 *Boston College third World Law Journal*, 1997, p.173. M. Lippman은 이 논문에서 '인도에 대한 죄'의 의의와 기원, 발전과정 및 관련판례를 상세하게 설명하면서 논문의 말미에서 민족적, 인종적 및 종교적 폭력과 적대에 있어서의 적대행위의 발흥은 일국뿐만 아니라 국제사회의 안정을 직간접적으로 위협하고 있다면서 위험에 처한 민간주민을 보호하고 잔악행위를 억제하기 위해서는 '인도에 대한 죄 금지협약'의 채택이라는 과감하고 역사적인 조치를 취할 것을 촉구하고 있다. *Ibid.*, p.273.

에 관해 다음과 같이 규정하고 있다(동 제57조 4항).

해상에서의 군사작전에 있어서 분쟁 당사자는 무력분쟁에 적용되는 국제법의 제 규칙하에서 자국의 권리와 의무에 따라 민간인 생명의 손실 및 민간물자의 손상을 피하기 위하여 모든 합리적인 예방조치를 취하여야 한다.

동 규정은 예방조치의 필요성을 인정하면서도 구체성을 결하고 있다. 따라서 가능한 한 전투수단과 방법으로부터 예방조치를 취하여야 한다는 동 규정의 의도[64]를 보다 명확하고 구체화할 필요가 있다. 이러한 명확화 및 구체화는 해상에서의 무력분쟁에 있어 민간인, 여타 피보호자 및 면제물자의 보호를 보다 강화할 것이다.

구체적으로 공격 시의 예방조치는 다음과 같이 보다 구체화되어야 할 것이다. 무력분쟁에 있어 공격을 계획, 결정 또는 실행하는 자는 비군사목표물이 공격구역에 존재하는지 여부를 확인함에 필요한 정보수집을 위해 실행 가능한(feasible)[65] 조치를 취하지 않으면 안 되며, 자기가 이용할 수 있는 정보에 비추어 공격이 군사목표물에 한정되도록 하기 위하여 실행 가능한 모든 조치를 취하지 않으면 안 되고 또한 부수적인 사상 또는 손해를 회피 또는 최소화하기 위하여 전투수단 및 방법을 선택함에 있어 실행 가능한 모든 조치를 취하지 않으면 안 된다. 그리고 공격 전체로부터 예기되는 구체적이고 직접적인 군사적 이익과 비교하여 과도한 부수적인 사상 또는 손해를 야기하는 것이 예측되면 공격해서는 안 되며,[66] 부수적인 사상 또는 손해를 야기하는 것이 명백한 경우에는 신속하게 공격을 취소 또는 중지하지 않으면 안 된다.

이러한 공격 시의 예방조치는 기본적인 구별원칙과 군사목표만 공격해야 하는 의무와 관련 있는 것으로 이러한 의무는 목표식별을 할 수 있는 경우에만 이행될 수 있다. 그러나 오늘날 고도로 발달된 현대기술의 출현으로 인한 전투

---

64) ICRC Commentary to Additional Protocol Ⅰ, *Commentary on the Additional Protocols of 8 June 1977 to the Geneva Conventions of 12 August 1949*, 1987, pp.687 - 689 참조.

65) '실행 가능한'이라는 용어의 의미는 '인도적 고려와 군사적 고려를 포함하여 그 당시의 모든 상황을 고려하여 실제적이고 현실적으로 가능한 것'이라고 이해되어야 된다.

66) 이는 공격에 있어서의 비례성 원칙을 말하는 것으로 '직접적인'(direct)이라는 표현과 함께 군사적 이익의 평가에 더 많은 조건을 붙이고 있다. '직접적'은 '부수적인 조건 또는 매개가 없는 것'을 의미하는데, 군사목표에 손해를 입히기 위해서라기보다는 오히려 부수적인 손해를 야기하기 위해서 행하여지는 공격은 분명히 금지된다.

수단의 파괴력은 극도로 증대되었으며, 이와 결부된 무경고 및 무제한적 공격과 같은 전투방법의 관행은 불행하게도 무력분쟁의 비인도성과 비인간성을 여실히 보여주고 있다. 따라서 현대 해전에 있어 예방조치는 무력분쟁으로 인한 희생을 최소화하기 위한 중요한 조치로서 인도적 이유에서 강조되어야 한다.

4. 군사목표 구별원칙의 준수

군사적 목표에 대한 구별원칙은 교전자(전투원)와 비교전자(민간인) 그리고 군사목표와 비군사목표(민간물자)는 엄격하게 구별해야 하며, 적에 대한 무력공격을 그것이 어디에서 행해지든 합법적 목표에만 한정해야 한다[67]는 것으로서 무력분쟁법의 기본원칙 중 하나이다.[68] 따라서 분쟁 당사국은 민간인 또는 피보호자와 전투원, 민간물자 또는 공격 면제물자와 군사적 목표를 항상 구분하고 무력공격을 전투원과 군사목표에 엄격하게 한정하여야 한다. 이는 모든 전투행위가 오직 교전자와 군사목표만을 지향하고 또한 교전자격이 인정되지 않는 민간인과 민간물자를 최대한도로 공격대상에서 면제시켜 이들을 가능한 한 보호하려는 데 그 목적이 있다.[69]

학설 및 관습법적 수준에서 무력분쟁 당사자를 규율하는 헤이그법의 기본원칙 중 하나로 인정되던 군사목표 구별원칙은 국제법의 점진적 발전 및 조약화 과정에서 개별 무력분쟁법, 즉 각각 육·해·공전을 규율하는 기본규칙들인 헤이그 육전규칙, 전시해군포격에 관한 협약 및 공전규칙(안)에서 무방수지역(undefended area)에서의 공격은 군사목표에만 한정된다는 규정으로 명문화되었다.[70] 이는 이후 1949년 무력분쟁에 적용될 국제인도법에 관한 제네바협약을

---

67) F. Kalshoven, "Merchant Vessels as Legitimate Military Objectives", W. H. v. Heinegg(ed.), *The Military Objective and the Principle of Distinction in the Law of Naval Warfare*, Bochumer Schriften zur Friedenssicherung und zum humanitaren Volkerrecht, Bd. 7, 1991, pp.122-123.

68) ICJ(International Court of Justice)는 1996년의 '핵무기의 위협 또는 사용의 합법성'(Legality of the Threat or Use of Nuclear Weapons)에 관한 권고적 의견에서 "각국은 절대로 민간인을 공격목표로 삼아서는 안되며, 민간목표물과 군사목표물을 구분할 수 없는 무기를 사용해서도 안된다."고 하였다. ICJ, "Advisory Opinion of 8 July 1996", *ICJ Report*, 1996, p.257, para.78.

69) 정운장, *op. cit.*, pp.256-257 참조.

70) '헤이그 육전규칙' 및 '전시 해군포격에 관한 협약'에 의하면, 적에 대한 공격(폭격 및 포격 포함)은 공격대상 지역이 방수지역이냐 또는 무방수지역이냐의 구별에 따라서 그 규제내용을 달리 규정하고 있다. 방수지역이라

보완 발전시킨 1977년 제1추가의정서에서 재확인되었다.

1. 전시 해군포격에 관한 협약

가. 방수지역에 대한 공격

지상군의 점령기도 또는 상륙군을 엄호할 경우, 군함은 방수지역에 무차별 공격을 행할 수 있다. 그러나 군사상의 필요가 부득이한 경우를 제외하고는 공격군 해군 지휘관은 포격개시 전에 그 취지를 관헌에게 사전에 통고하기 위하여 시행할 수 있는 최대한의 노력을 하여야 한다(전시 해군포격에 관한 협약 제6조).

무차별 공격의 경우에도 종교 기예, 학술 및 자선에 사용되는 건물, 역사상의 기념건조물, 병원과 상병자의 수용소는 동시에 군사상의 목적에 사용되지 않는 한 이를 가급적 손해를 면하게 하기 위하여 필요한 일체의 수단을 취해야 한다. 주민은 이러한 건물, 기념건조물 또는 수용소를 알기 쉽게 표시할 의무가 있다. 이 표시는 견고한 方形의 大板으로 상부는 흑색, 하부는 백색의 양 3각형으로 구획한 것이어야 한다(동 제5조 및 해상의 군대의 상병자 및 조난자의 상태개선에 관한 1949년 제네바협약(1949년 제네바 제2협약) 제23조).

나. 무방수지역에 대한 공격

방수되지 아니한 항, 도시, 촌락, 주택 또는 건물을 해군병력으로 포격함은 금지되며(전시 해군포격에 관한 협약 제4조), 항의 전면에 자동촉발기뢰를 부설한 사실만으로 그 항을 포격하는 것은 허용되지 아니하나(동 제1조), 군사상의 공작물, 군용건물, 무기창고, 군수공장 및 항내의 군함은 포격금지대상에 포함되지 않는다. 그러나 해군지휘관은 상당한 기간 경고를 발한 후 지방관헌이 이 기간 내에 이를 파괴하는 조치를 취하지 아니하는 경우에 전혀 다른 수단이 없을 때 그리고 달리 취할 수 있는 수단이 없을 때에 한하여 포격할 수 있다. 그러나 이 경우에도 지휘관은 당해 도시에 미치는 불편을 가급적으로 적게 하기 위하여 적절한 모든 수단을 취하여야 한다(동 제2조).

무방수지역에서는 군사목표만이 공격대상으로 한정되기 때문에, 비군사목표에 대한 공격은 허용되지 않는다. 그러나 군사목표에 인접하여 비군사목표가 있을 경우, 군사목표에 대한 공격으로 인하여 민간인 또는 민간재산이 피해를 입는 경우가 많다. 이러한 공격은 직접 또는 고의적으로 비군사목표를 표적으로 행한 것이 아닌 한 위법으로 간주되지 않는다. 따라서 포격으로 인하여 민간손해가 발생한다고 할지라도, 고의가 아닌 경우 지휘관은 아무런 책임을 지지 아니한다(동 제2조).

무방수지역에 있어 군함은 군함 자체가 필요로 하는 식량 및 기타 필수품을 적국의 연안 지방당국에 명하여 이를 징발(徵發)할 수 있다. 징발명령이 합법적이기 위해서는 징발 대상물이 군함의 당장의 긴급한 수요에 충당하기 위하여 꼭 필요한 식량, 식수 및 연료 등 필수품에 한정될 것과 징발이 당해 지방의 자력(資力)에 상응하는 것이어야 한다(동 제3조 1항 및 2항 전단). 연안 지방당국이 이러한 징발명령을 거부하는 경우, 군함은 명시적으로 통고한 후에 연안지방을 포격할 수 있다(동 제3조 1항). 이 경우의 포격을 징벌적 포격이라고 하며, 이때에는 군사목표에 한정하지 아니하고,

---

고 함은 일방 교전국(분쟁 당사국)의 군대에 의한 '점령의 기도'(점령이나 상륙작전 등을 위한 해군 및 공군의 엄호작전 포함)에 대하여, 타방 교전국 군대가 '현실적으로 저항'하는 지역을 말한다. 여기에서 '점령의 기도'라 함은 단순한 점령계획이나 점령의욕 등의 주관적 요소를 말함이 아니고, 그 계획을 실제로 행동으로 옮겨 적의 점거지역으로 진격함을 말한다. 이에 반하여 '점령의 기도'와 '현실적 저항'의 두 요소 중, 하나라도 결여되어 있는 지역을 무방수지역이라 한다. 그러므로 그 지역 내에 있는 요새나 진지 등 군사시설의 유무와는 관계되지 않는다. 예컨대, 공격군이 점령을 기도하지 않거나 또는 사실상 점령이 불가능한 후방 소재 도시의 경우에는 제1의 요소(점령의 기도)가 결여되며, 그 반면에 공격군이 점령의 기도를 갖고 접근해 갈 때 아무런 현실적 저항이 없는 경우에는 제2의 요소(현실적 저항)가 결여되므로, 그 어느 경우를 막론하고 당해 지역은 무방수지역이다. 정운장, *op. cit.*, p.317.

무차별포격이 허용된다. 그러나 현금(現金)의 징발거부를 이유로 하는 징벌적 포격은 허용되지 아니한다. 현금은 군함에게 긴급을 요하는 필수품이 아니기 때문이다. 육군과 공군의 경우에는 해군과는 달리 물품의 징발거부를 이유로 하는 무방수지역에 대한 무차별공격은 허용되지 않는다(정운장, *op. cit.*, p.325.).

2. 1977년 제1추가의정서

제1추가의정서에서 군사목표 구별원칙을 규정하고 있는 것은 제4편(민간주민) 제1장(적대행위의 영향으로부터의 일반적 보호)이다. 의정서는 기본규칙으로 민간주민과 민간물자의 존중 및 보호를 보장하기 위하여 분쟁 당사국은 항시 민간주민과 전투원, 민간물자와 군사목표물을 구별하여야 하며, 따라서 작전은 군사목표물에 대해서만 행하여져야 함을 강조하고 있다(제1추가의정서 제48조).

그리고 민간주민이나 민간인의 존재 또는 이동은 특정지점이나 지역을 군사작전으로부터 면제받도록 하기 위하여, 특히 군사목표물을 공격으로부터 엄폐하거나 또는 군사작전을 엄폐, 지원 또는 방해하려는 기도로 사용되어서는 아니 되며, 분쟁 당사국은 군사목표물을 공격으로부터 엄폐하거나 군사작전을 엄폐하기 위하여 민간주민 또는 민간인의 이동을 지시하여서는 안된다고 규정하고 있다(동 제51조 7항).

또한 동 의정서는 무차별 공격(indiscriminate attack)이나 배신행위의 금지 등 전투방법의 규제에 관한 규칙과 불필요한 고통이나 과다한 상해를 일으키는 특정 성질의 전투수단의 사용금지 등 기존의 헤이그법상의 규칙들을 폭넓게 수용하고 있다. 뿐만 아니라 그 외에도 민간인 및 민간물자를 대상으로 하는 복구 금지, 민간주민을 기아에 빠뜨리게 하는 전투방법의 사용금지, 민간주민의 생존에 필요 불가결한 물자의 존중과 보호, 민간주민의 생존 또는 건강을 해칠 정도의 자연환경의 손상을 가져올 것을 의도하거나 또는 그러한 결과가 예측되는 전투수단 및 방법의 사용금지, 위험한 위력을 내포하는 시설물에 대한 공격의 규제 등 헤이그법 분야에 속하는 새로운 규정들도 추가하고 있다(이용호, op. cit., p.120.).

동 의정서는 이전의 법과는 구별되는데, 이전의 법은 첫째, '방수' 여부가 기준으로 적용되어 방수지역에 대해서는 무차별 공격이 허용되고, 둘째, 무방수지역에는 '군사목표' 기준을 적용하고 있다. 하지만 동 의정서는 종래의 '방수' 기준이 폐기되어 방수지역이든 무방수지역이든 불문하고 무력공격은 엄격하게 군사목표에 한정되어야 한다고 하고 있다(淺田正彦, "特定通常兵器使用禁止制限條約と文民の保護(1)", 『法學論叢』, 京都大學法學會, 第114卷 2号, 1983, pp.63-64.).

3. 기타

1965년 제20차 적십자국제회의(비엔나) 결의 제28호(Res. ⅩⅩⅧ)는 무차별적 전투행위로 인하여 민간주민 및 미래문명이 큰 위험에 처하게 되었음을 인식하고 모든 정부와 전투행위에 책임 있는 모든 당국이 최소한 준수해야 할 4개 원칙(비엔나 4개 원칙)으로 첫째, 무력분쟁 당사국은 해적수단을 선택함에 있어서 무제한의 권리를 갖지 않는다. 둘째, 민간주민 자체에 대한 공격은 금지된다. 셋째, 민간주민이 최대한으로 피해를 면할 수 있도록 하기 위하여 적대행위 가담자와 민간주민을 항시 구별하여야 한다. 넷째, 전쟁법의 일반원칙은 핵무기 및 이와 유사한 무기에도 적용된다고 선언하였다. 그리고 1968년 12월 19일 국제연합 총회는 위의 4번째 원칙을 제외한 3개 원칙을 만장일치로 확인하면서, '가능한 한 민간주민을 보호하기 위하여 적대행위에 참가하는 자와 민간주민의 구성원은 항상 구별되지 않으면 안된다.'고 결의(UN. G.A., Res. 2444(ⅩⅩⅢ))하였다.

또한 ICJ(International Court of Justice)도 1996년의 '핵무기의 위협 또는 사용의 합법성'(Legality of the Threat or Use of Nuclear Weapons)에 관한 권고적 의견에서 "각국은 절대로 민간인을 공격목표로 해서는 안되며, 민간목표물과 군사목표물을 구분할 수 없는 무기를 사용해서는 안된다."고 하였다(ICJ, Advisory Opinion of 8 July 1996, ICJ Report, 1996, p.257, para.78.).

공격대상을 군사목표에 한정하고, 기타 일정한 요건을 갖춘 대상에게 '민간성'(民間性)을 부여함으로써 무력공격으로부터 보호하고자 하는 군사목표 구별 원칙 개념은 매우 유효할 뿐만 아니라 중요하다.

해전에서 적 군함 및 보조선박은 합법적 군사목표물로서 공격할 수 있다. 교전국 군함은 공해 또는 교전국의 영수 내에서 조우하는 적국 군함 또는 공선을 즉시 공격할 수 있으며, 나포할 경우 이는 전리품으로서 나포한 국가에 귀속되며 승무원은 포로가 된다. 그렇지만 안전통항권이 부여된 선박, 항복선, 병원선, 의료수송선 또는 오로지 해양오염사고에 대처하도록 건조 또는 개조된 선박, 학술·종교·박애 임무를 띤 선박, 연안어업 및 지방적 항해에 종사하는 선박 또는 카르텔선 등은 공격으로부터 면제된다.

공격이 면제되는 이들 적선도 항상 공격이 면제되는 것이 아니라 적의 공격으로부터 면제되기 위해서는 통상적 임무에 무해하게 종사해야 하며, 식별 및 검색요구에 응해야 하고, 전투원의 이동을 고의적으로 방해하지 않아야 하며 그리고 정선 및 퇴거요구가 있을 시 이를 준수해야 한다. 공격면제 선박은 이러한 조건을 모두 준수하는 경우에만 공격으로부터 면제된다. 그러나 공격면제 선박이 면제조건들 중 어느 하나를 위반하여 보호를 상실하더라도 자동적으로 당해 선박이 공격을 받는 것은 아니다. 이들 선박을 나포 또는 공격할 경우에는 일정한 절차와 기준이 충족되어야 하는바, 침로변경 또는 나포가 불가능한 경우, 군사적 통제를 행사하기 위한 다른 방법이 없는 경우, 선박이 군사목표물이 되었거나 될 것으로 합리적으로 추정할 수 있는 비준수 상황이 매우 중대한 경우 및 부수적 사상 또는 손해의 정도가 기대되는 군사적 이익에 비례하여야 한다.[71]

중립국 상선은 '합리적 이유'가 있는 경우 임검과 수색을 받게 되는바, 중립국 상선이라 하더라도 군함의 호송하에서 항행하는 경우 교전국 군함은 중립국 상선을 임검하여 수색할 수 있다. 하지만 임검과 수색의 권리는 자의적으로 행사되어서는 안되며, 해당 선박이 나포대상이 된다고 의심되는 '합리적 이유'가 있는 경우에만 실시되어야 한다.

원칙적으로 중립국 상선은 나포되지 않는다. 중립국 상선을 나포할 권리는 당

---

71) 해전에서의 군사목표 구별원칙에 대한 자세한 설명은 졸고, "해전에서의 군사목표구별원칙에 관한 연구", 해양연구논총, 제36집, 2006. 4, pp.103－126 참조.

해 중립국 상선의 일정 행위에 대한 교전국의 법적 대응으로,[72] 중립국 상선은 예외적인 경우에만 나포된다. 중립국 상선을 나포할 수 있는 예외적인 사유로는 포획 당시 선박 또는 화물이 적성을 갖는다는 혐의와 금제품 수송, 봉쇄침파 또는 비중립적 역무를 구성한다고 간주되는 활동을 하였다는 혐의를 시인하는 것과 같은 적대행위에 직간접적으로 관여하는 경우를 들 수 있다.

그리고 중립국 상선은 예외적인, 즉 적국의 군사활동에 효과적으로 기여하고, 그 파괴가 명확한 군사적 이익을 제공하며, 적국의 호위하에서 행동하거나 또는 적국을 위하여 전쟁행위에 종사하는 등의 경우에만 공격대상이 된다.

해전에서 이러한 내용을 갖는 군사목표 구별원칙은 구체적으로 무엇이 군사목표에 해당되는지 확정할 수 없는 경우 그 의미는 상당부분 퇴색될 수밖에 없다. 따라서 무차별적인 공격으로부터 불필요한 희생을 예방하기 위해서는 '군사목표'가 가능한 한 구체적으로 정의되어야 할 것이다. 즉, 군사목표 개념의 개선 및 보완이 필요하다.

1977년 제네바협약 제1추가의정서가 규정하고 있는 군사목표의 정의는 전후의 장기간에 걸친 노력의 성과치고는 만족할 만한 수준에 이르지 못하고 있다. 동 의정서 제52조 2항은 군사목표와 관련하여 2가지 기준을 제시하고 있다. 첫째, '그 성질, 위치, 목적 또는 용도상 군사활동에 유효한 공헌을 할 것'을 요구하고 있는데, 이 기준은 군사목표의 정의에 객관적 요소를 도입하고자 하는 취지이지만 너무 광범위할 뿐만 아니라 결과적으로 군 지휘관에게 어느 정도 판단에 있어 재량의 여지를 남기고 있다. 둘째, 그 당시의 상황에 있어 파괴 등이 '명확한 군사적 이익'이 있어야 함을 요구하고 있는데, 명확한 군사적 이익의 의의 및 판단을 객관적으로 내리는 것은 불가능하기 때문에 이 기준도 명쾌하지 못하다.

이처럼 개념의 불명확성으로 인한 군사목표의 대상을 구체적으로 예시하기란 대단히 어렵고, 이러한 한계를 고스란히 떠안고 있는 기존의 국제문서들을 포함하여 제1추가의정서상의 정의는 결정적인 문제점을 포함하고 있다. 전투인력과 무기 외에도 경제력 등 제반 국력의 구성요소들이 전쟁수행상의 중요한 요소가 되고 있는 오늘날의 총력전 상황하에서 군사목표와 비군사목표를 엄격하게 구

---

72) 중립국인 기국의 공평의무 위반에 대한 복구 수단으로 교전국이 중립국 상선을 나포하고 몰수할 수 있는가의 문제에 관해서는 R. W. Tucker, *The Law of War and Neutrality at Sea*, US Naval War college, 50 International Law Series, 1955, pp.252ff. 참조.

별하는 것 자체가 어렵기는 하지만, 군사목표라는 기준을 적용하는 한 그 정의를 보다 명확하게 하기 위한 노력이 요구된다.[73]

군사목표의 정의는 공격군 지휘관이 긴박한 전투상황에서도 별다른 조언이나 숙고 없이도 공격대상이 군사목표물인지 아닌지를 판정할 수 있을 정도로 명확하게 규정되는 것이 바람직하다. 물론 아무리 명확하게 규정한다고 해도 모든 대상을 열거할 수는 없으며 법규의 특성상 일부 중요한 대상을 예시한 후 일정한 조건을 제시하고 그 조건을 충족하는 경우 군사목표물로 간주한다는 일반적이고 추상적인 정의가 불가피한 면도 있지만, 상황이 허용하는 한 군사목표에 해당하는 대상물을 가급적 구체적으로 예시하는 것이 필요하다. 특히, 군사목표의 정의에 대한 개선 및 보완에 있어 우선적으로 고려되어야 할 것은 군사필요성 원칙을 가능한 한 지양하고, 군사목표물로 선정해서는 안 되는 대상을 최대한 보호하려는 인도적 정신과 의도를 강조하고 강제할 수 있는 방향으로 개선, 보완되어야 할 것이다.

5. 인도적 목적의 해상수역 설정

교전국은 인도적 목적을 위하여 그러한 인도적 목적에 양립되는 활동만이 허용되는 수역을 해상의 일정구역에 설정할 것을 합의할 수 있다. 이러한 수역은 1982년의 포클랜드전에서 아르헨티나와 영국에 의해 합의된 '적십자수역'(Red Cross Box), 즉 Falkland/Malvinas 북방의 공해상에 직경 약 20해리의 해상중립수역의 설정에서 유래된 것이다. 동 수역은 영국과 아르헨티나 간의 부상자 교환을 가능하게 하였다.

현 해상무력분쟁을 규제하는 국제법규에는 이러한 성격의 수역 설정에 관한 명시적 규정이 존재하지 않는다. 하지만 인도적 목적을 위하여 이러한 수역의 설정을 분쟁 당사국에 장려하는 것이 매우 유용하다. 위의 'Red Cross Box'는 부상자의 교환을 위해 설정된 것이지만, 이러한 목적 외에도 여타의 인도적 목적에도 사용될 수 있을 것이다.

---

73) 淺田正彦, *op. cit.*, p.64; 田中忠, "戰鬪手段制限の外觀と內實: 一九四九年 8月 12日のジユネ l ブ條約への追加議定書を中心に", 國際法外交雜誌, 第78卷 3号, 1969年, p.60 참조.

동 수역의 설정을 위해서는 분쟁 당사자 간 합의는 필요하지만 그렇다고 특정의 방식을 취할 필요는 없으며('Red Cross Box'의 경우는 문서상의 합의는 없었음), 설정 기간도 합의된 기간만 존속토록하면 될 것이다. 합의에 있어 가장 핵심적인 내용은 동 수역 내에서 어떠한 종류의 군사적 활동이 허용되는가 또는 금지되는가 하는 것이다. 수역을 설정한 목적인 인도적 활동(예를 들면, 부상자를 병원선으로 이송하는 군용 헬리콥터의 비행 등)은 당연히 허용되겠지만, 실시 중인 인도적 활동을 해하는 행위, 합의조건에 명확히 반하는 행위 및 합의된 수역설정 목적과 양립하지 않는 방법에 의한 수역의 사용(군함의 피난처로의 사용) 등은 인도적 목적의 합의를 악용하는 것이기 때문에 당연히 허용될 수 없다. 그러나 현실적으로 허용활동의 유형 및 범위를 합의하기란 쉽지 않은 문제이며, 설령 합의가 이루어지더라도 분쟁 당사국 중 어느 일방이 그러한 합의를 고의적으로 악용하고 위반하는 경우 이를 방지하고 본래의 목적에 따르도록 강제하기란 매우 어려울 것으로 판단된다.[74]

---

74) L. Doswald-Beck(ed.), *op. cit.*, pp.223-224 참조.

제**7**장

해상무력분쟁법의 재확인 및 발전

제1절 서론

해상에서의 무력사용을 규제하는 법(해상무력분쟁법)은 오랫동안 해전의 수단과 방법에 있어서의 발전과 이 문제와 직접적으로 관련 있는 여타 국제법 분야에서 중요한 변화를 고려하여 재평가되고, 변화된 상황에서도 적용될 수 있는 새로운 법규범의 확립이 요구되어 왔다. 이러한 필요성은 제25차 국제적십자회의에서 "해전과 관련 있는 일부 기존 국제인도법은 현존하는 국제인도법의 기본적 원칙들에 기초하여 재확인 및 명확하게 할 필요가 있다."면서 각 정부들에게 해전 관련 국제인도법의 관련 조문들을 새롭게 할(update) 필요성 및 가능성을 검토하기 위하여 적절한 회의를 개최하고 협력할 것을 호소하는 결의 Ⅶ에서도 확인할 수 있다.[1]

이러한 요구는 간헐적으로 제기되어 오긴 했었지만, 구체적 성과를 보지 못하다가 1980년대 후반 들어 현실화되었다. 이탈리아 산레모(San Remo)에 소재한 국제인도법연구소(International Institute of Humanitarian Law)는 1987년 '해상무력분쟁법의 현대화'라는 의제로 각국의 정부대표, 해군관계자, 학자 및 국제적십자위원회(International Committee of the Red Cross: ICRC) 전문가로 구성된 '해상무력분쟁에 적용될 국제인도법에 관한 예비 라운드 테이블'(a preliminary Round Table on International Humanitarian Law Applicable to Armed Conflicts at Sea)을 개최하였다.

동 회의에서 해상무력분쟁법의 현대화가 필요하다는 것이 합의되어[2] 1988년부터 일련의 라운드 테이블이 개최되었으며,[3] 1994년에는 '해상무력분쟁에 적

---

1) L. Doswald-Beck, "San Remo Manual on International Law applicable to Armed Conflict at Sea", 309 *International Review of the Red Cross*, 1995, p.583.

2) 1987년 예비라운드테이블은 "새로운 전투수단 및 방법이 등장하고, 무력분쟁법 및 해양법에 있어서 새로운 전개를 볼 수 있고 나아가 해상무력분쟁의 결과 환경에 중대한 피해가 미칠 가능성이 증대하였기 때문에 무력분쟁에 적용되는 국제법 원칙들에 관한 연구가 필요하다."는 선언을 채택했다.

3) 1988년 스페인적십자사의 후원으로 Madrid에서 개최된 제2차 회의는 해상무력분쟁에 적용되는 현 국제인도법

용될 국제법에 관한 산레모 매뉴얼'(San Remo Manual on International Law Applicable to Armed Conflicts at Sea, 이하 산레모 매뉴얼)을 채택하고, 이듬해인 1995년에 동 매뉴얼의 해설서(Explanation)[4]를 발간하였다.

산레모 매뉴얼은 1907년 제2차 국제평화회의 이후 발전된 해상무력분쟁법의 많은 내용들이 오늘날까지 조약화되지 못하였고, 1949년 제네바 제2협약도 본질적으로 해상에서의 부상자, 병자 및 난선자 보호에 한계가 있기 때문에 새로운 해상무력분쟁법의 제정이 필요하다는 공통된 인식하에 채택되었다. 특히 육상무력분쟁법은 1977년 제네바협약 제1추가의정서에서 보완 및 발전되었지만 해상무력분쟁법은 별다른 진전이 없었다. 비록 제1추가의정서에서 일부규정들이 해군작전, 특히 의무용 선박 및 항공기의 보호에 영향을 미치기는 하였지만, 적대행위 영향으로부터의 민간인 및 민간물자 보호규정(제1추가의정서 제4절)은 육상에 있는 민간인 및 민간물자에 영향을 미치는 해군작전에만 적용될 뿐이었다.

이와 같은 해상무력분쟁법의 불완전 및 불명확한 상황에도 불구하고 일부 국가들의 해군은 실무적 필요에서 매뉴얼의 작성에 많은 노력을 기울여 왔으며, 이를 교범으로 채택하여 활용하고 있다. 하지만 이들 교범들은 각국의 독자적 연구와 법해석에 의한 것으로 국제적인 통일성을 갖지 못하고 있는바, 이러한 와중에서 해상무력분쟁법을 재검토할 필요가 있다는 국제적인 인식에 따라 6부(part), 총 183개 항(paragraph)으로 구성된 '산레모 매뉴얼'이 탄생된 것이다.

1917년 국제법협회(Institute of International Law)에 의해 채택된 '교전국 간의 관계를 규율하는 해전법에 관한 옥스퍼드 매뉴얼'(Oxford Manual on the Law of Naval War Governing the Relations Between Belligerent, 이하 옥스퍼드 해전교범)을 현대화한 동 매뉴얼은 해상무력분쟁법에서의 향후 발전을 고려한 규정들을 일부 포함하고 있기는 하지만, 그 규정들의 대부분은 현재에도 적용될 수 있

의 내용을 작성하기 위한 행동계획(Plan of Action)을 확립했다. 그 이후 회의는 Bochum, Toulon, Bergen, Ottawa, Geneva 그리고 마지막으로 Livorno에서 개최되었다. 최초의 4차례 회의는 각각 독일, 프랑스, 노르웨이, 캐나다의 후원으로 개최되었다. ICRC는 중요한 역할을 했는데, 제네바에서 개최된 회의를 후원한 것 외에도 전 과정 동안 연구소에 조언을 했고, 초안작업에 협력했으며 행정적 및 실무적 작업에 기여했다. ICRC는 또한 '해설서'의 초안을 작성하기 위한 연례회의에 토론의 기초가 된 보고서를 작성한 보고자들을 3차례 소집했다. *Ibid.*, p.587.

4) 매뉴얼에 확립된 규정의 원천을 밝히고 규정의 채택과정에서 제출된 각국의 입장 및 그 규정이 채택된 배경을 설명하고 있는 해설서는 기존의 법규와 관습법을 재확인하는 동시에 해상무력분쟁법의 점진적 발전을 위한 제안이라는 특성을 갖고 있다.

는 것으로 간주되고 있다.

이러한 면에서 동 매뉴얼은 국제관습을 공고히 하고 이의 응집된 발전을 증진하여 미래의 조약발전에 확고한 기초가 될 것이다. 따라서 뒤늦은 감이 있긴 하지만 동 매뉴얼의 구체적인 내용에 대한 체계적인 연구가 시급히 요청되고 있으며, 이는 장차 해상무력분쟁법의 발전 및 조약화 과정에서 우리의 입장을 명확하게 반영할 수 있는 기초를 제공할 것이다.

제2절 산레모 매뉴얼의 채택

1. 채택배경

가. 기존법규의 재확인 및 발전 필요성 대두

기존에 채택되어 발효 중인 해상무력분쟁법 중 가장 최근의 것인 1949년 제네바 제2협약도 채택된 지 약 60년이 지났을 뿐만 아니라 대부분은 약 150년이 지난 것으로 과학과 기술의 급속한 발달에 힘입은 전투수단과 방법이 획기적으로 변화되고 개선된 오늘날의 해상무력분쟁에 그대로 적용하기에는 문제가 있었고, 따라서 그 이후의 관습법의 발전에 비추어 기존 규정이 계속 유효한지 평가해 볼 필요가 있었다.

기존 규정들 중에는 이미 그 실효성을 상실했거나 변화된 현실에 적용하기 위해서는 재확인하여 발전시켜야 할 것도 있었다. 비록 채택 당시 발효되지는 못했지만 당시의 관습법을 반영했던 1909년의 런던선언 및 1913년의 옥스퍼드 매뉴얼의 일부 규정들은 오늘날에도 여전히 적용될 정도로 신뢰할 수 있는 지침으로 확립되었다고 볼 수 있는 반면, 다른 한편으로는 발효되어 현재까지 적용되고 있는 기존법규들 중에는 오늘날의 해전에 적용되기에는 불합리하거나 새로운 관습법의 발달로 더 이상 유효성을 지속하기가 어려운 규정들도 있으며, 기존에는 예상하지 못했던 새로운 양상의 해전을 규율하기 위한 새로운 규범의 창설도 요구되었다.

또한 육전에 적용되는 법규는 1949년 제네바협약과 1977년 추가의정서에 의해 재확인 및 발전되었다. 제1추가의정서의 일부 조항, 특히 1949년 제네바 제2협약에서 의무용 선박과 항공기에 부여되는 보호를 보완하는 규정은 해상작전에 영향을 주지만 적대행위의 영향으로부터 민간인을 보호하는 동 의정서 제4부는 육상의 민간인과 민간물자에 영향을 미치는 해상작전에만 적용된다. 이러한 육전법규의 변화가 해상무력분쟁에 적용되는 원칙 및 규칙과 관련하여 국가관행에 어떠한 영향을 미쳤는지를 검토할 필요가 있었다. 이처럼 해전법규는 여러 이유들에 의하여 새로운 검토가 요구되었는바, 그러한 이유들이 해상무력분쟁법에 미친 불명확한 효과를 보다 철저하게 검토할 필요가 있었다.

그리고 해상작전은 육상작전만큼 빈번하지는 않았지만 몇몇 최근의 분쟁들은 해전에 적용되는 법의 상당한 명확화가 필요함을 보여주었다. 제2차 세계대전 이후 최초의 본격적 해전이 있었던 포클랜드(Falklands/Malvinas) 분쟁은 다행히도 민간 또는 중립국 선박의 안전에 있어 심각한 문제들을 야기하지 않았음에도 불구하고 배타구역(exclusive zones)의 설정과 같은 중요한 문제들을 야기했으며, 제네바 제2협약에서 규율되는 바와 같이 병원선의 비밀코드 사용 금지의 부정적 효과도 논의가 요구되었다.

이란 – 이라크전쟁에서도 중립국 민간선박에 대해 광범위한 공격이 있었을 뿐만 아니라 교전국에 의한 배타구역(exclusive zones)의 사용이 있었다. Vincences호에 의한 이란 항공기의 격추는 교전국 해군의 민간물자의 정확한 식별에 실질적인 어려움이 있다는 것과 민간항공당국의 활동과 해상에서의 교전군 요구 간의 불명확한 관계를 밝혀야 한다는 논쟁을 불러왔다. 또한 제2차 걸프전에서 연합군(coalition forces)은 공식적으로 그 범위를 지정하지 않은 채 봉쇄(blockade)를 설정했는데 봉쇄를 강화하기 위해 사용된 방법들 및 인도적 이유 등에 의해 허용된 봉쇄의 면제에 대해 특별한 관심이 집중되었으며, 국제연합 안전보장이사회가 국제인도법의 제 규칙에 의해 구속되는 정도 또한 중요한 문제였다. 특히 기뢰부설은 상당한 논란을 불러일으켰는데, 이란 – 이라크전에서 부설된 기뢰의 일부는 중립국선에 의해 소해되었으며 1995년 6월 스리랑카 민간주민들에게 구호물자를 공급하기 위해 ICRC에 의해 용선된 선박이 기뢰폭발로 심각하게 파손되어 침몰되기도 했다.[5]

이러한 변화를 반영하여 기존법규를 검토하여 현재에도 적용 가능한 규정을 재확인하고 새로운 개정이 필요한 규정들을 발전시키기 위한 계기가 요구되었는바, 산레모 매뉴얼의 채택은 이를 반영한 것이다.

나. 발전된 전투수단과 방법의 규제 필요

제1차 대전 이전에 발전된 관습법은 19세기의 해군관행 및 항해에 적합한 수준 내에서 군사적 요구와 인도적 요구 간의 적절한 균형을 유지하고 있었지만, 1907년 이후 과학과 기술의 급속한 발전으로 전투수단과 방법에 있어 놀라운 변화가 있었다. 따라서 19세기의 상황을 기초로 한 전통적인 법체제가 현재에도 유효한 것인지에 대한 의문이 꾸준히 제기되었다.

1909년 런던선언 및 1913년 옥스퍼드 매뉴얼은 제1차 대전 이전의 관습법사상에 상당한 영향을 미쳤는데, 실제 제1차 대전에서의 각 사례들은 헤이그 협약들과 전통적인 관습법이 전투수단과 방법의 비약적인 발전을 따라가지 못하고 있다는 것을 여실히 보여주었다. 특히 수상함에 요구되는 절차를 따를 수 없는 잠수함의 등장은 당시 승인되고 있던 법규를 위반하는 방법으로 상선을 어뢰로 공격할 수밖에 없게 했다.

잠수함을 불법화하려는 노력이 특히 1920년대 영국을 중심으로 있었지만 조약으로 채택되지 못했다. 이러한 제안들은 '잠수함은 수상함과 동일한 국제법 규칙을 준수하여야 한다.'는 내용으로 1936년 런던의정서에서 수락되었다. 하지만 새로운 전투수단을 규율함에 있어 이러한 시도는 이후의 항공기에 의한 기뢰 및 장거리 미사일의 빈번한 사용으로 문제를 더욱 악화시켰을 뿐 해결점을 찾지 못했다. 이러한 규범과 현실 간의 간극은 제2차 세계대전에서 수많은 병원선 및 구호물자를 수송하던 적십자 선박을 고의적으로 침몰시키는 사태를 가져왔다.[6]

그리고 전투수단의 급격한 발전 및 확산, 즉 잠수함, 기뢰, 비행기 및 미사일의 개발은 봉쇄관행에 근본적인 영향을 미쳐 봉쇄국 군함을 해안으로부터 수백 마일 밖에서 봉쇄를 강제할 수 있게 했다. 제1차 세계대전에서 독일은 자국 군

---

5) L. Doswald-Beck, *op. cit.*, p.583.

6) *Ibid.*, p.584.

함을 영국 주변해역에 배치함으로써 영국으로 하여금 장거리 봉쇄를 채택토록 하였으며, 제2차 세계대전에서도 독일의 공중공격은 영국 군함에게 영국해협을 버리고 더 외해로 나가도록, 즉 봉쇄의 범위를 더욱 확대하도록 강요했다.[7] 오늘날 고도화된 정밀무기의 확산으로 수상함이 공격받을 가능성이 증대되었기 때문에 비록 우세한 해군력을 가졌다 하더라도 해양을 일방적으로 통제할 수 없다는 현실을 고려해 볼 때[8] 향후 해상분쟁에서 봉쇄의 범위 확대는 더욱 강화될 것이 예상된다.

또한 20세기 들어 발생한 해상무력분쟁에서 분쟁 당사국들은 많은 경우 해상이나 그 상공에 정규의 통항 및 비행을 제한할 목적으로 일정 수역(zones)을 설정함으로써 분쟁 당사국이나 제3국 선박 및 항공기가 허가 없이 진입하는 것을 거부해 왔다.[9] 그 대표적인 예로는 한국전쟁 중 1952년 9월 27일 UNC가 한국 연안에 대한 공격의 방지, UN군 보급선의 확보, 전시금제품 수송의 방지 및 간첩활동의 방지 등을 위해 설치한 한국방위수역(이른바 Clark Line)의 선포,[10] 1972년 미국의 Haiphong 포함 9개의 베트남 항구에 봉쇄를 선언하고 이를 강제하기 위한 기뢰 부설,[11] 1980년 이란-이라크전에서의 양국에 의한 전쟁수역 설정[12] 및 걸프전에서 다국적군에 의한 홍해(the Red Sea)와 북아라비아만 (northern Arabian Gulf) 전역에서의 선박 차단[13] 등을 들 수 있을 것이다. 이러

---

7) Michael G. Fraunces, "The International Law of Blockade: New Guiding Principles in contemporary State Practice", 101 *The Yale Law Journal*, 1992, p.902.

8) 군사기술의 발달로 현대 해전에서 정밀유도무기체계는 보다 치명적이고 정확해졌으며 소형의 수상함에서도 발사가 가능하게 되었으며, 이러한 유도탄을 탑재한 함정은 비록 표적의 탐지, 식별 등의 문제를 내포하고는 있지만 광대한 해상통제를 가능케 하였다. 그리하여 중소국가의 소규모 해군일지라도 강대국의 해군활동에 효과적인 제한을 가할 수 있게 되었다. G. Till, *Maritime Strategy and the Nuclear Age*, Macmillan, 1982, p.176.

9) 이러한 수역은 전쟁수역(war zones) 외에도 배제수역(exclusion zones), 군사수역(military zones), 폐쇄수역 (barred zones) 및 작전수역(operational zones) 등 여러 명칭으로 불리고 있다.

10) 이병조·이중범, 국제법신강, 일조각, 2008, p.1098.

11) D. P. O'Connell, *The Influence of Law of on the Sea Power*, Manchester Univ. press, 1975, p.94.

12) 1980년 9월 22일 이란은 자국의 모든 연안수역을 전쟁수역(War Zone)으로 선포하고 이라크항으로의 모든 화물수송 및 하역을 금지시켰고, 이라크는 1980년 10월 7일 걸프만 북부수역에 전쟁수역을 선언하였으며 (1982년 8월 16일 동 수역을 확대하고, 동 수역 내의 모든 선박 및 Kharg 도서에 접안하는 모든 유조선은 공격대상이 됨), 1984년 2월에는 Kharg 도서 주변에 50마일 배타수역(Exclusion Zone)을 설정하였다. F. V. Russo, Jr., "Neutrality at Sea in Transition: State Practice in the Gulf War as Emerging International Customary Law", 19 *Ocean Development and International Law*, 1988, pp.389-392; J. H. McNeill, "Neutral Rights and Maritime Sanctions: The Effects of Two Gulf Wars", 31 *Virginia Journal of International Law*, 1991, pp.631-639 참조.

13) 처음에는 차단선박이 상선을 임검 및 수색하고, 상선이 그러한 조치에 저항할 때는 변침을 강요하기 위하여 헬

한 관행들은 무력분쟁에 있어서 경제전의 중요성 증대와 해상무력분쟁에서 사용되는 전투수단의 급속한 발전 및 현대무기의 전통적 봉쇄를 행할 능력이 부족한 중립국으로의 확산 때문이었다.14)

다. 국제해양법의 영향

전통적 해전법규는 첫째, 교전 당사국들은 교전국의 영해, 공해 및 이들 수역의 상공에서만 적대활동을 행할 수 있다. 둘째, 교전 당사국들은 중립국의 내수, 영해 및 이들 수역의 상공에서 적대활동을 행할 수 없다. 셋째, 중립국은 분쟁에 참여하고 있는 모든 교전 당사국들에게 중립법규를 공평하게 적용하여야 한다 등으로 요약될 수 있다.15)

그러나 '1982년 유엔해양법협약'(해양법협약)의 채택으로 인한 해양질서의 근본적 변화는 필연적으로 전통적 해전법규에 상당한 영향을 미칠 수밖에 없었다. 해양법협약은 기존의 해양법에 비하여 많은 면에서 발전이 있었다. 영해범위가 최초로 12해리까지로 확정되었고, 대륙붕의 범위를 최대 350해리까지로 확대하였으며, 군도수역 및 배타적 경제수역제도가 신설되었고, 국제해협에서의 통과통항제도가 도입되는 등 해양법 질서에 중요한 변화를 가져왔다. 국가의 주권 및 관할권에 종속되고 있던 수역의 확대와 연안국의 관할권에 종속되는 새로운 수역의 창설은 해상무력분쟁에 적용되는 전통적 규칙들을 이들 새로운 수역들에 적응시켜야 하는 문제를 야기했다.

오늘날 미국, 독일, 캐나다 등과 같은 해양강대국들은 기존에 적용되던 규칙들을 관할권이 확대된 수역에서도 그대로 적용하고 있다. 그러나 무력분쟁 시 새로운 확대된 관할 수역에 기존 규칙의 기계적 적용으로 중립국과 교전국의 이익을 최대한으로 보호하고 분쟁희생자 및 분쟁 당사자를 위한 인도적 목적을

리콥터를 이용하여 특수부대를 투입하였다. 다국적군에 의한 봉쇄조치의 성공은 장거리 봉쇄가 완강하게 저항하는 적에 대해서도 효과가 있다는 것을 보여주었다. 걸프전에서의 해상봉쇄작전의 성공 및 효과에 대해서는 해군본부, Gulf 전쟁 분석, 1991, pp.17 - 19; 해군본부(역), 걸프전에서의 해군작전, 1992, pp.30 - 36 참조.

14) T. C. Linn, "Naval Forces in the Post - Cold War Era", 20 *Strategy Review*, No.4, 1992, pp.19 - 20.

15) NWP - 9, para.7.3.4.2; D. P. O'Connell, *The International Law of the Sea*, vol.1, Clarendon Press, 1982, p.1117; H. Lauterpacht, *Oppenheim's International Law*, vol.2, Longmans/Green and Co., 1952, pp.673 - 695; M. M. Whiteman, *Digest of International Law*, vol.4, U.S. Government Printing Office, 1965, p.178.

달성할 수 있을지는 불확실하다.[16)

교전국의 적대활동이 금지되고 중립국의 감시 및 통제가 요구되는 수역의 확대는 교전국으로 하여금 동 수역을 이용하여야 할 필요성을 증가시킬 것이며, 그에 따라 동 수역을 이용하기 위한 시도를 할 수밖에 없을 것이고, 중립국은 중립의무의 준수와 자국의 안전 확보를 위해 교전국의 이러한 행위를 방지하고자 할 것이다. 이러한 교전국과 중립국 간 이해의 충돌은 분쟁수역을 확대시키고 중립국을 분쟁에 끌어들이는 등 양자 간의 긴장을 고조시킬 것이다. 따라서 교전국과 중립국의 행위준칙을 제시하고 분쟁발생의 사전예방을 위해서는 장차 발생될 모든 경우에 적용될 수 있는 종합적인 조치를 강구할 수는 없지만 전쟁이 발발할 경우 적용할 수 있는 일반적 규칙을 마련할 필요가 있었던 것이다.

라. 통일된 해전법전 제정 필요

기존 해전법 규정들은 여러 국제문서들에서 단편적이며 중복적으로 산재해 있다. 국제법 분야에 있어 해군 작전법의 2개의 핵심부분 중 하나인 해양법(평시 작전법)은 1982년 유엔해양법협약의 채택으로 구체적 내용에 있어서는 불명확한 점이 많긴 하지만 전체적인 대강을 확인할 수 있게 되었으나, 다른 한 부분인 해상무력분쟁법(전시 작전법)은 개별적 문제중심으로 다양한 조약들이 파편화되어 있어 종합적인 이해가 어려웠다.

그리고 해상무력분쟁법이 불명확한 상황에 있었음에도 일부 국가들은 실무적 필요에서 매뉴얼 작성에 노력을 기울였다. 예컨대 미국은 '해전법규'(1955) 및 '해상작전법에 관한 지휘관 매뉴얼'(Commander's Handbook on the Law of Naval Operation(NWP9A), 1987)을, 구소련은 '해상국제법 매뉴얼'(1966)을 작성, 교범으로 채택하여 이를 해상작전의 기본규범으로 활용하고 있다. 또한 1992년 출간된 새로운 독일매뉴얼인 '무력분쟁에서의 인도법'은 해상무력분쟁에 관한 중요한 내용을 담고 있으며, 영국도 해군작전을 다루는 방대한 새로운 매뉴얼을 준비하고 있다.[17)

---

16) Horace B. Robertson, Jr., *The New Law of the Sea and the Armed Conflict at Sea*, The Newport Paper #3, Naval War College, 1992, pp.40 – 41.

17) L. Doswald – Beck, *op. cit.*, p.586.

문제는 이들 매뉴얼들이 각국의 독자적 연구와 법해석에 의한 것으로 국제적인 통일성을 갖고 있지 못하다는 것이다. 기존의 전통적인 해전법규가 충분하지 못한 상황에서 그리고 해전을 지도할 법적 기준이나 원칙이 구체적으로 확립되지 못한 상황에서 개별국가들이 자국의 안보정책 및 해양정책에 따라 현실적 문제의 해결에 초점을 두고 자국의 해군력 규모에 따라 아전인수적으로 해군매뉴얼을 작성하여 이를 타국과의 관계에 적용하고, 주장하는 것은 통일적인 국제법의 형성 및 집행을 어렵게 하고 국가마다 적용하는 법기준이 다름으로 인해 불필요한 분쟁과 갈등을 일으킬 우려도 많다.

따라서 해상에서 작전하거나 직접 전투를 수행하는 일선 지휘관들의 지휘부담을 해소하고, 사태 및 분쟁의 전개를 예상 가능토록 하며, 행위의 합법성을 객관적으로 검증할 수 있는 통일된 해전법전의 제정이 요구된다.

이렇게 제정된 해전법전은 각국의 해전교범을 지도하고 각국이 준수해야 할 국제적 기준을 제시하여 궁극적으로 분쟁을 예방하고 실제 분쟁이 발생했을 경우 이를 인도화하여 분쟁희생자의 보호에 중요한 지침이 될 것이다.

2. 채택과정

가. 마드리드 행동계획 채택(1988)

(1) 채택

해전법규의 현대화를 결의한 1987년 예비라운드테이블 이후 1988년 스페인 적십자사의 후원으로 국제인도법연구소가 소집한 마드리드 회의에서 참가자들은 처음으로 해전법규의 문제들을 체계적으로 연구하여 해상무력분쟁에 적용되는 현재의 법을 재확인하고 점진적 발달을 위한 몇 개의 제안과 행동계획(Plan of Action)을 결정했다.[18]

참가자들은 각국의 국제법 전문가와 해군전문가 그룹에 의한 노력의 결과물인 현 법규의 보급과 이해에 도움이 될 어느 정도의 통일성을 갖는 각국의 해

---

18) L. Doswald-Beck(ed.), *San Remo Manual on Internbational Law Applicable to Armed Conflicts at Sea*, Cambridge University Press, 1995, p.61.

군 매뉴얼이 작성되어야 함을 강조하였다.[19]

또한 해전법규를 재확인하고 발전시켜야 할 요인들이 해상무력분쟁법에 많은 불명확한 영향을 미쳐 이에 대하여 논의를 집중할 수밖에 없었기 때문에 우선 합의가 형성되는 분야를 명확하게 하여 그 성과를 문장화하는 것에 집중하고 다음에 의견이 대립되는 문제에 관해서 가능한 공통기반을 찾아내도록 노력하는 것이 가장 생산적인 접근방법이라는 데 합의하였다.[20]

(2) 내용

마드리드 행동계획은 크게 라운드테이블에서 취급해야 할 문제와 향후 검토방법, 조직 및 형태라는 2부분으로 구성되어 있었는데, 전자가 향후 회의에서 다루어야 할 주제에 관한 실질적인 것이라면, 후자는 이러한 주제들을 논의하기 위한 제반 절차적 문제들에 관한 것이었다.

향후 회의에서 다루어져야 할 의제로는 구별원칙과 해전법규에서의 상선의 법적 지위 및 목표구별 등을 포함하는 해전법규에 있어서의 군사목표, 기뢰·미사일·어뢰 및 기타 무기시스템과 배타구역에 관한 국가관행 등을 포함하는 해전수단 및 방법, 구호·민간인과 포로의 이송·병원선과 구조용 선박의 대우 등을 포함하는 해상무력분쟁에서의 희생자 보호, 임검·수색·나포 등의 요건 및 해전에서의 여러 작전해역의 법적 지위가 확정되었다.

또한 장래 회의와 관련한 절차적 문제로는 첫째, 각 회의 기간은 약 5일로 하며, 공평한 지리적 대표를 고려한 20명을 넘지 않는 전문가로 구성한다. 둘째, 각 회의에서는 논의된 주제에 대해 일반적으로 승인된 법규의 재확인을 기초하는 것을 목적으로 하며, 필요한 경우 제의된 제안도 첨부한다. 셋째, 회의준비를 위해 1인 또는 그 이상의 전문가가 본 문제를 규율할 법에 관한 보고와 필요시 몇 개의 제안을 준비한다. 넷째, 각 회의에 보고될 보고서의 작성요청은 적절한 시기(약 1년 전)에 통고한다는 것이 합의되었다.[21]

---

19) *Ibid.*, p.62.

20) *Ibid.*

21) *Ibid.*, pp.63 – 64.

나. 라운드테이블(1989 – 1994) 개최

(1) 제1차(1989)

1989년 11월 독일 Bochum에서 Ruhr 대학의 '평화유지법 및 인도법연구소'(Institute of Peacekeeping Law and Humanitarian Law)와 독일 적십자사의 후원으로 개최된 제1차 라운드테이블의 의제는 '군사목표와 해전법규에서의 구별원칙'(The Military Objective and the Principle of Distinction in the Law of Naval Warfare)이었다.

보고자로 지명된 William Fenrick 캐나다 해군 중령은 역사적 배경, 현 해전법규 및 국가관행을 서술한 다음 몇 가지 제언이 첨부된 보고서를 제출하였으며, 동 보고서는 회의 3개월 전에 각 참가자들에게 송부되어 코멘트를 요청하였고, 이는 다시 각 참가자들에게 회송되었다.

각 실무그룹이 보고자의 보고내용과 참가자들이 제출한 코멘트를 분석하여 토의가 필요한 주제 및 토의방법과 순서를 전체 회의에 보고하면, 전체 회의에서는 합의사항이나 조정 가능한 사항을 명확히 한 후 초안을 작성하고, 기초그룹은 초안에 대한 전반적 결론을 정리한 후 제출하고, 라운드 테이블은 이를 수정하거나 합의하였다.

(2) 제2차(1990)

제2차 라운드 테이블은 1990년 10월 프랑스 Toulon에서 Toulon 대학의 '지중해전략연구소'(Institut Méditerranéen d'Etudes Statégiques)와 프랑스 적십자사의 후원으로 개최되었다. 여기에서 토의된 주제는 '해전에서의 전투수단과 방법'(Methods and Means of Combat in Naval Warfare)이었으며, 보고자는 네덜란드 국방성에 근무하는 Gert – Jan F. Van Hegelsom였다.

(3) 제3차(1991)

제3차 라운드테이블은 1991년 9월 노르웨이 Bergen에서 '노르웨이해군전술학교'(Norway Naval School of Tactics)와 노르웨이 적십자사의 후원으로 개최되었다. 여기에서는 2가지 주제가 토의되었는데 제1주제는 '임검, 수색, 침로변경 및 나포'(Visit, Search, Diversion and Capture)로, 보고자는 Ruhr 대학의 Wolff

Heintschel von Heinegg 교수였다. 제2주제는 '해전법규에 미친 국제연합 헌장의 영향'(The Effect of the United Nations Charter on the Law of Naval Warfare)이 었는데, 원래 이 주제는 '마드리드 행동계획'에서는 명확하게 다루어지지는 않았었지만 참가자들은 이에 관한 토의가 불가피하다고 보았던 것이다. 보고자는 Cambridge 대학의 Christopher Greenwood 교수였다.

동 회의에서는 중요한 절차적 결정이 합의되었다. 그것은 매뉴얼의 채택과 동시에 이에 대한 해설서를 기초하는 것이 절대적으로 필요하다는 것이었다. 왜냐하면 매뉴얼의 독자들에게 매뉴얼 각 규정의 법적 근거와 채택 기초에 대해 설명할 필요가 어느 규정에 있어 참가자들 간 의견이 일치하지 않았는지를 나타낼 필요가 있었기 때문이었다. 또한 참가자들 간 타협의 결과로 채택된 규정과 이 법의 점진적 발달이라는 성질을 갖는 규정이 어느 것인가를 밝힐 필요가 있었던 것이다. 각 회기에서의 특별보고자들이 자신들이 보고서를 제출한 당해 부분에 대해 해설서를 기초할 것에 합의하였다.

(4) 제4차(1992)

제4차 라운드 테이블은 1992년 9월 캐나다 Ottawa에서 캐나다 국방성 및 적십자사의 후원으로 개최되었다. 토의된 주제는 '해전수역'(Regions of Operations of Naval Warfare: Different Maritime Areas)이었으며, 보고자는 Duke 대학 Horace Robertson(미 해군 예비역 소장) 교수였다.

동 회의 이후 조정그룹이 조직되어 각 라운드 테이블의 종료 시에 채택된 문서들에서 사용된 용어들을 조정하고 규정의 논리적 순서를 결정하였으며 보고자들이 작성한 해설을 검토하였다. 또한 조정그룹은 제1차 회의에서 James Doyle 미 해군 예비역 중장의 제안을 받아들여 해군작전 중의 항공기에 적용되는 법, 특히 민간기에 영향을 미치는 군사작전에 관한 특별보고서를 작성하기로 결정하였다.

라운드 테이블에서는 상선에 적용되는 법규가 '필요한 변경을 가하여'(mutatis mutandis) 민간기에도 적용된다는 것이 검토되고 조문화될 필요가 있다는 것이 양해되었다.

(5) 제5차(1993)

제5차 라운드 테이블은 스위스 제네바에서 국제적십자위원회(Internationl Committee of the Red Cross: CRC)의 지원을 받아 개최되었다. 토의의 주제는 '해상무력분쟁에서의 희생자 보호'(Protection of Victims of Armed Conflicts at Sea)였으며, 보고자는 ICRC의 L. Doswald－Beck 여사였다.

또한 동 회의에서는 제4차 Ottawa 회기에서 연구가 더 필요하다고 결정된 2개의 문제, 즉 환경보호와 '중립'(neutrality)과 '비교전상태'(non－belligerency)의 구별 문제가 토의되었다. 환경에 관한 보고서와 배경설명 문서는 Cairo 대학의 El－Din Amer 교수와 캐나다 국방성의 Kim Carter 소령이, 중립과 비교전상태에 관한 보고서와 배경문서는 Zurich 대학의 Dietrich Schindler 교수에 의해 각각 준비되었다.

동 회의 직후 제2차 조정그룹 회의가 개최되었는데, 1994년 3월 제네바의 ICRC 본부에서 민간기에 관한 규정(안)을 포함하는 매뉴얼의 조정텍스트를 마무리하여 해설서를 마무리 지었다. 이어서 양 문서는 최종 라운드 테이블의 준비를 위해 참가자 전원에게 송부되었다.

(6) 제6차(1994)

제6차 라운드 테이블은 이탈리아 해군대학교의 지원을 받아 1994년 6월 Livorno에서 개최되었다. 동 회의에서는 우선 이전의 라운드 테이블에서 합의되지 못했던 문언이나 규정을 삭제할 것인지 아니면 포함할 것인지에 대한 검토가 행해져 작전해역에서의 중립국의 평시의 권리 및 환경보호와 관련하여 무력분쟁 당사국이 준수해야 할 기준으로서 '타당한 고려'(due regard)가 타당한지 '존중'(respect)이 타당한지에 대한 논의가 있었다. 토의의 촉진을 위하여 국제인도법 및 해양법협약에서 이러한 용어들의 사용에 관한 특별보고서가 미 국무성의 Ashley Roach 대령에 의해 준비되었다.

최종 라운드 테이블에서 텍스트를 승인한 후 참가자들은 조정그룹이 작성한 해설서를 접수하기는 하였지만, 해설서는 집필자의 책임이라고 보았기 때문에 해설서 자체를 공식적인 것으로 승인하지는 않았다.

〈표 1〉 라운드 테이블의 주요 내용 요약

구분	장소	후원기관	보고자	핵심토의사항
제1차 (1989)	Bochum (독일)	Ruhr大 '평화유지법 및 인도법연구소'와 독일 적십자사	W. Fenrick (캐나다/중령)	군사목표와 해전법규에서의 구별원칙
제2차 (1990)	Toulon (프랑스)	Toulon大 '지중해전략 연구소'와 프랑스 적십자사	Gert-Jan F. Van Hegelsom (네덜란드 국방성)	해전에서의 전투수단과 방법
제3차 (1991)	Bergen (노르웨이)	노르웨이 해군전술학교 및 적십자사	Wolff Heintschel von Heinegg (Ruhr大)	임검, 수색, 침로변경 및 나포
			C. Greenwood (Cambridge大)	해전법규에 미친 UN헌장의 영향
제4차 (1992)	Ottawa (캐나다)	캐나다 국방성 및 적십자사	H. Robertson (Duke大)	해전수역
제5차 (1993)	Geneva (스위스)	국제적십자위원회 (ICRC)	L. Doswald-Beck (ICRC)	해상무력분쟁에서의 희생자 보호
			El-Din Amer (Cairo大) Kim Carter (캐나다 국방성/소령)	해전에서의 환경보호
			Dietrich Schindler (Zurich大)	중립과 비교전상태의 관계
제6차 (1994)	Livorno (이탈리아)	이탈리아 해군대학	Ashley Roach (미 국무성/대령)	타 국제법상에 사용된 용어의 의미 구체화, 미합의 문언/규정 삭제 여부

제3절 산레모 매뉴얼의 체계, 내용 및 특징

1. 체계 및 주요 내용

산레모 매뉴얼은 6부(part), 총 183개 항(paragraph)으로 구성되어 있다. 해상무력분쟁법의 핵심내용에 따라 6개의 部를 설정한 후 이와 관련된 소주제를 중심으로 몇 개의 節로 나누어 전통적인 해전법규와 국가관행을 존중하면서도(재확인) 변화된 환경에도 적용할 수 있는 새로운 규정들을 추가하고 있다(발전).

가. 제1부

제1부(제1항~제13항)는 '총칙'으로 적용범위(제1항~제2항), 자위권 인정 및 행사 제한요건(제3항~제5항), 국제연합 안전보장이사회에 의한 무력사용(제7항-제9항), 해전수역의 범의 및 제한(제10-12항) 및 매뉴얼에서 사용되고 있는 용어의 정의(제13항)를 다루고 있다.

국가에 의한 자위권 행사와 국제연합의 집단적 제재조치를 제외한 무력에의 호소를 위법으로 한 헌장 규정(*jus ad bellum*)하에서도 무력분쟁이 개시되면 적대행위 및 희생자 보호를 규율하는 국제법(*jus in bello*)이 효력을 발휘하며, 그것은 법적인 전쟁상태가 행해지지 않은 곳에서도 모든 무력분쟁 당사국을 구속하고 각 당사국에게 동등하게 적용된다는 것을 확실히 하고 있다.[22]

국제연합 헌장의 영향을 다루는 항이 국제인도법 규칙과 직접적으로 관련되는 것은 아님에도 불구하고 전문가들은 국제인도법 규칙의 정확한 이행을 보장하기 위한 법적 골격을 구체화하기 위하여 이를 매뉴얼에 규정하는 것이 필요하다고 보았다. 특히 매뉴얼은 유엔에 의해 허가되었거나 취해진 활동에 적용되며 분쟁발생에 책임있는 당사국, 및 모든 당사자에게 적용되는 규칙들을 확실하게 했다.[23]

또한 자위권 행사에 있어 필요성과 비례성의 의미를 명확하게 하고 동 원칙과 *jus in bello*와의 적용관계를 밝히고 있으며, 국제연합이 교전국의 일방을 위법이라고 결정한 경우의 일부 중립법의 비적용을 밝히고 국제연합 집단안전보장조치가 행해지는 경우 중립국의 지위를 제시하고 있다.[24]

---

22) 매뉴얼 제1항은 '분쟁 당사국은 무력사용과 동시에 국제인도법의 제 원칙 및 규칙에 구속된다.'고 규정하고 있는바, 여기서 무력분쟁이란 제네바협약 공통2조 해설서에서 정의되고 있는 둘 또는 그 이상 국가 간의 무력충돌을 의미한다. Jean S. Pictet, *ICRC Commentary on Geneva Convention Ⅱ for the Amelioration of the Condition of Wounded, Sick and Shipwrecked Members of Armed Forces at Sea*, 1960, p.28. 이처럼 매뉴얼은 주로 국제적인 해상무력분쟁에 적용될 것을 의도하고 있지만, 비국제적 무력분쟁에의 적용도 포기하지 않기 위해 매뉴얼이 적용되는 분쟁의 성격을 의도적으로 명확하게 지적하지 않음으로써 비국제적 무력분쟁에도 매뉴얼에 포함된 인도적 규칙들을 적용할 것을 권장하고 있다. 이는 국제적 무력분쟁과 비국제적 무력분쟁을 엄격하게 구분하고, 전자의 경우만 주로 규율하던 기존의 국제법 질서에 비추어 볼 때 매우 의미 있는 발전이라고 볼 수 있다.

23) L. Doswald-Beck, *op. cit.*, p.589.

24) 본 매뉴얼의 규칙 또는 그 이외의 중립법규에도 불구하고 안전보장이사회가 국제연합 헌장 제7장의 권한에 의거, 하나 또는 그 이상의 당사국이 국제법에 위반하여 무력에 호소하였다는 것을 인정하는 경우, 중립국은 (a) 당해국에 인도적 원조 이외의 원조를 하지 않을 의무를 부담하며, (b) 당해국에 의한 평화의 파괴 및 침략행위로 인한 피해국에 원조를 제공할 수 있다(제7항).

그리고 유엔해양법협약의 채택으로 연안국의 주권 및 관할권이 미치는 정도에 따라 해양이 세분화됨에 따라 새로 인정된 수역들의 해전수역으로서의 지위를 밝히고, 기존의 여러 법규들에서 개별적으로 규정되어 왔거나 규정조차 되지 않았던 용어들을 종합적으로 밝히고 있다.

나. 제2부

제2부(제14항~제37항)는 '작전해역'에 관한 것으로 전통적인 작전해역 및 중립국 수역에 관한 법과 '해양법에 관한 국제연합 협약'과의 조화를 꾀하고 있으며, 그중에서도 교전국과 중립국의 국제해협, 중립국의 배타적 경제수역과 군도수역에 관해 주목할 만한 규정을 두고 있다.

제2부의 각 항들은 본 매뉴얼 제1부 제10항 및 제12항과 함께 '마드리드 행동계획'에 따라 '해전에서의 작전구역: 각 수역들'(Theater of Operations in Naval Warfare: Different Maritime Areas)이라는 의제로 1991년 오타와(Ottawa) 회기에서 발전되었다. 이 문제에 한 회기를 할당키로 한 것이 '마드리드 행동계획'에 포함된 것은 무력분쟁에 관한 관습규칙이 19세기와 20세기 초 결정화된 이래 관할권이 미치는 영역이나 수역에 변화가 일어나고 있다는 것을 인정하였기 때문이다.

이러한 변화는 1982년 유엔해양법협약에 반영되어 있으며, 그중에는 영해의 폭을 3해리로부터 12해리로 확대하고 접속수역, 배타적 경제수역, 대륙붕 및 군도수역 등의 새로운 수역이 승인되었으며 이러한 수역과 국제해협에서 기존과는 다른 통항권이 인정된 것이 포함된다. 해양법협약은 해양법에 관한 평시의 제도를 규정한 것으로 간주되고 있다. 하지만 연안국의 주권 또는 기타 국가 관할권의 행사에 따르는 동 협약이 규정하는 수역들은 무력분쟁 시 교전국과 중립국 쌍방의 권리행사에 막대한 영향을 미치는바,[25] 본 매뉴얼 제2부의 목적은

---

25) 국제공법을 계속해서 두 개의 고전적인 카테고리 ― 전시법과 평시법 ― 로 구별하는 한, 해양법협약은 의심의 여지없이 후자에 속한다. 또한 해양법협약은 해양을 서로 다른 관할권을 갖는 수역으로 구분하는 규칙들을 포함하고 있다. 전투행위와 중립에 관한 일부 규칙은 지리적인 구분에 따른 각 수역의 지위에 따라 변한다. 해양법에 있어서 한편으로는 내수와 영해, 다른 한편으로는 공해라는 고전적 2분법은 특히 해협, 군도수역, 배타적 경제수역 및 대륙붕 제도에서 볼 수 있는 새로운 세분된 구별과 양태에 그 지위를 양보하였다. Bernard H. Oxman, "The Regime of Warships under the United Nation Convention on the Law of the Sea", 24 *Virginia Journal of International Law*, 1984, p.811.

전통적인 이론과 원칙, 특히 교전국과 중립국의 관계를 다루는 전통적인 이론과
원칙을 이러한 새롭게 구분된 수역에 어떻게 적응시킬 것인가에 대한 고민과
합의의 결과이다.26)

다. 제3부

제3부(제38항~제77항)는 '기본규칙 및 공격목표'에 관한 것으로 전투수단과
방법의 일반적 제한(제38항~제44항), 공격 시의 예방조치(제46항) 및 공격이
면제되는 적선 및 적 항공기의 종류, 면제조건과 면제상실(제47항~제66항), 중
립국 상선 및 민간기의 지위(제67항~제71항) 및 무력분쟁 시 민간기에 대한
예방조치(제72항~제77항)에 대하여 규정하고 있다.

매뉴얼은 군사목표의 개념을 해전법규에 도입함과 동시에 공격대상이 되는
적국과 중립국의 선박 및 항공기를 구체적으로 명시하고 있다. 그것은 각국의
정보시스템에 통합된 상선 및 적국의 군사활동에 효과적으로 기여하는 상선을
군사목표에 포함시키는 등 공격목표의 범위를 전통적인 법보다 확대하고 있지
만, 한편으로는 현대전의 국가관행보다는 좁게 다루고 있다.

그리고 무력분쟁 시 민간기에 대한 예방조치(제72항~제77항)는 적국과 중립
국의 민간기의 안전에 관한 규정들을 포함하고 있는데, 이들 규정들은 각종 관
습규칙과 관행, 군대와 국제민간항공기구(International CivilAviation Organization:
ICAO)에 의해서 공포된 절차 및 여러 사건들에서 체득된 교훈을 통합적으로
정리한 것들이다. 이에 따르면 항공교통업무를 담당하는 기관을 포함하여 교전
국과 중립국은 해상작전구역과 민간기의 항로를 사전에 통고할 것이 요구되며,
특히 통신과 식별절차가 강조되고 있다. 지위를 확인하고 의도를 명확히 하여
불명확한 점을 해결할 뿐만 아니라 예기할 수 없는 상황을 극복하기 위하여 군
함과 군용기의 지휘관, 민간기의 기장 및 항공교통업무기관 간의 최대한의 정보
교환을 규정하고 있다. 교전국과 중립국이 이들 규정을 따르면 운용 면에서의
오해와 혼란을 최소한으로 줄일 수 있을 것이다. 이러한 규칙들하에서 교전국은
상업적 또는 사적 업무에 종사하는 민간기가 부주의로 인하여 공격받는 것을

---

26) L. Doswald-Beck(ed.), *op. cit.*, pp.93-94.

막기 위해서 가능한 모든 조치를 취할 의무가 있다. 중립국은 민간기가 위험에 처해지는 것을 방지하기 위해서 가능한 모든 조치를 취할 의무가 있다. 민간기 탑승자의 인명과 항공기의 안전을 위험에 노출시켜서는 안 된다.[27]

라. 제4부

제4부(제78항~제111항)는 '해상전투의 수단과 방법'에 관한 것으로 전투수단으로 미사일 및 기타 발사체(제78항), 어뢰(제79항) 및 기뢰(제80항~제92항)를, 전투방법으로는 봉쇄(제93항~제104항) 및 제 수역 설정(제105항~제108항) 그리고 기만, 기계 및 배신행위(제109항~제111항)에 대해서 규정하고 있다.

기뢰사용에 관해서는 1907년의 '자동촉발해저수뢰의 부설에 관한 협약' 이후의 변화를 구체화한 기준을 제시하고 있다. 제1차 걸프전에서의 교전국 관행은 동 조약의 규정이 현대 해전에 있어서도 계속해서 효력이 있다는 것을 보여주었지만, 동 조약에 규정된 제한사항이 특별히 한 범주의 기뢰(자동촉발기뢰)에만 적용되는 것은 큰 결점이라고 본 참가자들은 관습법과 지뢰의 사용금지와 제한에 관한 1980년의 특정재래식무기조약 제2의정서를 기초로 할 경우, 기존 규칙을 크게 개선할 수 있을 것이라고 생각하였다. 규칙을 개선할 필요성은 구별원칙의 발전과 공격 시의 예방조치에 관한 일반규칙의 적용 가능성에 참가자들이 부여한 중요성에서 논리적으로 도출되었다. 전투수단과 방법에 관한 보고자는 주로 해전에서의 군사목표에 관해 이미 합의된 규칙의 도입, 해양국의 관행 및 규칙과의 밀접한 관련 및 국제연합에 제출된 기뢰에 관한 의정서의 스웨덴 제안[28]에 의거할 것을 제안하였다. 그러나 라운드 테이블은 그것과는 다른 접근방법, 즉 간결하고 명료한 규칙의 발전이 바람직하다고 생각하였다. 그 결과 그러한 규칙들이 본 매뉴얼 제80항~제92항에 규정되게 되었다.[29]

매뉴얼은 적국의 민간주민을 기아에 이르게 하는 봉쇄는 불법적이며 봉쇄국은 만약 봉쇄의 부차적 영향으로 민간인이 식량 또는 기타 필수적인 물자가 부

---

27) *Ibid.*, p.163.

28) 이 보고서는 원래 1980년 5월 8일에 제출된 실무보고서(working paper)(UN Doc.A/CN. 10/141)를 참고로 한 것이었다. 스웨덴은 전문가들의 토의 후에 1991년 11월 4일 국제연합 총회 제1위원회에 개정판을 제출했다(1991년 11월 6일, UN Doc.A/C. 1/46/15).

29) L. Doswald-Beck(ed.), *op. cit.*, pp.168-169.

족해지면 구호물자수송을 허용해야 한다는 것을 규정하고 있다(제103항).30) 이 것은 전통적인 법과는 뚜렷한 변화이며 민간주민의 기아를 금지하는 그리고 1977년 제1추가의정서31)에 도입되었고 지금은 일반적으로 국제관습법의 확립된 구호물자에 관한 규정을 촉진시키는 새로운 규칙을 반영한다.32)

또한 해상에 소위 전쟁수역을 설정하였다고 해도 비군사목표에 대한 무차별 공격을 정당화하는 권리는 인정하지 않는 등 군사목표의 개념을 철저히 하고 있으며 해상에서의 기만(欺瞞), 특히 해전에 있어서의 중립국의 지위를 위장하는 것을 전면 금지시킬 것인지에 대해 논란의 결과 기존 전쟁법규에서와 마찬가지로 기계는 허용하고 배신행위는 금지하면서 구체적으로 어떠한 행동이 위법한 것으로 간주되는지 열거하여 이를 보다 명확하게 하고 있다.33)

---

30) 제103항의 규정은 다음과 같다. 봉쇄지역의 민간주민이 생존에 불가결한 식량 및 기타 물자를 충분하게 공급 받고 있지 못하는 경우, 봉쇄국은 다음의 조건으로 식량 및 그 밖의 불가결한 물자의 자유통과를 인정하지 않 으면 안 된다.
(a) 그러한 통과가 인정되는 경우 수색을 포함한 기술적 조건을 정할 권리
(b) 물자의 분배가 이익보호국 또는 국제적십자위원회와 같은 공정성이 보장되는 인도적 단체의 현지 감독하에 서 행해질 수 있다고 하는 조건
본 항은 제1추가의정서 제70조에서 유래되었는데, 양 규정을 비교해 볼 때 일부 중요한 차이가 있다. 우선 표 현이 매우 간명해졌다. 이는 될 수 있는 한 군대가 직접 사용할 수 있는 문서를 기초하고자 하는 라운드 테이 블의 희망에 따른 것이다. 표현의 간명화에 의하여 봉쇄국은 봉쇄선을 통과하는 구호품 수송을 허용할 의무가 있다는 것이 명확해졌다. 그러한 의무가 제1추가의정서하에서 존재하는가 하는 것은 지금도 상당히 논의되고 있다. 그리고 봉쇄국이 부과할 수 있는 조건은 (a) 및 (b)에 표현되어 있다. 제1추가의정서 제70조는 구호품의 용도를 변경하거나 불필요하게 지연시켜서는 안 된다는 셋째 조건도 들고 있다. 라운드 테이블은 이 규정을 삽 입하는 것은 본 항에 표현되어 있는 규범의 의무적 성질에 비추어 필요하다고는 생각하지 않았다. (b)에서 인도 적 단체를 언급한 것은 인도적 원조 분야에서의 최근의 발전을 반영하고 있다.

31) 제1추가의정서 제70조 참조.

32) Louise Doswald-Beck, *op. cit.*, p.594.

33) 육전에서 전투원은 일반적으로 민간주민으로부터 자기를 구별할 것이 요구되고, 이 규칙으로부터 일탈하는 것 은 매우 특수한 상황에서만 가능하지만, 그와는 대조적으로 해상전투원에게는 그러한 규칙이 없다. 참가자들이 오로지 군사목표와 관련된 일반적인 교전규칙들을 수락한 것에 비추어 볼 때, 해상에서의 기만에 관한 전통적 인 규칙을 변경해서는 안되는가 하는 문제가 논리적으로 발생되었다. 방어적 또는 보호적 조치를 취할 때에 해 상전투원은 최신기술을 사용하기 때문에 그 논쟁은 더욱 심해졌다. 기만에 관한 과거의 광범위한 관행은 평화 적인 항해의 보호에 대하여 현저한 영향을 미친다. 만약 절대적인 보호를 확립하고자 한다면, 해상무력분쟁에서 기만은 전면적으로 금지되어야 한다. 그러나 일반적인 해상무력분쟁법이 교전자에게 위장조치를 취하는 것을 금지하지 않고 있다는 사실을 고려하여, 참가자들은 그러한 전면금지는 가능하지 않다고 생각하였다. 오늘날 군 함은 공해상에서 각종 수단을 사용하여 적의 탐지로부터 벗어나고자 노력하고 있으며, 정상적으로 그러한 활동 을 행하고 있다. 어떤 단계에서는 육안으로도 확인되지만 그 존재를 숨기기 위해 다른 조치를 취할 수 있다. 그러한 조치의 일례는 군함이 발하는 모든 전자복사를 중지시키는 것이다. L. Doswald-Beck(ed.), *op. cit.*, p.184.

마. 제5부

제5부(제112항~제158항)는 '공격에 이르지 않는 조치'에 관한 것으로 차단, 임검, 수색 및 나포 등에 관해 규정하고 있다. 해상포획에 관한 전통적인 법이 오늘에 있어서도 효력이 있다는 것을 확인한 후 중립국 상선에 관한 임검 및 나포 등에 관한 규정을 두고 있다.

여기서는 전통적으로 해상포획법으로 인정된 것들을 다루고 있지만, 각 항에 따라서 교전국이 적국 및 중립국 선박과 항공기에 대해 취하는 조치는 해상에서의 경제전의 조치에 머물지 않는다. 제5부의 제목이 '해상포획'이 아니라 '공격에 이르지 않는 조치'(measures short of attack)가 된 것도 이것을 밝히기 위해서이다.[34]

군사목표에 관한 정의의 적용이 해상에서의 경제전을 규율하는 국제관습법적인 여러 규칙들을 대신하는 것은 아니다.[35] 따라서 제5부에 규정된 규칙에 의해 중립국뿐만 아니라 적국의 상선과 민간기들은 공격대상이 되지 않는 경우라도 일정한 경우에는 나포할 수 있다. 그렇지만 이들 선박과 항공기가 합법적인 공격목표가 아니라면 이들을 포획물로 심검에 회부하기 위해 나포할 수 없다.[36]

전시금제품과 관련하여 동 매뉴얼은 "전시금제품이란 적국의 지배하에 있는 영역으로 최종적으로 향하거나 무력분쟁에 사용될 것으로 의심되는 것을 말한다."(제148항)고 규정하고 있다. 전시금제품에 관한 전통적인 법과 국가관행에 따르면 화물이 전시금제품을 구성하기 위해서는 2개의 요소가 필요하다. 즉, 교전국의 사용에 제공되는 것이 아니면 안되고, 또한 직접 또는 간접적으로 적국으로 향하는 것이 아니면 안된다. 이러한 정의의 유효성에 관해서 일반적 합의가 있는 것은 분명하지만, 어느 특정한 물품이 전시금제품으로 분류되는가 하는 결정은 항상 논의의 대상이 되어 왔다. 그로티우스(H. Grotius)에까지 거슬러 올라가는 3가지 종류, 즉 절대적 금제품, 조건부 금제품 및 자유품의 구별에 대해서도 동일하게 말할 수 있다. 국가관행상 공식적으로는 절대적 금제품과 조건부

---

34) *Ibid.*, p.187.

35) W. Heintschel v. Heinegg, 'Visit, Search, Diversion and Capture in Naval Warfare: Part Ⅱ, Developments since 1945', 30 *Canadian Yearbook of International Law*, 1992, p.131 이하 참조.

36) L. Doswald-Beck(ed.), *op. cit.*, p.187.

금제품 간의 구별은 유지되고 있지만, 실제로는 폐지되어 본래는 절대적 금제품에만 적용되도록 의도되었던 규칙들이 조건부 금제품에도 적용되고 있다. 제2차 세계대전에서는 거의 모든 물품이 절대적 금제품에 포함되었다. 이러한 관행은 다음과 같은 원칙에 의해 정당화되었다. 즉 '전시금제품은 특정 사례의 상황에 따라 변해야 하며, 어떤 물품을 전시금제품 목록에 포함할 것인가 하는 것은 그 물품이 전쟁수행에 있어 불가결한 특징을 갖고 있느냐 하는 것이 고려되지 않으면 안된다.' 그리고 각국들은 연속항해주의를 절대적 금제품에만 적용하는 것을 지지하지 않았다. 이를 고려하여 라운드 테이블은 전시금제품의 종류를 하나로 통합하여 절대적 금제품과 조건부 금제품을 구별하지 않았으며, 전시금제품 목록(제149항)에 포함된 물품만 나포할 수 있게 하는 것이 바람직하다고 보았다.[37] 하지만 이것이 어떠한 물품도 전시금제품으로 선언될 수 있다는 것을 의미하는 것은 물론 아니며, 인도상 및 기타 긴급한 상황을 고려하여 전시금제품의 무제한적인 확대는 제한되어야 할 것이다.

바. 제6부

제6부(제159항~제183항)는 '피보호자, 의료수송수단 및 의료항공기'에 관한 것으로 제네바 제2협약 및 제1추가의정서상의 상세한 규정들이 반복되지는 않았지만, 이러한 규정들이 계속 적용된다는 것과 최근의 발전에 기초한 추가규칙을 제시하고 있다.

라운드 테이블은 1949년 제네바 제2협약과 1977년 제1추가의정서의 상병자 및 난선자의 보호에 관한 상세한 규정을 모두 본 매뉴얼에 도입하지 않기로 결정하였다. 본 매뉴얼은 해상에서의 적대행위가 가장 큰 불확정성을 갖는 분야이기 때문에 이 문제에 적용되는 법에 집중하였다. 그러나 해상에서의 상병자 및 난선자에 적용되는 법에 여전히 제네바 제2협약 및 제1추가의정서에 의해 규율되며, 이 문서들에서 그러한 규정들은 매우 명확하다. 따라서 본 매뉴얼 제6부의 규정은 그러한 조약규정에의 추가 또는 설명으로 간주될 수 있다. 이 점에 관한 유일한 예외는 제171항으로 동 항은 제네바 제2협약과 다른 규칙을 권고

하고 있다.[38]

　매뉴얼 제171항은 "인도적 임무를 최대한 효과적으로 달성하기 위하여 병원선은 암호통신장비를 사용하는 것이 허용되어야 한다. 이 장비는 다른 어떠한 방법에 의해서도 군사적 이익을 얻기 위하여 사용되어서는 안된다."고 하여 "병원선은 무선 전선 또는 기타의 통신수단을 위하여 암호를 보유하거나 사용할 수 없다."고 규정하고 있는 제네바 제2협약 제34조 2항과 정반대이다.

　제네바 제2협약 제34조 2항은 1949년에 처음으로 도입된 것으로 군사적 성질을 갖는 정보, 특히 시각보고와 같은 정보를 통신할 목적에서 병원선이 그 장비를 악의적으로 사용하지 않도록 확보하자는 취지였다. 암호사용이 가능한 장비가 존재하는 그 자체가 그 선박의 결백을 해친다고 생각한 것이다. 그러나 위 조항의 일반적인 문언, 즉 암호 소지의 전면적인 금지는 어려움을 야기하였다. 특히 1982년 포클랜드전에서 영국군은 자국 병원선에 평문으로 명령을 전달하는 것이 자군의 위치나 전투함정의 예상되는 이동을 노출시킬 위험이 있다는 것을 알았다.[39] 그 해결책으로 병원선에 함대의 이동에 관한 정보를 제공하지 않고, 설정된 'Red Cross Box'에 병원선을 대기토록 하였다.[40] 이러한 영국의 조치는 당해 해역의 지리적 상황 때문에 가능하였지만 만양 다른 상황이었다면 가능하지 않을 수도 있다.

　평문으로 병원선에 명령을 전달하는 것은 군사기밀을 폭로할 우려가 있다는 이유로 정확하고 상세한 정보교환을 저해하게 되어 병원선을 필요로 하는 상병자들의 수송을 제대로 알지 못하게 하고, 당해 선박이 활동하는 해역의 군사적 상황이나 위험도 알 수 없게 할 수도 있다. 병원선은 자신의 임무를 달성하기 위해서는 적시 적재에 있을 필요가 있다. 관행상 교전국 지휘관은 최우선순위의 무선통신으로 병원선의 이동을 통제하는데, 제네바협약 채택 이후 급속한 기술의 발달로 인하여 군함이 송수신하는 모든 통신은 오늘날 처음부터 암호기능을 갖

---

38) *Ibid.*, p.223.

39) P. Eberlin, "identification of hospital ships and hips protected by the Geneva Conventions of 12 August 1949", 231 *International Review of the Red Cross*, 1982, p.324.

40) 1982년 포클랜드전에서 아르헨티나와 영국은 Falkland/Malvinas 북방의 공해상에 직경 약 20해리의 해상중립수역, 이른바 'Red Cross Box'를 설정하여 양국의 부상자 교환을 가능하게 하였다. 비록 제네바 제2협약에 이에 관한 규정이 존재하지 않지만 인도적 목적을 위하여 이러한 가능성의 고려를 분쟁 당사국에 장려하는 것이 유용하다고 전문가들은 생각하여 "교전국은 인도적 목적을 위하여 그러한 인도적 목적에 양립되는 활동만이 허용되는 수역을 해상의 일정구역에 설정할 것을 합의할 수 있다."(제160항)는 규정을 도입하였다.

춘 통신장비에 의해 자동적으로 송신 시에 암호화되고, 수신 시에 평문화된다. 따라서 암호기능을 갖지 않는 분리된 구식 무선장비의 사용으로 인하여 생기는 중요한 정보의 수신지연을 피하기 위해 병원선도 같은 통신장비를 가져야 된다.[41]

<표 2> 산레모 매뉴얼의 체계 및 주요 내용

部	節	項	주요 내용
제1부 총칙	적용범위	제1항~제2항	① jus ad bellum과 jus in bello의 조화 ② 모든 무력분쟁 당사국을 구속하고 각 당사국에게 동등하게 적용됨을 강조
	자위권 행사 및 제한	제3항~제5항	
	UN S. C.에 의한 무력사용	제7항~제9항	
	해전수역의 범위 및 제한	제10항~제12항	
	용어의 정의	제13항	
제2부 작전해역	내수, 영해 및 군도수역	제14항~제22항	전통적인 작전해역 및 중립수역에 관한 법과 UN해양법협약과의 조화 시도
	국제해협 및 군도항로대	제23항~제33항	
	배타적 경제수역 및 대륙붕	제34항~제35항	
	공해 및 심해저	제36항~제37항	
제3부 기본규칙 및 공격목표	기본규칙	제38항~제45항	① 군사목표 개념 도입 ② 공격대상 선박, 항공기의 구체적 명시 ③ 공격목표의 범위를 전통적인 법보다는 확대하고 현대전의 국가관행보다는 축소
	공격 시의 예방조치	제46항	
	공격면제 적선 및 적 항공기	제47항~제58항	
	기타 적선 및 적 항공기	제59항~제66항	
	중립국 상선 및 중립국 민간기	제67항~제71항	
	민간기에 관한 예방조치	제72항~제77항	
部	節	項	주요 내용
제4부 해상전투의 수단과 방법	전투수단	제78항~제92항	① 과학기술의 발달에 따른 전투수단과 방법의 규제 보완 ② 해상봉쇄 시 민간주민 보호 강조 ③ 전쟁수역의 인정 및 제한
	전투방법	제93항~제108항	
	기만, 기계 및 배신행위	제109항~제111항	
제5부 공격에 이르지 않는 조치	선박 및 항공기 적성 결정	제112항~제117항	① 해상포획에 관한 전통적 법규의 효력 재확인 ② 전시금제품 종류를 하나로 통합하여 절대적 금제품과 조건부 금제품 미구별/전시금제품 목록에 포함된 물품만 나포토록 함
	상선의 임검 및 검색	제118항~제124항	
	민간기의 차단, 임검 및 수색	제125항~제134항	
	적국 상선 및 화물 나포	제135항~제140항	
	적 민간기 및 화물 나포	제141항~제145항	
	중립국 상선 및 화물 나포	제146항~제152항	
	중립국 민간기 및 화물 나포	제153항~제158항	
제6부 피보호자, 의료수송수단 및 의료항공기	피보호자	제159항~제168항	① 제네바 제2협약 및 제1추가의정서 규정의 효력 재확인 및 최근의 발전에 기초한 추가 규칙 제시 ② 중요한 정보의 수신지연을 피하기 위한 병원선의 암호통신장비 보유
	의료수송선	제169항~제173항	
	의료항공기	제174항~제183항	

41) L. Doswald-Beck(ed.), *op. cit.*, p.236.

2. 주요 특징

가. *jus ad bellum* 관련 규정 명문화

기존의 해전법규는 *jus in bello*(전쟁수행 과정에서의 정당성) 측면에서는 1949년 ICRC의 선구적 노력으로 제네바 제2협약에서 약간의 규정들이 채택되었지만, *jus ad bellum*(전쟁개시의 정당성) 측면에서는 1907년 이후 조약화되지 못했으며, 이에 관한 제한적인 규정을 담고 있던 1913년 옥스퍼드 매뉴얼도 발효되지 못했다.

산레모 매뉴얼은 *jus ad bellum*과 관련하여 무력분쟁과 자위에 관한 법(제1부 제2절)과 국제연합 안전보장이사회가 행동하는 경우에 적용할 수 있는 규정(제1부 제3절)을 포함하고 있다. 이들 규정들에 대한 진지한 논의 끝에 대다수 라운드 테이블 참가자들은 국제연합 헌장이 해전법규에 미친 영향을 매뉴얼에 포함하는 것이 필요하다는 것에 동의하였다. 정식 전쟁상태 기간에 적용되는 전통적인 전쟁법이 평화조약이 체결될 때까지는 교전국에게 중립국 선박을 취급하는 데 있어 광범위한 권한을 부여하고 있는 현실을 인정하였기 때문이었다.

매뉴얼의 제1부에서 국제연합 헌장의 규칙을 직접 언급하고 있는 것은 정식 전쟁상태가 존재하지 않음에도 불구하고 많은 전통적 규칙이 계속해서 적용된다는 것과 그러한 규칙이 어느 교전국이 침략범죄를 저질렀느냐에 관계없이 모든 교전국에 평등하게 적용된다는 것을 명확하게 하기 위하여 라운드테이블이 국제연합 헌장의 법적 영향을 충분히 고려했다는 것을 나타낸다. 참가자 대다수가 동의하였듯이 교전국은 자위에 관한 법의 제약에 의해 영향을 받게 되며 또한 일단 전쟁상태가 존재하면 전통적인 법에서 인정되고 있는 해전방법을 이용할 권리도 영향을 받는다. 이것은 전시금제품의 포획과 같이 중립국 선박에 대한 경제전적 성격을 갖는 조치들의 실시나 봉쇄의 설정과 같이 중립국민의 경제적 이익에 영향을 주는 기타의 조치에 있어 특히 그러하다. 참가자들은 자위권의 요건, 즉 필요성과 균형성은 자위권 행사의 한계를 제한하는 효과가 있고 따라서 전쟁을 억제하는 경향이 있다고 생각하였다. 또한 국제연합의 강제조치를 실시하는 부대도 국제인도법을 존중해야 할 의무가 있다는 것을 강조하는

것이 중요하다고 생각하였다.[42]

나. 헤이그법과 제네바법의 수렴

산레모 매뉴얼은 헤이그법과 제네바법을 수렴하고 있는데, 이는 "본 매뉴얼상의 국제인도법에는 적대행위에 관한 법(소위 헤이그법)과 무력분쟁의 희생자 보호에 관한 법(소위 제네바법) 양자가 포함된다. 따라서 이는 국제관습법 및 1907년 헤이그조약, 1925년의 제네바의정서, 1949년의 제네바협약 및 1977년의 추가의정서 등에 규정된 해상무력분쟁에 적용되는 규칙들을 포함하고 있다."라는 제1항에 대한 해설에 잘 나타나 있다.[43]

무력분쟁법에서 헤이그법과 제네바법의 수렴은 분쟁희생자의 인도적 보호를 위해서는 양자가 불가분의 일체적 관계에 있다는 인식을 반영한 것으로 순수한 의미에 있어서의 국제인도법으로 볼 수 있는 제네바법의 확충이라는 점에서 중요한 의의가 있다.[44]

전투수단과 방법을 주로 다루는 헤이그법적 요소에 있어 매뉴얼은 미사일 및 초수평선(Over The Horizon: OTH) 능력을 갖는 발사체의 목표물 구별원칙에 따른 사용(제78항), 항주를 끝냈을 때 가라앉지 않거나 무해한 것으로 변하지 않는 어뢰의 사용 금지(제79항), 적의 해상이용 거부를 포함한 정당한 군사목표물만에 대한 기뢰 사용과 분리되거나 통제가 상실된 경우 유효하게 무력화되지 않는 기뢰의 부설 금지(제80항~제92항) 및 1856년 파리선언과 1909년의 런던선언을 현대화한 봉쇄에 관한 규정(제93항~제104항) 등을 두고 있다.[45] 이는 군사목표물에 한정되지 않는 대량파괴무기의 기술적 발달과 새로운 형태의 공격으로부터 희생자를 보호하기 위해서는 전투수단과 방법의 규제에 관한 새로

---

42) 구체적 내용에 대해서는 *Ibid.*, pp.75 - 80 참조.

43) *Ibid.*, p.74, para.1.2.

44) 김종수, "1949년 제네바제협약의 추가의정서에 대한 약간의 분석", 인도법논총, 제3호, 1980, p.8.

45) 라운드 테이블은 봉쇄관행은 이제 더 이상 사용되지 않는 전통적인 방법인지 아니면 아직도 실시될 수 있는 해전방법으로 남아 있는지에 관해서 폭넓게 토의하였다. 참가자들 중 일부는 봉쇄에 관한 전통적인 규칙은 완전히 쇠퇴하였다고 생각한 반면, 대다수 참가자들은 2차 대전 이후에도 교전국들이 전통적인 봉쇄규칙의 전부 또는 일부를 채용하여 행동한 많은 사례가 있었던 것은 그러한 규칙이 현재에도 강제수단으로서 유용성을 가지고 있다는 것을 나타내는 것이라고 생각하였다. 이러한 견해는 국제연합 헌장 제42조에서 봉쇄가 강제조치의 하나로 열거되고 있으며, 각국의 해상작전법에 관한 매뉴얼에서 인정되고 있다는 사실에 의해 보강되었다. L. Doswald - Beck(ed.), *op. cit.*, p.176.

운 규정이 필요하다[46]는 것을 인정한 결과이다.

다. 군사목표 개념의 명확화 및 구체화

전통적인 해전법규와 비교하여 동 매뉴얼의 주요한 새로운 특징적 요소는 '군사목표'(military objective)개념의 도입이다. 전통적인 법규에 있어서는 발견 즉시 공격할 수 있는 선박은 교전국의 군함과 보조선박이었지만, 실제 군사적 충돌에서는 특정의 조건을 갖춘 경우는 예외였지만 교전국 선박뿐만 아니라 군사물자를 운반하거나 적국에 정보를 제공하는 등 적국의 전쟁수행노력을 지원하는 중립국 선박도 나포의 대상이 되곤 했으며, 새로운 전투수단, 특히 잠수함과 항공기의 출현은 공격대상에 관한 전통적인 법의 이행을 어렵게 했을 뿐만 아니라 양차 대전에서 상선을 공격하는 주요한 전투수단이었다.

이에 따라 라운드 테이블은 최근의 국가관행과 1977년 제1추가의정서상의 군사목표 개념에 기초하여 일정한 선박에 대해서는 공격에 이르지 않는 전통적인 조치를 취할 가능성을 남겨두는 한편, 전통적으로 적국의 군사행동을 지원하는 군함, 보조선 및 상선에 대한 공격에 합법성을 부여하고, 이들에 대한 공격을 제한하기 위하여 해상작전에도 군사목표 개념을 도입키로 했다.[47] 이는 제2차 세계대전 이후 육전에서의 민간인과 민간물자에 대한 보호를 규정하고 있는 국제인도법에 있어서의 성과를 존중하면서 현대적인 전투수단과 군사적 필요성을 고려한 것이었다.

매뉴얼은 제1추가의정서에 확립된 '군사목표물'의 정의를 반복하면서도 이러한 일반적 내용에 부가하여 제1추가의정서와 달리 선박이 군사목표가 되는 활동의 예를 포함하고 있으며, 이러한 리스트[48]는 해상공격에 있어 구체적인 지침

---

46) G.I.A.D. Draper, "The Development of International Humanitarian Law", UNESCO(ed.), *International Dimension of Humanitarian Law*, Henry Dunant Institute/UNESCO/Martinus Nijhoff Publishers, 1988, p.82.

47) L. Doswald-Beck, *op. cit.*, pp.589-590.

48) 제60항 적 상선이 다음의 활동을 하는 경우 군사목표물로 간주된다.
  (a) 적을 대신하여 적대행위를 하는 경우. 즉 기뢰부설 및 소해, 해저 전선 및 관선 절단, 중립국 선박에 대한 승선 및 검색 또는 기타 선박들에 대한 공격
  (b) 적 군대의 보조세력으로 행동하는 경우. 즉 군대의 수송 또는 전투함에의 보급 지원
  (c) 적의 정보수집체계로 편입 또는 이를 원조하는 행위. 즉 정찰, 조기경보, 탐색 또는 통제 및 통신임무에의 종사
  (d) 적 군함 및 군용기의 호위하에 항행하는 경우

을 제공할 것으로 기대된다.

라. 전쟁수역의 인정 및 제한

산레모 매뉴얼의 중요한 특징 중 하나는 전쟁수역의 설정 및 제한에 관한 규정을 두고 있다는 점이다. 해전에서 교전국들은 공해상에 일정 수역을 설정하여 타국의 이용을 제한해 왔다. 라운드테이블 참가자들은 그러한 수역에 적용되는 규칙을 매뉴얼에 포함시킬 것인지를 두고 논쟁했었는데, 규정의 명문화가 전쟁수역이 합법적이라는 신념을 조장하지는 않을까 하는 우려 때문이었다.

그러나 대다수의 참가자들은 전쟁수역이 현재에도 설정되고 있을 뿐만 아니라 향후에도 계속해서 사용될 것이므로 이를 명확하게 하는 것이 실제적으로 유용하다고 판단, 전쟁수역 설정의 남용과 당해수역 내에서의 국제인도법 위반 행위를 방지하기 위해 일정한 기준과 제한을 도입했다.

다양한 수역(zones)의 설정 및 이용이 엄격하게 국제인도법의 범위 내에 속하는 것은 아니지만, 해양법협약의 규정들을 가능한 한 존중하면서 군사필요성을 결정할 필요는 있다. 전쟁수역 설정과 관련하여 해양환경보호, 항해의 자유 및 특별한 탐사권리, 중립국 EEZ에서의 탐사 및 중립국 선박의 항행권에 법적 효과를 미치는 수역(보통 Exclusion Zones이라고 언급되는)의 합법성 등이 해양법협약상 문제가 되는 내용들이었다. 이 외에도 매뉴얼은 만약 그러한 구역들이 창설되어 실전에서 운용된다 하더라도 국제인도법은 당연히 존중되어야 한다고 명규하고 있다. 이는 해상무력분쟁에서의 희생자 보호에 있어 중요한 업적으로 평가할 수 있을 것이다.[49]

마. 해양법상 각 수역의 해전수역으로서의 지위 구체화

매뉴얼은 최근 수십 년간에 걸쳐 확립되어 온 해양법상의 각 수역에서의 무

(e) 정선명령을 거부하거나 적극적으로 승선, 검색 또는 나포를 거부하는 경우
(f) 군함에 위해를 가할 수 있을 정도로 무장한 경우. 해적 등으로부터 승조원의 방위를 위한 개인용 경무기와 채프 같은 순수한 회피기능만 갖는 무기는 제외된다.
(g) 기타 군사행위에 효과적으로 기여하는 경우. 즉 군사물자의 수송

49) L. Doswald-Beck, *op. cit.*, p.592.

력분쟁 시 군사작전의 허용 및 그 한계, 즉 해전수역으로서의 지위를 구체화하고 있다. 해양법협약의 평시법적 성격에도 불구하고, 연안국의 주권 또는 기타 국가 관할권의 행사에 따르는 협약상의 각 수역들은 무력분쟁 시 교전국과 중립국 쌍방의 권리행사에 상당한 영향을 미쳤다.

오늘날 성문화되어 있는 대부분의 해상무력분쟁법은 주로 19세기와 20세기 전반, 즉 해양법협약이 채택되기 이전에 결정화된 것으로 '좁은 영해'와 '넓은 공해'로 이해되던 기존 해양법 체제를 기초로 한 것이었기 때문에 과거 공해의 일부로 인정되었거나 아무런 법적 규제가 확립되지 않았던 수역들이 군도수역, 배타적 경제수역, 국제해협 및 심해저 등으로 새로이 승인됨에 따라 이들 수역의 해전수역으로서의 지위가 중요한 관심사로 대두되었던 것이다.

이에 동 매뉴얼은 해전수역의 범위를 교전국의 영해 및 공해에서 ① 교전국의 영해 및 내수, 영토, 배타적 경제수역, 대륙붕 및 군도국가일 경우 군도수역, ② 공해 및 ③ 일정한 조건[50]에 따를 경우 중립국 배타적 경제수역 및 대륙붕의 수상, 수중 및 상공으로 확대하고 있다(제10항).

바. 무력분쟁에 개입한 항공기의 지위 규정

매뉴얼은 해상작전에의 개입 또는 해군작전에 의해 영향을 받는 항공기에 대한 상당한 규정을 포함하고 있다. 평시 민간항공에 적용되는 법이 무력분쟁 시 어느 정도까지 적용될지 그 범위는 불명확하기 때문에 국제민간항공기에 관한 규칙과 군사력 고려를 가능한 한 실천적으로 결합시키고자 했다. 매뉴얼의 대부분 규정들이 해상무력분쟁에 적용되는 국제법, 즉 수상전투와 직간접적으로 관련 있지만, 오늘날 항공기는 실제로 해상무력분쟁에 대규모로 투입되고 있어 항

---

50) 교전국이 중립국의 배타적 경제수역 및 대륙붕에서 해전을 수행하기 위해서는 다음과 같은 조건을 따라야 한다. 첫째, 적대행위가 중립국의 배타적 경제수역 내 또는 대륙붕에서 행해지는 경우, 교전 당사국은 해상무력분쟁법의 여타 적용 가능한 규칙의 준수 외에 연안국의 권리와 의무, 특히 배타적 경제수역 및 대륙붕의 경제자원의 탐사 및 개발, 해양환경의 보호 및 보전에 타당한 고려를 하지 않으면 안된다. 교전국은 특히 배타적 경제수역 및 대륙붕에 중립국이 설정한 인공섬, 시설물, 구축물 및 안전구역에 타당한 고려를 하지 않으면 안된다(제34항). 둘째, 교전 당사국이 중립국의 배타적 경제수역 또는 대륙붕에 기뢰부설이 필요하다고 생각하는 경우 교전국은 그 중립국에 통보하지 않으면 안되고 또한 기뢰부설원의 규모 및 사용기뢰의 종류가 인공섬, 시설물 및 구축물에 위험을 미치지 않고 출입을 저해하지 않도록 하여야 한다. 또한 교전국은 가능한 한 중립국의 당해 구역의 탐사 및 개발에 대해 실질적인 방해를 해서는 안되며, 해양환경의 보호 및 보전에도 타당한 고려를 하지 않으면 안된다(제35항).

공기를 언급하지 않는 것은 실제적이 아니며 현실을 반영하지 않은 것이라고 판단했던 것이다.

동 매뉴얼은 불법적인 공격을 피하는 것을 돕기 위해 고안된 1977년 제1추가 의정서 제57조에 규정된 것과 유사한 공격개시 전에 취해야 하는 예방조치(제72항~제77항)에 관한 내용들을 두면서 선박만 다루지 않고, 해군작전에서 항공기가 중요한 역할을 한다는 것과 현실적 매뉴얼은 이를 고려해야 된다는 것을 인식하여 선박에 적용되는 규정에 '필요한 변경을 가하여'(*mutatis mutandis*) 공격대상이 되는 것과 공격면제가 되는 항공기에 대한 규정들을 두고 있다. 또한 매뉴얼은 무고한 민간항공기에 대한 공격을 피하기 위해 노력하고자 민간항공과 관련하여 특별한 예방조치를 포함시키고자 했는데, 이를 위해 전문가들은 국제민간항공기구(ICAO)가 발표한 국제민간항공규칙과 각종 관습규칙 및 관행을 참조했다.

이에 따르면 항공교통업무를 담당하는 기관을 포함하여 교전국과 중립국은 사전에 해상작전구역과 민간기의 항로를 통고할 것이 요구되며, 특히 통신과 식별절차가 강조되고 있다. 지위를 확인하고 의도를 명확히 하여 불명확한 점을 해결할 뿐만 아니라 예기할 수 없는 상황을 극복하기 위하여 군함과 군용기의 지휘관, 민간기의 기장 및 항공교통업무기관 간의 최대한의 정보교환을 규정하고 있다. 교전국과 중립국이 이들 규정을 따르면 운용 면에서의 오해와 혼란을 최소한으로 줄일 수 있을 것이다. 이러한 규칙들하에서 교전국은 상업적 또는 사적 업무에 종사하는 민간기가 부주의로 인하여 공격받는 것을 막기 위해서 가능한 모든 조치를 취할 의무가 있으며, 중립국은 민간기가 위험에 처해지는 것을 방지하기 위해서 가능한 모든 조치를 취할 의무가 있는바, 민간기 탑승자의 인명과 항공기의 안전을 위험에 노출시켜서는 안 된다.[51] 매뉴얼상의 이러한 규정들은 군사필요성, 국제인도법 및 민간항공규칙을 조화시키기 위한 실용적 시도였다.

---

51) L. Doswald－Beck(ed.), *op. cit.*, p.163.

사. 해전에서 자연환경의 보호 강조

매뉴얼은 전투수단과 방법의 제한으로 자연환경에 대한 타당한 고려를 해야하며, 군사적 필요성에 의해 정당화되지 않고 또한 자의적으로 행하여지는 자연환경에 대한 손해 또는 파괴는 금지된다고 규정(동 제44항)하고 있는데, 이는 해상무력분쟁 시 자연환경 보호문제를 직접적으로 다루고 있는 최초의 규정으로 기존 법규와 비교해 본 매뉴얼의 중요한 발전의 하나이다.

해상 무력분쟁에서의 환경문제는 새로운 해전 기술과 방법, 무력분쟁법과 해양법의 새로운 전개 및 해상무력분쟁의 결과로서 환경에 대한 중대한 손해가 발생할 가능성의 증대로 주목받기 시작하였으며, 1991년에 개최된 베르겐(Bergen) 회기와 1992년의 오타와(Ottawa) 회기에서의 예비논의를 거쳐서 1993년 제네바 회기 라운드 테이블을 위한 합의의제로 삽입되면서부터 공식적으로 논의되기 시작하였다.

제네바 회기 중 무력분쟁 중의 환경보호에 관한 특별보고자는 보고서에서 평시에 해양환경을 해하지 않을 의무가 국가에 존재한다고 하였는데, 걸프전쟁(1991년)의 경험에 비추어 볼 때 적어도 해상 무력분쟁 중에 전투의 수단으로서 해양환경을 이용하는 것 또는 그것을 공격목표로 하는 것을 금지하는 규칙이 출현했다는 것은 매우 명백하다고 강조하였다. 제네바 회기에서의 논의 결과 '군사적 필요성에 의하여 정당화되지 않고 또한 자의적으로 행하여지는 자연환경에 대한 손해 또는 파괴는 금지한다.'라는 조항의 채택이 합의되었다. 이는 많은 참가자들이 표명한 관심사, 즉 '군사적 필요 원칙'의 범위 내에서 해상무력분쟁의 전투수단 또는 공격의 직접목표 또는 대상으로서 해양환경을 이용하는 것을 위법화해야 한다는 것을 수용한 것이었다.

제네바 회기에서 합의된 안은 리브로노(Livrono) 최종 회기에서 '전투수단 및 방법은 그 법원의 여하에 관계없이 무력분쟁에 적용되는 자연환경의 보호와 보전에 관한 국제법 규칙에 따라서 사용되지 않으면 안된다.'라고 수정할 것이 제안되었는데, 이는 보다 명확하고 직설적이었다. 특히 무력분쟁 시의 환경보호에 적용되는 법규의 향후 발전에 길을 여는 것이었다. 그러나 다른 참가자들은 본 항에 '국제법의 관련 규칙을 고려하여'를 언급하는 것은 무력분쟁에 적용되는 그러한 규칙을 존중하지 않으면 안 된다는 것을 적절히 규정하고 있고, 또한 그 것에 '타당한 고려'의 기준을 추가하는 것은 보다 효과적인 환경보호에 기여한 다고 생각하였다. 그 이유는 오늘날 무력분쟁 중의 환경보호를 직접 언급하는 규칙은 매우 한정되어 있고, 또한 '타당한 고려'라는 표현은 개개의 특정 경우 에 대립되는 이해를 평가하는 데 유연성을 부여한다고 보았기 때문이었다.[52]

제4절 결론 및 향후 과제

해상에서의 적대행위에 관한 전통적인 법은 인도적인 필요와 중립국의 이해관 계를 고려하기는 했지만 상선의 임검, 수색 및 나포에 관한 규칙이나 승무원의 보호에 있어 기존의 전투수단 및 방법에 적합한 현실적이지 못한 면이 많았다.

그렇지만 20세기 들어 국제법의 타 분야, 즉 국제연합 헌장, 해양법, 환경법 및 우주법의 급속한 발전으로 이들이 해상무력분쟁법에 상당한 영향을 미칠 수 밖에 없었고, 그 결과 해상무력분쟁법의 재검토 필요성이 불가피하게 제기되었 다. 또한 해전에 특유한 요소, 특히 포획과 관련 있는 경제전의 조치나 중립국 에 부여하는 교전국의 해상작전을 고려하면서 현대 해전에 국제인도법의 원칙 과 기본적 규칙들을 적용할 필요성이 제기되었다.

이러한 필요에 의해 수년간의 회의 끝에 1994년 산레모 매뉴얼이 채택되었 다. 동 매뉴얼의 채택은 해상무력분쟁법에 관한 실로 50여 년 만의 재확인 작업 이었을 뿐만 아니라 기존법규의 채택 이후 전투수단과 방법의 발전 및 기타 분 야의 국제법 발전에 따른 해전법규의 개정 보완작업이었으며, 제2차 세계대전 후 오랫동안 불명확하게 남아 있던 법규를 포괄적으로 연구하여 오늘날 적용되 어야 할 규칙들을 명시하고, 각 규칙의 생성 배경 및 구체적 내용에 대해 자세 하게 설명하고 있다.

산레모 매뉴얼의 규정들은 라운드 테이블에서 논의된 내용이 그대로 채택된 것도 있지만, 주로 통상적으로 적용되어 오던 국가관행에 중점을 둔 현실적인

---

52) *Ibid.*, pp.119－121 참조.

연구에 의해 주도되었고, 각국 전문가들의 의견을 반영하고 있어 상당한 설득력을 갖고 있다.

단지 다수결로 채택된 일부 규정들은 주요 해군국의 의견을 반영하지 않는 것도 있으며, 법의 점진적 발달을 고려하여 마련된 규정에는 기존의 관습법을 중시하는 일부 국가의 지지를 받기 어려운 면도 있다. 그렇지만 전체적으로 볼 때 불명확한 부분들이 명확해졌고, 국제사회의 발달에 적합하도록 해상무력분쟁법의 재구축을 꾀한 획기적인 성과라고 말할 수 있다.

또한 매뉴얼은 기존 국제법적 문서에서 추상적이고 극히 간략하게 규정된 채 그 구체적 내용이나 해석을 국가관행 및 학설에 맡겨두고 있어 논쟁이 될 수밖에 없었던 국제법 규정 및 원칙을 보다 구체적이고 자세하게 명문화함으로써 그동안의 국제법 발전을 수용하고 불필요한 분쟁의 소지를 없앴다. 그 구체적인 사례가 자위권에 관한 규정이다. 국제연합 헌장은 제51조에서 자위권을 인정하면서 다만 자위권 남용을 위한 몇 가지 절차적 제한만을 두고 있을 뿐이지만 동 매뉴얼은 자위권의 내재적 제한요건인 필요성과 비례성을 명규하여 무력행사가 이를 넘어서지 않아야 한다는 것을 분명하게 요구하고 있다.

그리고 동 매뉴얼은 해상무력분쟁에 관한 법규의 보급과 이해증진을 목적으로 하는 동시에 각국 해군이 통일성을 갖고 각자의 매뉴얼을 기초함에 있어 준거가 되는 기준을 부여하고 있다. 또한 장차 조약화될 경우 그 기초가 될 것이다. 그러한 의미에서 매뉴얼의 제 규칙 및 주석을 포함하고 있는 해설서는 향후 관련 연구자 및 실무자들에게 중요한 자료가 될 것이다.

그렇지만 매뉴얼은 몇 가지 면에서 아쉬운 점도 있다. 매뉴얼은 결코 구속력 있는 문서가 아니다. 매뉴얼 기초자들은 각국의 능력과 정책의 차이로 해상무력분쟁법에 대한 다양한 입장이 존재하고 있고 아직 이를 통일적으로 조정하거나 합의를 이끌어 내지 못하는 국제사회의 현실에 비추어 볼 때 이를 조약초안으로 보는 것은 시기상조라고 보았으며, 오히려 1913년의 옥스퍼드 매뉴얼을 현대화한 것이라고 이해했다. 또한 매뉴얼은 육상무력분쟁에 적용되는 국제인도법의 일반원칙과 국제법규가 적용된다고 보고, 규정의 위반이나 전쟁범죄 행위에 대한 국가책임이나 이행과 집행수단에 대해서는 아무런 언급을 하고 있지 않다.

따라서 향후 통일된 해상무력분쟁법을 조약화할 경우 동 매뉴얼이 안고 있는 제반 문제점들을 면밀하게 분석하여 보완, 개선함으로써 내용적으로 보다 충실하고 동시에 법적 구속력이 보장되는 실효적인 법규가 되도록 하여야 할 것이다.

주요 참고문헌

1. 국내문헌

權文相, "UN해양법협약상 기선제도에 관한 연구", 정일영·박춘호 共編, 한일관계 국제법문제, 百想財團, 1998.

김정균·성재호, 국제법, 박영사, 2006.

김현수·이민효, 현대국제법, 연경문화사, 2001.

이수근·강한구·김광식, 유엔해양법협약 발효에 따른 국방정책 연구, 한국국방연구원, 1997.

김원경, "'국제인도법 존중을 위한 단결' 국제회의 참가보고서", 국제법학회논총, 제40권 제2호, 1995.

김종수, "1949년 제네바제협약의 추가의정서에 대한 약간의 분석", 인도법논총, 제3호, 1980.

김현수, "국제법상 전쟁수역의 법적 지위", 해양전략, 제89호, 1995.

박관숙·최은범, 국제법, 문원사, 1998.

이민효, "냉전후 국내분쟁과 국제사회의 역할", 해양전략, 제103호, 1999.

이민효, "코소보 사태에서의 국제인도법의 적용에 관한 연구", 인도법논총, 제20호, 2000.

이민효, "해상무력분쟁에서의 전투수단과 방법의 제한에 관한 연구", 해양연구논총, 제30집, 2003.

이병조·이중범, 국제법신강, 일조각, 2008.

이용호, 전쟁과 평화의 법, 영남대학교 출판부, 2001.

이중범, 전쟁과 평화: 국제법을 중심으로, 단대출판사, 1983.

이한기, 국제법강의, 박영사, 2006.

정운장, 국제인도법, 영남대학교 출판부, 1994.

한형건, "해전시 포획권 행사에 의한 해상통상의 저지", 법률행정논집 제13집, 고려대학교 법률행정연구소, 1976.

해군 본부(역), 걸프전에서의 해군작전, 1992.

해군 본부, 전쟁법규집, 1988.

해군 본부, Gulf 전쟁 분석, 1991.

해군 본부, 해군작전법규(해전교 2 - 1 - 가), 1994.

2. 국외문헌

A. Cassese, International Law in a divided World, Clarendon Press, 1986.

A. Holtzoff, "Some Phase of the Law of Blockade", 10 American Journal of International Law, 1916.

Bernard H. Oxman, "The Regime of Warships under the United Nations Convention on the Law of the Sea", 24 Virginia Journal of International Law, 1984.

Bernard H. Oxman, "United States Interests in the Law of the Sea Convention", 88 American Journal of International Law, 1994.

C. John Colombos, The International Law of Sea(6th eds.), David Mckay Company Inc., 1967.

D. P. O'Connell, The Influence of Law of on the Sea Power, Manchester Univ. press, 1975.

D. P. O'Connell, The International Law of the Sea, vol.1, Clarendon Press, 1982.

D. Schindler & J. Toman(ed.), The Laws of Armed Conflicts, Sijthoff & Noordhoff/ Henry Dunant Institute, 1981.

D. Schindler, "Commentary on Hague Convention XIII", N. Ronzitti(ed.), The Law of Naval Warfare: A Collection of Agreements and Documents with Commentaries, Martinus Nijhoff Publishers, 1988.

E. Rauch, The Protocol Additional to the Geneva Conventions for the Protection of Victims of International Armed Conflicts and the United Nations Convention on the Law of the Sea: Repercussion on the Law of Naval Warfare, Dunker and Humbolt, 1984.

F. Kalshoven, "1909 London Declaration", N. Ronzitti(ed.), The Law of Naval Warfare: A collection of Agreements and Documents with Commentaries, Martinus Nijhoff Publishers, 1988.

F. Kalshoven, "Merchant Vessels as Legitimate Military Objectives", W. H. v. Heinegg (ed.), The Military Objective and the Principle of Distinction in the Law of Naval Warfare, Bochumer Schriften zur Friedenssicherung und zum humanitaren Völkerrecht, Bd.7, 1991.

F. V. Russo, Jr., "Neutrality at Sea in Transition: State Practice in the Gulf War as Emerging International Customary Law", 19 Ocean Development and International Law, 1988.

G. Best, War and Law since 1945, Clarendon Press, 1996.

G. Till, Maritime Strategy and the Nuclear Age, Macmillan, 1982.

G. I. A. D. Draper, "The Development of International Humanitarian Law", UNESCO (ed.), International Dimension of Humanitarian Law, Martinus Nijhoff Publishers, 1988.

H. A. Smith, "The Delaration of Paris in Modern War", 55 The Law Quarterly Review, 1939.

H. A. Smith, The Law and Custom of the Sea(2nd ed.), Frederick A. Praeger, 1950.

H. B. Robertson, Jr., The New Law of the Sea and the Armed Conflict at Sea, The Newport Paper #3, Naval War College, 1992.

H. Lauterpacht, Oppenheim's International Law, vol.2, London · Longmans · Green and Co., 1952.

ICJ Report, 1996.

ICRC Commentary on Geneva Convention Ⅱ for the Amelioration of the Condition of Wounded, Sick and Shipwrecked Members of Armed Forces at Sea, 1952.

ICRC Commentary to Additional Protocol Ⅰ, Commentary on the Additional Protocols of 8 June 1977 to the Geneva Conventions of 12 August 1949, 1987.

ICRC, Draft Rules for the Limitation the Dangers incurred by the Civilian Population in Time of war(2nd. ed.), 1958.

J. H. McNeill, "Neutral Rights and Maritime Sanctions: The Effects of Two Gulf Wars", 31 Virginia Journal of International Law, 1991.

J. R. Salonga and Pedro L. Yap, Public International Law, Regina Publishing Co., 1974.

John R. Stevenson and Bernard H. Oxman, "The Future of the United Nations Convention on the Law of the Sea", 88 American Journal of International Law, 1994.

L. Doswald−Beck(ed.), San Remo Manual on International Law Applicable to Armed Conflicts at Sea, Cambridge University Press, 1995.

L. Doswald−Beck, "San Remo Manual on International Law applicable to Armed Conflict at Sea", 309 International Review of the Red Cross, 1995.

M. G. Fraunces, "The International Law of Blockade: New Guiding Principles in contemporary State Practice", 101 The Yale Law Journal, 1992.

M. M. Whiteman, Digest of International Law, vol.4, U.S. Government Printing Office, 1965.

N. Ronzitti(ed.), The Law of Naval Warfare, Martinus Nijhoff Publishers, 1988.

NWP9A, The Commander's Handbook on the Law of Naval Operations, 1987.

P. Eberlin, "identification of hospital ships and hips protected by the Geneva Conventions of 12 August 1949", 231 International Review of the Red Cross, November−December 1982.

Robert W. Tycker, U.S. Naval War College International Law Studies, The Law of War and Neutrality at Sea, U.S. Government Printer's Office, 1957.

Robin R. Churchill and Alan V. Lowe, The Law of the Sea, Manchester University Press, 1983.

S. Junod, "Additional Protocol Ⅱ: History and Scope", The American University Law Review, Vol.33, 1983.

S. V. Mallson & W. T. Mallison, "A Survey of the International Law of Naval Blockade", U.S. Naval Inst. Proc., Feb. 1976.

T. C. Linn, "Naval Forces in the Post－Cold War Era" 20 Strategy Review, No.4, 1992.

T. Delery, "Away the Boarding Party", U.S. Naval Inst. Proc., Naval Rev., 1991.

U.S. Department of Navy, Office of Chief of Naval Operations, The Law of Naval Warfare, Washington, U.S. Government Printer's Office, 1955.

W. Heintschel v. Heinegg, "Visit, Search, Diversion and Capture in Naval Warfare: Part Ⅱ, Developments since 1945", 30 Canadian Yearbook of International Law, 1992.

W. J. Fenwick, "New Developments in the Law Concerning the Use of Conventional Weapons in Armed Conflict", Canadian Yearbook of International Law, Vol.19, 1981.

W. W. Bishop, Jr, International Law, Boston, Brown and Company Co., 1953.

田中忠, "戰鬪手段制限の外觀と內實: 一九四九年 8月 12日のジュネ１ブ條約への 追加議定書を中心に", 國際法外交雜誌, 第78卷 3号, 1969.

淺田正彦, "特定通常兵器使用禁止制限條約と文民の保護(1)", 法學論叢, 京都大學 法學會, 第114卷 2号, 1983.

부 록

1909년 해전법규에 관한 선언(런던선언)

서명일자　　1909년 2월 26일

총 칙

기명국은 다음의 제장에 규정하는 규칙이 실질상 일반으로 승인된 국제법의 원칙에 부합하는 것임을 승인한다.

제1장 전시에 있어서의 봉쇄

제1조　봉쇄지역
봉쇄는 적국 또는 적국점령지의 항구 및 연안에 한하여 이를 시행할 것으로 한다.

제2조　봉쇄의 실효성
1856년의 파리선언에 근거하여 봉쇄가 유효하기 위하여는 실력을 사용함을 요한다. 즉, 실제로 적안에 접근하여 도달함을 방지할만한 충분한 병력으로써 유지함이 필요하다.

제3조 실력행사의 결정

봉쇄에 관하여 실력을 사용하느냐의 여부의 문제는 사실상의 문제로 한다.

제4조 봉쇄함대의 일시적 부재

봉쇄는 봉쇄함대가 황천으로 인하여 일시 그 장소를 이탈하더라도 이로 인하여 해제된 것으로 인정될 수 없다.

제5조 본 조약의 적용

봉쇄는 각국의 선박에 대하여 공평하게 적용함이 필요하다.

제6조 출입의 허가

봉쇄함대의 지휘관은 군함에 대하여 봉쇄항내에 입항 또는 출항하는 것을 허용할 수 있다.

제7조 중립선박에 대한 특례

중립선박은 봉쇄함대에 속하는 관헌이 그 해난에 조우하였음을 인정한 경우에는 재화의 양육을 행하지 않음을 조건으로 하여 봉쇄지역에 입항하며 또한 출발할 수 있다.

제8조 선언과 고지

봉쇄가 유효함에는 제9조의 규정에 의하여 선언하며 또한 제11조 및 제16조의 규정에 의하여 고지함이 필요하다.

제9조 선언

봉쇄는 선언의 봉쇄를 시행하는 국가 또는 그 명의에 의하여 행동하는 해군관헌이 이를 행하여야 한다.

선언에는 다음의 사항을 기재하여야 한다.

1. 봉쇄개시일
2. 봉쇄지역의 지리적 범위

3. 중립선박에 허용하는 퇴거기간

제10조 선언의 무효

봉쇄를 시행하는 국가 또는 그 명의하에서 시행하는 군관헌이 제9조 제2장 제1호 및 제2호에 의하여 그 봉쇄선언중에 기재한 사항에 준거치 아니할 때에는 상기 선언은 무효로 한다. 따라서 그 봉쇄를 유효케 하기 위하여는 새로이 선언함이 필요하다.

제11조 고지

봉쇄의 선언은 다음의 관헌에 대하여 고지하여야 한다.

1. 각중립국

   상기의 고지는 시행국에 있어서 직접으로 중립국정부에 송부하는 공신 또는 봉쇄시행국에 주재하는 중립국대표자에 보내는 공신으로써 행하여야 한다.

2. 지방관헌

   상기의 고지는 봉쇄함대의 지휘관이 행한다. 지방관헌에 있어서는 가급적 속히 봉쇄항 또는 봉쇄연안에서 그 직무를 집행하는 외국의 영사관에게 이를 통지하여야 한다.

제12조 봉쇄지역의 확장

봉쇄의 선언 및 고지에 관한 규정은 봉쇄지역을 확장하는 경우 또는 한번 봉쇄의 해제가 있은 후 다시 시행하는 경우에 적용한다.

제13조 봉쇄의 해제 또는 제한

스스로 봉쇄를 해제한 경우 및 봉쇄에 관하여 제한을 설정한 경우에는 제11조의 규정에 의하여 이를 고지함이 필요하다.

제14조 봉쇄의 인식

봉쇄범으로서 중립선박을 나포함에는 그 선박이 현실상 또는 추정상 봉쇄의 사실을 알고 있음을 요건으로 한다.

제15조 고지 후 출발한 선박

출발항이 소속하는 중립국에 대하여 적당한 시기에 봉쇄의 고지가 있은 후 선박은 반증을 거증하지 아니하면 봉쇄의 사실을 알고 있었던 것으로 추정된다.

제16조 선박에 대한 고지

봉쇄함에 도달하는 선박으로서 봉쇄의 존재를 모르거나 또는 이를 알고 있었던 것으로 추정할 수 없는 경우에는 봉쇄함대에 속하는 군함의 사관은 그 선박에 대하여 고지함이 필요하다. 상기고지는 그 선박서류에 기입되며, 이를 행한 일 및 시, 그리고 당시에 있어서의 그 선박의 지리상의 위치를 명기하여야 한다.

봉쇄함대의 지휘관의 태만으로 인하여 봉쇄의 선언을 지방관헌에 고지하지 않은 경우 또는 고지한 선언 중에 퇴거기간을 규정하지 아니하는 경우에는 봉쇄항을 출발하려는 중립선박은 봉쇄선을 넘을 자유를 가진다.

제17조 군함의 행동구역

중립선박은 봉쇄를 유효하게 확보하는 임무를 가진 군함의 행동구역 내에서가 아니면 봉쇄법으로서 나포할 수 없다.

제18조 중립항 봉쇄의 금지

봉쇄함대는 중립항 및 중립연안에 도달함을 차단할 수 없다.

제19조 비봉쇄항에 항해하는 선박

선박 또는 그 적화의 그 후의 선행지가 어디인가를 불문하고 선박이 현재 봉쇄되어 있지 아니한 항구로 향하여 항행하는 경우는 봉쇄법으로서 나포함에 충분한 이유가 없는 것으로 한다.

제20조 추적권

봉쇄를 침파하여 봉쇄항을 출발하는 선박 및 봉쇄항에 항입할 것을 기도하는 선박은 봉쇄함대 소속의 군함이 그 추적을 계속하는 동안은 나포할 수 있다. 이미 추적을 포기하였거나 또는 봉쇄를 해제한 경우에는 이를 나포할 수가 없다.

제21조 봉쇄침파선과 적화

봉쇄를 침파한 선박은 몰수한다. 그 적화에 대하여도 또한 같다. 단, 적화인이 적화를 적하할 때 봉쇄를 침파하려는 의도를 인식하지 않았거나 인식할 수 없었음을 증명한 때에는 그렇지 않다.

제2장 전시금제품

제22조 절대적 금제품

다음에 게기하는 물건 및 재료는 절대적 금제품의 명의하에 당연히 전시금제품으로 간주한다.

1. 모든 무기(수렵용 무기를 포함) 및 그의 부분품
2. 모든 탄환, 장약, 탄약포 및 그 부분품
3. 특히 전쟁용으로서 제조된 화약 및 폭발물
4. 포가, 탄약차, 전차, 군용운반차, 野戰鍛工器 및 그 부분품
5. 군용임이 명백한 피복 및 무장구
6. 군용임이 명백한 모든 마구
7. 전쟁에 공용할 수 있는 승용, 견인용 및 荷物用의 가축
8. 陣營具 및 그 부분품이 명백한 것
9. 갑철판
10. 전투용 함정 및 특히 전기 함정에 사용할 수 있음이 명백한 부분품
11. 병기, 탄약의 제조를 위하여 또는 육군용 혹은 해군용의 무기 및 재료의 제조용 혹은 수리용을 위하여 전적으로 제작된 기계기구

제23조 절대적 금제품의 추가

전혀 전쟁용으로 제공되는 물건 및 재료는 포고하는 선언의 방법에 의하여

절대적 금지품의 품목표 중에 추가할 수 있다.

전항의 고지는 타국정부 또는 선언을 행하는 국가에 주재하는 외교대표자에 통지하여야 한다. 전쟁개시 후에 행하는 고지는 중립국에 보냄으로써 족하다.

제24조 조건부 금제품

전쟁용으로나 평시용으로도 제공될 수 있는 다음의 물건 및 자료는 조건부금제품의 명의하에 당연히 전시금제품으로 간주된다.

1. 식량
2. 가축의 사료용에 적합한 잡초 및 곡류
3. 군용에 적합한 의복, 피복용 직물 및 가죽류
4. 금은화폐 및 그의 지금, 화폐의 대용화폐
5. 전쟁용에 제공될 수 있는 모든 차량 및 그 부분품
6. 모든 선박 및 단정, 부독크, 독크의 부분 및 그 부분품
7. 철도의 고정적 및 군전용재료와 전신, 전선전신 및 전화용의 재료
8. 비행선, 비행기, 기구, 그 부분품임이 명백한 것과 항공용에 제공되는 것으로 인정되는 부속품 물건 및 재료
9. 연료 및 기계윤활용품
10. 특히 전쟁용으로 제조된 것이 아닌 화약 및 폭발물
11. 有刺鐵線과 그 가설용 또는 절단용으로 제공되는 기계기구
12. 蹄鐵 및 蹄鐵用材料
13. 견인 및 안장에 사용하는 물건
14. 쌍안경, 망원경, 크로노미터 및 각종의 항해용구

제25조 조건부금제품의 추가

제22조 및 제24조에서 규정한 물건 및 재료이외의 것으로서 전쟁용이나 평시용으로도 제공될 수 있는 것은 제23조 제2항의 규정에 따라서 고지하는 선언의 방법에 의하여 조건부금제품의 품목표 중에 추가할 수 있다.

제26조 전시금제품목표로부터의 제외

자국에 관한 한에서 제22조 및 제24조에 열거한 품목 중에 있는 물건 및 재료를 전시금제품으로 간주함을 포기하는 국가는 제23조 제2항의 규정에 따라 고지하여야 할 선언으로써 그 의사를 통지하여야 한다.

제27조 자유품의 성질

전쟁용에 제공할 수 없는 물건 및 재료는 전시금제품으로 선언할 수 없다.

제28조 자유품의 종목

다음에 게기하는 물품은 전시금제품으로 선언할 수 없다.

1. 生綿, 羊毛, 黃麻, 亞麻와 기타의 직물업용 원료 및 그 織絲
2. 유제조의 원료인 견과, 穀種 및 코푸라
3. 코쥬, 고무 수지, 고무, 漆 및 홉부
4. 생가죽, 角, 骨 및 상아
5. 천연 및 인공비료(농업용에 사용할 수 있는 ? 및 ?을 포함)
6. 광석
7. 흙, 점토, 석탄, 백금, 돌(대리석을 포함), ?, 판석 및 기와
8. 자기 및 유리그릇
9. 종이류 및 그 제조용으로 제작된 재료
10. 비누, 彩料(전적으로 이를 제조하는데 사용하는 재료 포함 및 洋漆
11. 클로르석탄, 소다탄, 가성소다, 솔트 케키, 암모니아, 硫化암모니아 및 硫化銅
12. 농업용, 채광용, 직물업용 및 인쇄용의 기계
13. 귀석, 准貴石, 진주, 眞珠母 및 ?瑚
14. 괘종시계, 탁상시계 및 크로노미터 이외의 회중시계
15. 기호품 및 사치품
16. 각종의 羽毛, 剛毛류
17. 가구용 또는 장식용물건과 사무용기구 및 부속품

제29조　특별한 자유품

다음에 게기하는 물건 및 재료도 전시금제품으로 간주할 수 없다.

　　1. 전적으로 상병자의 간호용에 제공되는 물건 및 재료. 단, 군사상 중대한
　　　 필요가 있는 경우에는 상기물건 및 재료로서 제30조에 규정한 행선지를
　　　 가진 때에는 배상을 지불하여 징발할 수 있다.

　　2. 선박 자체의 사용에 제공되는 선내에 있는 물건 및 재료와 항행중 그
　　　 선박의 승무원 및 승객의 사용에 제공되는 물건 및 재료

제30조　절대적 금지품의 나포

절대적 금제품인 물품은 적국영역, 적국점령지 또는 적군에 향해졌음이 입증
된 때에는 나포된다. 그 물품이 직접으로 수송되든 전재 또는 육로에 의하여 수
송되든 관계없다.

제31조　행선지의 증명

제30조에 규정하는 행선지는 다음의 경우에 명확히 증명된 것으로 한다.

　　1. 화물이 적항에 양륙되거나 또는 그 군함에 인도되어야 함이 선박서류에
　　　 기록되어 있을 때

　　2. 선박이 적항에만 도달하여야만 할 때 또는 선박이 선박서류의 화물의
　　　 양륙지인 중립항에 도달하기 이전에 적항에 기항하며 혹은 적군과 조우
　　　 하지 않으면 안 되는 것일 때

제32조　선박서류

선박서류는 절대적 금제품을 수송하는 선박의 항로에 관한 증거로 보다. 단,
그 선박이 선박서류의 기재에 의하여 항행하는 항로를 명백히 이탈한 경우에
군함에 조우하며, 또한 항로변경에 대하여 충분한 이유를 변증할 수 없을 경우
에는 그러하지 아니하다.

제33조　조건부금제품의 나포

조건부 금제품인 물품은 적국의 군대 또는 행정청의 사용으로 행해졌음이 입

증된 때에는 나포된다. 단, 행정청에 향해진 경우에 있어서 상기물품이 사실상 전쟁을 위하여 사용되지 않음이 제반의 상황에 의하여 입증되었을 때에는 그러하지 아니하다. 이 단서의 추정은 제24조 제4조에 규정한 물품의 수송에 대하여는 적용하지 않는다.

제34조 행선지의 추정

적국관헌에게 수송될 때, 또는 적국에 거주하는 상인이 그 종류의 물건 및 재료를 적에 공급하는 것이 현저한 경우에 있어서 상기상인 앞으로 수송될 때에는 그 물건은 제33조에 규정한 행선지를 갖는 것으로 추정한다. 적의 방비가 있는 장소 또는 적군의 기지인 기타의 장소를 행선지로 하여 수송될 때에도 또한 같다. 단, 이와 같은 장소로 향하여 항행하는 상선 자체에 관하여 그 전시금제품이라는 성질을 입증하려고 하는 경우에는, 행선지는 무해한 것으로 추정한다. 본 조에 규정한 추정에 대하여는 반증을 허용한다.

제35조 적국으로 향하는 선박 내 조건부금제품의 나포

조건부금제품인 물품은 적국영역, 적국점령지 또는 적군으로 향해 항행하는 선박 내에 있으며, 또한 상기물건이 중간에 중립항에서 양육되지 않는 경우가 아니면 나포할 수가 없다.

선박서류는 선박의 항로 및 화물의 양육장소에 관한 완전한 증거로 한다. 단, 그 선박이 선박서류의 기재에 의하여 항행하는 항로를 명백히 이탈한 경우에 군함에 조우하며, 또한 그 항로변경에 대하여, 충분한 이유를 변명할 수 없는 경우에는 그러하지 않는다.

제36조 해양에 면하지 않는 적국으로 향해진 조건부금제품의 나포

제35조에 대한 예외로서 적국영역이 해양에 면하는 국경을 갖지 않는 경우에는 조건부 금제품인 물품이 제33조에 규정한 행선지를 가짐이 입증되었을 때에는 그 물품은 나포된다.

제37조 금제품수송선의 나포

절대적 금제품 또는 조건부금제품으로서 나포물품을 수송하는 선박은 공해 또는 교전국영역 내에 있어서는 그 행해 중 언제든지 나포할 수 있다. 이 선박이 그의 적인 행선지에 도달하기 전에 중간항에 기항하려는 의사를 가진 때도 또한 같다.

제38조 나포의 시기

전에 이행하였거나, 또는 현재 종료한 전시금제품의 수송이라는 이유로써 나포를 행할 수 없다.

제39조 전시금제품의 몰수

전시금제품인 물품은 몰수한다.

제40조 몰수의 기준

전시금제품을 수송하는 선박은 당해 금제품이 그 가격상·중량상·용적상 또는 운임상 전 적화의 반수를 넘는 경우에는 몰수한다.

제41조 검색 중의 비용

전시금제품을 수송하는 선박이 적발될 때에는 각국 포획검사소에 있어서의 검색절차에 관하여, 그리고 검색 중 당해선박 및 그 적화보존에 관하여 포획자가 지출한 비용은 그 선박의 부담으로 한다.

제42조 전시금제품소지자에 속하는 화물의 몰수

전시금제품의 소지자에 속하며, 또한 동일 선박 내에 있는 화물은 이를 몰수한다.

제43조 선의의 선박에 대한 조치

선박이 전쟁의 사실 또는 그 적화에 대하여 적용하는 전시금제품의 선언을 알지 못하고, 항해 중에 해상에서 군함에 조우한 경우에는 전시금제품인 물품은 배상을 지불치 않고서는 몰수할 수 없다. 이 선박 및 적화의 잔류분은 몰수 및 제41조에 규정한 비용의 지불이 면제되는 것으로 한다. 선장이 전쟁을 개시 또는 전시금제품에 관한 선언을 알고 있어도 또 전시금제품인 물품을 양육할 수 없을 때에도 또한 같다.

중립항의 소속국에 대하여 적당한 시기에 있어서 전쟁개시 또는 전시금제품의 선언의 고지가 있은 후, 선박이 그 항구를 출발한 때에는 상기선박은 전쟁상태 또는 전시금제품의 선언을 알았던 것으로 간주한다. 또한 전쟁개시 후 적항을 출발한 때에는 그 선박은 전쟁상태를 알았던 것으로 간주한다.

제44조 금제품 수송선박의 항해계속

전시금제품수송의 이유로서 정선을 명령받았으나, 그 분량의 관계상 몰수되지 않은 선박은 선장이 교전국의 군함에 금제품을 인도한다면 사정에 의하여 그 항해를 계속함이 허가될 수 있다.

전시금제품의 인도가 있을 때에는 포획자는 이를 정선을 명령한 선박의 서류에 기입하며, 또한 선장은 필요한 일체의 선박서류의 인증등본을 포획자에 교부함을 요한다.

포획자는 인도된 전시금제품을 파괴하는 기능을 향유한다.

제3장 군사적 원조

제45조 경미한 군사적 원조

중립선박은 다음에 게기하는 경우에는 몰수되며, 또한 일반적으로 전시금제품의 수송으로 인하여 몰수되는 중립선이 받는 바와 동일한 처분을 받는 것으로 한다.

1. 그 선박이 적국군에 편입된 승객을 수송할 목적으로서 또는 이적을 위하여 정보를 전달할 목적으로서 특히 항해하는 경우
2. 선박의 소유자, 선박을 전체로서 고용한 자 또는 선장이 정보를 알고 적 군대의 일부 또는 적의 작전에 대하여 항해 중 직접의 원조를 제공하는 1인 또는 수인을 수송하는 경우

전 제2호에서 규정한 경우에 선박소유자에 속하는 화물은 동일하게 몰수되는 것으로 한다.

선박이 해상에서 군함에 조우한 때 또는 개전의 사실을 모르거나, 또는 선장이 전쟁의 개시를 알고 있어도 아직 그 수송인원을 상륙시킬 수 없는 경우에는 본 조의 규정을 적용치 않는다. 선박이 전쟁개시 후에 적항을 출발한 때, 또는 중립항의 소속국에 대하여 시기에 전쟁개시의 통고가 있은 후 그 항구를 출발한 때에는 상기선박은 전쟁상태를 지득한 것으로 간주한다.

제46조 중한 군사적 원조

중립선박은 다음에 게기하는 경우에는 몰수되며, 또한 일반적으로 적국의 상선으로서 취급되는 것으로 한다.

　　1. 당해선박이 직접으로 전투행위에 가담하는 경우
　　2. 당해선박이 적국정부에서 당해선박 내 승선시킨 대리인의 명령 또는 감독을 받는 경우
　　3. 당해선박이 전체로서 적국정부를 위하여 고용된 경우
　　4. 당해선박이 현재 전적으로 적국군대의 수송 또는 적을 이롭게하기 위하여 정보의 전달에 종사하는 경우

본 조에 규정하는 경우에 선박소유자에 속하는 화물은 동일하게 몰수되는 것으로 한다.

제47조 적군에 편입된 인원

적군에 편입된 모든 인원으로서 중립상선 내에 있는 자는 그 선박을 나포할 수 없는 경우일지라도 이를 포로로 할 수 있다.

제4장 중립포획선의 파괴

제48조 파괴의 금지

포획자는 나포한 선박은 포획의 효력에 관하여 적법으로 검정할 수 있는 항

구에 인치함을 요한다.

제49조 파괴할 수 있는 경우

제48조의 규정을 적용한다면 군함의 안전을 해치거나 또는 그가 현재 종사하는 작전행동의 성공을 해치는 경우에, 나포한 중립선박을 몰수할 수 있을 때에는 예외로 이를 파괴할 수 있다.

제50조 파괴의 절차

파괴를 행하기 전에 선박 내에 있는 인원은 안전한 장소에 이동시키고, 또한 모든 선박서류 및 이해관계인이 포획의 효력에 관한 검정에 필요하다고 인정하는 기타서류는 군함으로 전재함을 요한다.

제51조 파괴에 관한 변명

중립선박을 파괴한 포획자는 포획의 효력에 관한 모든 검정에 앞서 제45조에 규정한 예외적 필요가 있었던 까닭으로 그 수단을 취할 수밖에 없었던 사실을 변명을 하지 않을 때에는, 그 포획자는 포획의 유효여부의 심문없이 이해관계인에게 배상하여야 한다.

제52조 파괴된 선박의 배상

중립선박의 파괴가 변명된 경우에 있어서도 후에 그 선박의 포획이 무효로 검정된 때에는 포획자는 반환을 받을 권리를 가진 이해관계인에 대하여 그 대상으로서 배상을 하여야 한다.

제53조 파괴된 화물의 배상

몰수할 수 없는 중립화물이 선박과 함께 파괴된 때에는 그 화물의 소유자는 배상을 받을 권리를 향유한다.

제54조 화물의 인도와 파괴

몰수할 선박을 제49조에 의하여 정당히 파괴할수 있는 경우와 동일한 상황이 있을 때에는 포획자는 선박을 몰수하여서는 아니 될 경우일지라도 그 선박 내에 있는 몰수할 화물의 인도를 요구하거나, 또는 파괴하는 수단을 취할 권능을 향유한다. 포획자는 인도를 받거나 또는 파괴한 물건을 정선을 명령한 선박의 서류에 기입하며, 또한 선장으로부터 필요한 모든 서류의 인증등본을 수령한다. 인도를 받든가 또는 파괴를 행한 경우에 상기 절차를 종료한 때에는 선박은 그 항해의 계속이 허가되는 것으로 한다.

중립선박을 파괴한 포획자의 책임에 관한 제51조 및 제52조의 규정은 정항의 경우는 적용한다.

제5장 국기의 이전

제55조　전쟁개시전의 이전

전쟁개시 전에 적선을 중립국적으로 이전한 경우에는 그 이전이 적선이라는 성질로부터 발생하는 결과를 면하기 위하여 행하여진 것임이 입증될 경우를 제외하고는 이를 유효로 한다.

선박이 전쟁개시 전 60일미만의 기간 내에 교전국의 국적을 상실한 경우에 있어서 이 선박 내에 이전증서를 갖지 않은 때에는, 그 이전은 무효로 추정한다. 단, 반증이 허용된다.

전쟁개시 전 30일 이전에 행하여진 이전이 절대로 안전하며, 또한 관계국의 국법에 따라 행하여지고 이전의 결과 그 선박의 감독 및 그 사용으로부터 발생하는 이익이 이전 전에 있어서와 동일인에게 속하지 않게 되었을 때에는 그 이전은 절대로 이를 유효한 것으로 간주한다. 단, 선박이 전쟁개시 전 60일 미만의 기간 내에 교전국의 국적을 상실하고, 또한 선박 내에 이전증서를 갖지 않을 때에는 그 선박의 나포는 손해배상의 이유가 되지 아니한다.

제56조　전쟁개시 후의 이전

전쟁개시 후 선박을 중립국적으로 이전한 경우에는 그 이전은 적선이라는 성질로부터 발생하는 결과를 면하기 위하여 행하여진 것이 아님이 입증된 경우를 제외하고는 이를 무효로 한다.

다만, 다음의 경우에는 이전은 절대무효로 간주한다.

1. 이전이 선박의 항행 중에 또는 봉쇄항구 내에 있는 동안에 행하여진 경우
2. 이전이 환매 또는 반환의 조건부인 경우
3. 국기게양의 권리에 관하여 국기소속국의 국법에서 규정하는 조건을 준수치 않는 경우

제6장 적성

제57조　선박의 적성

국기의 이전에 관한 규정을 제외하고는 선박이 중립성을 갖느냐 또는 적성을 갖느냐는 그 선박이 게양의 권리를 가지는 국기에 의하여 이를 정한다.

중립선이 평시에 있어서 금지된 항해에 종사하는 경우는 문제외로 하여 본 규칙에 의하여는 조금도 영향을 받지 않는다.

제58조　화물의 적성

적선 내에 있는 화물이 중립성을 갖느냐, 또는 적성을 갖는가는 그 화물의 소유자가 중립성을 갖는가, 또는 적성을 갖는가에 의하여 이를 정한다.

제59조　화물의 적성의 추정

적선 내에 있는 화물의 중립성을 입증할 수 없을 때에는 그 화물은 적성을 가지는 것으로 추정한다.

제60조　수송중의 화물의 적성

적선 내에 적재하는 화물의 적성은 전쟁개시 후 수송 중에 행하여진 이전에도 불구하고 그 행선지에 도달할 때까지는 여전히 계속하는 것으로 한다.

그러나 현소유자인 적인이 파산한 경우에 전소유자인 중립인이 포획에 앞서 이 화물에 대하여 적법한 취득권을 행사하였을 때에는 이 화물은 다시 중립성

을 취득하는 것으로 한다.

제7장 군함의 호송

제61조 임검의 면제

본국 군함의 호송을 받는 중립선박에 대하여는 임검을 면제한다. 호송군함의
지휘관은 교전국 군함의 지휘관의 청구가 있을 때에는 그 선박의 성질 및 적화
에 관하여 임검에 의하여 알 수 있는 모든 정보를 서면으로써 통지한다.

제62조 검증

교전국 군함의 지휘관이 호송국군함의 지휘관에게 기만되었다고 의심할 수
있는 경우에는 혐의의 취지를 호송군함의 지휘관에게 통지한다. 이 경우에 검증
을 행하는 것은 호송군함의 지휘관에 한한다.

상기 검증의 결과는 조서를 작성하여 증명하고, 그 등본 1통을 교전국군함에
교부한다. 검증의 결과 호송군함의 지휘관이 그 호송선박의 1척 또는 수척의 나
포를 정당하다고 할 사실이 있다고 결정할 때에는 그 선박에 대하여 군함의 호
송보호를 철회함을 요한다.

제8장 임검에 대한 저항

제63조

정선, 임검 및 나포의 권리의 적법한 행사에 대하여 강력하게 저항한 선박은
모든 경우에 있어서 이를 몰수한다. 그 적화는 적선 내에 있는 적화가 받는 것
과 동일한 처분을 받으며, 선장 또는 그 선박의 소유자에 속하는 화물은 적화로
간주된다.

제64조

포획검문소가 선박 또는 화물의 나포를 무효로 검정한 경우 또는 검색에 회

부함이 없이 나포물건을 석방한 경우에는 이해관계인은 손해배상을 받을 권리를 향유한다. 단, 그 선박 또는 화물을 나포하기 위한 충분한 이유가 있을 때에는 그러하지 아니하다.

부　칙

제65조　본 선언의 불가분성

본 선언의 규정은 불가분이다.

제66조　본 선언의 적용

기명국은 전쟁에 이르러 교전국의 모두가 본 선언에 참가하였을 때에는 본 선언에서 규정한 규칙을 상호 준수할 것을 확인한다.

따라서 기명국은 그 관헌 및 군대에 대하여 필요한 훈령을 내리며, 또한 그 재판소 특히 포획검문소에서 본 선언의 적용을 보장하기 위하여 상당한 수단을 취할 필요가 있다.

제67조　비준

본 선언은 가급적 속히 비준하여야 한다.

비준서는 런던에 기탁한다. 제1회의 비준서기탁은 이에 참가한 제국의 대표자 및 영국외무부장관이 서명한 조서로써 증명한다.

그 후의 비준서기탁은 영국정부에 보내는 비준서를 첨부한 통지서로써 한다. 제1회의 비준서기탁에 관한 조서, 전항에 게기한 통지서 및 이에 수반하는 비준서의 인증등본은 영국정부로부터 외교상의 절차로 곧 기명국에 교부한다.

전항에 게기한 경우에는 영국정부는 동시에 통고서를 접수한 일자를 통지한다.

제68조　효력발생

본 선언의 제1회의 비준서의 기탁에 참가한 제국에 대하여 그 기탁조서를 일자 후 60일, 또는 그 후에 비준한 제국에 대해서는 영국정부가 각 비준의 통고를 접수한 후 60일 만에 그 효력을 발생한다.

제69조　폐기

기명국 중 본 선언을 폐기하고자 하는 자는, 제 1회의 비준서기탁후의 60일로부터 기산하여 12년을 경과한 후가 이면 이를 행할 수 없다.

12년 기간이 경과한 후라도 각 6년이 지나지 않으면 이를 할 수 없다.

폐기는 적어도 1년 전에 서면으로 영국정부에 통고할 필요가 있다. 영국정부는 즉시 이를 그 밖의 제국에 통보하며, 이 폐기는 상기통고를 한 국가에 대해서만 효력을 갖는다.

제70조　가입

런던 해전법규회의에 참석한 제국은 의결한 규칙이 일반에게 승인되는 것을 특히 중시하고 이에 참석치 않은 제국에 대해서는 본 선언에의 가입희망을 표명한다. 따라서 상기참석국가들은 영국정부에 대하여 가입을 권유할 것을 간청한다.

본 선언에 가입하는 국가는 영국정부에 대ㅏ여 서면으로써 그의 의사를 고지하여 가입서를 교부한다. 가입서는 영국정부의 기록에 보관한다.

영국정부는 즉시 전항의 고지서 및 가입서의 인증등본을 그 밖의 제국에 교부하며, 또한 그 고지서를 수령한 일자를 통지한다. 가입은 고지서의 수령일자 후 60일 만에 효력을 발생한다. 가입국의 지위는 본 선언에 관해서 모든 기명국의 지위에 준한다.

제71조

해전법규회의에 참석한 제국의 전권위원은 1909년 2월 26일의 일자를 가진 본 선언에 기명할 수가 있다.

해상에 있어서의 군대의 병자, 부상자 및 조난자의 상태개선에 관한 1949년 8월 12일자 제네바협약(제네바 제2협약)

서명일자　　　1949년　8월　2일

발효일자　　　1950년　10월　21일

대한민국 선언문

대한민국 정부는 1948년 12월 12일자 유엔 총회의 결의 195(Ⅲ)호에서 명시된 바와 같이 대한민국의 유일한 합법정부이며, 이 협약에의 가입은, 대한민국이 이제까지 승인하지 아니한 여하한 본 협약의 당사자를 승인하는 것으로 간주하여서는 아니된다는 것을 이에 선언한다.

1906년 제네바 협약의 제 원칙을 해전에 적용하기 위하여, 또한 1907년 10월 18일의 제10 헤이그 협약을 개정하기 위하여 1949년 4월 21일부터 8월 12일까지 제네바에서 개최한 외교 회의에 대표를 파견한 정부의 하기 서명 전권위원은 다음과 같이 합의하였다

제1장 총 칙

제1조　협약의 존중

체약국은 모든 경우에 있어서 본 협약을 존중할 것과 본 협약의 존중을 보장할 것을 약정한다.

제2조　협약의 적용

본 협약은 평시에 실시될 규정 외에도 둘 또는 그 이상의 체약국 간에 발생할 수 있는 모든 선언된 전쟁 또는 기타 무력 충돌의 모든 경우에 대하여, 당해

체약국의 하나가 전쟁 상태를 승인하거나 아니하거나를 불문하고 적용된다.

본 협약은, 또한 일 체약국 영토의 일부 또는 전부가 점령된 모든 경우에 대하여 비록 그러한 점령이 무력저항을 받지 아니한다 하드라도 적용된다.

충돌 당사국의 하나가 본 협약의 당사국이 아닌 경우에도, 본 협약의 당사국은 그들 상호간의 관계에 있어서 본 협약의 구속을 받는다. 또한 체약국은 본 협약 당사국 아닌 충돌 당사국이 본 협약의 규정을 수락하고 적용할 때에는 그 국가와의 관계에 있어서 본 협약의 구속을 받는다.

제3조   국제적 성질을 가지지 아니하는 충돌

일 체약국의 영토 내에서 발생하는 국제적 성격을 띠지 아니한 무력충돌의 경우에 있어서 당해 충돌의 각 당사국은 적어도 다음 규정의 적용을 받아야 한다.

(1) 무기를 버린 전투원 및 질병, 부상, 억류, 기타의 사유로 전투력을 상실한 자를 포함하여 적대행위에 능동적으로 참가하지 아니하는 자는 모든 경우에 있어서 인종, 색, 종교 또는 신앙, 성별, 문벌이나 빈부 또는 기타의 유사한 기준에 근거한 불리한 차별 없이 인도적으로 대우하여야 한다.

이 목적을 위하여 상기의 자에 대한 다음의 행위는 때와 장소를 불문하고 이를 금지한다.

    (a) 생명 및 신체에 대한 폭행, 특히 모든 종류의 살인, 상해, 학대 및 고문.

    (b) 인질로 잡는 일.

    (c) 인간의 존엄성에 대한 침해, 특히 모욕적이고 치욕적인 대우.

    (d) 문명국인이 불가결하다고 인정하는 모든 법적 보장을 부여하고 정상적으로 구성된 법원이 행하는 사전의 재판에 의하지 아니하는 판결의 언도 및 형의 집행.

(2) 부상자, 병자 및 조난자는 수용하여 간호하여야 한다.

국제적십자위원회와 같은 공정한 인도적 단체는 그 용역을 충돌당사국에 제공할 수 있다.

충돌당사국은 특별협정에 의하여 본 협약의 다른 규정의 전부, 또는 일부를 실시하도록 더욱 노력하여야 한다.

전기의 규정의 적용은 충돌 당사국의 법적 지위에 영향을 미치지 아니한다.

제4조 적용의 범위

충돌당사국의 지상군과 해군간의 적대행위의 경우에 있어서 본 협약의 규정은 선내의 군대에 대하여만 적용된다. 상륙한 군대는 즉시 육전에 있어서의 군대의 부상자 및 병자의 상태 개선에 관한 1946년 8월 12일자 제네바 협약 제 규정의 적용을 받는다.

제5조 중립국에 의한 적용

중립국은 그 영토 내에 접수 또는 억류된 충돌 당사국 군대의 부상자, 병자, 조난자, 의무요원, 종교요원 및 발견된 사망자에 대하여는 본 협약의 규정을 유추하여 적용하여야 한다.

제6조 특별협정

체약국은 제10조, 제18조, 제31조, 제38조, 제39조, 제40조, 제43조 및 제53조에서 명문으로 규정된 협정 외에 그에 관하여 별도의 규정을 두는 것이 적당하다고 인정하는 모든 사항에 관하여 다른 특별협정을 체결할 수 있다. 어떠한 특별협정도 본 협약에서 정하는 부상자, 병자, 조난자, 의무요원 및 종교요원의 지위에 불리한 영향을 미치거나 또는 본 협약이 그들에게 부여하는 권리를 제한하여서는 아니 된다.

부상자, 병자, 조난자, 의무요원 및 종교요원은 본 협약이 그들에게 적용되는 한, 전기의 협정의 혜택을 계속 향유한다. 단, 전기의 협정 또는 추후의 협정에 반대되는 명문의 규정이 있는 경우 또는 충돌당사국의 일방 또는 타방이 그들에 대하여 더 유리한 조치를 취한 경우는 예외로 한다.

제7조 권리의 불포기

부상자, 병자, 조난자, 의무요원 및 종교요원은 어떠한 경우에도 본 협약 및 전조에서 말한 특별 협정(그러한 협정이 존재할 경우)에 의하여 그들에게 보장된 권리의 일부 또는 전부를 포기할 수 없다.

제8조　이익보호국

본 협약은 충돌 당사국의 이익의 보호를 그 임무로 하는 이익 보호국의 협력에 의하여, 또한 그 보호하에 적용된다. 이 목적을 위하여 이익 보호국은 자국 외교관 또는 영사관을 제외한 자국민이나 다른 중립국 국민 중에서 대표단을 임명할 수 있다. 전기의 대표는 그들의 임무를 수행할 국가의 승인을 받아야 한다.

충돌당사국은 이익 보호국의 대표 또는 사절단의 활동에 있어서 가능한 한 최대한의 편의를 도모하여야 한다.

이익 보호국의 대표 또는 사절단은 어떠한 경우에도 본 협약에 의한 그들의 임무를 초월하여서는 아니 된다. 그들은 특히 그들이 임무를 수행하는 국가의 안전상 절대적으로 필요한 사항을 참작하여야 한다. 그들의 활동은 군사상의 긴급한 필요로 인하여 필요하게 될 때에 한하여 예외적인 또한 임시적인 조치로서 제한하여야 한다.

제9조　국제적십자위원회의 활동

본 협약의 제규정은, 국제적십자위원회 또는 기타의 공평한 인도적인 단체가 관계 충돌 당사국의 동의를 얻어 부상자, 병자, 조난자, 의무요원 및 종교요원의 보호 및 그들의 구제를 위하여 행하는 인도적인 활동을 방해하지 아니한다.

제10조　이익보호국의 대리

체약국은 공정 및 효율성을 전적으로 보장하는 단체에 대하여 본 협약에 따라 이익 보호국이 부담하는 의무를 언제든지 위임할 것에 동의할 수 있다.

이유의 여하를 불문하고 부상자, 병자, 조난자, 의무요원 및 종교요원이 이익 보호국 또는 전항에 규정한 단체의 활동에 의한 혜택을 받지 아니하거나 또는 혜택을 받지 아니하게 되는 때에는 억류국은 충돌당사국이 지정하는 이익 보호국이 본 협약에 따라 행하는 임무를 중립국 또는 전기의 단체에 인수하도록 요청하여야 한다.

보호가 제대로 마련되지 못할 때에는 억류국은 이익 보호국이 본 협약에 의하여 행하는 인도적 업무를 인수하도록 국제적십자위원회와 같은 인도적 단체의 용역의 규정을 본 조의 규정에 따를 것을 조건으로 요청하고 또는 수락하여야 한다.

어떠한 중립국이거나 또는 여하한 목적을 위하여 관계국의 요청을 받았든가 또는 자원하는 어떠한 단체라도 본 협약에 의하여 보호되는 자가 의존하는 충돌 당사국에 대하여 책임감을 가지고 활동함을 요하며 또한 그가 적절한 업무를 인수하여 공정하게 이를 수행할 입장에 있다는 충분한 보장을 제공하여야 한다.

군사상의 사건으로, 특히 그 영토의 전부 또는 상당한 부분이 점령되므로 인하여 그 일국이 일시적이나마 타방국 또는 그 동맹국과 교섭할 자유를 제한당하는 경우 국가 간의 특별협정으로서 전기의 규정을 침해할 수 없다.

본 협약에서 이익보호국이라 언급될 때 그러한 언급은 언제든지 본 조에서 의미하는 대용단체에도 적용된다.

제11조 조정절차

이익보호국이 보호를 받는 자를 위하여 적당하다고 인정할 경우, 특히 본 협약의 규정의 적용 또는 해석에 관하여 충돌당사국간에 분쟁이 있을 경우에는 이익 보호국은 그 분쟁을 해결하기 위하여 주선을 행하여야 한다.

이를 위하여 각 이익보호국은 일 당사국의 요청에 따라 또는 자진하여, 충돌당사국에 대하여 그들의 대표들의, 특히 부상자, 병자, 조난자, 의무요원 및 종교요원에 대하여 책임을 지는 당국의 회합을 가능하면 적절히 선정된 중립지역에서 열도록 제의할 수 있다. 충돌당사국은 이 목적을 위하여 그들에게 행하여지는 제의를 실행할 의무를 진다.

이익보호국은 필요할 경우에는 충돌당사국의 승인을 얻기 위하여 중립국에 속하는, 또는 국제적십자위원회의 위임을 받는 자를 추천할 수 있으며, 이러한 자는 전기의 회합에 참가하도록 초청되어야 한다.

제2장 부상자, 병자 및 조난자

제12조 보호 및 간호

다음의 조항에서 말하는 군대의 구성원과 기타의 자로서 해상에 있고 또한 부상자, 병자 또는 조난자인 자는 모든 경우에 존중되고 보호되어야 한다. 단, 조난이라 함은 원인의 여하를 불문한 모든 조난을 말하며 또한 항공기에 의한 또는 항공기로부터의 해상에의 불시착을 포함하는 것으로 양해한다.

그들은 그들을 그 권력하에 두고 있는 당사국에 의하여 성별, 인종, 국적, 종교, 정견 또는 기타의 유사한 기준에 근거를 둔 차별 없이 인도적으로 대우 또한 간호되어야 한다. 그들의 생명에 대한 위협 또는 그들의 신체에 대한 폭행은 엄중히 금지한다. 특히 그들은 살해되고 몰살되거나 고문 또는 생물학적 실험을 받도록 되어서는 아니 된다. 그들은 고의로 의료와 간호를 제공받음이 없이 방치되어서는 아니 되며, 또한 전염이나 감염에 그들을 노출하는 상태도 조성되어서는 아니 된다.

실시될 치료의 순서에 있어서의 우선권은 긴급한 의료상의 이유로서만 허용된다.

부녀자는 여성이 당연히 받아야 할 모든 고려로서 대우되어야 한다.

제13조 피보호자

본 협약은 해상에 있어서의 부상자, 병자 및 조난자로서 다음의 부류에 속하는 자에게 적용된다.

(1) 충돌당사국의 군대의 구성원 및 그러한 군대의 일부를 구성하는 민병대 또는 의용대의 구성원.

(2) 충돌당사국에 속하며, 또한 그들 자신의 영토(동 영토가 점령되고 있는지의 여부를 불문한다)의 내외에서 활동하는 기타의 민병대의 구성원 및 기타의 의용대의 구성원(이에는 조직적인 저항운동의 구성원을 포함한다). 단, 그러한 조직적 저항운동을 포함하는 그러한 민병대 또는 의용대는 다음의 조건을 충족시켜야 한다.

 (a) 그 부하에 대하여 책임을 지는 자에 의하여 지휘될 것.

(b) 멀리서 인식할 수 있는 고정된 식별 표지를 가질 것.

(c) 공공연하게 무기를 휴대할 것.

(d) 전쟁에 관한 법규 및 관행에 따라 그들의 작전을 행할 것.

(3) 억류국이 승인하지 아니하는 정부 또는 당국에 충성을 서약한 정규군대의 구성원

(4) 실제로 군대의 구성원은 아니나 군대에 수행하는 자, 즉, 군용기의 민간인 승무원, 종군기자, 납품업자, 노무대원 또는 군대의 복지를 담당하는 부대의 구성원. 단, 이들은 이들이 수행하는 군대로부터 인가를 받고 있는 경우에 한한다.

(5) 선장, 수로안내인 및 견습선원을 포함하는 충돌당사국의 상선의 승무원 및 민간 항공기의 승무원으로서 국제법의 다른 어떠한 규정에 의하여서도 더 유리한 대우의 혜택을 향유하지 아니하는 자

(6) 점령되어 있지 아니하는 영토의 주민으로서, 적이 접근하여 올 때 정규군 부대에 편입할 시간이 없이 침입하는 군대에 대항하기 위하여 자발적으로 무기를 든 자. 단, 이들이 공공연하게 무기를 휴대하고 또한 전쟁법규 및 관행을 존중하는 경우에 한한다.

제14조 교전국에 인도

교전국의 모든 군함은 그 국적의 여하를 불문하고, 군용병원선 및 구체단체 또는 사인에 속하는 병원선과 상선, 요트 및 기타의 주정위의 부상자, 병자 또는 조난자를 인도하도록 요구할 권리를 가진다. 단, 부상자 및 병자가 이동함에 적합한 상태에 있어야 하며 또한 당해 군함이 필요한 의사가 치료를 위하여 충분한 시설을 제공할 수 있어야 한다.

제15조 중립국 군함에 수용된 부상자

부상자, 병자 또는 조난자의 중립국의 군함 또는 중립국의 군용기에 수용되는 경우, 그들이 군사작전에 더 이상 참가할 수 없도록 보장(국제법상 그러한 것을 필요로 할 때) 되어야 한다.

제16조 적의 권력 내에 있는 부상자

제12조의 규정에 따를 것을 조건으로 적의 수중에 들어가는 교전국의 부상자, 병자 및 조난자는 포로가 되며, 그들에게는 포로에 관한 국제법의 규정이 적용된다. 포로를 잡은 자는, 그들을 억류할 것인지, 또는 포로를 잡은 자 자신의 국가내의 항구, 중립국의 항구 또는 중립국의 항구 적국의 영토내의 항구에 그들을 이송할 것인지의 여부를 사정에 따라 결정할 수 있다.

마지막의 경우에 있어서 그들의 본국에 송환된 포로는 전쟁이 계속되는 동안 군대에 복무하지 못한다.

제17조 중립국 항구에 상륙한 부상자

현지당국의 동의를 얻어 중립국 항구에 상륙되는 부상자, 병자 및 조난자는 중립국과 교전국간의 반대되는 약정이 없는 한, 군사작전에 다시 참가할 수 없도록 중립국이 감시(국제법상 그러한 것을 필요로 할 때) 하여야 한다.

병원에 입원 및 억류의 비용은 부상자, 병자 및 조난자가 의존하는 국가가 부담한다.

제18조 교전 후 사상자의 수색

충돌당사국은 매 교전 후에, 부상자, 병자 및 조난자를 찾아 수용하고, 그들을 약탈과 학대로부터 보호하며, 그들에 대한 충분한 간호를 보장하고 또한 사망자를 찾아 그들이 약탈을 당하는 것을 방지하기 위하여 모든 가능한 조치를 지체없이 취하여야 한다.

충돌당사국은 사정이 허용하는 한 언제든지, 점령 또는 포위된 지역으로부터 부상자 및 병자를 해로로 이송하기 위하여, 또한 동 지역으로 갈 의무요원, 종교요원 및 장비를 통과시키기 위하여 현지약정을 체결하여야 한다.

제19조 기록 및 정보의 송부

충돌당사국은 그들의 수중에 들어오는 적측의 조난자, 부상자, 병자 또는 사망자에 관하여 가능한 한 조속히 그러한 자의 신원 판별에 도움이 될 어떠한 세부 사항이라도 기록하여야 한다.

이들 기록은 가능하면 다음의 사항을 포함하여야 한다.

    (a) 그가 의존하는 국가의 표시

    (b) 소속 부대명 및 군번

    (c) 성씨

    (d) 이름

    (e) 생년월일

    (f) 신분증명서 또는 표지에 표시된 기타의 상세

    (g) 포로가 된 일자 및 장소 또는 사망일자 및 장소

    (h) 부상, 질병 또는 사망의 원인에 관한 상세

전술한 자료는 포로의 대우에 관한 1949년 8월 12일자 제네바협약 제122조에 기술한 정보국에 가능한 한 조속히 송부되어야 하며, 동 정보국은 이익보호국 및 중앙포로기구를 중개로 하여 이들이 의존하는 국가에 이 자료를 전달하여야 한다.

충돌당사국은 사망증명서, 또는 정당하게 인정된 사망자 명부를 작성하여 동 정보국을 통하여 상호 송부하여야 한다. 충돌당사국은 사망자에게서 발견된 이중신분표지의 반 또는 단일표지의 경우에는 신분표지 그 자체를 근친자에 대한 유서나 기타의 중요한 서류, 금전 및 일반적으로 고유의 가치 또는 정서적 가치를 가지는 모든 물품을 동일하게 수집하여 동 정보국을 통하여 상호 송부하여야 한다. 이들 물품은 확인되지 않은 물품과 함께 밀봉된 뭉치로 송부되어야 하며, 이에는 사망한 소유자의 신원확인에 필요한 모든 정보를 상세하게 기재한 서류와 동 뭉치의 내용을 완전히 표시하는 표를 첨부하여야 한다.

제20조 사망자에 관한 규정

충돌당사국은 사망을 확인하고 신원을 확실히 하며 또한 보고서의 작성을 가능하게 하기 위하여, 사정이 허용하는 한 개별적으로 실시될 사망자의 수장이 시체의 면밀한 검사, 가능하면, 의학적 검사가 있은 다음에 행하여지도록 보장하여야 한다. 이중신분표지가 사용되는 경우에는 동 표지의 반은 시체에 남겨두어야 한다.

사망자가 육지에 이송될 경우에는, 육전에 있어서의 군대의 부상자 및 병자의

상태 개선에 관한 1949년 8월 12일 제네바 협약의 규정이 적용된다.

제21조 중립국 선박에 대한 호소

충돌당사국은 중립국의 상선, 요트 또는 기타의 주정의 선장에 대하여 부상자, 병자 및 조난자를 선내에 수용하여 간호하고 또한 사망자를 인양 받아 줄 자선을 호소할 수 있다.

이 요청에 응하는 모든 종류의 함선과 부상자, 병자 및 조난자를 자발적으로 수용한 선박은 그러한 원조를 수행하기 위하여 특별한 보호와 편의를 향유한다.

그들 선박은 어떠한 경우에도 그러한 수송으로 인하여 포획되지 못한다. 단, 반대의 약정이 없는 한 그들이 범하였을지도 모르는 중립의 위반에 대하여는 포획당할 입장을 면하지 못한다.

제3장 병원선

제22조 군용병원선의 통고 및 보호

군용 병원선, 즉 특히 또한 전적으로 부상자, 병자 및 조난자를 원조하며 또한 그들을 치료하고 수송하기 위하여 국가에 의하여 건조되거나 설비된 선박은 어떠한 경우에도 공격이나 포획을 당하지 아니하며 그들 선박이 사용되기 10일 전에 그 선명과 형태가 충돌당사국에 통고됨을 조건으로, 언제든지 존중되고 보호되어야 한다.

동 통고에 나타나야 할 특징으로서는 등록된 총 톤수, 선수로부터 선미까지의 길이 및 마스트와 연통의 수를 포함하여야 한다.

제23조 해안 의료시설의 보호

육전에 있어서의 군대의 부상자 및 병자의 상태 개선에 관한 1949년 8월 12일자 제네바 협약의 보호를 받을 권리가 있는 해안시설은 해상으로부터의 포격 또는 공격으로부터 보호되어야 한다.

제24조 충돌당사국의 구제단체 및 사인이 사용하는 병원선

국별 적십자사, 공인된 구체단체 또는 사인에 의하여 사용되는 병원선은 그들이 의존하는 충돌당사국이 그들에게 공적인 사명을 부여한 경우 또한 통고에 관한 제22조의 규정이 준수된 한, 군용 병원선과 동일한 보호를 받으며 또한 포획으로부터 면제된다.

이들 선박은 위장하는 동안 또한 출항할 때에 동 선박이 그들의 관리하에 있었음을 기술한 책임 있는 당국의 증명서를 비치하고 있어야 한다.

제25조 중립국의 구제단체 및 사인이 사용하는 병원선

중립국의 국별 적십자사, 공인된 구체단체 또는 사인에 의하여 사용되는 병원선은 그들이 그들 자신의 정부의 사전동의와 관계 충돌당사국의 허가를 받아 충돌당사국중의 일국의 관리하에 스스로 들어갈 것을 조건으로 하여, 통고에 관한 제22조의 규정이 준수된 한, 군용 병원선과 동일한 보호를 받으며 또한 포획으로부터 면제된다.

제26조 톤수

제22조, 제24조 및 제25조에서 말한 보호는 모든 톤수의 병원선 및 그 구명정에 대하여 그 작업하는 장소의 여하를 불문하고 적용한다. 충돌당사국은 최대한의 안락과 안전을 보장하기 위하여 충돌 당사국은 부상자, 병자 및 조난자의 원거리 및 공해상 수송이 용이하도록 2,000톤 이상의 병원선만을 사용하도록 노력하여야 한다.

제27조 연안구조정

연안 구조 작업을 위하여 국가 또는 공인된 구명정 단체가 사용하는 소주정도 제22조와 제24조에 규정한 바와 동일한 조건으로 작전상의 요건이 허락하는 한 존중되고 보호되어야 한다.

전항의 규정은 인도적 사명을 위하여 이들 소주정이 독립적으로 사용하는 고정된 연안 시설에 대하여도 가능한 한 적용되어야 한다.

제28조 병실의 보호

군함위에서 전투가 발생할 경우에는 가능한 한 의무실은 존중되고 또한 해를 입지 아니하여야 한다. 의무실과 그 비품은 계속하여 전쟁법규의 적용을 받으며 부상자와 병자를 위하여 필요로 하는 한 그 용도를 변경하여 사용할 수 없다. 단, 의무실과 비품을 그 지휘하에 두게 된 지휘관은 긴급한 군사상의 필요가 있는 경우는 의무실내에 수용되어 있는 부상자와 병자에 대한 적당한 치료를 보장한 후 의무실 및 비품을 기타의 목적에 사용할 수 있다.

제29조 점령지의 항구에 있는 병원선

적의 수중에 들어가는 항구 내에 있는 병원선은 동 항구로부터 출항하도록 허용되어야 한다.

제30조 병원선 및 소주정의 사용

제22조, 제24조, 제25조 및 제27조에 기술한 선박은 국적을 구분함이 없이 부상자, 병자 및 조난자에 대하여 구제 및 원조를 제공하여야 한다.

체약국은 이들 선박을 어떠한 군사상의 목적을 위하여도 사용하지 아니할 것임을 약정한다. 그러한 선박은 전투원의 이동을 결코 방해하여서는 아니 된다.

그러한 선박은 전투 중 및 전투 후에 그들 스스로가 위험을 부담하여 행동한다.

제31조 감독 및 임검 수색의 권리

충돌당사국은 제22조, 제24조, 제25조 및 제27조에서 말한 선박을 통제하고 수색할 권리를 가진다. 충돌당사국은 이들 선박으로부터의 원조를 거절할 수 있으며 퇴거를 명령하고 어떤 항로를 취하도록 만들며 그들의 무선 전신 및 기타의 통신수단의 사용을 통제하고 또한 사정의 중대성으로 인하여 그렇게 함이 필요한 경우에는 정선을 명한 때부터 7일을 초과하지 아니하는 기간 동안 그들을 억류할 수 있다.

충돌당사국은 전항의 규정에 의하여 발한 명령이 집행되도록 감독하는 것을 전적인 임무로 하는 감독관을 임시로 승선 시킬 수 있다.

충돌당사국은 가능한 한 그들이 병원선의 선장에게 발한 명령을 동 선장이 이해할 수 있는 언어로 동 병원선의 항해일지에 기입하여야 한다.

충돌당사국은 본 협약에 내포된 규정의 엄격한 존수를 확인하여야 하는 중립국의 감시인을 일방적으로 또는 특별한 협정에 의하여 그들의 선박에 승선 시킬 수 있다.

제32조 중립국의 항구에 정박

제22조, 제24조, 제25조 및 제27조에 기술한 선박은 중립국의 항구에서의 정박에 관하여는 군함으로 간주하지 아니한다.

제33조 개조된 상선

병원선으로 개조된 상선은 적대행위의 기간을 통하여 다른 어떠한 용도에도 사용되지 못한다.

제34조 보호의 소멸

병원선과 의무실이 받을 권리가 있는 보호는 그들의 인도적 임무를 이탈하지 적에게 해로운 행위를 자행할 목적으로 사용되지 아니하는 한 소멸하지 아니한다. 단, 보호는 모든 경우 적절한 상당한 유예를 주고 발한 정당한 경고가 행하여진 연후 또는 그러한 경고가 무시된 채로 있은 후에 소멸한다.

특히 병원선은 그 무선 전선 또는 기타의 통신 수단을 위하여 암호를 보유하거나 사용할 수 없다.

제35조 병원선으로 부터의 보호를 박탈하여서는 안 되는 조건

다음의 조건은 병원선 또는 함선내의 의무실이 받을 보호를 그들로부터 박탈하는 것으로 간주되지 아니한다.

(1) 함선 또는 의무실의 승조원이 질서의 유지를 위하여 그들 자신의 방위 또는 부상자와 병자의 방위를 위하여 무장하고 있다는 사실

(2) 항해 또는 통신을 용이하게 하는 것을 전적인 목적으로 하는 장치가 선내에 존재한다는 것.

(3) 부상자, 병자 및 조난자로부터 거둔 휴대용 무기와 탄약으로서 아직 적당

한 기관에 인도되지 아니한 것이 병원선 내에서 또는 병실에서 발견되는 것.

(4) 병원선 및 선박의 의무실 또는 승조원의 인도적 행위가 민간인 부상자, 병자 또는 조난자의 치료에 까지 미치고 있다는 사실.

(5) 전적으로 의무상의 직무를 목적으로 하는 장비와 인원을 통상의 수 요량을 초과하여 수송하고 있다는 것.

제4장 요 원

제36조 병원선 요원의 보호

병원선의 종교요원, 의무요원 및 병원요원과 그 승조원은 존중되고 보호되어야 한다. 그들은 선내에 부상자와 병자의 유무를 불문하고 병원선에서 근무하고 있는 동안에는 포획되지 못한다.

제37조 기타 선박의 의무요원 및 종교요원

제12조와 제13조에서 지정한 자에 대한 의료 또는 정신상의 간호의 직무에 배치된 종교요원 의무요원 및 병원요원은 적의 수중에 들어갈 경우에 존중되고 또한 보호된다. 그들은 부상자와 병자의 치료를 위하여 이것이 필요한 동안은 그 임무를 계속하여 수행할 수 있다. 그들은 그들을 그 지휘하에 두고 있는 총사령관이 실행 가능하다고 인정할 때에 즉시 송환되어야 한다. 그들은 선박을 떠날 때에 그들의 개인재산을 가지고 갈 수 있다.

그러나 포로의 의료상 또는 정신상의 필요로 인하여 이 요원의 일부를 억류함이 필요하게 될 때에도 가능한 한 조속히 그들을 하선시키기 위한 가능한 최선을 다하여야 한다.

억류된 요원은 하선과 동시에 육전에 있어서의 군대의 부상자 및 병자의 상태개선에 관한 1949년 8월 12일자 제네바 협약의 규정의 적용을 받는다.

제5장 의료수송

제38조 의료장비의 수송을 위하여 사용되는 선박

의료 수송을 목적으로 용선된 선박에 대하여는 전적으로 군대의 부상자와 병자의 치료 또는 질병의 예방을 위한 장비품의 수송이 허용되어야 한다. 단, 동 수송의 상세한 내역이 적군에 통고되고 승인됐을 경우에 한한다. 적국은 이러한 수송선을 임검할 권리를 보유하나, 선박을 포획하거나 또는 수송중인 비품을 압수할 수 없다.

충돌당사국간의 합의에 의하여 수송중인 비품을 확인할 목적으로 이러한 선박에 중립국 입회원을 승선시킬 수 있다. 이 목적을 위하여 장비품에 대한 자유로운 열람이 허용되어야 한다.

제39조 의무항공기

충돌당사국은 의무항공기, 즉 전적으로 부상자, 병자 및 조난자의 이송과 의무요원이나 시설의 수송용으로 사용되는 항공기를 그 항공기가 관계 충돌 당사국간에서 특별히 합의된 고도, 시간 및 항로에 따라 비행하는 동안 공격 목표가 될 수 없으며 또한 존중되어야 한다.

의무항공기는 그 하면, 상면 및 측면에 제41조에서 정하는 특수 표지를 자국의 국기와 함께 명백히 표시하여야 한다. 또한 의무 항공기는 전쟁 발발 당시 또는 전쟁 중 교전국간에 합의되는 다른 표지나 식별수단이 구비되어야 한다.

별도 합의가 없는 한 적국의 영토, 또는 점령지역 상공의 비행은 금지한다.

의무항공기는 착륙 또는 착수의 요구를 받았을 때에는 그 요구에 복종하여야 한다. 여사히 착륙(수)하였을 경우 항공기와 그 승무원은 임검이 있으면 임검 후 비행을 계속할 수 있다.

적의 영토 또는 점령지역내에 불시착륙 또는 불시 착수하는 경우 부상자, 병자 및 조난자 또는 의무항공기의 승무원은 포로가 된다. 의무요원은 제36조와 제37조의 규정에 따라 대우한다.

제40조 중립국 상공의 비행, 부상자의 하륙

충돌당사국의 의무항공기는 제2항의 규정에 따를 것을 조건으로 중립국 영공을 비행할 수 있으며 필요한 경우 그 영토에 착륙하고 또한 그 영토를 기항지로 사용할 수 있다. 의무 항공기는 당해 영공의 통과를 중립국에 사전 통고하여야 하며 착륙, 착수 명령에 복종하여야 한다. 의무 항공기는 충돌당사국과 관계 중립국간에 특별히 합의된 항로, 고도 및 시각에 따라 비행하는 경우에 한하여 공격목표가 되지 아니한다.

그러나 중립국은 의무 항공기가 자국의 영공을 비행하고 또한 착륙함에 있어 조건이나 제한을 가할 수 있다. 이러한 조건 또는 제한은 모든 충돌 당사국에 대하여 평등하게 적용되어야 한다.

중립국과 충돌당사국간에 별도의 합의가 없는 한 의무 항공기가 현지 당국의 동의를 얻어 중립국 영토에 하륙시킬 부상자, 병자 및 조난자는 국제법상 필요에 따라 군사 행동에 다시 참가할 수 없도록 중립국이 억류하여야 한다. 이들의 수용과 억류에 소요되는 경비는 그들이 의존하는 국가가 부담하여야 한다.

제6장 식별표지

제41조 표장의 사용

관할 당사국의 지시에 따라 의무기관이 사용하는 기, 완장 및 모든 장비에 백지 적십자 문장을 표시하여야 한다.

그러나 적십자 대신에 백지상 붉은 초생달 또는 백지상 적색 사자와 태양을 식별 표장으로 이미 사용하고 있는 국가의 경우 이러한 표장은 본 협약상 동일하게 인정된다.

제42조 의무요원 및 종교요원의 식별

제36조와 제37조에서 규정하는 요원은 군당국이 압인 발급한 특수 표장이 된 방수성의 완장을 좌완에 둘러야 한다.

이러한 요원은 제19조에 규정하는 신분 표지에 부가하여 식별 표장이 표시된 특별한 신분증명서를 휴대하여야 한다. 이 증명서는 방수성이며, 또한 호주머니에 들어 갈만한 크기의 것이어야 한다. 이 증명서는 자국어로 기입되어야 하며, 적어도 소지자의 성명, 생년월일, 계급 및 군번이 표시되고 또한 소지자가 어떤 자격으로 본 협약의 보호를 받을 권리가 있는가가 기재되어 있어야 한다. 이 증명서에는 또한 소지자의 사진, 서명이나 지문 또는 그 양자가 첨부되어야 하며, 군당국의 인장을 압인하여야 한다.

본 신분증명서는 동일국의 전군을 통하여 동일 규격이어야 하며 가능한 한 모든 체약국의 군대에 대하여 유사한 규격이어야 한다. 충돌 당사국은 본 협약의 부록에 예시된 양식에 따를 수 있다. 충돌당사국은 적대행위의 개시 전에 각국이 사용하는 신분증명서의 양식을 상호 통보하여야 한다. 신분증명서는 가능하면, 적어도 2매를 작성하여 그 1매는 본국이 보관하여야 한다.

어떠한 경우에도 전기의 요원은 그들의 계급장 또는 신분증명서, 완장을 두를 권리를 박탈당하지 아니한다. 이들은 신분증명서 또는 계급장을 분실하는 경우 신분증명서의 부본을 재교부받거나 계급장을 재수령할 권리를 가진다.

제43조 병원선 및 소주정의 표지

제22조, 제24조, 제25조 및 제27조에서 규정하는 선박은 다음과 같이 명백히 표시되어야 한다.

  (a) 외부의 전 표면을 백색으로 한다.

  (b) 해상 및 공중으로부터 최대한 명백히 식별할 수 있고 가급적 큰 하나 또는 그 이상의 짙은 적십자를 선체의 양 측면과 상면에 도장 표시한다.

모든 병원선은 게양된 국기로 식별되며, 중립국 병원선은 그가 지시 받을 것을 수락한 충돌 당사국의 국기를 게양함으로서 식별된다. 중앙 마스트에는 적십자 백기를 가능한 한 높이 게양하여야 한다.

병원선의 구명정, 연안구명정 및 의무기관이 사용하는 모든 소주정은 백색으로 칠하여 짙은 적십자를 명백히 해야 하며, 일반적으로 병원선에 관한 전기의 식별 방식에 따라야 한다.

전기의 선박과 소주정이 야간이나 악시계하에서 그들이 받을 수 있는 보호를 보장받고자 할 때에는 그들을 그 권한하에 두는 충돌 당사국의 동의에 따라 그

도장과 식별 표지를 더욱 선명히 하기 위한 소요의 조치를 취하여야 한다.

제31조에 따라, 일시적으로 적국에 억류된 병원선은 그들이 봉사하는 또는 지휘받을 것을 수락한 충돌 당사국의 국기를 하강하여야 한다.

연안 구명정은 점령국의 동의를 얻어 점령된 기지로부터 작업을 계속하는 경우 모든 관계 충돌 당사국에 대한 사전통고를 조건으로 기지 밖에서는 적십자기와 함께 자국기를 게양할 수 있다. 적십자 표지에 관한 본조의 모든 규정은 제41조에서 말한 기타 표지에 대하여도 동일하게 적용된다.

충돌당사국은 병원선의 식별을 용이하게 하기 위한 최신의 방법을 사용하기 위하여 상호 협정을 체결하도록 항시 노력하여야 한다.

제44조　표장의 사용제한

별도의 국제협약 또는 관계 충돌 당사국간의 협정이 규정하는 경우를 제외하고는 제43조에 규정한 식별 표지는 전, 평시를 막론하고 동조에 규정하는 선박의 표식 또는 보호만을 위하여 사용될 수 있다.

제45조　남용의 방지

체약국은 자국의 기존 법령이 불충분한 경우에는 제43조에 규정한 식별 표지의 남용을 항상 방지하고 억제하기 위하여 필요한 조치를 취하여야 한다.

제7장 협약의 실시

제46조　세목의 실시, 예견되지 아니한 사건

각 충돌당사국은 그 총사령관을 통하여 본 협약이 일반원칙에 따르는 전 각 조의 세부 시행령을 마련하고 예견할 수 없는 경우에 대비하여야 한다.

제47조　보복의 금지

본 협약에 의하여 보호되는 부상자, 병자, 조난자, 요원, 선박 또는 그 장비에 대한 보복을 금지한다.

제48조 협약의 보급

체약국은 전, 평시를 막론하고 본 협약 전문을 가급적 광범위하게 자국 내에 보급시킬 것이며, 특히 군교육계획과 가능하면 민간 교육 계획에도 본 협약에 관한 학습을 포함시킴으로서 본 협약의 원칙을 전 국민, 특히 군인, 의무요원 및 종교요원에게 습득시킬 것을 약정한다.

제49조 역문, 적용법령

체약국은 스위스 연방정부를 통하여 또한 전시 중에는 이익보호국을 통하여 본 협약의 공식 번역문과 약정의 시행을 위하여 제정한 법령을 상호 통보하여야 한다.

제8장 남용 및 위반의 방지

제50조 벌칙 Ⅰ: 개설

체약국은 본 협약에 대하여 다음 조에 정의하는 중대한 위반행위를 범하였거나 또는 범하도록 명령한 자에 대한 유효한 형벌을 규정하기 위하여 필요한 입법조치를 취할 것을 약정한다.

각 체약국은 중대한 위반행위를 범하였거나 범할 것을 명령한 혐의가 있는 자를 수사할 의무를 지며 이러한 자는 국적여하를 불문하고 자국의 법원에 기소되어야 한다. 또한 각 체약국은 희망하는 경우 또한 국내법의 규정에 따라 이러한 자를 다른 관계체약국에서 재판을 받도록 인도할 수 있다. 단, 관계 체약국이 동 사건에 관하여 일단 유리한 증거를 제시하는 경우에 한한다.

각 체약국은 다음 조항에서 정의하는 중대한 위반행위 이외에 본 협약 제 규정에 위반되는 모든 행동을 방지하기 위하여 필요한 조치를 취하여야 한다.

피고인은 모든 경우에 있어서 포로의 대우에 관한 1949년 8월 12일자 제네바 협약 제105조 및 그 이하에 규정한 것보다 불리하지 않는 정당한 재판과 변호가 보장되어야 한다.

제51조　벌칙 Ⅱ : 중대한 위반행위

전조에서 말하는 중대한 위반행위란 본 협약이 보호하는 사람, 또는 재산에 대하여 행하여지는 다음의 행위를 의미한다. 고의적인 살인, 신체 또는 건강을 고의로 크게 해치거나 고통을 주는 고문이나 비인도적 대우(생물학적 실험을 포함) 또는 군사상의 필요로서 정당화되지 아니하며 불법적이고 고의적인 재산의 광범위한 파괴 또는 몰수.

제52조　벌칙 Ⅲ : 체약국의 책임

체약국은 전조에서 말한 위반행위에 관하여 자국이 져야 할 책임을 벗어나거나 또는 타방 체약국으로 하여금 동국이 져야할 책임으로부터 벗어나게 하여서는 아니 된다.

제53조　조사절차

충돌당사국의 요청이 있을 때에는 본 협약에 대한 위반혐의에 관하여 관계국 간에 결정되는 방법으로 심문하여야 한다.

심문절차에 관한 합의가 이루어지지 아니하였을 때에는 관계국은 그 절차를 결정할 심판관의 선임에 관하여 합의하여야 한다.

위반행위가 확인되었을 때 충돌 당사국은 지체없이 위반행위를 종식시키거나 억제하여야 한다.

최 종 규 정

제54조　용어

본 협약은 영어와 불어로 작성되며 양자 공히 정본이다.

스위스 연방정부는 본 협약이 노어와 서반아어로 공식 번역되도록 조치하여야 한다.

제55조 서 명

오늘 날짜의 본 협약은 1949년 4월 21일 제네바에서 개최된 회의에 대표를
파견한 국가와 동 회의에 대표는 파견하지 않았으나 1906년 제네바 협약의 원
칙을 해전에 응용하기 위한 1907년 10월 18일의 제10 헤이그 협약 또는 육전
에 있어서의 군대의 부상자와 병자의 상태 개선에 관한 1864년, 1906년, 1929
년의, 제네바 협약의 체약국에 대하여 1950년 2월 12일까지 그 서명을 위하여
개방된다.

제56조 비 준

본 협약은 가급적 조속히 비준되어야 하며 비준서는 베른에 기탁된다. 스위스
연방정부는 각 비준서의 기탁에 관한 기록을 작성하며 그 기록의 인증등본을
본 협약 서명국과 가입국에 전달하여야 한다.

제57조 효력의 발생

본 협약은 2개 이상의 비준서가 기탁된 6개월 후부터 효력을 발생한다.

그 이후 본 협약은 각 체약국이 비준서를 기탁한 6개월 후에 각 체약국에 대
하여 효력을 발생한다.

제58조 1907년 협약과의 관계

본 협약은 체약국간의 관계에 있어서 1906년 제네바 협약의 원칙을 해전에
적용하기 위한 1907년 10월 18일의 제10 헤이그 협약을 대치한다.

제59조 가 입

본 협약은 그 효력 발생일로부터 본 협약에 서명하지 않은 모든 국가의 가입
을 위하여 개방된다.

제60조 가입의 통고

본 협약에의 가입은 스위스 연방정부에 서면으로 통고하여야하며 그 공문이
접수된 일자로부터 6개월 후에 발효한다.

스위스 연방정부는 가입사실을 본 협약 서명국과 가입국에 통고하여야 한다.

제61조 즉시 발효

제2조와 제3조에 규정된 경우는 전쟁 또는 점령의 개시 전후에 충돌당사국이 행한 비준 또는 가입을 즉시 발효시킨다. 스위스 연방정부는 충돌 당사국으로부터 접수된 비준서 또는 가입서를 가장 신속한 방법으로 통고하여야 한다.

제62조 탈퇴

각 체약국은 본 협약에서 자유로이 탈퇴할 수 있다.

탈퇴는 서면으로 스위스 연방정부에 통고하여야 하며 스위스 연방정부는 그 통고를 모든 체약국 정부에 전달하여야 한다.

탈퇴는 스위스 연방정부에 통고한 1년 후에 발효한다. 단, 탈퇴국이 탈퇴를 통고할 당시에 전쟁에 개입하고 있는 경우에는 강화조약 체결시까지, 또한 본 협약에 의하여 보호되는 자의 석방과 송환업무가 종료될 때까지 발효되지 아니한다.

탈퇴는 탈퇴하는 국가에 대하여서만 효력을 발생한다. 탈퇴는 문명인간에 확립된 관행, 인도의 법칙, 대중적 양심에 기인한 국제법의 원칙에 따라 충돌 당사국이 계속 이행하여야 할 의무를 해하여서는 아니 된다.

제63조 국제연합에의 등록

스위스 연방정부는 본 협약을 국제연합 사무국에 등록하여야 한다. 스위스 연방정부는 또한 본 협약에 관하여 동 정부가 접수하는 모든 준비, 가입, 탈퇴를 국제연합 사무국에 통고하여야 한다.

이상의 증거로서 하기인은 각자의 전권위임장을 기탁하고 본 협약에 서명하였다.

1949년 8월 12일 제네바에서 영어와 불어로 작성하였다. 원본은 스위스 연방정부의 문서 보관소에 기탁한다. 스위스 연방정부는 그 인증등본을 각 서명국과 가입국에 송부하여야 한다.

(서명란 생략)

해상무력분쟁에 적용될 국제법에 관한 산레모 매뉴얼

1994년 채택

제1부 총칙

제1절 적용범위

제1항. 해상무력분쟁의 당사국은 무력행사 개시와 동시에 국제인도법 원칙 및 규칙에 구속된다.

제2항. 본 매뉴얼 또는 여타 국제협정이 적용되지 않는 경우 민간인 및 전투원은 확립된 관습, 인도적 원칙 및 공공양심의 요구에서 유래하는 국제법원칙의 보호 및 지배하에 놓인다.

제2절 무력분쟁과 자위에 관한 법

제3항. 국제연합 헌장 제51조에 규정된 개별적 및 집단적 자위권의 행사는 특히 필요성 및 비례성 원칙을 포함하여 헌장에 규정되고 일반국제법에 근거한 조건 및 제한에 따라야 한다.

제4항. 필요성 및 비례성 원칙은 해상무력분쟁에도 적용된다. 이들 원칙은 국가(a State)에 의한 적대행위는 무력공격으로부터 자국의 안전을 확보하기 위해 필요로 하는 무력의 정도와 형태를 초과해서는 안 된다는 것을 요구한다.

제5항. 일국의 적국에 대한 군사행동의 정당성은 적국에 의한 무력공격의 강도 및 규모, 야기된 위협의 중대성에 의해 결정된다.

제6항. 본 매뉴얼에 규정된 규칙 및 여타 어떠한 국제인도법 규칙도 분쟁당사국에 동등하게 적용된다. 이들 규칙이 분쟁당사국에 동등하게 적용되는 것은 분쟁 발발이 어느 당사국에 의해 초래되었는가 하는 국제책임에는 영향을 미치지 않는다.

제3절 안전보장이사회에 의한 무력행사

제7항. 본 매뉴얼의 규칙 또는 여타 중립법규에도 불구하고 안전보장이사회가 국제연합 헌장 제7장의 권한에 의거 하나 또는 분쟁당사국의 일방 또는 그 이상이 국제법에 위반하여 무력에 호소하였다는 것을 인정하는 경우, 중립국은 (a) 당해국에 인도적 원조이외의 원조를 하지 않을 의무를 부담하며, (b) 당해국에 의한 평화의 파괴 및 침략행위로 인한 피해국에 원조를 제공할 수 있다.

제8항. 국제적 무력분쟁의 경우 안전보장이사회가 헌장 제7장하에서 경제제재 조치를 포함한 예방 또는 강제조치를 취할 경우, 국제연합 회원국은 헌장 또는 안전보장이사회의 결정에 따른 의무와 양립하지 않는 행위를 정당화하기 위해서 중립법규를 원용할 수 없다.

제9항. 제7항에 따를 것을 조건으로 안전보장이사회가 무력사용을 결정하거나 또는 특정 회원국(들)의 무력사용을 승인하는 경우, 본 매뉴얼에 규정된 규칙 및 해상무력분쟁에 적용되는 기타 국제인도법 규칙은 이후의 분쟁당사국에게도 적용된다.

제4절 해전구역

제10항. 본 매뉴얼 및 기타 문서에 포함된 해상무력분쟁법에 적용되는 여타의 규칙에 따를 것을 조건으로, 해군은 다음 구역의 수중, 수상 및 상공에서 적대행위를 행할 수 있다.
　　(a)교전국의 영해 및 내수, 영토, 배타적 경제수역, 대륙붕 및 적군도수역
　　(b)공해

(c)제34항 및 제35항에 따를 경우의 중립국의 배타적 경제수역 및 대륙붕

제11항. 다음을 포함하는 해역에서는 어떠한 적대행위도 하지 않을 것을 합의하도록 분쟁당사국들에게 권고한다.
  (a)희귀하거나 소멸되기 쉬운 생태계
  (b)멸종위협이나 위험에 처해있는 종(species) 또는 기타 해양생물의 서식지

제12항. 교전국은 중립국이 주권적 권리, 관할권 및 기타 일반국제법에 기초한 권리를 향유하는 수역에서 작전을 수행하는 경우에는 당해 중립국의 정당한 권리 및 의무에 타당한 고려를 하지 않으면 안 된다.

제5절 정의

제13항. 본 매뉴얼의 적용에 있어
  (a) '국제인도법'은 분쟁당사국이 선택하는 전투수단 및 방법을 사용할 권리를 제한하거나 분쟁에 의해서 영향을 받거나 받을 수 있는 국가, 사람 및 물자를 보호하는 조약 또는 관습에 의해서 확립된 국제규칙을 말한다.
  (b) '공격'은 공세든 방어든 관계없이 모든 폭력행위를 말한다.
  (c) '부수적 사상' 또는 '부수적 상해'라 함은 민간인 및 기타 피보호자의 사상(死傷) 그리고 자연환경 또는 비군사목표물에 대한 손상 또는 파괴를 말한다.
  (d) '중립국'이라 함은 분쟁당사국이 아닌 국가를 말한다.
  (e) '병원선, 연안구조용 주정 기타 의료수송선'은 1949년 제네바 제2협약 및 1977년 제1추가의정서하에서 보호되는 선박을 말한다.
  (f) '의료항공기'라고 함은 1949년 제네바협약 및 1977년 제1추가의정서하에서 보호되는 항공기를 말한다.
  (g) '군함'이란 일국(一國)의 군대에 속하는 선박으로, 당해국의 국적을 갖는 선박임을 나타내는 외부표식을 게양하고, 당해국 정부에 의해 정식

으로 임명되어 그 성명이 군무에 종사하는 자의 적당한 명부 또는 이에
상응하는 것에 기재되어 있는 장교의 지휘하에 있고 또한 정규군대의
규율에 복종하는 승무원이 배치되어 있는 선박을 말한다.

(h) '보조선박'이란 군함이외의 선박으로, 일국의 군대가 소유하여 그 배타적
감독하에 있는 정부의 비상업용 업무에 사용될 수 있는 선박을 말한다.

(i) '상선'이란 군함, 보조선박, 세관용 및 경찰용 선박과 같은 국가 선박이
외의 선박으로 상업적 또는 사적 업무에 종사하고 있는 선박을 말한다.

(j) '군용기'는 일국 군대의 지정 부대에 의해서 운용되는 항공기로서 당해
국의 군용표식을 하고 군대구성원에 의해 지휘되며 정규군대의 규율에
복종하는 승무원이 배치되어 있는 것을 말한다.

(k) '보조항공기'은 일국의 군대가 소유하여 그 배타적 감독하에 있는 정부
의 비상업적 업무에 완전히 종사할 수 있는 군용기이외의 항공기를 말
한다.

(l) '민간기'는 군용기, 보조항공기, 세관용 및 경찰용 항공기와 같은 국가소
유 항공기이외의 상업적 또는 사적 업무에 종사하고 있는 항공기를 말
한다.

(m) '민간여객기'는 항공운송국(Air Traffic Services)의 항로를 따라 정기 및
비정기 비행계획에 의거 민간여객의 수송에 종사하는 민간기라는 것이
명확히 표시된 항공기를 말한다.

제2부 작전해역

제1절 내수, 영해 및 군도수역

제14항. 중립국 수역은 중립국의 내수, 영해 및 군도수역으로 구성된다. 중립
국 공역(空域)은 중립국 수역 및 영토의 상공으로 구성된다.

제15항. 중립국 수역(국제해협 및 군도항로대통항권을 행사할 수 있는 수역
으로 이루어지는 중립국 수역 포함)내 및 그 상공에서의 교전국 군대에 의한 적

대행위는 금지된다. 중립국은 교전국 군대에 의한 중립위반을 방지하기 위해서
제2부 제2절과 모순되지 않는 조치(이용 가능한 수단에 의한 감시 포함)를 취하
지 않으면 안 된다.

제16항. 제15항의 적대행위는 다음을 포함한다.
  (a) 중립국 수역 또는 영토 또는 그 상공에 위치하는 자 또는 목표물에 대
     한 공격 또는 나포
  (b) 중립국 수역 또는 그 상공에 위치한 교전국 군대가 중립국 수역 밖에
     위치하고 있는 자 또는 목표물을 공격 혹은 나포하거나 중립국수역 및
     그 상공을 작전근거지로 이용하는 행위
  (c) 기뢰부설
  (d) 임검, 수색, 침로변경 또는 나포

제17항. 교전국 군대는 중립국 수역을 피난장소로 이용할 수 없다.

제18항. 교전국의 군용기 및 보조항공기는 중립국 공역(空域)에 진입할 수 없
다. 진입한 경우에는 중립국은 이용 가능한 수단을 동원하여 자국 영토 내에 착
륙하도록 해당 항공기에 요구하여야 하며, 무력분쟁 기간 중 기체와 승무원을 억
류하지 않으면 안 된다. 항공기가 착륙명령을 따르지 않을 경우 제181항~제183
항에 규정된 의료항공기에 관한 특별규칙에 따를 것을 조건으로 공격할 수 있다.

제19항. 제29항 및 제33항에 따를 것을 조건으로 중립국은 차별없이 교전국
군함 및 보조선박의 중립국 수역에의 진입 또는 통항에 조건을 부과하여 제한
또는 금지할 수 있다.

제20항. 중립국은 제21항 및 제23항~제33항에 따를 것을 조건으로 또는 중
립국이 제정할 수 있는 규칙에 따라서 중립을 해하는 일없이 중립국 수역 내에
서의 다음 행위를 허가할 수 있다.
  (a) 교전국의 군함, 보조선박 및 포획물에 의한 영해 및 군도수역에서의 통

항. 군함, 보조선박 및 포획물은 통항 중에 중립국의 도선사를 이용할
수 있다.

(b) 교전국 군함 또는 보조선박이 자국영역의 항구에 도달하는데 충분한 양
식, 물 및 연료의 보급

(c) 항행을 위해 중립국이 필요하다고 인정한 교전국의 군함 또는 보조선박
의 수리. 이러한 수리는 교전국의 전투력을 회복하거나 증강시키는 것
이어서는 안 된다.

제21항. 교전국의 군함 또는 보조선박은 파손 또는 기상상태 때문에 불가피
한 경우가 아니면 보급 또는 수리를 위하여 중립국 수역에서의 통항기간 또는
당해수역에서의 정박기간을 24시간 이상 연장할 수 없다. 이러한 규칙은 국제
해협 및 군도항로대통항권이 행사되는 수역에서는 적용되지 않는다.

제22항. 교전국이 본 매뉴얼에 규정된 중립국 수역제도를 위반한 경우, 중립
국은 이를 종료시키기 위하여 필요한 조치를 취할 의무가 있다. 만약 중립국이
어느 일방 교전국의 중립국 수역제도의 위반을 종료시키지 않고 있으면, 타방
교전국은 중립국에게 이를 통지하고, 교전국의 위반을 종료시키기에 필요한 합
리적인 시간을 해당 중립국에 주지 않으면 안 된다. 어느 일방 교전국에 의한
중립국의 중립 위반이 타방 교전국의 안전보장에 중대하고 또한 직접적인 위협
을 구성하며, 그 위반이 종료되지 않고 있는 경우 타방 교전국은 실행가능한 적
절한 대안이 없을 경우에는 그러한 위협으로 인하여 발생되는 위협에 대처하기
위하여 필요한 무력을 행사할 수 있다.

제2절 국제해협 및 군도항로대

일반규칙
제23항. 교전국의 군함 및 보조선박, 군용기 및 보조항공기는 일반국제법에
규정된 중립국 국제해협의 수중, 수상 또는 상공에서의 통항권 및 군도항로대통
항권을 행사할 수 있다.

제24항. 국제해협 연안국의 중립은 교전국의 군함 및 보조선박 또는 군용기 및 보조항공기의 통과통항에 의해서도, 당해 해협에서의 교전국의 군함 및 보조선박의 무해통항에 의해서도 위협받지 아니 한다.

제25항. 군도국가의 중립은 교전국의 군함 및 보조선박 또는 군용기 및 보조항공기에 의한 군도항로대통항의 행사에 의해 위협받지 아니 한다.

제26항. 중립국의 군함, 보조선박, 군용기 및 보조항공기는 교전국의 국제해협 및 군도수역의 수중, 수상 및 상공에서 일반국제법이 규정하는 통항권을 행사할 수가 있다. 중립국은 예방조치로서 교전국에게 통항권의 행사를 적절한 시기에 통지하여야 한다.

통과통항과 군도항로대통항

제27항. 평시 국제해협에 적용되는 통과통항 및 군도수역에 적용되는 군도항로대통항권은 무력분쟁시에도 계속해서 적용된다. 일반국제법에 따라 채택된 통과통항 및 군도항로대통항에 관한 해협 연안국 및 군도국가의 법령도 계속 적용된다.

제28항. 교전국 및 중립국 수상함, 잠수함 및 항공기는 통과통항권 및 군도항로대통항권이 일반적으로 적용되는 해협 및 군도수역의 수중, 수상 및 상공에서 그러한 권리를 갖는다.

제29항. 중립국은 통과통항권 또는 군도항로대통항권을 정지시키거나 방해하거나 또는 다른 방법으로 해할 수 없다.

제30항. 국제해협의 수중, 수상 및 상공에서 통과통항하거나 또는 중립국 군도수역의 수중, 수상 및 상공에서 군도항로대를 통항하고 있는 교전당사국은 지체없이 통과하여야 하며, 중립연안국 또는 군도국가의 영토보전 또는 정치적 독립에 대해 무력의 위협이나 사용을 금지하여야 하고, 국제연합 헌장과 양립하지

않는 다른 어떠한 방법에 의한 행위도 삼가하여야 하며, 기타 적대행위 또는 통과에 부수하지 않는 다른 행동을 삼갈 것이 요구된다. 중립국의 해협 또는 군도항로대통항권이 적용되는 수역의 수중, 수상 및 상공을 통항중인 교전당사국은 안전확보에 필요한 방어적 조치(항공기의 이착륙, 경계진 형성 및 음향전자 수단에 의한 감시 포함)를 취할 수 있다. 그러나 통과통항 및 군도항로대통항 중인 교전당사국은 적부대에 대해 공세행동을 취하거나 피난장소 및 작전근거지로 중립국 수역을 사용할 수 없다.

무해통항

제31항. 통과통항권 및 군도항로대통항권의 행사 외에 교전국의 함선 및 보조선박은 제19항 및 제21항에 따르는 것을 조건으로 일반국제법에 따라 중립국의 국제해협 및 군도수역에서 무해통항권을 행사할 수가 있다.

제32항. 중립국 선박은 교전국의 국제해협 및 군도수역에서 무해통항권을 행사할 수 있다.

제33항. 국제법에 의해 특정 국제해협에 부과되는 정지되지 않는 무해통항권은 무력분쟁시에도 정지되지 않는다.

제3절 배타적 경제수역 및 대륙붕

제34항. 적대행위가 중립국의 배타적 경제수역 내 또는 대륙붕에서 행해지는 경우, 교전당사국은 해상무력분쟁법의 여타 적용 가능한 규칙의 준수 외에 연안국의 권리와 의무, 특히 배타적 경제수역 및 대륙붕의 경제자원의 탐사 및 개발, 해양환경의 보호 및 보전에 타당한 고려를 하지 않으면 안 된다. 교전국은 특히 배타적 경제수역 및 대륙붕에 중립국이 설정한 인공섬, 시설물, 구조물 및 안전구역에 타당한 고려를 하지 않으면 안 된다.

제35항. 교전당사국이 중립국의 배타적 경제수역 또는 대륙붕에 기뢰부설이

필요하다고 생각하는 경우 교전국은 그 중립국에 통보하지 않으면 안 되고 또한 기뢰부설원의 규모 및 사용기뢰의 종류가 인공섬, 시설물 및 구조물에 위험을 미치지 않고 출입을 저해하지 않도록 하여야 한다. 또한 교전국은 가능한 한 중립국의 해당구역의 탐사 및 개발에 대해 실질적인 방해를 해서는 안 되며, 해양환경의 보호 및 보전에도 타당한 고려를 하지 않으면 안 된다.

제4절 공해 및 국가 관할권 밖의 해저

제36항. 공해에서의 적대행위는 국가관할권 밖의 해저 및 대양저와 그 지하의 천연자원의 탐사 및 개발에 관한 중립국의 권리행사에 대해 타당한 고려를 하지 않으면 안 된다.

제37항. 교전당사국은 그들에게 도움이 되지 않는 해저에 부설된 전선 및 관선에 대한 손상을 피하기 위하여 주의하지 않으면 안 된다.

제3부 기본규칙 및 공격목표의 구별

제1절 기본규칙

제38항. 무력분쟁에 있어 전투수단 및 방법을 선택할 분쟁당사국의 권리는 무제한적이지 않다.

제39항. 분쟁당사국은 항상 민간인 또는 피보호자와 전투원, 민간물자 또는 공격 면제물자와 군사목표물을 구분하지 않으면 안 된다.

제40항. 군사목표물은 그 성질, 위치, 용도 또는 사용이 군사활동에 효과적으로 공헌하는 것으로 그 전면적 또는 부분적 파괴, 포획 또는 무력화가 당시 상황하에서 명확한 군사적 이익을 가져오는 것에 한정된다.

제41항. 공격은 엄격하게 군사목표에 한정되어야 한다. 상선 및 민간항공기는 본 매뉴얼에서 규정하는 원칙 및 규칙에 의해 군사목표물이 되지 않을 경우에는 민간물자이다.

제42항. 분쟁당사국을 구속하는 특정 금지사항외에 다음의 전투수단 및 방법의 사용은 금지된다.
  (a) 성질상 과도한 상해 또는 불필요한 고통을 주는 것
  (b) 다음의 점에서 무차별적인 것
    （ⅰ） 특정군사목표에 향하지 않거나 향할 수 없는 것
    （ⅱ） 본 매뉴얼에 규정된 국제법이 요구하는 전투수단 및 방법의 효과를 제한할 수 없는 것

제43항. 생존자에 대한 전멸명령과 그러한 명령으로 적을 위협하는 행위 및 생존자를 전멸시킬 목적으로 행하는 적대행위는 금지된다.

제44항. 전투수단 및 방법은 국제법의 관련규칙을 고려하여 자연환경에 타당한 고려를 해야 한다. 군사적 필요성에 의해 정당화되지 않고 또한 자의적으로 행하여지는 자연환경에 대한 손해 또는 파괴는 금지된다.

제45항. 수상함, 잠수함 및 항공기는 동일한 원칙 및 규칙에 구속된다.

제2절 공격시의 예방조치

제46항. 공격시 다음의 예방조치를 취하지 않으면 안 된다.
  (a) 공격을 계획, 결정 또는 실행하는 자는 비군사목표물이 공격구역에 존재하는지 여부를 확인함에 필요한 정보수집을 위해 실행가능한 조치를 취하지 않으면 안 된다.
  (b) 공격을 계획, 결정 또는 실행하는 자는 자기가 이용할 수 있는 정보에 비추어 공격이 군사목표물에 한정되도록 하기 위하여 실행 가능한 모든

조치를 취하지 않으면 안 된다.

(c) 부수적인 사상 또는 손해를 회피 또는 최소화하기 위하여 전투수단 및 방법을 선택함에 있어 실행가능한 모든 조치를 취하지 않으면 안된다.

(d) 공격에 있어 예상되는 구체적이고 직접적인 군사적 이익과 비교하여 과도한 부수적인 사상 또는 손해를 야기하는 것이 예측되면 공격해서는 안 된다. 부수적인 사상 또는 손해를 야기하는 것이 명백해진 경우에는 신속하게 공격을 취소 또는 중지하지 않으면 안 된다.

제3부 제6절은 민간항공기에 관한 추가적인 예방조치를 규정하고 있다.

제3절 공격이 면제되는 적선 및 적항공기

공격이 면제되는 선박의 종류

제47항. 다음의 적선은 공격이 면제된다.

(a) 병원선

(b) 연안구조활동에 사용되는 소주정(small craft) 및 기타 의료수송선

(c) 교전국간 합의에 의해 안전통항권(safe conduct)이 부여된 선박

  (ⅰ) 카르텔선. 예를 들면 포로의 수송에 지정되거나 그 수송에 종사하는 선박

  (ⅱ) 민간주민의 생존에 불가결한 물자를 수송하는 선박, 구호활동 및 구조활동에 종사하는 선박을 포함한 인도적 임무에 종사하는 선박

(d) 특별보호하에 있는 문화재를 수송하는 선박

(e) 민간인 수송 여객선

(f) 종교, 비군사적 학술 또는 박애임무를 지닌 선박. 그러나 군사적 이용이 가능한 과학적 자료를 수집하는 선박은 보호되지 않는다.

(g) 연안어업용 어선 및 지방적 연안무역에 종사하는 소형 선박. 그러나 이들 선박들은 당해 해역에서 작전 중인 교전국 해군지휘관이 제정한 규칙 및 임검에 따라야 한다.

(h) 해영환경의 오염사고에 대처하기 위해 전적으로 건조되거나 개조된 선박

(i) 항복선

(j) 구명정 및 구명보트

면제조건

제48항. 제47항에서 열거된 선박은 다음의 경우에 공격이 면제된다.

(a) 무해하게 통상임무에 종사할 것

(b) 식별 및 검색 요구에 따를 것

(c) 전투원의 이동을 고의적으로 방해하지 않으며, 정선 또는 퇴거 요구에
따를 것

면제의 상실

병원선

제49항. 병원선의 공격면제는 제48항의 면제조건을 위반한 경우에만 정지된
다. 그 경우 면제를 위태롭게 하는 원인을 제거할 수 있는 합리적 기한을 정하
여 경고하고 그 경고기간이 종료된 이후라야만 공격면제가 상실된다.

제50항. 적절한 경고 후에도 병원선이 면제조건을 계속해서 위반하는 경우
복종을 강제하기 위하여 나포 또는 기타 필요한 조치를 취할 수 있다.

제51항. 다음의 경우 최후수단으로서 병원선을 공격할 수 있다.

(a) 침로변경 또는 나포가 불가능한 경우

(b) 군사적 통제를 행사하기 위한 다른 방법을 사용할 수 없는 경우

(c) 병원선이 군사목표물이 되었거나 될 것으로 합리적으로 추정할 수 있는
비준수 상황이 매우 중대한 경우

(d) 부수적 사상 또는 피해가 획득되었거나 기대되는 군사적 이익에 비례할
경우

기타 공격면제 선박

제52항. 공격이 면제되는 기타 종류의 선박이 제48항의 면제조건을 위반할
경우 다음 경우에는 공격할 수 있다.

(a) 침로변경 또는 나포가 불가능한 경우

(b) 군사적 통제를 행사하기 위한 다른 방법이 없는 경우

(c) 선박이 군사목표물이 되었거나 될 것으로 합리적으로 추정할 수 있는 비준수 상황이 매우 중대한 경우

(d) 부수적 사상 또는 손해가 획득되었거나 기대되는 군사적 이익에 비례할 경우

공격이 면제되는 항공기

제53항. 다음 종류의 적항공기는 공격이 면제된다.

(a) 의료항공기

(b) 분쟁당사국간의 합의에 의해 안전통항권이 부여된 항공기

(c) 민간항공기

의료항공기의 면제조건

제54항. 의료항공기는 다음의 경우에만 공격이 면제된다.

(a) 의료항공기로 인정된 경우

(b) 제177항에 규정된 합의에 따라 행동하는 경우

(c) 자군 또는 우군의 통제지역을 비행하는 경우

(d) 무력분쟁 구역 외에서 비행하는 경우

안전통항권이 부여된 항공기의 면제조건

제55항. 안전통항권이 부여된 항공기는 다음의 경우에만 공격이 면제된다.

(a) 합의된 역할에 무해하게 종사하는 경우

(b) 전투원의 이동을 고의로 방해하지 않을 경우

(c) 검색을 포함한 합의된 세부사항을 준수할 경우

민간여객기의 면제조건

제56항. 민간여객기는 다음의 경우에만 공격이 면제된다.

(a) 통상의 임무에 무해하게 종사하는 경우

(b) 전투원의 이동을 고의로 방해하지 않을 경우

면제의 상실

제57항. 공격이 면제되는 항공기가 제54항~제56항에 규정된 면제조건을 위반한 경우, 다음의 경우에 한해 공격될 수 있다.

    (a) 착륙, 임검, 수색 및 가능한 경우 나포를 위한 침로변경이 불가능한 경우

    (b) 군사통제를 행사하기 위한 이용 가능한 다른 방법이 없는 경우

    (c) 항공기가 군사목표물이 되었거나 될 것으로 합리적으로 추정할 수 있는 비준수 상황이 매우 중대한 경우

    (d) 부수적 사상 또는 손해가 획득되었거나 기대되는 군사적 이익에 비례할 경우

제58항. 공격면제 선박 또는 항공기가 군사활동에 효과적인 기여를 하는 것으로 의심된다고 해서 당연히 그럴 것이라고 추정해서는 안 된다.

제4절 기타 적선 및 적항공기

적상선

제59항. 적상선은 제40항의 군사목표물의 정의에 합치되는 경우에만 공격할 수 있다.

제60항. 적상선이 다음의 활동을 하는 경우 군사목표물로 간주된다.

    (a) 적을 대신하여 적대행위를 하는 경우. 즉, 기뢰부설 및 소해, 해저 전선 및 관선 절단, 중립국 선박에 대한 승선 및 검색 또는 기타 선박들에 대한 공격

    (b) 적 군대의 보조세력으로 행동하는 경우. 즉, 군대의 수송 또는 전투함에의 보급 지원

    (c) 적의 정보수집체계로 편입 또는 이를 원조하는 행위. 즉, 정찰, 조기 경보, 탐색 또는 통제 및 통신임무에의 종사

(d) 적 군함 및 군용기의 호위하에 항행하는 경우

(e) 정선명령을 거부하거나 적극적으로 승선, 검색 또는 나포를 거부하는 경우

(f) 군함에 위해를 가할 수 있을 정도로 무장한 경우. 해적 등으로부터 승조원의 방위를 위한 개인용 경무기와 챠프와 같은 순수한 회피기 능만 갖는 무기는 제외된다.

(g) 기타 군사행위에 효과적으로 기여하는 경우. 즉, 군사물자의 수송

제61항. 이들 선박에 대한 공격은 제38항～제46항에 규정된 기본규칙에 따라 행하여야 한다.

적민간기

제62항. 적민간기는 제40항의 군사목표물의 정의에 합치되는 경우에만 공격할 수 있다.

제63항. 적민간기가 다음의 활동을 하는 경우 군사목표물로 간주된다.

(a) 적을 대신하여 적대행위를 하는 경우. 즉, 기뢰부설 및 소해, 수중음 향장치의 부설 또는 수신, 전자전 수행, 여타 민항기에 대한 요격 또는 공격, 적군에게 목표물에 관한 정보 제공

(b) 적 군대의 보조항공기로 행동하는 경우. 즉, 군대 또는 군용화물의 수송 또는 군용기에 대한 재급유 등

(c) 적의 정보수집체계로 편입 또는 이를 원조하는 행위. 즉, 정찰, 조기 경보, 탐색 또는 통제 및 통신임무에의 종사

(d) 적 군함 및 군용기의 호위하에 비행하는 경우

(e) 식별조치, 항로변경 명령 등을 회피하거나 항공무기체계의 사격통제 장비 운용, 교전국 군용항공기의 공격을 위해 기동하는 경우

(f) 공대공(空對空) 또는 공대함(空對艦) 무장을 한 경우

(g) 기타 군사행위에 효과적으로 기여하는 경우

제64항. 이들 항공기에 대한 공격은 제38항~제46항에 규정된 기본규칙에
따라야 한다.

적군함 및 적군용기

제65항. 제47항 또는 제53항에 따라 공격이 면제되지 않을 경우 적군함 및
적군용기, 적 보조선박 및 보조항공기는 제40항에 따라 군사목표물이 된다.

제66항. 적군함 및 적군용기에 대한 공격은 제38항~제46항의 기본규칙에
따라 행하여야 한다.

제5절 중립국 상선 및 중립국 민간기

중립국 상선

제67항. 중립국의 기를 게양한 선박이 다음의 행위를 하지 않는 한 공격할
수 없다.

    (a) 전시금제품을 수송하거나 봉쇄를 침파한다는 충분한 근거가 있다고 의
심되거나, 사전경고에도 불구하고 의도적으로 명백하게 정지할 것을 거
부하거나, 고의적으로 명백히 승선, 검색 및 나포를 거부하는 경우

    (b) 적을 대신하여 적대행위를 하는 경우

    (c) 적군대의 보조세력으로 행동하는 경우

    (d) 적의 정보체계에 편입되거나 이를 원조하는 경우

    (e) 적군함 또는 적군용기의 호위하에 항행하는 경우

    (f) 기타 적의 군사행동에 효과적으로 기여하는 경우. 만약 군사물자를 수송
하는 경우 항로변경, 물자의 하역 또는 여타 조치를 취할 수 있다는 것
을 경고할 수 있다.

제68항. 중립국 상선에 대한 공격은 제38항~제46항의 기본규칙에 따라 행
하여야 한다.

제69항. 단순히 중립국 상선이 무장했다는 사실이 그에 대한 공격의 이유가 되지 않는다.

중립국 민간기

제70항. 중립국 표식을 한 민간기는 다음의 경우가 아닌 한 공격받지 않는다.

(a) 전시금제품을 수송한다는 충분한 근거가 있다고 의심되거나, 사전경고 또는 차단에도 불구하고 의도적으로 명백하게 목적지로의 항로를 변경할 것을 거부하거나, 임검 및 수색을 위하여 관련된 분류의 항공기가 안전하게 그리고 충분히 도달할 수 있는 교전국 비행장으로의 비행을 의도적으로 그리고 명백하게 거부하는 경우

(b) 적을 대신하여 적대행위를 하는 경우

(c) 적군대의 보조세력으로 행동하는 경우

(d) 적의 정보체계에 편입되거나 이를 원조하는 경우

(e) 기타 적의 군사행동에 효과적으로 기여하는 경우. 즉 군사물자를 수송하고 사전경고 또는 요격에도 불구하고 의도적으로 명백하게 목적지로의 항로를 변경할 것을 거부하거나 임검 및 수색을 위하여 동형 기종의 항공기가 안전하게 충분히 도달할 수 있는 교전국 비행장으로의 비행을 의도적으로 그리고 명백히 거부하는 경우

제71항. 중립국 민간기에 대한 공격은 제38항~제46항의 기본규칙에 따라 행하여야 한다.

제6절 민간기에 관한 예방조치

제72항. 민간기는 잠재적으로 위험한 군사작전구역을 피하여야 한다.

제73항. 해상작전 주변수역에 있는 민간기는 그 침로 및 고도에 관하여 교전 당사국의 지시에 따라야 한다.

제74항. 교전국, 관련중립국 및 항공관제업무를 담당하는 기관은 군사작전구역 내에 있는 민간기에 지정된 항로 또는 민간기가 제출한 비행계획(통신주파수, 식별 모드, 목적지, 승객 및 화물에 관한 정보 포함)을 군함 및 군용기 지휘관이 계속적으로 알 수 있는 절차를 제정하여야 한다.

제75항. 교전국 및 중립국은 위험구역 또는 임시 영공규제를 포함한 민간기에 잠재적으로 위험한 구역에서의 군사활동에 관한 정보를 제공하는 NOTAM (Notice to Airmen)의 발행을 보장하여야 한다. NOTAM은 다음의 정보를 포함한다.

    (a) 항공기가 지속적으로 수신 상태를 유지해야 하는 주파수

    (b) 민간 기상레이더 및 식별 모드(Mode) 및 코드(Code)의 운용

    (c) 고도, 침로 및 속력 제한

    (d) 군용기의 통신호출에 대한 반응절차 및 교신설정 절차

    (e) 만약 NOTAM이 준수되지 않고 항공기가 그러한 군사활동에 의해 위협 받을 경우 군대에 의한 가능한 조치

제76항. 민간기는 요구된 등록, 목적지, 승객, 화물, 긴급통신채널, 식별 모드 및 코드, 비행중의 변경에 관한 정보를 기재한 비행계획을 항공운송국에 제출하여야 하며 등록, 내항성, 승객 및 화물에 관한 증명서를 휴대하여야 한다. 민간기는 안전 또는 조난과 같은 즉시 적절한 통보가 행해져야 하는 예측할 수 없는 상황이 발생한 것이 아니라면 항공교통관제국의 허가가 없으면 지정된 항공교통관제국의 항로 및 비행계획을 변경해서는 안 된다.

제77항. 민간기가 잠재적으로 위험한 군사활동구역에 들어가는 경우 관련 NOTAM에 따라야 한다. 군대는 특히 2차(secondary)감시레이다의 모드 및 코드, 통신, 비행계획정보와의 상호관련, 군용기에 의한 차단 및 가능한 경우 적절한 항공교통관제시설과의 연락 등을 이용하여 민간기를 식별하여 경고하기 위한 모든 이용 가능한 수단을 사용하여야 한다.

제4부 해상에서의 전투방법 및 수단

제1절 전투수단

미사일 및 기타 발사체

제78항. 미사일 및 초수평선(over the horizon: OTH) 능력을 갖는 발사체는 제38항~제46항에 규정된 목표물 구별원칙에 따라 사용되어야 한다.

어뢰

제79항. 항주를 끝냈을 때 가라앉지 않거나 무해화되지 않는 어뢰의 사용은 금지된다.

기뢰

제80항. 기뢰는 적에 대한 해상거부를 포함한 정당한 군사목적으로만 사용할 수 있다.

제81항. 제82항에 규정된 규칙을 해하는 일없이 분쟁당사국은 만약 분리되거나 통제가 상실된 경우 유효하게 무력화되지 않는다면 기뢰를 부설해서는 안 된다.

제82항. 부유기뢰는 다음의 경우 이외에는 사용이 금지된다.
  (a) 군사목표물에 대한 사용
  (b) 통제상실 후 1시간 이내에 무력화되는 경우

제83항. 폭발할 수 있는 상태로 기뢰를 부설하거나 사전에 부설된 기뢰를 폭발할 수 있는 상태로 하는 경우, 만약 그 기뢰가 군사목표물인 선박에 대해서만 폭발할 수 있는 것이 아니라면 통지되어야 한다.

제84항. 교전당사국은 부설한 기뢰의 위치를 기록해 두어야 한다.

第85항. 교전당사국은 내수, 영해 또는 군도수역에의 기뢰부설에 있어 최초
의 부설시 중립국 선박의 자유통과를 보장하여야 한다.

第86항. 교전당사국은 중립국 수역에 기뢰를 부설할 수 없다.

第87항. 기뢰부설은 중립국 수역과 국제수역간의 통항을 방해하는 실질적인
효과를 가져서는 안 된다.

第88항. 기뢰부설국은 특히 중립국 선박에 안전한 대체항로를 제공함으로써
공해의 합법적인 사용에 타당한 고려를 해야 한다.

第89항. 국제해협에서의 통과통항 및 군도항로대통항권이 적용되는 수역에서
의 통항은 안전하고 편리한 대체항로가 제공되지 않으면 방해되어서는 안 된다.

第90항. 적대행위가 종료된 후 분쟁당사국은 그들이 부설한 기뢰를 제거하거
나 무력화하기 위해 최선을 다해야 하며, 각 당사국은 자국의 기뢰를 제거해야
한다. 적국의 영해에 부설한 기뢰에 대해 각 당사국은 그 위치를 통고하여 최단
기한 내에 제거할 수 있게 하거나 다른 방법으로 그 영해를 항행에 안전한 곳
으로 하지 않으면 안 된다.

第91항. 제90항의 의무 외에 분쟁당사국들은 상호간 또는 적당한 경우 제3국
및 국제조직 간에 기뢰원을 제거하거나 또는 다른 방법으로 무력화하기 위해
필요한 적절한 정보의 제공 및 기술적, 물질적 지원에 관한 합의에 도달하도록
노력하지 않으면 안 된다.

第92항. 중립국은 국제법에 위반하여 부설된 기뢰를 소해함으로써 중립법규
에 합치되지 않는 행위를 해서는 안 된다.

제2절 전투방법

봉쇄

제93항. 봉쇄는 모든 교전당사국 및 중립국에 선언되고 통고되어야 한다.

제94항. 봉쇄선언에는 봉쇄의 개시일, 위치 및 범위, 중립국 선박의 봉쇄해안 퇴거가능 기한을 명시하지 않으면 안 된다.

제95항. 봉쇄는 효과적이어야 한다. 봉쇄가 효과적인가 하는 것은 사실 문제이다.

제96항. 봉쇄를 유지하는 병력은 군사적 요구에 의해 결정된 거리에 위치하여야 한다.

제97항. 봉쇄는 합법적인 전투수단 및 방법과 결합하여 강화되거나 유지될 수 있다. 다만 그 결합은 본 매뉴얼에 규정된 규칙들에 합치되지 않는 행위를 가져와서는 안 된다.

제98항. 합리적인 이유에 근거하여 봉쇄를 침파하고 있다고 생각되는 상선은 나포할 수 있다. 나포에 명백하게 저항하는 상선은 사전경고 후에 공격할 수 있다.

제99항. 봉쇄는 중립국 항구 및 연안에 접근하는 것을 방해해서는 안 된다.

제100항. 봉쇄는 모든 국가의 선박에게 공평하게 적용되지 않으면 안 된다.

제101항. 봉쇄의 종료, 일시적 중단, 재설정, 확대 또는 기타의 변경은 제93항 및 제94항에 규정된 바와 같이 선언되고 통고되어야 한다.

제102항. 다음의 경우 봉쇄 선언 또는 설정은 금지된다.

(a) 민간주민의 아사 또는 민간주민의 생존을 위해 필수적인 기타 물자의 금지만을 목적으로 하는 경우

(b) 봉쇄에 의해 기대되는 구체적이고 직접적인 군사적 이익과 비교하여 민간주민의 피해가 과도하거나 과도할 것으로 예상되는 경우

제103항. 봉쇄지역의 민간주민이 생존에 불가결한 식량 및 기타 물자를 충분하게 공급받고 있지 못하는 경우, 봉쇄국은 다음의 조건으로 식량 및 그 밖의 불가결한 물자의 자유통과를 허용하지 않으면 안 된다.

(a) 그러한 통과가 허용되는 경우 수색을 포함한 기술적 조건을 정할권리

(b) 물자의 분배가 이익보호국 또는 국제적십자위원회와 같은 공정성이 보장되는 인도적 기관의 현지감독하에서 행해질 수 있다고 하는 조건

제104항. 봉쇄를 실시하고 있는 교전당사국은 그러한 통과가 인정되는 수색을 포함한 기술적 조건을 정하는 권리에 따를 것을 조건으로 민간주민 또는 군상병자에게 필요한 의약품의 통과를 허용하여야 한다.

구역(zones)

제105항. 교전당사국은 일정 해역의 합법적 사용에 불이익을 미치는 구역을 설정함으로서 국제인도법의 의무를 면할 수 없다.

제106항. 교전당사국이 예외적인 조치로써 그러한 구역을 설정한 경우

(a) 그 구역의 내측과 외측에 동일한 법이 적용된다.

(b) 그 구역의 범위, 위치, 설정기간 및 부과된 조치는 군사적 필요성 및 비례성 원칙에 의해서 엄격하게 요구되는 것을 초과해서는 안된다.

(c) 해양을 합법적으로 사용할 중립국의 권리에 타당한 고려를 해야 한다.

(d) 다음의 경우 중립국 선박 및 항공기에 대해 구역 내에 필요한 안전 통항로를 설정하여야 한다.

  (ⅰ) 구역의 지리적 범위가 중립국의 항구 및 해안에의 자유롭고 안전한 교통을 현저히 방해하는 경우

(ⅱ) 군사적 요구가 인정되지 않는 경우를 제외한 통상적인 항로가 영
향을 받는 기타의 경우

(e) 그 구역의 개시일, 기간, 위치 및 범위, 부과되는 제한은 공개적으로 선
언되고 적절히 통고되어야 한다.

제107항. 봉쇄구역 내에서 일방 교전당사국에 의해 취해진 조치에 따르는 것
을 타방 교전당사국에 대한 유해한 행위로 해석해서는 안 된다.

제108항. 본 절의 어떠한 규정도 해상작전 인근에 있는 중립국 선박 및 항공
기를 통제할 교전당사국의 관습적 권리를 저해하는 것으로 간주해서는 안 된다.

제3절 기만, 기계(詭計) 및 배신행위

제109항. 군용기 및 보조항공기는 항상 면제되는 지위, 민간인의 지위 또는
중립국의 지위를 가장하는 것이 금지된다.

제110항. 기계(ruses of war)는 허용된다. 그러나 군함 및 보조선박은 위장기
(false flag)를 게양한 채 공격하거나 항상 다음의 지위를 적극적으로 가장하는
것은 금지된다.

(a) 병원선, 연안구조용 소형 선박 및 의료수송선

(b) 인도적 임무의 선박

(c) 민간여객을 수송하는 여객선

(d) 국제연합기에 의해 보호되는 선박

(e) 카르텔(crtel) 선박을 포함한 당사자 간 사전의 합의에 의해 안전통 항권
(safe conduct)이 보증된 선박

(f) 적십자 또는 적신월(red cross or red crescent) 표장에 의해 확인될 수 있
는 선박

(g) 특별보호하에 있는 문화재를 수송하는 선박

제111항. 배신행위(perfidy)는 금지된다. 적의 신뢰를 배반하려는 의도를 갖고 무력분쟁에 적용되는 국제법의 규칙들하에서 보호받을 권리가 있는 것처럼 또는 보호할 의무가 있는 것처럼 적을 믿게 하여 적의 신뢰를 유발하는 행위는 배신행위를 구성한다. 배신행위에는 다음과 같이 가장하여 공격을 개시하는 것을 포함한다.

   (a) 면제되는 지위, 민간인의 지위, 중립국의 지위 또는 국제연합의 지위

   (b) 항복 또는 조난(조난신호의 송신 또는 승무원을 구명정에 옮기는 것)

제5부 공격에 이르지 않는 조치:
차단, 임검, 수색, 침로변경 및 나포

제1절 선박 및 항공기의 적성 결정

제112항. 상선이 적국의 국기를 게양하고 있거나 민간기가 적국의 표식을 하고 있다는 사실은 그 적성의 결정적 증거이다.

제113항. 상선이 중립국의 국기를 게양하고 있거나 민간기가 중립국의 표식을 하고 있다는 사실은 그 중립성의 증거로 추정된다.

제114항. 중립국의 기를 게양한 상선이 실제 적성을 갖고 있는 것으로 의심되는 경우, 군함의 지휘관은 임검 및 수색권(제121항에 규정된 침로변경권 포함)을 행사할 수 있다.

제115항. 중립국 표식을 한 민간기가 실제로 적성을 갖는 것으로 의심되는 경우 군용기 지휘관은 차단할 권리 및 필요한 상황에서는 임검 및 수색의 목적으로 침로를 변경할 수 있는 권리를 갖는다.

제116항. 임검 및 수색 후 중립국 기를 게양한 상선 및 중립국 표식을 한 민간기가 적성을 갖는다는 혐의에 합리적인 이유가 있는 경우, 해당 선박 또는 항

공기는 심검에 따라 포획물로 나포할 수 있다.

제117항. 적성은 등록, 소유, 용선 또는 기타 기준에 의해 결정된다.

제2절 상선의 임검 및 수색

기본규칙
제118항. 국제적 해상무력분쟁에서 법적 권리를 행사함에 있어, 교전국 군함 및 군용기는 나포할 수 있다고 의심되는 합리적인 이유가 있을 경우 중립국 영수 밖에서 상선을 임검 및 수색할 권리를 갖는다.

제119항. 임검 및 수색 대신 상선의 동의하에 중립국 상선을 선언된 본래의 목적지로부터 침로를 변경시킬 수 있다.

중립국 군함이 호송하는 상선
제120항. 다음의 조건을 충족하는 중립국 상선은 임검 및 수색이 면제된다.
  (a) 중립국항으로 향하고 있는 경우
  (b) 동일국적의 중립국 군함 또는 호송상선의 기국과 협정을 체결한 중립국 군함이 호송하고 있는 경우
  (c) 중립국 기국의 군함이 당해 중립국 상선이 전시금제품을 수송하고 있지 않다는 것을 또는 중립국의 지위와 양립하지 않는 활동에 종사하고 있지 않다는 것을 보증하는 경우
  (d) 차단하는 교전국 군함 또는 군용기의 지휘관이 요구하는 경우 중립국 군함지휘관이 임검 및 수색을 통해 확인될 수 있는 상선 및 그 화물의 성격에 관한 모든 정보를 제공하는 경우

임검 및 수색을 위한 침로변경
제121항. 해상에서의 임검 및 수색이 불가능하거나 위험한 경우, 교전국의 군함 또는 군용기는 임검 및 수색권을 행사하기 위해 적당한 해역 또는 항구로

상선의 침로를 변경시킬 수 있다.

감독조치

제122항. 임검 및 수색의 필요를 피하기 위하여 교전국은 중립국 상선 내에 있는 화물의 검사 및 동 상선이 전시금제품을 수송하고 있지 않다는 것을 증명하기 위한 합리적인 조치를 취할 수 있다.

제123항. 중립국 상선이 교전국에 의한 화물의 검사 및 비금제품 화물증명서의 제시와 같은 감독조치를 따른다는 사실이 타교전국에 대한 중립의무를 위반한 행위가 되는 것은 아니다.

제124항. 임검 및 수색을 피하기 위하여 중립국은 자국상선이 전시금제품을 호송하고 있지 않다는 것을 보장하기 위한 합리적인 통제조치 및 증명절차를 강화하도록 장려된다.

제3절 민간기의 차단, 임검 및 수색

기본규칙

제125항. 국제적 해상무력분쟁에서 자신들의 법적 권리를 행사하기 위해 교전국 군용기는 민간기가 나포의 대상이 된다고 의심되는 합리적인 근거가 존재하는 경우, 그 민간기를 중립국 영공 밖에서 차단할 수 있다. 민간기가 차단된 후에도 여전히 나포의 대상이 된다고 의심되는 합리적인 근거가 존재하는 경우, 교전국 군용기는 임검 및 수색을 위해 해당 기종의 항공기가 안전하고 합리적으로 도달할 수 있는 교전국 비행장으로 향하도록 민간기에게 명할 수 있다. 만약 임검 및 수색을 위한 안전하고 합리적으로 도달할 수 있는 교전국 비행장이 없는 경우, 선언된 목적지로부터 민간기의 침로를 변경시킬 수 있다.

제126항. 임검 및 수색의 대체조치로서

  (a) 선언된 목적지로부터 적민간기의 침로를 변경시킬 수 있다.

(b) 중립국 민간기는 동의를 얻어 선언된 목적지로부터 침로를 변경시킬 수
    있다.

동행중인 중립국 군용기 또는 군함의 작전통제하에 있는 민간기

제127항. 중립국 민간기는 다음의 조건을 충족하는 경우 임검 및 수색이 면
제된다.

(a) 중립국 비행장으로 향하고 있는 경우

(b) 다음의 작전통제하에 있는 경우

  (ⅰ) 중립국 군용기 또는 동일 국적의 군함

  (ⅱ) 민간기의 기국이 통제를 규정하고 있는 협정을 체결한 국가의 군
      함 및 중립국 군용기

(c) 중립국 군용기 또는 군함의 기국이 중립국 민간기가 전시금제품을 수송
    하고 있지 않고 또는 그 밖의 방법으로 중립의 지위와 양립하지 않는
    활동에 종사하고 있지 않다는 것을 보증하는 경우

(d) 차단하는 교전국 군용기의 지휘관이 요구하는 경우, 중립국 군용기 또
    는 군함의 지휘관이 임검 및 수색을 실시하면 알 수 있는 당해 민간기
    및 그 화물의 성격에 관한 모든 정보를 제공하는 경우

차단 및 감독 조치

제128항. 교전국은 권한이 있는 국제기구가 정한 민간기의 차단에 관한 안전
조치를 공포하고 준수하여야 한다.

제129항. 민간기는 해당비행계획을 관할하는 항공운송국(Air Traffic Service)에
등록, 목적지, 승객, 화물, 긴급통신주파수, 식별 모드 및 코드, 비행중의 변경에
관한 정보를 포함한 비행계획을 제출하여야 하며, 등록, 내항성, 승객 및 화물에
관한 증명서를 휴대하여야 한다. 민간기도 항공교통관제국(Air Traffic Control)의
허가가 없으면 지정된 항공교통관제국의 항로 또는 비행계획으로부터 일탈해서
는 안 된다. 다만 안전 또는 조난같은 예측할 수 없는 상황이 발생하는 경우 즉
시 적절한 통보를 하여야 한다.

제130항. 교전국 및 관련 중립국, 항공교통관제를 담당하는 당국은 군사작전구역 내에 있는 민간기에 지정된 항로 및 통신주파수, 식별 모드 및 코드, 목적지, 승객 및 화물에 관한 정보를 포함하는 비행계획을 군함 및 군용기의 지휘관들이 계속적으로 알 수 있도록 절차를 제정하여야 한다.

제131항. 해상작전구역 인근에 있는 민간기는 침로 및 고도에 관하여 교전국의 지시에 따라야 한다.

제132항. 임검 및 수색을 피하기 위하여 교전국은 중립국 민간기의 화물검사 및 전시금제품을 수송하고 있지 않다는 증명을 위한 합리적인 조치를 취할 수 있다.

제133항. 중립국 민간기가 화물의 검사 및 비금제품 화물증명서의 제출 등 어느 일방 교전국의 감독에 따르는 사실이 타방당사국과 관련하여 비중립국인 역무에 해당되는 행위를 하는 것은 아니다.

제134항. 임검 및 수색을 피하기 위하여 중립국은 적민간기가 전시금제품을 수송하고 있지 않다는 것을 보장하기 위한 합리적인 통제조치 및 증명절차를 실시할 것이 장려된다.

제4절 적국 상선 및 적재 화물의 나포

제135항. 제136항의 규정에 따르는 것을 조건으로 상선여부에 관계없이 적선 및 그에 적재된 화물은 중립국 영수 밖에서 나포할 수 있다.

제136항. 다음 선박은 나포가 면제된다.
   (a) 병원선 및 연안구조작업에 종사하는 소형 선박
   (b) 부상자, 병자 및 난선자를 위해 필요한 의료수송선
   (c) 교전당사자간의 합의에 의해 안전통항권이 발행된 다음의 선박

（ⅰ) 카르텔선. 예컨대, 포로의 수송에 지정되었거나 포로수송에 종사하
고 있는 선박

（ⅱ) 민간주민의 생존에 불가결한 물자를 수송하는 선박 및 구호활동 및
구조작업에 종사하는 선박과 같은 인도적 임무에 종사하는 선박

(d) 특별한 보호하에 문화재를 수송하는 선박

(e) 종교, 비군사적 학술 또는 자선임무에 종사하는 선박. 군사적 목적에 적
용될 수 있는 과학적 자료를 수집중인 선박은 보호되지 않는다.

(f) 소형연안어선과 연안무역에 종사하는 선박. 그러나 이 선박들은 그 해역
에서 작전하고 있는 교전국의 해군지휘관이 정한 규정과 검색에 따라야
한다.

(g) 해양환경의 오염사고에 종사토록 건조 또는 개조된 선박으로 실제로 이
러한 임무에 종사하는 경우.

제137항. 제136항에 열거된 선박은 다음의 경우에만 나포가 면제된다.
(a) 무해하게 통상적인 임무에 종사할 경우
(b) 적국에 유해한 행위를 하지 않을 경우
(c) 식별 및 검색이 요구되는 경우 즉시 따를 경우
(d) 교전자의 이동을 고의적으로 방해하지 않으며, 요구되는 경우 정선 또
는 퇴거 명령에 따를 경우

제138항. 상선의 나포는 심검에 회부하기 위하여 해당선박을 포획물로 확보
함으로써 행해진다. 군사적 상황에 의해 해상에서 해당 선박을 포획물로 확보할
수 없는 경우에는 나포를 완료하기 위해 적당한 해역 또는 항구로 향하도록 침
로를 변경시킬 수 있다. 나포의 대체조치로서 지정된 목적지로부터 적상선의 침
로를 변경시킬 수 있다.

제139항. 제140항에 따를 것을 조건으로 군사적 상황 때문에 나포된 적상선
을 인치할 수 없는 경우, 다음의 기준이 충족되는 경우에만 예외적으로 파괴할
수 있다.

(a) 승객 및 승조원의 안전이 제공될 것. 이 경우 만약 승객 및 승조원의
안전이 당시의 해상 및 기상조건상 육지에 인접해 있거나 그들을 선내
에 수용할 수 있는 선박이 확보되지 않으면 선박의 단정은 안전한 장소
로 간주되지 않는다.

(b) 포획물에 관한 문서와 서류들이 안전하게 확보될 것

(c) 가능한 한 승객과 승조원의 개인용품이 안전하게 확보될 것

제140항. 오로지 민간인을 수송하는 적여객선의 해상에서의 파괴는 금지된
다. 그러한 선박을 나포하기 위해서는 적당한 해역 또는 항구로 침로를 변경시
키지 않으면 안 된다.

제5절 적국 민간기 및 적재 화물의 나포

제141항. 제142항의 규정에 따를 것을 조건으로 적민간기 및 그에 적재된 화
물은 중립국 영공 밖에서 나포될 수 있다. 나포에 앞서 임검 및 수색이 요구되
는 것은 아니다.

제142항. 다음 항공기는 나포가 면제된다.

(a) 의료용 항공기

(b) 분쟁당사국간 합의에 의해 안전통항권이 발행된 항공기

제143항. 제142항에 열거된 항공기는 다음의 경우에는 나포가 면제된다.

(a) 무해하게 통상적 임무에 종사하는 경우

(b) 적국에게 유해한 행위를 하지 않은 경우

(c) 요구시 차단 또는 식별에 즉시 따르는 경우

(d) 전투원의 이동을 고의적으로 방해하지 않고 또한 요구시 그 항로로부터
의 침로변경 명령에 따르는 경우

(e) 사전합의를 위반하지 않은 경우

제144항. 나포는 적민간기를 차단하여 동일 기종의 항공기가 안전하고 합리적으로 도달할 수 있는 교전국 비행장으로 향할 것을 명하고, 착륙시켜 해당 항공기를 심검에 회부하기 위한 포획물로 확보함으로써 실시된다. 나포대신 선언된 목적지로부터 적민간기의 침로를 변경시킬 수 있다.

제145항. 나포가 실시된 경우 승객 및 승조원과 그들의 개인용품의 안전이 제공되어야 한다. 포획물에 관한 문서 및 서류는 보호되지 않으면 안 된다.

제6절 중립국 상선 및 적재 화물의 나포

제146항. 중립국 상선은 제67항에 규정된 활동에 종사하는 경우 또는 임검 및 수색, 기타 다른 수단에 의해 그들이 다음의 경우에 속한다고 결정될 경우 나포된다

(a) 전시금제품 수송

(b) 적군에 편입된 개인 승객의 수송목적을 위한 항행

(c) 적 의 직접적인 통제, 명령, 용선, 사용 또는 지시하에서의 항행

(d) 비정규 또는 허위문서의 제시, 필요한 문서의 결여, 문서의 파기·손상·은닉

(e) 해상작전 인근 수역 내에서 교전국이 정한 규제의 위반

(f) 봉쇄침파 또는 봉쇄침파의 기도

중립국 상선의 나포는 그러한 선박을 심검에 회부하기 위한 포획물로 확보함으로써 행해진다.

제147항. 중립국 상선에 적재된 화물은 전시금제품인 경우에만 나포된다.

제148항. 전시금제품이란 적국의 지배하에 있는 영역으로 최종적으로 향하거나 무력분쟁에 사용될 것으로 의심되는 것을 말한다.

제149항. 제146항(a) 및·제147항에 규정된 나포권을 행사하기 위해서 교전국

은 전시금제품 목록을 공표하지 않으면 안된다. 교전국의 전시금제품 목록의 엄밀한 성격은 무력분쟁의 특수한 상황에 따라 변할 수 있다. 전시금제품 목록은 합리적인 구체성을 갖지 않으면 안 된다.

제150항. 교전국의 전시금제품 목록에 게재되지 않은 품목은 자유품목이며 따라서 나포되지 않는다. 자유품목에는 최소한 다음의 품목들이 포함되지 않으면 안 된다.

(a) 종교적 용품

(b) 오로지 상병자의 치료 및 질병예방에 충당되는 물품

(c) 민간주민, 특히 여성 및 아동을 위한 의복, 침구 및 필수적인 식료품. 다만 타목적으로 전용될 것이라는 또는 그것을 군사적 목적으로 사용할 수 있는 적화를 대신하여 충담 됨으로써 적에게 명백한 군사적 이익을 줄 것이라고 믿을만한 중대한 이유가 없어야 한다.

(d) 식량, 의복 및 교육·문화·오락용 물품을 포함한 개인소포 및 집 단구호품 등 전쟁포로에게 배달되는 물품

(e) 국제조약 또는 교전국간 특별협정에 의해 특별히 나포가 면제된 기타 물품

(f) 무력분쟁에 사용될 것으로 의심되지 않는 기타 물품

제151항. 제152항에 따를 것을 조건으로, 제146항에 의거 나포된 중립국 선박은 군사적 상황이 적포획물로서 심검하기 위해 인치할 수 없을 때 다음의 조건이 충족되는 경우에만 예외적 조치로서 파괴할 수 있다.

(a) 승객 및 승조원의 안전이 제공될 것. 이 경우 만약 승객 및 승조원의 안전이 당시의 해상 및 기상조건상 육지에 인접해 있거나 그들을 선내에 수용할 수 있는 선박이 확보되지 않으면 선박의 단정은 안전한 장소로 간주되지 않는다.

(b) 나포된 선박과 관련된 문서 및 서류는 보존될 것

(c) 가능할 경우 승객 및 승조원의 개인용품이 보전될 것

나포된 중립국 선박의 파괴를 피하기 위하여 모든 노력이 경주되어야 한다.

그러므로 나포된 선박이 교전국의 항구로 인치, 침로변경 또는 적절하게 석방되지 않는다는 것이 완전히 확신되지 않으면 이러한 파괴를 명하여서는 안 된다. 본 항에서 전시금제품이 가격, 중량, 용적, 또는 운임의 어느 것으로 계산하여 전 화물의 반을 넘는 경우가 아니면 전시금제품 수송을 이유로 선박을 파괴할 수 없다. 파괴는 심검에 따라야 한다.

제152항. 해상에서 민간승객을 수송하는 나포된 중립국 민간선박의 파괴는 금지된다. 승객의 안전을 위해 이러한 선박은 제146항에 규정된 나포를 완료하기 위하여 적절한 항구로 침로를 변경시켜야 한다.

제7절 중립국 민간기 및 적재 화물의 나포

제153항. 중립국 민간기는 제70항에 규정된 활동에 종사하거나 임검 및 수색의 결과 또는 다른 수단에 의해 다음에 해당되는 것이 확인된 경우 중립국 영공 밖에서 나포된다.
   (a) 전시금제품의 수송
   (b) 적군에 편입된 개인승객의 수송을 위한 비행
   (c) 적국의 직접적인 통제, 명령, 용선, 사용 또는 지시하에서의 운항
   (d) 비정규 또는 허위문서의 제시, 필요한 문서의 결여 또는 문서의 파괴·손상·은닉
   (e) 해상작전 인근구역에서 교전국이 정한 규정의 위반
   (f) 봉쇄침파

제154항. 중립국 민간기의 화물은 전시금제품인 경우에만 나포된다.

제155항. 제148항∼제150항에 규정된 전시금제품에 관한 규칙은 중립국 민간기의 화물에도 적용된다.

제156항. 나포는 중립국 민간기를 차단하여 동일 기종의 항공기가 안전하고

합리적으로 도달할 수 있는 교전국 비행장으로 향할 것을 명하고, 착륙시켜 해당 항공기를 심검에 회부하기 위한 포획물로 확보함으로써 완료된다. 만약 안전하고 합리적으로 도달할 수 있는 교전국의 비행장이 존재하지 않는 경우, 중립국 민간기는 선언된 목적지로부터 침로를 변경시킬 수 있다.

제157항. 중립국 민간기는 나포에 대신하여 그 동의하에 선언된 목적지로부터 침로를 변경시킬 수 있다.

제158항. 나포된 승객 및 승조원과 그들의 개인용품은 안전이 보장되어야 한다. 포획물에 관련된 문서 및 서류는 보호되지 않으면 안 된다.

제6부 피보호자, 의료수송선 및 의료항공기

일반규칙

제159항. 제171항에 규정된 경우를 제외하고 제6부의 규정은 상병자 및 난선자의 대우 및 의료수송선에 관한 상세한 규칙을 포함하고 있는 1949년 제네바협약 및 1977년 제1추가의정서의 규정들로부터 결코 일탈하는 것으로 해석되지 않는다.

제160항. 교전국은 인도적 목적을 위하여 그러한 인도적 목적에 양립되는 활동만이 허용되는 수역을 해상의 일정구역에 설정할 것을 합의할 수 있다.

제1절 피보호자

제161항. 교전국 또는 중립국의 권력 내에 놓인 선박 및 항공기내에 있는 자는 존중되고 보호되어야 한다. 해상에 있는 동안 및 그 후 그들의 지위가 결정될 때까지 그들은 자신들에게 권력을 행사하는 국가의 관할권에 복종하여야 한다.

제162항. 병원선의 승조원은 그들이 그러한 역무에 종사하는 동안 나포되지 않는다. 구조용 주정의 승조원은 구조활동에 종사하는 동안 나포되지 않는다.

제163항. 제136항 및 제142항에 열거된 나포가 면제되는 기타 선박 또는 항공기에 승선한 자는 나포되지 않는다.

제164항. 상병자 및 난선자의 정신상 및 의료상의 간호를 담당하는 종교요원 및 의료요원은 포로로 간주되지 않는다. 하지만 그들의 역무가 포로의 의료상 또는 정신상의 요구를 위해 필요로 하는 한 억류할 수 있다.

제165항. 제162항~제164항에 규정된 자 이외의 적국민은 전쟁포로의 지위를 갖고 있으며 다음의 경우 포로가 될 수 있다.
  (a) 적국군대의 구성원
  (b) 적국군대를 수행하는 자
  (c) 보조선박 또는 보조항공기의 승조원
  (d) 나포가 면제되지 않는 적국의 상선 또는 민간기의 승조원. 단 국제법의 여타 규정하에서 보다 나은 대우를 받을 수 없는 경우에 한한다.
  (e) 적국을 위하여 적대행위에 적극 참여하였거나 또는 적국을 위해 보조된 중립국 상선 및 민간기의 승무원

제166항. 중립국의 국민으로서
  (a) 적국 또는 중립국의 선박 또는 항공기에 탑승한 승객은 적국군대의 구성원인 경우 또는 포획된 자에 대하여 스스로 적대행위를 한 경우이외에는 석방되어야 하며 전쟁포로로 할 수 없다.
  (b) 적국의 군함 또는 보조선박, 적군용기 및 보조항공기의 승조원은 전쟁포로의 지위를 가지며, 전쟁포로로 할 수 있다.
  (c) 적국 또는 중립국의 상선 또는 민간기의 승조원은 해당 선박 또는 항공기가 제60항, 제63항, 제67항 또는 제70항에 규정된 활동을 한 경우 또는 는 승조원이 포획된 자에 대하여 스스로 적대행위를 한 경우 이외에는

석방되어야 하며 전쟁포로로 할 수 없다.

제167항. 제162항~제166항에 규정된 자 이외의 민간인은 1949년 제네바 제4협약에 따라 대우된다.

제168항. 중립국의 권력 내에 있는 자는 1907년의 헤이그 제5조약 및 제13조약과 1949년 제네바 제2협약에 따라 대우된다.

제2절 의료수송선

제169항. 적대행위가 개시되었을 경우 병원선에 최대한의 보호를 부여하기 위하여 각국들은 1949년 제네바 제2협약 제22조에 규정된 것과 같은 자국 병원선의 일반적 특징을 사전에 통고할 수 있다. 이러한 통고에는 해당선박이 식별될 수 있는 수단에 관한 모든 이용 가능한 정보들이 포함되어야 한다.

제170항. 병원선은 챠프 및 조명탄과 같은 순수한 방어용 회피수단(defective means)을 장착할 수 있다. 그러한 장착사실은 통고되어야 한다.

제171항. 인도적 임무를 최대한 효과적으로 달성하기 위하여 병원선은 암호통신장비를 사용하는 것이 허용되어야 한다. 이 장비는 다른 어떠한 방법에 의해서도 군사적 이익을 얻기 위하여 사용되어서는 안 된다.

제172항. 병원선, 연안구조작업에 사용되는 소형 단정 및 기타 의료수송선은 1977년 제1추가의정서 제1부속서에 규정된 식별수단을 실시할 것이 장려된다.

제173항. 이러한 식별수단들은 오로지 식별을 쉽게 하기 위하여 인정된 것이지, 식별수단 자체에 보호받을 지위를 부여하는 것은 아니다.

제3절 의료항공기

제174항. 의료항공기는 본 매뉴얼의 여러 항에서 규정된 바에 따라 보호되고 존중된다.

제175항. 의료항공기는 상하, 좌우 측면에 자국 국기와 함께 적십자 또는 적사자 표장을 명확하게 표시하지 않으면 안 된다. 의료항공기는 항상 1977년 제1추가의정서 제1부속서에 규정된 여타 식별수단을 실시할 것이 장려된다. 국제적십자위원회가 차용한 항공기는 의료항공기와 같은 식별수단을 사용할 수 있다. 시간부족 또는 그 특성상 특수표장을 표시할 수 없는 임시용 의료항공기는 이용 가능한 효과적인 식별수단을 사용하여야 한다.

제176항. 이러한 식별수단들은 오로지 식별을 쉽게 하기 위하여 인정된 것이지 식별수단 자체에 피보호지위를 부여하는 것은 아니다.

제177항. 교전국은 특히 교전국의 어느 일방에 의한 명확한 지배가 확립되지 못한 구역에서는 항상 의료항공기의 비행을 통고하고 협정을 체결하도록 장려된다. 그러한 협정이 체결되는 경우 안전운항을 위한 고도, 시간 및 항로를 규정하여야 하고 식별 및 통신수단을 포함하여야 한다.

제178항. 의료항공기는 적국에 유해한 행위를 하기 위한 목적에 이용되어서는 안 된다. 의료항공기는 정보자료의 수집 및 전달을 위한 어떠한 장비도 탑재해서도 안 되며 또한 자위목적의 경무기 외에 무장해서도 안 되고, 의료요원 및 의료장비만을 탑재하여야 한다.

제179항. 군용기·민간기이든, 적기·중립기이든 상병자 및 난선자의 수색, 구조 또는 수송에 종사하는 여타 항공기는 분쟁당사국간의 사전협정에 따르지 않는 한 위험부담을 감수하고 활동하여야 한다.

제180항. 적국에 의해 물리적으로 지배되고 있는 지역 또는 물리적 지배가 명확하게 확립되어 있지 않은 지역의 상공을 비행하는 의료항공기는 검색을 위하여 착륙을 명할 수 있다. 의료항공기는 그러한 명령에 따라야 한다.

제181항. 교전국 의료항공기는 사전의 합의가 없는 한 중립국 영공에 진입해서는 안 된다. 협정에 따라 중립국 영공 내에 있을 경우 의료항공기는 당해 협정에 따라야 한다. 협정은 해당항공기에 검색을 위하여 중립국내에 지정된 공항에 착륙할 것을 요구할 수 있다. 협정이 그렇게 요구하는 경우 검색 및 그 후의 조치는 제182항∼제183항에 따라서 실시하지 않으면 안 된다.

제182항. 협정이 없거나 또는 협정을 일탈하여 운항상의 과오에 의하거나 안전비행에 영향을 미치는 긴급사태 때문에 중립국 영공에 진입한 경우 의료항공기는 통고하기 위하여 그리고 자신을 식별토록 하기 위하여 모든 노력을 기울여야 한다. 중립국이 동 항공기를 의료항공기로 인식하면 이를 공격해서는 안 되지만 검색을 위해 착륙을 명할 수 있다. 검색을 받은 경우 해당 항공기가 실제로 의료항공기인 것이 분명해졌을 때에는 그 항공기는 비행을 계속하는 것이 허용되어야 한다.

제183항. 검색 결과 항공기가 의료항공기가 아닌 것이 확인되면 이를 나포할 수 있으며, 탑승자는 중립국과 교전국간의 별도 합의가 없는 한 적대행위에 다시 참가할 수 없도록 무력분쟁에 적용되는 국제법 규칙에 의거 중립국에 억류하여야 한다.

이민효

│약력

해군사관학교 졸업(1986, 문학사)
서울대학교 법과대학 졸업(1990)
성균관대학교 법학석사(1994), 법학박사(1999)
현, 해군사관학교 국제관계학과 교수

│주요 저서

『무력분쟁에서의 희생자 보호와 국제인도법』(2006)
『해양에서의 군사활동과 국제해양법』(2007)
『해상무력분쟁에 적용될 국제법에 관한 산레모 매뉴얼』(2008, 역서)
『무력분쟁과 국제법』(2008)
『해전에서의 군사목표 구별원칙과 상선의 법적 지위』(2009)

海戰과 國際法 秩序
해상무력
분 쟁 법

초판인쇄 │ 2010년 5월 31일
초판발행 │ 2010년 5월 31일

지 은 이 │ 이민효
펴 낸 이 │ 채종준
펴 낸 곳 │ 한국학술정보㈜
주   소 │ 경기도 파주시 교하읍 문발리 파주출판문화정보산업단지 513-5
전   화 │ 031) 908-3181(대표)
팩   스 │ 031) 908-3189
홈페이지 │ http://www.kstudy.com
E-mail │ 출판사업부 publish@kstudy.com
등   록 │ 제일산-115호(2000. 6. 19)

ISBN 978-89-268-1052-1 93360 (Paper Book)
      978-89-268-1053-8 98360 (e-Book)